Verlag Hans Huber
**Programmbereich Pflege**

*Beirat Wissenschaft:*
Angelika Abt-Zegelin, Dortmund
Christel Bienstein, Schermbeck
Silvia Käppeli, Zürich
Doris Schaeffer, Bielefeld

*Beirat Ausbildung und Praxis:*
Barbara Knigge-Demal, Bielefeld
Jürgen Osterbrink, Nürnberg
Christine Sowinski, Köln
Franz Wagner, Berlin

## Bücher aus verwandten Sachgebieten

### Transkulturelle Pflege

Buckley-Viertel (Hrsg.)
**Studieren und pflegen in den USA**
2001. ISBN 3-456-83297-4

Domenig (Hrsg.)
**Professionelle Transkulturelle Pflege**
2001. ISBN 3-456-83525-6

Rudolph
**Going Swiss**
2003. ISBN 3-456-83694-5

### Pflegeberatung

Brinkmann-Göbel (Hrsg.)
**Handbuch für Gesundheitsberater**
2002. ISBN 3-456-83564-7

Kaplan
**Öffentlich sprechen**
2000. ISBN 3-456-83506-X

Koch-Straube
**Beratung in der Pflege**
2001. ISBN 3-456-83626-0

Lamparter-Lang (Hrsg.)
**Patientenschulung bei chronischen Erkrankungen**
1997. ISBN 3-456-82831-4

London
**Patientenedukation**
2003. ISBN 3-456-83M

Norwood
**Pflege-Consulting**
Handbuch zur Organisations- und Gruppenberatung in der Pflege
2002. ISBN 3-456-83452-7

Weakland/Herr
**Beratung älterer Menschen und ihrer Familien**
2. Auflage
1988. ISBN 3-456-81750-9

Weinhold
**Kommunikation zwischen Patienten und Pflegepersonal**
1997. ISBN 3-456-82842-X

### Pflegemanagement

Ersser/Tutton (Hrsg.)
**Primary Nursing**
2000. ISBN 3-456-83259-1

Ewers/Schaeffer (Hrsg.)
**Case Management in Theorie und Praxis**
2000. ISBN 3-456-83467-3

Fischer
**Diagnosis Related Groups (DRGs) und Pflege**
2002. ISBN 3-456-83576-0

Gertz
**Die Pflegedienstleitung**
2. Auflage
2002. ISBN 3-456-83809-3

Haubrock/Schär (Hrsg.)
**Betriebswirtschaft und Management im Krankenhaus**
3., vollst. überarb. und erw. Auflage
2002. ISBN 3-456-83400-4

Jendrosch
**Projektmanagement**
1998. ISBN 3-456-83283-4

Leuzinger/Luterbacher
**Mitarbeiterführung im Krankenhaus**
3. Auflage
2000. ISBN 3-456-83434-9

Matthews/Whelan
**Stationsleitung**
Handbuch für das mittlere Management in der Kranken- und Altenpflege
2002. ISBN 3-456-83373-3

Offermann
**Selbst- und Qualitätsmanagement für Pflegeberufe**
2002. ISBN 3-456-83679-1

### Pflegepädagogik

Oelke/Menke
**Gemeinsame Pflegeausbildung**
2002. ISBN 3-456-83655-4

Picado/Unkelbach
**Innerbetriebliche Fortbildung in der Pflege**
2001. ISBN 3-456-83325-3

Reinmann-Rothmeier/Mandl
**Individuelles Wissensmanagement**
2000. ISBN 3-456-83425-X

Sieger (Hrsg.)
**Pflegepädagogik**
2001. ISBN 3-456-83328-8

Weitere Informationen über unsere Neuerscheinungen finden Sie im Internet unter: http://Verlag.HansHuber.com oder per E-Mail an: verlag@hanshuber.com

Christian Loffing

# Karriereplanung in der Pflege

Verlag Hans Huber
Bern · Göttingen · Toronto · Seattle

**Christian Loffing.** Diplom-Psychologe mit dem Schwerpunkt Arbeits- und Organisationspsychologie im Gesundheitswesen, qualifizierter Coach, Trainer und Personalberater.

Keplerstraße 103
D-45147 Essen
www.tbc-loffing.de
E-Mail: Christian.Loffing@t-online.de

Lektorat: Jürgen Georg, Elke Steudter
Bearbeitung: Michael Herrmann, Ariane Marschke
Herstellung: Daniel Berger
Illustrationen: Christian Loffing, Marcus Splietker, Stephanie Geise
Titelillustration: Winterwerb und Partner, Design-Büro, Wiesbaden
Satz: sos-buch, Mainz
Druck und buchbinderische Verarbeitung: Druckhaus Beltz, Hemsbach
Printed in Germany

*Bibliografische Information der Deutschen Bibliothek:*
Die Deutsche Bibliothek verzeichnet diese Publikation in der Deutschen Nationalbibliografie; detaillierte bibliografische Daten sind im Internet unter ‹http://dnb.ddb.de› abrufbar.

Die Verfasser haben größte Mühe darauf verwandt, dass die therapeutischen Angaben insbesondere von Medikamenten, ihre Dosierungen und Applikationen dem jeweiligen Wissensstand bei der Fertigstellung des Werkes entsprechen. Da jedoch die Pflege und Medizin als Wissenschaft ständig im Fluss sind, da menschliche Irrtümer und Druckfehler nie völlig auszuschließen sind, übernimmt der Verlag für derartige Angaben keine Gewähr. Jeder Anwender ist daher dringend aufgefordert, alle Angaben in eigener Verantwortung auf ihre Richtigkeit zu überprüfen.

Die Wiedergabe von Gebrauchsnamen, Handelsnamen oder Warenbezeichnungen in diesem Werk berechtigt auch ohne besondere Kennzeichnung nicht zu der Annahme, dass solche Namen im Sinne der Warenzeichen-Markenschutz-Gesetzgebung als frei zu betrachten wären und daher von jedermann benutzt werden dürfen.

Dieses Werk, einschließlich aller seiner Teile, ist urheberrechtlich geschützt. Jede Verwertung außerhalb der engen Grenzen des Urheberrechtes ist ohne Zustimmung des Verlages unzulässig und strafbar. Das gilt insbesondere für Vervielfältigungen, Übersetzungen, Mikroverfilmungen sowie die Einspeicherung und Verarbeitung in elektronischen Systemen.

*Anregungen und Zuschriften bitte an:*
Verlag Hans Huber
Lektorat: Pflege
Länggass Strasse 76
CH-3000 Bern 9
Tel:   0041 (0)31 300 4500
Fax:   0041 (0)31 300 4593
E-Mail: georg@hanshuber.com
Internet: http://verlag.hanshuber.com

1. Auflage 2003
© 2003 by Verlag Hans Huber, Bern
ISBN 3-456-83936-7

# Inhaltsverzeichnis

| | | |
|---|---|---|
| **Der Autor** | | 11 |
| **Danksagung** | | 13 |
| **Vorwort** | | 15 |
| **1** | **Zur Vielfalt der Möglichkeiten in der Pflege** | 17 |
| 1.1 | Das Gesundheitswesen – Eine erste Marktorientierung | 19 |
| | 1.1.1 Vielfalt auf dem Arbeitsmarkt | 21 |
| | 1.1.2 Professionalisierung und Akademisierung | 23 |
| | 1.1.3 Alten- und Krankenpflege als Chance? | 24 |
| 1.2 | Karriereberatung und -planung – Eine Notwendigkeit | 26 |
| | 1.2.1 Karriereberatung als Dienstleistung | 26 |
| | 1.2.2 Karriereplanung mit diesem Ratgeber | 32 |
| 1.3 | Zusammenfassung | 34 |
| **2** | **Arbeiten in der Pflege** | 35 |
| 2.1 | Klassischer Arbeitsmarkt Pflege | 36 |
| | 2.1.1 Kurzgefasste Geschichte des Arbeitsmarktes «Stationäre Pflege» | 36 |
| | – Arbeiten im Krankenhaus | 38 |
| | – Arbeiten im Altenheim | 38 |
| | – Arbeiten in einer Kurzzeit- oder Tagespflege | 39 |
| | – Arbeiten im Hospiz | 40 |
| | 2.1.2 Kurzgefasste Geschichte des Arbeitsmarktes «Ambulante Pflege» | 40 |
| | – Arbeiten im Pflegedienst | 41 |
| | – Arbeiten im Betreuten Wohnen | 42 |
| 2.2 | Alternative Arbeitsmärkte | 43 |
| | 2.2.1 Arbeiten in der Ausbildung | 43 |
| | 2.2.2 Arbeiten in der Forschung | 43 |
| | 2.2.3 Arbeiten in der Beratung | 44 |
| | 2.2.4 Weitere Arbeitsfelder | 44 |

| | | |
|---|---|---|
| 2.3 | Arbeitsmarkt Ausland ........................................ | 45 |
| | 2.3.1 Voraussetzungen für die Arbeit im Ausland ................ | 45 |
| | 2.3.2 Informationen und Kontakte ............................ | 47 |
| | – Belgien ................................................. | 49 |
| | – Dänemark ............................................. | 52 |
| | – Finnland .............................................. | 54 |
| | – Frankreich ............................................ | 56 |
| | – Griechenland .......................................... | 58 |
| | – Großbritannien/Nordirland ............................. | 60 |
| | – Irland ................................................ | 62 |
| | – Italien ................................................ | 64 |
| | – Luxemburg ............................................ | 66 |
| | – Niederlande ........................................... | 68 |
| | – Norwegen ............................................. | 70 |
| | – Österreich ............................................ | 72 |
| | – Portugal .............................................. | 74 |
| | – Schweden ............................................. | 76 |
| | – Schweiz ............................................... | 78 |
| | – Spanien ............................................... | 81 |
| 2.4 | Zusammenfassung ........................................... | 83 |

## 3 Investition in die Zukunft – Qualifizierungsmöglichkeiten in der Pflege ............................................... 85

| | | |
|---|---|---|
| 3.1 | Möglichkeiten der Fort- und Weiterbildung ..................... | 86 |
| | 3.1.1 Begriff und Aufgaben .................................. | 87 |
| | 3.1.2 Ziele und Funktionen von Fort- und Weiterbildungen ....... | 87 |
| | 3.1.3 Allgemeine Weiterbildungen ............................ | 88 |
| | 3.1.4 Berufliche Fort- bzw. Weiterbildungen – Eine Analyse ........ | 89 |
| | – Ergebnisse der Analyse von Erweiterungsfortbildungen ..... | 90 |
| | – Ergebnisse der Analyse von Anpassungsfortbildungen ...... | 111 |
| | – Ergebnisse der Analyse von Aufstiegsfortbildungen ......... | 111 |
| | – Zur Vielfalt der Seminarangebote ........................ | 117 |
| | 3.1.5 Qualifizierungen im kritischen Vergleich .................. | 117 |
| | 3.1.6 Studienlandschaft Pflege ................................ | 120 |
| | – Allgemeiner Aufbau der Studiengänge ................... | 123 |
| | – Interview mit einer Studentin ........................... | 125 |
| | – Chancen und Möglichkeiten nach erfolgreichem Abschluss .. | 129 |
| 3.2 | Interviews aus der Praxis – Arbeiten als Angestellte/r ............. | 130 |
| | 3.2.1 Interview mit einer Qualitätsmanagementbeauftragten ....... | 130 |
| | 3.2.2 Interview mit einem Stationsleiter ....................... | 134 |
| | 3.2.3 Interview mit einem Pflegedirektor ...................... | 142 |

|  |  |  |
|---|---|---|
| 3.2.4 | Interview mit einem Lehrer für Pflegeberufe ............... | 147 |
| 3.2.5 | Interview mit dem Geschäftsführer eines Berufsverbandes ..... | 152 |
| 3.2.6 | Interview mit einer wissenschaftlichen Mitarbeiterin ......... | 156 |
| 3.2.7 | Interview mit einer Hochschullehrerin .................... | 159 |
| 3.2.8 | Interview mit einem MDK-Gutachter ...................... | 161 |
| 3.2.9 | Interview mit einem Lektor ............................. | 165 |
| 3.2.10 | Interview mit einem Bildungsreferenten .................... | 173 |
| 3.2.11 | Interview mit einem Produktmanager ..................... | 177 |
| 3.2.12 | Interview mit dem Leiter einer Kranken- und Kinderkrankenpflegeschule ............................. | 183 |
| 3.2.13 | Interview mit einem Vertriebsmitarbeiter ................. | 187 |

3.3 Interviews aus der Praxis – Arbeiten als Selbstständige/r ........... 191
    3.3.1 Interview mit dem Inhaber eines Pflegedienstes ........... 191
    3.3.2 Interview mit der Inhaberin eines Instituts für Sachverständigentätigkeiten in der Pflege ................... 195
3.4 Zusammenfassung ................................................ 199

# 4 Möglichkeiten der Finanzierung und Förderung ................. 201
4.1 Quelle 1 – Private Finanzierung ..................................... 203
    4.1.1 Die Suche nach Ersparnispotenzialen ..................... 203
    4.1.2 Vergünstigungen als StudentIn .......................... 205
    4.1.3 Sich Geld leihen ....................................... 205
    4.1.4 Notdarlehen .......................................... 205
    4.1.5 Bankkredite .......................................... 206
4.2 Quelle 2 – Staatliche Unterstützung ................................. 207
    4.2.1 BAföG ............................................... 207
    4.2.2 Meister-BAföG ........................................ 208
    4.2.3 Bildungskredit ........................................ 209
    4.2.4 Weitere Unterstützungsmöglichkeiten ..................... 210
        – Wohngeld .......................................... 210
        – Arbeitslosenunterstützung ............................ 211
        – Unterstützung gemäß Bundesversorgungsgesetz ........... 211
        – Sozialhilfe .......................................... 211
4.3 Quelle 3 – Stipendien .............................................. 213
    4.3.1 Interview mit einem Mitarbeiter der Stiftung Begabtenförderung ................................... 214
    4.3.2 Interview mit einem Referenten im Cusanuswerk ........... 216
4.4 Quelle 4 – Unterstützung durch den Arbeitgeber ..................... 219
4.5 Zusammenfassung ................................................ 221

| | | |
|---|---|---|
| **5** | **Entscheidung für die Zukunft** | **223** |
| 5.1 | Orientierung | 224 |
| | 5.1.1 Schritt 1 – Orientierung über Arbeitsmärkte | 224 |
| | 5.1.2 Schritt 2 – Orientierung über eine Tätigkeit im Ausland | 225 |
| | 5.1.3 Schritt 3 – Orientierung über unterschiedliche Qualifizierungen | 225 |
| 5.2 | Die Entscheidung | 229 |
| | 5.2.1 Test der Neigungen und Interessen | 229 |
| | 5.2.2 Weitere Entscheidungen | 232 |
| 5.3 | Überprüfung | 233 |
| 5.4 | Zusammenfassung | 234 |
| | | |
| **6** | **Arbeitssuche – Das Ende der Gemütlichkeit** | **235** |
| 6.1 | Stellensuche | 237 |
| | 6.1.1 Stellenanzeigen, Stellenbörsen und andere Quellen | 237 |
| | 6.1.2 Systematische Analyse aktueller Angebote | 241 |
| | 6.1.3 Regelmäßiger Überblick über freie Stellen | 243 |
| | 6.1.4 Zeitmanagement im Bewerbungsverfahren | 244 |
| 6.2 | Die Bewerbung – Ihre Visitenkarte | 247 |
| | 6.2.1 Zur Notwendigkeit der individuellen und passenden Gestaltung | 248 |
| | 6.2.2 Gestaltung des Bewerbungsanschreibens | 250 |
| | 6.2.3 Gestaltung des Deckblatts | 251 |
| | 6.2.4 Gestaltung des Lebenslaufs | 252 |
| | 6.2.5 Gestaltung der so genannten Dritten Seite | 257 |
| | 6.2.6 Anlagen | 258 |
| | 6.2.7 Wahl der richtigen Bewerbungsmaterialien | 260 |
| | – Papier | 260 |
| | – Bewerbungsmappe | 260 |
| | – Umschlag | 261 |
| | – Grundsätzliches | 261 |
| 6.3 | Das Vorstellungsgespräch | 262 |
| | 6.3.1 Die Vorbereitung – Grundlage erfolgreicher Vorstellungsgespräche | 263 |
| | – Vorbereitung des Gesprächs | 263 |
| | – Sich selbst vorbereiten | 264 |
| | – Vorbereitung des Anfahrtswegs etc. | 267 |
| | 6.3.2 Die Durchführung – Mit Ruhe und Gelassenheit zum Erfolg | 268 |
| | 6.3.3 Die Nachbereitung – Selbstreflexion | 270 |
| 6.4 | Moderne Methoden der Auswahl von MitarbeiterInnen | 272 |
| | 6.4.1 Testverfahren | 272 |

|      | 6.4.2 Assessment-Center | 273 |
|------|---|---|
|      | 6.4.3 Computerunterstützte Testverfahren | 274 |
| 6.5  | Zusammenfassung | 275 |

## 7 Anhang ... 277
| 7.1 | Einführung | 278 |
|---|---|---|
| 7.2 | Glossar | 279 |
| 7.3 | EURES-Berater | 284 |
| 7.4 | Ausgewählte Bildungsträger | 289 |
| 7.5 | Vollzeitstudiengänge | 292 |
| 7.6 | Fern- und berufsintegrierende Studiengänge | 303 |
| 7.7 | Aufbaustudiengänge/Weiterbildungs- und Kontaktstudium | 308 |
| 7.8 | Ausgewählte Stiftungen | 314 |
| 7.9 | Stiftung Begabtenförderung | 316 |
| 7.10 | Bewerbungsunterlagen/Application Papers | 317 |
| 7.11 | Anforderung von Informationsmaterial | 320 |

**Literaturverzeichnis** ... 321

**Sachwortverzeichnis** ... 324

## Der Autor

Christian Loffing, geboren am 18. September 1970 in Marl, ist Diplom-Psychologe mit dem Schwerpunkt Arbeits- und Organisationspsychologie im Gesundheitswesen, qualifizierter Coach, Trainer und Personalberater.

Bereits 1991 legte er den Grundstein für einen Tätigkeitsschwerpunkt im Gesundheitswesen und begann im Universitäts-Klinikum in Essen mit einer Ausbildung zum Masseur und med. Bademeister. Es folgte das Studium der Psychologie an der Justus-Liebig-Universität in Gießen und an der Ruhr-Universität in Bochum. Im Jahre 2001 wurde er mit dem Georg-Gottlob-Studienpreis für angewandte Psychologie geehrt, der alle zwei Jahre von der Georg-Gottlob-Stiftung und dem Berufsverband der deutschen Psychologinnen und Psychologen e.V. an herausragende Nachwuchswissenschaftler vergeben wird. Praxiserfahrung sammelte er in zahlreichen Trainings, Coachings und Organisationsentwicklungsprojekten, die er initiierte, durchführte und wissenschaftlich begleitete. Über einen Zeitraum von mehreren Jahren war er als Prokurist eines renommierten Bildungs- und Beratungsunternehmens im Gesundheitswesen tätig. Heute beschäftigen ihn Projekte, die an ihn als selbstständigen Trainer, Personalberater oder Coach von Führungskräften und MitarbeiterInnen im Gesundheitswesen herangetragen werden.

# Danksagung

Auf dem Weg zu diesem neuen praxisorientierten Leitfaden haben mich viele Menschen begleitet. Mein allgemeiner Dank gilt allen, die mich mit Ideen, Anregungen und viel Verständnis unterstützt haben. Sie gaben mir auch die Kraft, alle Hürden zu überwinden und dieses Buch fertig zu stellen.

Im Einzelnen möchte ich mich zunächst bei Herrn Dirk Jäckel bedanken. Bereits seit einigen Jahren zeigt er sich immer wieder bereit, meine Publikationen mit großem Engagement und gebotener Genauigkeit zu lesen. Viele kritische Anmerkungen haben auch dieses Buch schließlich abgerundet. Frau cand. Dipl.-Pflegewirtin (FH) Ariane Marschke übernahm die notwendige Recherchearbeit, unterstützte mich immer wieder mit kreativen neuen Ideen und bewies bei zahlreichen telefonischen Kontakten Hartnäckigkeit, um alle benötigten Informationen zu generieren. Ihr gilt mein Dank ebenso wie Frau Martina Münchow, die als Testleserin zur Verfügung stand.

Für die Illustrationen in diesem Buch war Marcus Splietker zuständig. Mit nur wenigen Vorgaben erschuf er Marion, die als karriereorientierte Krankenpflegerin die LeserInnen durch dieses Buch begleitet. An dieser Stelle möchte ich mich bei ihm bedanken.

Besondere Erwähnung finden sollen auch diejenigen, die als Interviewpartner zur Verfügung standen und anderen damit mögliche Karrieren aufzeigen bzw. weiteren Fragen offen gegenüber standen. In alphabetischer Reihenfolge danke ich Angelika Abt-Zegelin; Dipl.-Pflegemanagerin (FH) Christel Büker; Dipl.-Pflegewirt (FH) Michael Buse; cand. Dipl.-Pflegewirtin (FH) Silke Gall; Martin Hilbolt; Frank Hildmann; Dipl.-Pflegewirt (FH) Winfried Knäpper; Prof. Dr. Regina Lorenz-Krause; Ph.D. Jürgen Osterbrink; Luis Romilio Picado Maagh; Dipl.-Pflegemanager (FH) Thorsten Pilz; Dr. Stefan Raueiser; Dipl.-Pflegewissenschaftler (FH) Eckhard Schemmer; Frank Schlerfer und Franz Wagner.

Mein ganz besonderer Dank gilt abschließend Herrn Jürgen Georg im Lektorat des Verlages Hans Huber, der dieses Thema als ebenso wichtig erachtete wie ich es auch getan habe. Er machte das Schreiben dieses Buches letztlich erst möglich.

# Vorwort

KrankenpflegerIn, Gruppenleitung, Stationsleitung, Pflegedienstleitung – eine typische Karriere in der Pflege, aber seit langem schon nicht mehr die einzige Alternative. Das Gesundheitswesen befindet sich in einem Wandel. DRGs, Qualitätsmanagementsysteme, erlösorientierte Tourenplanung, Case-Management sowie weitere Begriffe prägen den aktuellen Alltag in stationären und ambulanten Einrichtungen der Pflege. Leitungskräfte haben sich zu ManagerInnen entwickelt, von MitarbeiterInnen wird heute verlangt, sich auch mit Themen fernab von pflegerischen Leistungen auseinander zu setzen. Neue Erkenntnisse aus den Pflegewissenschaften tragen ebenfalls zu einer veränderten Tätigkeit bei. Fragen nach der Wirksamkeit pflegerischer Leistungen werden zunehmend häufiger diskutiert. Die Konsequenz: neue Herausforderungen und eine große Differenzierung. Vor allem horizontal hat eine Erweiterung potenzieller Arbeitsmöglichkeiten in der Pflege in den vergangenen zehn bis 15 Jahren stattgefunden. Neben den klassischen Arbeitsfeldern in der ambulanten und stationären Pflege ergeben sich zunehmend auch interessante Tätigkeiten außerhalb dieser Organisationen. Flexibilität und eine gute Qualifizierung sind hier gefragt. Neben dem vielfältigen Angebot an Weiterbildungen haben sich seit Beginn der 90er-Jahre zahlreiche Pflegestudiengänge in Deutschland etabliert. Die Entscheidung für eine Qualifizierung will heute gut überlegt und analysiert werden.

Mit diesem «Karriereratgeber Pflege» liegt ein sehr praxisnahes Buch vor, das sich an all diejenigen richtet, die ihre Karriere in der Pflege planen und nicht dem Zufall überlassen wollen. Regelmäßig wird dazu eingeladen, die beschriebenen Aspekte auf die eigene Situation zu übertragen und diese somit zu bereichern. Entscheidungshilfen werden an vielen Stellen gegeben. Für die weiteren Schritte beinhaltet dieses Buch zahlreiche konkrete Empfehlungen, Ansprechpartner, Adressen etc. Fünfzehn ausführliche Interviews, in denen unterschiedliche Karrieren in der Pflege skizziert werden, bereichern es. Wer mit diesem Buch arbeitet und die Empfehlungen berücksichtigt, überlässt seine Karriere nicht dem Zufall.

*Christian Loffing*

# Zur Vielfalt der Möglichkeiten in der Pflege

*Beachte immer, dass nichts
bleibt, wie es ist, und denke
daran, dass die Natur immer
wieder ihre Formen wechselt.*

Marc Aurel

Das Gesundheitswesen befindet sich in einem Umbruch. Krankenhäuser, Altenheime, ambulante Pflegedienste sowie weitere Einrichtungen unterliegen seit der schweren Finanzkrise der gesetzlichen Krankenversicherungen zu Beginn der 90er-Jahre einem Rationalisierungs- und Reformdruck (Zwierlein, 1997). Jahr für Jahr werden neue Methoden und Strategien entwickelt, mit denen man den aktuellen und zukünftigen Herausforderungen begegnen will. Lernende Organisationen sind gefragt, die aus der Not eine Tugend gemacht haben und sich mit dem notwendigen Wandel kontrolliert und erfolgreich weiterentwickeln. Die traditionellen Aufgaben in der Alten- und Krankenpflege verändern sich damit einhergehend. Für die in der Pflege beschäftigten Personen ergeben sich zum Teil völlig neue Tätigkeitsfelder. Vorbei sind die Zeiten, als Schwester Marion lediglich Assistenzaufgaben im Rahmen der ärztlichen Behandlung übernahm. Heutiges Handeln in der Pflege erfordert ein hohes Maß an Autonomie und Problemlösekompetenz sowie hohe Fachlichkeit, wobei Kosten und Nutzen von Behandlungsmaßnahmen im Hinterkopf bleiben müssen. Die Lehre neuer Inhalte und die Förderung von Schlüsselqualifikationen macht sich bereits im Rahmen der Ausbildung bemerkbar. Auch der Fort- und Weiterbildungsmarkt bietet mittlerweile ein nahezu unerschöpfliches Angebot an Qualifizierungen. Mit ihnen soll den neuen Aufgaben und Herausforderungen in der Pflege kompetent begegnet werden. Unabhängig davon, ob man als AltenpflegerIn, FachwirtIn in der Alten- und Krankenpflege, OrganisationsberaterIn, PflegemanagerIn, Produktmanagerin, Qualitätsmanagementbeauftragte oder Fachkraft für Hygiene im Gesundheitswesen beschäftigt ist, die Berufsbilder in der Pflege haben in den vergangenen 15 Jahren eine Differenzierung zu verzeichnen, die in anderen Branchen ihresgleichen sucht. Ein Blick in die Zukunft zeigt, dass sich diese Entwicklung auch langfristig weiter fortsetzen wird und damit ungeahnte Chancen bietet. Wissen hat heutzutage nur eine geringe Halbwertszeit, Lernen ist längst zu einem lebenslangen Prozess geworden. Flexibilität wird heute und in der Zukunft mehr denn je von den Beschäftigten verlangt, dafür werden Herausforderungen geboten. Das Gesundheitswesen ist ein Wachstumsmarkt. Die Veränderung der Alterspyramide und das zunehmende Bewusstsein für das Gut Gesundheit fördern diese Entwicklung.

In diesem ersten Kapitel werden zunächst ausgewählte Aspekte dargelegt, die den Wandel im Gesundheitswesen näher charakterisieren. Der Prozess einer professionellen Karriereberatung wird anschließend beschrieben. Checklisten helfen dabei, eine geeignete Karriereberaterin zu finden. Möglichkeiten der Karriereberatung mit Hilfe dieses Ratgebers werden aufgezeigt.

## 1.1 Das Gesundheitswesen – Eine erste Marktorientierung

Eine Durchsicht der einschlägigen Fachliteratur zeigt, dass es für das öffentliche Gesundheitswesen, welches erste Ansätze in den Medizinalordnungen und -edikten des Mittelalters erkennen lässt, weder eine verbindliche noch eine allgemein anerkannte Definition gibt. In einer weiten Definition, die den Ausführungen in diesem Buch zu Grunde liegt, wird das «Gesundheitswesen» als die Gesamtheit der Einrichtungen und Personen beschrieben, welche sich um die Gesundheit der Bevölkerung bemühen (Beske/Hallauer, 1999). Der Erhalt, die Förderung und die Wiederherstellung der Gesundheit lassen sich daraus als primäre, übergeordnete Aufgaben ableiten. Das Gesundheitswesen umfasst damit den gesamten Bereich der professionellen, medizinischen und gesundheitsbezogenen Leistungsbereiche. Auch der Begriff «Einrichtung» wird in der Literatur weit gefasst. Er erstreckt sich über die rechtlichen Grundlagen (Gesetze, Verordnungen, Vorschriften) und die Versorgungseinrichtungen. Diese bestehen aus dem öffentlichen Gesundheitsdienst sowie aus den Einrichtungen, die zum Teil privat- oder öffentlich-rechtlicher Art sind und sich in die drei großen «Säulen» ambulante Versorgung, stationäre Versorgung und Arzneimittelversorgung unterteilen lassen.

Zu den weiteren Einrichtungen des Gesundheitswesens gehören unter anderem die Versicherungseinrichtungen. Zu ihnen zählen die gesetzlichen und privaten Krankenversicherungen. Die Ärzte- und Zahnärztekammern sowie die Apothekerkammern stellen die so genannten beruflichen Einrichtungen dar. Des Weiteren existieren im Gesundheitswesen zahlreiche Selbsthilfeeinrichtungen. In der Bundesrepublik sind hier alleine circa 80 000 Selbsthilforganisationen, wie beispielsweise die «Deutsche Rheumaliga», aktiv. Die wohl bekannteste internationale Einrichtung im Gesundheitswesen ist die Weltgesundheitsorganisation (WHO).

Aus der Fülle dieser verschiedenen Einrichtungen lässt sich leicht ableiten, welche vielfältigen Arbeitsmöglichkeiten in der Gesundheitsbranche existieren. Allein in der Bundesrepublik Deutschland gab es bereits im Jahre 2000 mehr als vier Millionen Beschäftigte in dieser Branche. Im Vergleich dazu arbeiteten im Einzelhandel zum gleichen Zeitpunkt etwa nur 2,5 Millionen Beschäftigte. Aus Zahlen des Statistischen Bundesamtes lässt sich eindeutig ableiten, dass die Erwerbstätigkeit in vielen Zweigen der Gesundheitsbranche in den vergangenen Jahren deutlich gestiegen ist. Eine Zunahme der Beschäftigung ist hier vor allem in der stationären, teilstationären sowie ambulanten Pflege zu verzeichnen. In nur zwei Jahren, von 1998 bis 2000, stieg die Anzahl der beschäftigten AltenpflegerInnen bundesweit um insgesamt 32 000. Auch in anderen Bereichen nimmt die Beschäftigung zu. PhysiotherapeutInnen, Masseure und medizinische BademeisterInnen gab es im Jahr 2000 insgesamt 7000 mehr als noch 1998 **(Tab. 1-1)**.

**Tabelle 1-1:** Beschäftigte im Gesundheitswesen im Jahre 2000
(Quelle: Statistisches Bundesamt, 2002)

| Alle Berufe im Gesundheitswesen | 4 090 000 |
|---|---|
| Gesundheitsberufe | 2 143 000 |
| darunter: ÄrztInnen | 295 000 |
| ApothekerInnen | 53 000 |
| Arzt-/ZahnarzthelferInnen | 486 000 |
| HelferInnen in der Krankenpflege | 216 000 |
| Krankenschwestern/Hebammen | 690 000 |
| PhysiotherapeutInnen, Masseure und med. Bademeister | 119 000 |
| ZahnärztInnen | 63 000 |
| Soziale Berufe | 259 000 |
| darunter: AltenpflegerInnen | 243 000 |
| GesundheitshandwerkerInnen | 135 000 |
| sonstige Gesundheitsfachberufe | 90 000 |
| andere Berufe im Gesundheitswesen | 1 464 000 |

Beeinflusst wird der Wachstumsmarkt Gesundheitswesen von zahlreichen Faktoren, zum Beispiel durch verstärkte Bemühungen in den Bereichen Prävention und Rehabilitation. Hier wird zukünftig bedeutend mehr Personal benötigt, um kostenschwere Wiedererkrankungen von Patienten vorzubeugen und durch präventive Maßnahmen Krankheiten gar nicht erst entstehen zu lassen. Der Bedarf an Altenpflegekräften, gerne mit einer Zusatzausbildung für Geriatrie, wird auf Grund der steigenden durchschnittlichen Lebenserwartung der Menschen weiterhin steigen. Unter Berücksichtigung des Grundsatzes «ambulant vor stationär» ist auch mit einer steigenden Nachfrage nach qualifiziertem Pflegepersonal im ambulanten Bereich zu rechnen. Die Pflege in den eigenen vier Wänden gewinnt bereits seit Jahren an Bedeutung. Hinzu kommt die politische Forderung nach Qualität bzw. nach Nachweisen für geleistete Qualität. Die Einführung von Qualitätsmanagementsystemen wird insbesondere in den kommenden Jahren zu einer Nachfrage nach kompetenten MitarbeiterInnen führen, die auch in diesem Bereich tätig werden können. Aktuelle Trends in der Gesellschaft und ein verändertes Bewusstsein in der Bevölkerung wirken sich letztlich ebenfalls wachstumsfördernd in Bezug auf den Markt Gesundheitswesen aus. So wird zum Beispiel prognostiziert, dass die Nachfrage nach GesundheitsberaterInnen in den nächsten Jahren deutlich steigen wird (Brinkmann-Göbel, 2001). Die Initiative für die eigene Gesundheit steigt, Fitness und professionelle Gesundheits- und Ernährungsberatung werden verstärkt in Anspruch genommen. Gesundheit ist erstrebenswert und wird es auch immer bleiben. In der Bevölkerung wird langsam erkannt, dass Kranken- und Pflegeversicherung keine Vollkaskoversicherungen sind, sondern eine Selbstbeteiligung in unterschiedlicher Höhe beinhalten. Wie viel jeder Einzelne zu investieren bereit ist und wie viel er investieren kann, muss jedoch im Einzelfall geklärt werden.

Zusammenfassend lässt sich an dieser Stelle festhalten, dass der Bedarf an qualifiziertem und vor allem flexiblem Personal in der Pflege steigen wird. Das Wirtschaftsforschungsinstitut Prognos rechnet bis zum Jahre 2020 mit einem Zuwachs von insgesamt 400 000 Stellen in der Pflege. Nur mit ihnen können die zukünftigen Herausforderungen einer guten Gesundheitsversorgung der Bevölkerung bewältigt werden. Der Entwicklung einer Fort- und Weiterbildungskultur unter den derzeit in der Pflege beschäftigten MitarbeiterInnen wird dabei eine entscheidende Rolle zukommen. Hier muss der Grundstein gelegt werden. An Möglichkeiten der Qualifizierung bis hin zur Akademisierung sowie an unterschiedlichen Beschäftigungsfeldern mangelt es derzeit sicherlich nicht.

## 1.1.1 Vielfalt auf dem Arbeitsmarkt

Auf dem Arbeitsmarkt des Gesundheitswesens haben sich nicht nur die Aufgaben in den Einrichtungen verändert, sondern damit auch die Ansprüche, welche an das Personal gestellt werden. So werden heute wesentlich differenziertere Qualifikationen erwartet als noch vor zehn Jahren. Eine Bewerberin für die Stelle der Pflegedienstleitung hat heutzutage bessere Chancen, dem Anforderungsprofil eines Unternehmens gerecht zu werden, wenn sie beispielsweise ein gutes Diplomzeugnis in einem Pflegemanagement-Studiengang vorweisen oder zumindest anderweitig belegen kann, dass sie über ausgeprägte arbeitspsychologische, betriebswirtschaftliche und pflegewissenschaftliche sowie weitere Kenntnisse verfügt und die notwendigen Soft-Skills besitzt.

Noch vor mehr als zehn Jahren waren die erwähnten Kenntnisse zwar wünschenswert, wurden jedoch nicht explizit verlangt **(Abb. 1-1)**. Heute stellen sie für viele Positionen dagegen eine unabdingbare Voraussetzung dar. Die Pflegedienstleitung eines Altenheims leitet nicht mehr nur die Pflege, sondern ist heute ManagerIn. Nach wie vor ist es zwar eine ihrer Aufgaben, einen reibungslosen Ablauf der Pflege zu gewährleisten, allerdings spielt heute mehr denn je neben der Wahrung der Pflegequalität auch die Wirtschaftlichkeit eine entscheidende Rolle. Im Rahmen der Personalplanung rückt die ökonomische Effizienz in den Vordergrund. Die Pflegedienstleitung in einem ambulanten Pflegedienst bemüht sich heute um eine erlösorientierte Tourenplanung. Die Pflegedienstleitung in einem Krankenhaus beschäftigt sich heute mit der Umsetzung der DRGs. Ihre Aufgaben im Bereich der Schulung von MitarbeiterInnen haben sich zu einer strategieorientierten Personalentwicklung gewandelt. Datenerfassung und Controlling per EDV sind längst zu einer Selbstverständlichkeit geworden. Case-Management,

## Haus Sonnenschein

Eingebettet, in weitläufige grüne Anlagen, am Rande eines Waldes, bietet Haus Sonnenschein 38 pflegebedürftigen älteren Menschen ein neues zu Hause.

Am 01.03.1971 zogen die ersten Gäste in unser kleines Haus. Geprägt von einem christlichen Pflegeverständnis betreuen wir seitdem unsere Gäste.

Zum **01.06.1992** oder **01.07.1992** suchen wir in der Nachfolge von Frau Müller eine neue

### Pflegedienstleitung

**Wir erwarten:**
- eine abgeschlossene Ausbildung als Altenpfleger/-in
- mehrjährige Erfahrung als Pflegedienstleitung
- kreative Ideen zur Umsetzung neuer Konzepte
- Fähigkeit zur vertrauensvollen und kooperativen Zusammenarbeit mit Kollegen/-innen, Bewohnern und Angehörigen
- eine positive Einstellung zu älteren Menschen

**Wir bieten** Ihnen eine Mitarbeit in herzlicher Atmosphäre und einen sicheren und entwicklungsfähigen Arbeitsplatz. Ihre Bewerbung richten Sie bitte mit den üblichen Unterlagen an unsere Frau Sacher (Hausleitung), Sonnenblumenstraße 1, 51674 Wiehl. Für Fragen steht Ihnen Frau Sacher unter unserer Rufnummer (02262) 1234 zur Verfügung.

## Haus Sonnenschein
Zentrum für Rehabilitation und Pflege GmbH

Haus Sonnenschein befindet sich seit mehr als 30 Jahren in privater Trägerschaft und verfügt über derzeit 198 Plätze für pflegebedürftige Menschen. Nach der Modernisierung im Jahre 1999 sind unsere Bewohner nur noch in Ein- und Zweibettzimmern, überwiegend mit Balkon untergebracht. Im letzten Bauabschnitt wird in diesem Jahr unser Schwimmbad fertiggestellt. Im Haus integriert ist eine große Ergo- und Physiotherapieabteilung. Wir sind seit 5 Jahren zertifiziert.

Für das Leitungsteam suchen wir zum 01.07.2003 eine

### Pflegedienstleitung

**Wir erwarten:**
- eine pflegerische Ausbildung und ein erfolgreich abgeschlossenes FH-Studium Pflegemanagement
- mindestens 3 Jahre Berufserfahrung als Pflegedienstleitung
- hohes Engagement bei der Umsetzung moderner Organisationsstrukturen, betriebswirtschaftliches Denken
- Kenntnisse im Qualitätsmanagement nach DIN ISO
- kooperative, motivierende Mitarbeiterführung
- fundierte PC-Kenntnisse

**Wir bieten:**
- eine vielfältige Aufgabenstellung mit Gestaltungsfreiraum
- leistungsgerechte Vergütung, zusätzliche Altersvorsorge
- interessante Weiterbildungsmöglichkeiten

Ihre vollständigen und aussagekräftigen Bewerbungsunterlagen senden Sie bitte z.Hd. **Herrn Loffing** bei der TBC-Personalberatung, Keplerstr. 103, 45147 Essen.

**Abbildung 1-1:** Stellenanzeigen im Vergleich (gestaltet von Christian Loffing, 2002)

Pflegesatzverhandlungen, Corporate Identity, TQM und Organisationsentwicklung prägen das Tagesgeschäft der Pflegedienstleitung.

Dieser Entwicklung folgen die Angebote von Bildungsunternehmen, um die Lücke zwischen Anforderungen und vorhandenem Potenzial zu schließen. Neue Weiterbildungen, Workshops, Seminare und Fachtagungen bieten Hilfestellungen für die oben aufgezeigte Entwicklung im Gesundheitswesen. Als Fernlehrgang, berufsbegleitend oder in Vollzeitform, werden die Inhalte vermittelt (vgl. Kap. 3.1). Neben den traditionellen Beschäftigungsfeldern in der ambulanten und stationären Pflege (vgl. Kap. 2.1) ergeben sich nun weitere Differenzierungen und auch völlig neue Berufsfelder, zum Beispiel in den Bereichen Forschung, Lehre und Beratung (vgl. Kap. 2.2). Mit der Öffnung der Grenzen werden verstärkt Beschäftigungsmöglichkeiten, insbesondere im europäischen Ausland, denkbar (vgl. Kap. 2.3). Wer sich den Herausforderungen auf dem Arbeitsmarkt der Pflege stellen möchte, kann ein vielseitiges, interessantes Arbeitsfeld für sich entdecken – fernab von dem traditionellen Bild rein pflegerischer Dienstleistungen bei hilfsbedürftigen Menschen.

## 1.1.2 Professionalisierung und Akademisierung

Bereits seit 1963 existiert an der Humboldt-Universität Berlin (im Ostteil der Stadt) ein wissenschaftlicher Studiengang Medizinpädagogik. Die Ausbildung von Lehrkräften, sowohl für den theoretischen als auch für den berufspraktischen Unterricht in der Pflege, lief viele Jahre ausschließlich über diesen Studiengang. In der Bundesrepublik Deutschland ließ die Einrichtung solcher Studiengänge länger auf sich warten. Ein erster Modellstudiengang wurde 1976 an der FU Berlin eingeführt, später jedoch wieder eingestellt. Den Fachverbänden im Gesundheitswesen, den Gesundheitsministerien und der westdeutschen Rektorenkonferenz war dieser Studiengang zu undifferenziert. Im Jahre 1980 startete ein neuer Modellstudiengang an der Universität und Fachhochschule Osnabrück, welcher heute zu den renommiertesten unter den mittlerweile circa 120 Pflege- und Gesundheitsstudiengängen gehört. Ende der 80er-Jahre schließlich mehrten sich die Forderungen, pflegewissenschaftliche Studiengänge einzuführen, um den viel zitierten Pflegenotstand zu beheben. Bereits 1998/99 studierten laut Statistischem Bundesamt mehr als 4 700 Studenten in der Pflege.

Ein Charakteristikum der neu entstandenen Studienlandschaft Pflege ist die Heterogenität der Studiengänge. Pflegemanagement, Pflegepädagogik, Pflegewissenschaften, Gesundheitsökonomie, Pflege und Gesundheit, Krankenhaus- und Sozialmanagement, Soziale Gerontologie, Erziehung und Gesundheit sowie Gesundheit/Public Health sind nur einige aufs Geratewohl ausgewählte Studiengänge, die zu unterschiedlichen Studienabschlüssen führen. Bachelor und Master of Science in Nursing, Diplom-PflegemanagerIn (FH), Diplom-PflegepädagogIn (FH), Diplom-PflegewirtIn (FH) und viele Abschlüsse mehr, lassen sich bei einer Analyse der Studiengänge in der Bundesrepublik finden (vgl. Krause, 2001). Diese Vielfalt ist zum Ersten typisch für eine junge Wissenschaft, die ihr Bild noch formt und erarbeitet. Zum Zweiten zeigen sich darin die unterschiedlichen und wachsenden Ansprüche, die heute an MitarbeiterInnen in Pflege- und Gesundheitsberufen gestellt werden. Und zum Dritten spiegelt sich hier das Wesen der Pflegewissenschaft als einer Querschnittswissenschaft wider, in der sich relevante Erkenntnisse und Methoden anderer Zweige – Medizin, Psychologie, zunehmend auch Betriebswirtschaft und Informatik – bündeln (vgl. Kap. 3.1.6).

Auch die Entwicklung dieser Studiengänge eröffnet neben den zuvor diskutierten Möglichkeiten, die aus dem Besuch von Weiterbildungen resultieren, neue Beschäftigungschancen. Für einzelne Tätigkeitsfelder im Bereich des Gesundheitswesens ist der Abschluss eines grundständigen Studiengangs heute sogar unabdingbare Notwendigkeit.

## 1.1.3 Alten- und Krankenpflege als Chance?

Fasst man die Ausführungen der vorangegangenen Abschnitte zusammen, so muss betont werden, dass die Alten- und Krankenpflege heute neue Perspektiven bietet und insgesamt eine große Chance darstellt. Demgegenüber steht jedoch immer noch ein anderes Bild der Pflege in der Öffentlichkeit. Öffentlichkeitsarbeit für die Pflege ist zu einer wichtigen (berufs-)politischen Aufgabe geworden.

Zur Situation in der Pflege befragte der Autor Herrn Franz Wagner, der seit dem Jahre 2000 Geschäftsführer des Deutschen Berufsverbandes für Pflegeberufe e. V. (DBfK) in Berlin ist:

Herr Wagner, zu Ihren Zielen gehört die Weiterentwicklung der Pflege durch Bildung und Forschung sowie die Mitwirkung bei der Gesundheitsgesetzgebung durch Information und Lobbyarbeit. Was macht eine Ausbildung in der Pflege aus Ihrer Perspektive heutzutage noch interessant?

«Vor allem zwei Dinge:
1. Der direkte Kontakt mit Menschen und – damit verbunden – die Möglichkeit, in einer kritischen Situation (jede Gesundheitsstörung) zur Verbesserung der Lebensqualität beizutragen.
2. Die Vielseitigkeit der Arbeitsmöglichkeiten innerhalb des Berufes. Dies beginnt bei der Pflege unterschiedlicher Patientengruppen. Spezialisierungen in der Pflege und eine Tätigkeit in verschiedensten Institutionen prägen ebenfalls die angesprochene Vielseitigkeit. Die Arbeit in der Pflege reicht heute bis zum Arbeitsfeld Management und Lehre sowie weit darüber hinaus – zum Teil fernab von der Arbeit am Krankenbett.»

Derzeit haben wir in der BRD circa vier Millionen Arbeitslose. Wie sehen Sie die kurz-, mittel- und langfristigen Berufsaussichten in der Pflege?

«Die Aussichten sind hervorragend. Einer kleiner werdenden Zahl von Berufsanfängern steht ein immer größerer Pflegebedarf gegenüber. Der Bedarf an hoch qualifizierter Pflege und Personal, das dies leisten kann, wird langfristig steigen.»

Welche Qualifikationen werden zukünftig besonders gefragt sein?

«Neben den traditionellen Kompetenzen – Beziehungsfähigkeit, analytische und konzeptionelle Fähigkeiten, Teamfähigkeit, Beobachtungsfähigkeit – werden Beratung, Koordinierung und betriebswirtschaftliche Qualifikation gefragt sein.»

**Inwiefern hat sich die Arbeit in der Pflege in den vergangenen Jahren geändert?**
«Der Druck im Sinne von Wirtschaftlichkeit zu Lasten der Auseinandersetzung mit der Betreuung des Patienten hat zugenommen. Pflege im Krankenhaus wird quantitativ weniger, im ambulanten Bereich nimmt sie zu. Es wird stärker verlangt, zu belegen, warum wir was mit welchem Ergebnis tun.»

**Was empfehlen Sie den an einer Tätigkeit in der Pflege Interessierten?**
«Sie sollten sich vorab sehr gut über die Aufgaben, Möglichkeiten, Chancen etc. informieren und ihre Ausbildung, Qualifizierung und Karriere bewusst planen und nicht dem Zufall überlassen.»

## 1.2 Karriereberatung und -planung – Eine Notwendigkeit

Auf der Grundlage der vielfältigen Qualifizierungsmöglichkeiten sowie der dargestellten zunehmenden Akademisierung ist es notwendig geworden, eine Karriere in der Pflege bewusst zu planen und zu dem richtigen Zeitpunkt die richtigen Entscheidungen für die eigene Qualifizierung und Weiterentwicklung zu treffen. Wichtig ist es, rechtzeitig im Anschluss an eine Ausbildung in der Pflege darüber nachzudenken, wohin man sich kurz-, mittel- und langfristig weiterentwickeln möchte.

Eine Karriereberatung hilft, die richtigen Entscheidungen für das berufliche Weiterkommen zu treffen – unabhängig davon, ob die Situation am derzeitigen Arbeitsplatz verbessert werden soll, man sich beruflich entwickeln, neu orientieren oder im Bewerbungsverfahren optimal präsentieren möchte. Während der Beratung lässt sich herausfinden, welche Stärken und Schwächen man besitzt, welche Interessen und Neigungen vorliegen, wo die Berufsaussichten besonders günstig sind und welche Karriereschritte zu einem gewünschten Ziel führen.

> Eine gute erste Orientierung im Rahmen der Karriereplanung liefert der vorliegende Ratgeber (vgl. Kap. 1.2.2 und 5). In Kapitel 2 wird die Möglichkeit gegeben, sich über den Arbeitsmarkt in der Pflege in Deutschland und im europäischen Ausland zu informieren. In Kapitel 3 wird der interessierten Leserin ein umfassendes Feld von Qualifizierungsmöglichkeiten aufgezeigt. In Kapitel 4 wird schließlich eine Hilfestellung gegeben, unter Berücksichtigung der persönlichen Neigungen und Interessen eine Entscheidung für einen Karriereweg zu fällen.

### 1.2.1 Karriereberatung als Dienstleistung

«Sie wollen den Job wechseln oder sind auf dem Sprung in die Selbstständigkeit? Sie haben sich ‹festgebissen› in den Konflikten am Arbeitsplatz? Verkrustete Hierarchien versperren Ihnen den weiteren Aufstieg? Oder Sie sind durch langjährige Routine ganz einfach ‹ausgebrannt›? Wie auch immer Ihre konkrete berufliche Situation sich darstellt, Sie stehen an einem Wendepunkt. Nutzen Sie diese Chance, um zum Manager Ihrer eigenen Karriere zu werden. Was will ich, was kann ich, und wie erreiche ich meine Ziele, sind Fragen, die Sie sich jetzt stellen und neu beantworten sollten. Darin berate ich Sie. Herzlich Willkommen bei…!»

Mit diesem Text wirbt eine Frankfurter Karriereberatung um ihre Kunden. Die Dienstleistungen vieler Karriereberatungen sind ähnlich:

## 1.2 Karriereberatung und -planung – Eine Notwendigkeit

- Analyse der beruflichen Fähigkeiten und persönlichen Stärken
- Ermittlung der beruflichen Ziele und Prioritäten
- Klärung, Entwicklung und Stärkung der eigenen Position am Arbeitsplatz
- Strategieentwicklung für die Bewerbung auf dem Arbeitsmarkt
- Gestaltung professioneller Bewerbungsunterlagen
- Durchführung eines Bewerbungsstrategietrainings
- weitere Coaching-Themen zum Marketing in eigener Sache.

All dies sind klassische Dienstleistungen, die häufig wie bei einem Baukasten individuell zusammengestellt werden können. Dies bietet vor allem den Vorteil einer möglichst effizienten Vorgehensweise. Bedarf und Kosten können auf diese Weise optimal in Einklang gebracht werden. Im Rahmen der Karriereberatung kommen in der Regel unterschiedliche Arbeitsmethoden zum Einsatz. Hierzu zählen:

- strukturierte Interviews zur Ermittlung der Ziele, Fähigkeiten und Prioritäten
- Telefon-Coachings zur Vorbereitung auf eine etwaige Direktansprache von Unternehmen
- Rollenspiele zur Vorbereitung auf Vorstellungsgespräche
- Zielvereinbarungsgespräche, um erste Schritte auf dem Weg zur Wunschposition in die Wege zu leiten
- Arbeits- und Anschauungsübungen, um Neigungen und Interessen eine rationale Grundlage zu geben
- Assessment-Instrumente, um die Eignung für bestimmte Bereiche zu überprüfen
- psychologische Testverfahren, um die Persönlichkeit zu beleuchten, Fähigkeiten zu ermitteln usw.

Regelmäßig wird den Interessierten dabei ein Feed-back erteilt. Auch bezüglich des Ablaufs einer Karriereberatung lassen sich Parallelen zwischen einzelnen Dienstleistern erkennen, die an dieser Stelle dargestellt werden sollen. «Erkennen – Überprüfen – Entscheiden – Handeln» – dies beschreibt den Ablauf zahlreicher Karriereberatungen:

1. **Erkennen:** Eine Standortbestimmung und eine Ist-Analyse der beruflichen Visionen, Erfahrungen, Kompetenzen und Präferenzen steht hierbei im Vordergrund. Nicht unberücksichtigt bleibt in vielen Fällen die Persönlichkeit der Einzelnen. Was sicherlich zu begrüßen ist, da nicht nur die Fachlichkeit, sondern in ausgesprochen hohem Maße auch die Persönlichkeit über den Erfolg im Beruf entscheidet.
2. **Überprüfen:** Die Überprüfung, ob die generierte Vision realistisch zu erreichen ist und ob es nicht noch weitere Ziele gibt, steht im Mittelpunkt dieses zweiten Schrittes. Eventuell lassen sich unter Berücksichtigung der ermittelten Kompetenzen und Neigungen noch weitere berufliche Alternativen generieren.

**Abbildung 1-2:** Marion bei der Karriereberatung (gezeichnet von Marcus Splietker, 2002)

3. **Entscheiden:** Hier werden sämtliche Alternativen und Wege zur Verwirklichung der persönlichen Visionen gegenübergestellt. Unter rationalen Gesichtspunkten findet ein Vergleich statt, an dessen Ende die Entscheidung für einen Weg stehen sollte.
4. **Handeln:** Die Entwicklung eines detaillierten Aktions- und Zeitplans rückt hierbei in den Vordergrund. Zentrale und damit handlungsleitende Fragen sind die nach den persönlichen Zielen und wichtigen Kontakten (Unternehmen, Institutionen, Kontaktpersonen zum Beispiel Promotoren, Netzwerke etc.), welche für das Vorhaben wichtig sind. Auch die konkrete Form der weiteren Vorgehensweise (schriftliche Bewerbung, Direktansprache, Stellensuch etc.) wird diskutiert. Karrieresitzungen enden mit entsprechenden Zielvereinbarungen und der Abstimmung einer bestimmten Form der Kontrolle.

Abhängig von den aus dem Baukasten ausgewählten Beratungselementen und Arbeitsmethoden umfasst die Karriereberatung einen halben Tag bis zu zwei Tagen. Angeboten werden auch Konzepte, die zum Beispiel 4×2 Stunden an unterschiedlichen Tagen umfassen.

> Eine Liste der Karriereberatungen in Deutschland findet die interessierte Leserin unter anderem auf der Internetseite http://www.consultants.de. Auf dieser Seite befindet sich eine umfangreiche Datenbank, auf welche zum Beispiel über die Eingabe des gewünschten Ortes, an dem die Beratung stattfinden soll, Zugriff genommen werden kann. Informationen über spezielle Karriereberatungen für Pflegepersonal findet man hier nicht. Diese können jedoch über die Postkarte im Anhang angefordert werden.

Bei der Suche nach einer Karriereberaterin sollte bedacht werden, dass es sich hierbei um keine geschützte Berufsbezeichnung handelt. Was sich hinter der Bezeichnung Karriereberatung verbirgt, sollte nach Ansicht des Autors gut überprüft werden. Hierzu ein paar Empfehlungen in der folgenden Checkliste 1.

> **Checkliste 1**
> **Auswahl einer geeigneten Karriereberaterin bzw. eines -beraters**
> 1. Wie wirkt die Person am Telefon?
>    - Können Sie sich vorstellen, mit ihr über eine Laufbahnberatung nachzudenken?
> 2. Wie sieht das Beratungsangebot aus?
>    - Welche Leistungen umfasst das Angebot?
>    - Gibt es eine entgeltfreie Probesitzung?
>    - Welche Methoden werden eingesetzt?
>    - Welche Kosten fallen an?
> 3. Welche Referenzen kann sie/er vorweisen?
>    - Welche Personen wurden bereits von ihr/ihm beraten?
>    - Seit wann ist sie/er KarriereberaterIn?
>    - Welche Ausbildung qualifiziert sie/ihn für die Tätigkeit als KarriereberaterIn?

Überprüft werden sollte vor allem auch, ob ausreichend Fachwissen in Bezug auf die Branche Gesundheitswesen und insbesondere die Situation in der Pflege vorliegt. Eine pflegerische Ausbildung oder zumindest eine Konzentration auf das Sozial- und Gesundheitswesen sind sicherlich förderlich. Wünscht man auch eine Konzentration auf die Analyse der Persönlichkeit, so lässt die Qualifikation Diplom-Psychologin zumindest den Schluss zu, dass der Umgang mit psychologischen Testverfahren beherrscht wird. Eine grundständige Coaching-Qualifikation ist ebenfalls von Vorteil. Für die Auswahl gelten hier weitere Kriterien (Loffing, 2002). Die Anforderungen an einen Coach sind ausgesprochen hoch. Coachs müssen sich schnell auf neue Situationen einstellen können. Authentizität, Flexibilität, die Fähigkeit, sich in sein Gegenüber hineinversetzen zu können usw. sind unabdingbare Eigenschaften eines erfolgreichen Coachs. Ob ein Coach die notwendigen persönlichen und fachlichen Anforderungen tatsächlich erfüllt, ist in der Praxis jedoch schwer einzuschätzen. «Coaches gibt es wie Sand am Meer», heißt es in der Ausgabe eines Fachmagazins (Manager Seminare, Juli/August 2000), KarriereberaterInnen übrigens auch. Dies lässt sich primär darauf zurückführen, dass auch Coaching heute noch eine ungeschützte Bezeichnung ist, die dementsprechend jeder verwenden darf. Ähnlich wie in anderen Bereichen fehlt es an verbindlichen Kriterien, um die Qualität eines Coachs sicher zu

**Abbildung 1-3:** Marion bei der telefonischen Kontaktaufnahme (gezeichnet von Marcus Splietker, 2002)

beurteilen. Die Chance, unter den zahlreichen Coachs einen wirklich geeigneten zu finden, sinkt damit bedrohlich. Entgegen dieser problematischen Entwicklung haben sich einzelne Verbände – wie zum Beispiel die ECA (European Coaching Association e.V., Düsseldorf) oder der DVNLP (Deutscher Verband für Neurolinguistisches Programmieren e.V., Berlin) – in den vergangenen Jahren bemüht, eine verbindliche Qualität der Ausbildung zu definieren. Beide Vereine wenden Ausbildungsstandards an, die in einer Coaching-Lizenz münden. Auch wenn der «Scharlatanerie» durch diese Aktivitäten nicht gänzlich begegnet werden kann, so tragen sie dennoch zur besseren Ausbildung vieler Coachs bei. Weitere Bemühungen auf der Ebene einzelner Verbände erscheinen in naher Zukunft sicherlich notwendig und wünschenswert, da sich Coaching zum Beispiel mit einem verbindlichen und anerkannten Gütesiegel besonders gut etablieren könnte. Der Appell an dieser Stelle lautet, bei der Auswahl eines geeigneten Coachs die Aufmerksamkeit vor allem auf eine umfassende und mit Erfolg absolvierte Qualifizierung zu richten. Die in der folgenden Checkliste 2 aufgeführten Aspekte sollten auf jeden Fall noch vor der Entscheidung für einen Coach überprüft werden.

> **Checkliste 2**
> **Zusätzliche Auswahlkriterien bei integrierten Coaching-Elementen**
>
> Folgende Unterlagen sollten verlangt und kritisch geprüft werden:
> - Nachweis über eine therapeutische Primär-Qualifikation
> - Nachweis über eine mit Erfolg absolvierte und fundierte Coaching-Ausbildung
> - Nachweis über ausgeprägte Branchen- und Zielgruppenkenntnisse (bisherige Tätigkeitsfelder)
> - Nachweis über die Dauer der bisherigen Coaching-Tätigkeit
> - Nachweis über erfolgreich umgesetzte Coaching-Projekte (Referenzen)
> - Coaching-Konzepte aus bereits abgeschlossenen Projekten
> - persönliches Coach-Profil.
>
> **Hinweis:** Professionelle Coachs und KarriereberaterInnen haben entsprechende Unterlagen bereits in Form einer Präsentationsmappe für Interessenten zusammengefasst und schicken diese auf Nachfrage zu.

Die persönlichen und fachlichen Anforderungen – von deren Erfüllen der Coaching-Erfolg maßgeblich beeinflusst wird – sind sehr vielfältig. Die intensive Auseinandersetzung des Coachs mit dem Geist des Coaching ist eine unabdingbare Voraussetzung für einen erfolgreichen Coaching-Prozess. Nur wer die Grundgedanken kennt und akzeptiert, sorgt für eine authentische und erfolgreiche Intervention im Sinne des Coaching-Erfinders Gallwey (Gallwey, 2002). Nur unter dieser Voraussetzung sollte eine Dienstleistung mit dem Namen Coaching angeboten werden. Jeder Coach sollte ein persönliches Coaching-Profil besitzen. Hieraus müssen das Selbstverständnis und die Wertvorstellungen eines Coachs ersichtlich werden. Damit gibt er einem interessierten Coachee bereits im Vorfeld die Möglichkeit, über eine Zusammenarbeit entscheiden zu können. Selbsterfahrung ist eine weitere wichtige grundsätzliche Anforderung, die an einen Coach gestellt wird. Ein Coach sollte sein «eigenes Ich» genau kennen und im aktiven Umgang mit ihm geübt erscheinen. Nur wer sich selbst hinterfragt und lernt, mit den eigenen Schwächen umzugehen, wird langfristig erfolgreich sein. Laut Schreyögg (1999) sollte ein guter Coach mindestens die folgenden Anforderungen an den Menschen erfüllen:
- breite Lebens- und Berufserfahrung
- gute persönliche Ausstrahlung
- angemessener Interaktionsstil.

Dass es sich hierbei um wichtige Anforderungen handelt, lässt sich leicht nachvollziehen. Charakteristikum einer tragbaren Beziehung zwischen einem Coach und seinem Klienten ist Vertrauen. Einen entscheidenden Beitrag zum Aufbau von Vertrauen leistet vor allem eine breite Lebens- und Berufserfahrung. Der Coaching-Klient bzw. die -Klientin muss sich bei dem individuellen Coach unbedingt gut aufgehoben fühlen. Er sollte als jemanden mit ausreichend Erfahrung geschätzt werden. Ein selbsterfahrener Coach wird für sich schnell erkennen, für welchen Auftrag seine Erfahrung ausreicht. Bei der Wahl eines Coachs sollte dieser Punkt dennoch genauestens überprüft werden. Eine detaillierte Analyse der Vita sowie der bisherigen Referenzen auf einem ähnlichen Gebiet vermittelt die gewünschten Informationen. In Ergänzung zu dieser Anforderung sollte ein Coach über eine positive persönliche Ausstrahlung verfügen. Auch dieser Aspekt trägt zum Aufbau eines Vertrauensverhältnisses bei, aus dem eine spätere Offenheit und Bereitschaft des Coachees resultieren sollte. Hierfür muss wiederum der Coach offen und bereit sein. Dass auch ein angemessener Interaktions- und Kommunikationsstil eine notwendige Anforderung an den Coach ist, braucht sicherlich nicht ausführlich begründet zu werden. Schließlich basiert der Prozess vor allem auf einer kommunikativen Ebene. Der ideale Coach versteht es, mit seinen verbalen und nonverbalen Fähigkeiten den Prozess zu steuern und zu kontrollieren. Grundlegende Kenntnisse, zum Beispiel aus dem Bereich NLP, sind hilfreich. Defizite des Coachs im Bereich der Interaktion und Kommunikation stellen einen erwünschten Erfolg wiederum grundsätzlich in Frage. In Ergänzung zu diesen persönlichen Anforderungen sollte auch eine hohe emotionale Intelligenz gefordert werden (Goleman, 2000).

### 1.2.2 Karriereplanung mit diesem Ratgeber

Eine strukturierte Karriereplanung ist auch mit diesem Ratgeber möglich. Hierzu wurde ein spezieller Aufbau der einzelnen Kapitel vorgenommen. Die Karriereplanung kann dabei in drei Schritten erfolgen:
1. Im ersten Schritt erfolgt eine grundlegende Orientierung über Arbeits- und Qualifizierungsmöglichkeiten.
2. Im zweiten Schritt wird unter Berücksichtigung der zuvor bearbeiteten Inhalte sowie der persönlichen Neigungen eine Entscheidung gefällt.
3. Im dritten Schritt erfolgt schließlich die Umsetzung der ersten Maßnahmen.

**1. Schritt – Orientierung**
Die ausführlichen Kapitel 2 und 3 bieten gute Möglichkeiten zu einer umfassenden Orientierung. Nach einer allgemeinen Darstellung des Arbeitsmarktes Pflege wird der Fokus vor allem auf Beschäftigungsmöglichkeiten im europäischen Ausland gerichtet. Kurze Beschreibungen der Länder tragen dazu bei, einen grundsätzlichen Überblick zu gewinnen. Die ausführliche Darstellung der akade-

mischen und nichtakademischen Qualifizierungsmöglichkeiten ist ein weiterer Baustein einer ersten Orientierung. Interviews mit Praktikern aus der Pflege, die unterschiedliche Tätigkeiten ausüben, machen ihre Karrieren transparent. Kapitel 4 zeigt wichtige Möglichkeiten der Finanzierung auf.

**2. Schritt – Entscheidung und Aktionsplanung**
Kapitel 5 bietet die Möglichkeit, auf der Grundlage eines Neigungs- und Interessentests eine erste Entscheidung zu fällen. Weitere Übungen aus dem Bereich des Neurolinguistischen Programmierens (NLP) tragen zur Entscheidungsfindung bei. Im Anschluss daran werden Hilfestellungen gegeben, einen aus der Entscheidung resultierenden Aktions- und Zeitplan aufzustellen.

**3. Schritt – Aktion**
Zentraler Bestandteil von Kapitel 6 ist die Aktion in Form des Bewerbungsverfahrens. Von der Analyse der Stellenanzeige, über die individuelle Gestaltung der Bewerbungsunterlagen, bis hin zur Direktansprache von potenziellen Arbeitgebern. Weitere Aktionen im Sinne einer Kontaktaufnahme zu Hochschulen oder Weiterbildungsinstituten sowie die Suche nach Stellenanzeigen im Ausland sind mit Hilfe dieses Buches möglich. Hierzu befinden sich an unterschiedlichen Stellen alle notwendigen Hinweise. Insbesondere der Anhang kann als eine umfangreiche Informationsbörse betrachtet werden.

Den eigenen Zielen dürfte man auf diesem Wege einen großen Schritt näher kommen. Wichtig ist im Anschluss daran vor allem die konsequente Umsetzung einzelner Maßnahmen. Hier ist eine gehörige Portion Selbstmotivation notwendig.

## 1.3 Zusammenfassung

Das Gesundheitswesen befindet sich derzeit in einem Wandel, Aufgaben in der Alten- und Krankenpflege verändern sich. Das Gesundheitswesen ist ein Wachstumsmarkt. Der Bedarf an qualifiziertem und vor allem flexiblem Personal in der Pflege wird weiterhin steigen, weil nur mit ihm die zukünftigen Herausforderungen im Rahmen einer guten Gesundheitsversorgung der Bevölkerung bewältigt werden können. Um sich auf diesem Markt zurechtzufinden und sich richtig zu positionieren, ist eine Karriereplanung in der heutigen Zeit zu einem aktuellen und essenziellen Thema geworden. Erfolgreich sind zukünftig diejenigen, die ihre Karriere nicht dem Zufall überlassen.

# 2 Arbeiten in der Pflege

*Eine Arbeit, die uns Befriedigung gewährt,
ist gewiss das beste und solideste Glück.*

Theodor Storm

Den Arbeitsmarkt Pflege hat in den vergangenen Jahren eine deutliche Erweiterung geprägt. Tätigkeiten in der stationären Pflege haben eine starke Differenzierung erfahren, die ambulante Versorgung hat seit Einführung der Pflegeversicherung einen unglaublichen Boom zu verzeichnen. Neue, nie da gewesene Perspektiven haben sich für viele Beschäftigte eröffnet, und es ist erkennbar, dass sich diese Entwicklung zukünftig fortsetzen wird.

Die Öffnung der Grenzen in der europäischen Union trägt ebenfalls zur Veränderung des Arbeitsmarktes Pflege bei. Bereits seit Jahren ist erkennbar, dass Länder wie die Schweiz qualifiziertes Pflegepersonal aus Deutschland einstellen (Rudolph, 2002). Inzwischen ist auch eine Tätigkeit in einem ambulanten Pflegedienst auf Mallorca denkbar. Gerade bei einem Wechsel in das europäische Ausland sind jedoch zahlreiche rechtliche Aspekte und persönliche Voraussetzungen zu berücksichtigen sowie Hürden zu überwinden. So stellen sich unter anderem Fragen danach, wo man geeignete Stellenanzeigen findet, wie man sich bewirbt, welche Aus- und Weiterbildungen anerkannt werden, ob Aufenthaltsgenehmigungen beantragt werden müssen und wer grundsätzlich und kompetent in diesen Fragen beraten kann.

Dieses Kapitel soll dazu anregen, über die eigenen Möglichkeiten einer Beschäftigung auf dem Arbeitsmarkt Pflege nachzudenken. Neben der Frage nach einer Beschäftigung in der ambulanten oder stationären Pflege stellt sich hier auch die Frage nach alternativen Arbeitsfeldern. Die interessierte Leserin bzw. der interessierte Leser sollte auch prüfen, ob nicht sogar eine Beschäftigung im europäischen Ausland erwägbar ist und vielleicht völlig neue und spannende Perspektiven bietet.

Methodisch folgt dieses Kapitel einer möglichst vielfältigen Darstellung, die durch gebührende Kürze und Prägnanz gewährleistet wird. Ziel ist es, einen Überblick über potenzielle Arbeitsmöglichkeiten zu geben. Empfehlungen werden erteilt.

## 2.1 Klassischer Arbeitsmarkt Pflege

### 2.1.1 Kurzgefasste Geschichte des Arbeitsmarktes «Stationäre Pflege»

«Gesundheitsstörungen und Krankheiten hat es seit Menschengedenken gegeben. ... Wissen und Können der Heilkundigen hat sich über die Jahrhunderte fortentwickelt...» (Schell, 1999: 1). Erste pflegerische Maßnahmen waren von instinktmäßigem Handeln geprägt, Kranke und Hilfsbedürftige waren von ihrer Sippe abhängig und magisch-religiösem Handeln ausgesetzt. Zum Teil wurden Kranke auch ausgesondert und verstarben schließlich. Einrichtungen, in denen die Gesundheit der Erkrankten wiederhergestellt werden sollte, wurden im Altertum in unterschiedlichen Hochkulturen entwickelt (Beske/Hallauer, 1999; Loffing, 1999; Schell, 1999). Ägypter, Babylonier, Chinesen, Griechen sowie die islamische und die christliche Religion ließen Einrichtungen zur stationären Versorgung Pflegebedürftiger entstehen. Bis in die Neuzeit hinein handelte es sich hierbei um reine Orte der Barmherzigkeit, in denen mittellose Kranke ein gewisses Maß an ärztlicher Versorgung, überwiegend jedoch Unterkunft und Pflege erhielten. Bereits im 4. Jahrhundert existierten in Europa zahlreiche so genannte «Fremdenherbergen», in denen Kranke und Leidende in großen Krankensälen Unterkunft fanden (Murken, 1992: 1544). Am Anfang des Hospitalwesens christlicher Prägung stand das der griechischen Sprache entstammende Xenodochion (lat.: hospitalium). Weitere Versorgungseinrichtungen waren das Brefotropheion (Säuglingsheim) und das Gerokomeion (Heim für alte Leute). Eine spezielle Krankenpflege gab es zum diesem Zeitpunkt noch nicht. Die Krankenpflege war in die Medizin einbezogen. Erste medizinische Erfahrungen und Aberglaube griffen hier ineinander. In der indischen Medizin, beginnend etwa 2000 v. Chr., war die Pflege fest in die Heilkunde verankert. Es wurden ausdrücklich pflegende Personen erwähnt, die fest umschriebene Aufgaben zu erfüllen hatten. Die größte Problematik der ersten stationären Einrichtungen im Gesundheitswesen bestand in der hohen Sterblichkeit, die durch die mangelnden räumlichen und hygienischen Voraussetzungen bedingt wurde. Die Kirche sah zu diesem Zeitpunkt im Hospitalwesen eine ihrer essenziellen Aufgaben und engagierte sich dementsprechend sowohl personell als auch finanziell sehr stark in der Errichtung und Aufrechterhaltung der Hospitäler und anderer Einrichtungen, die hinsichtlich ihrer Größe und der Ideale ihrer Betreiber der Antike unbekannt gewesen waren. Die christlichen Ordensgemeinschaften konzentrierten sich primär auf den Versuch, die auf den menschlichen Körper einwirkenden Kräfte ohne schwer wiegende Eingriffe wie Operationen, die damals schwer und risikoreich waren, wieder ins Gleichgewicht zu bringen. Mit dem Wachsen und Aufblühen der Städte im

12., 13. und 14. Jahrhundert löste sich das Hospitalwesen aus der Hand der Kirche als alleiniger Trägerin. In allen Städten entstanden Hospitäler, die vor allem für Notzeiten (z. B. Seuchen und Kriege) besonders große Flächen umfassten. Die Städte wurden zu Trägern der Hospitäler, während sich das Personal nach wie vor hauptsächlich aus Ordensmitgliedern zusammensetzte. Schwestern übernahmen Aufgaben der Krankenpflege, Ordensbrüder dagegen zunehmend ärztliche Aufgaben. Finanzielle Aspekte führten schließlich vor allem in den städtischen Hospitälern dazu, dass verstärkt reiche Bürger aufgenommen wurden, von denen ein Gewinn zu erwarten war, und die Behandlung mittelloser Kranker zunehmend aus dem Hospital hinaus in den häuslichen Bereich verlagert wurde. Im Spätmittelalter entstanden zahlreiche medizinische oder soziale Häuser, wobei sich eine immer stärkere Tendenz zur Spezialisierung zeigte. Neben Waisen- und Armenhäusern entstanden Hospitäler, die zum Teil auf eine einzige Krankheit spezialisiert waren. Dies galt in erster Linie für hoch ansteckende Krankheiten wie Pest oder Lepra; der Zweck der Hospitäler lag mangels effektiver Therapiemöglichkeiten vornehmlich in der Isolierung der Kranken. Mit dem Abebben der Seuchengefahr wurden viele der festungsähnlichen Pesthäuser in große Hospitäler umgewandelt, in denen die Vorläufer des heutigen Krankenhauses zu sehen sind. Die Häuser jener Zeit konzentrierten sich anderes als ihre Vorgänger auf die Behandlung der heilbaren Kranken und verlagerten die Pflege chronisch Kranker und alter Menschen möglichst nach außen. In diesen Krankenhäusern fand sich erstmalig eine klar erkennbare Einteilung in unterschiedliche Stationen. In den großen Krankenhäusern gelang die Vermeidung von Infektionen nach wie vor nur sehr schlecht, da eine wirkliche Isolation der Kranken in diesen Häusern nicht möglich war. Die Krankensäle wurden schließlich auf Räume für ungefähr zwölf Patienten verkleinert. Gleichzeitig versuchte man, das Verhältnis der Zahl der Toiletten und der Zahl der Patienten zu verbessern. Operationen wurden mehr und mehr in eigens dafür angelegten Operationstrakten durchgeführt und nicht mehr, wie in der Zeit davor, am Krankenbett selbst. Gegen Ende des 19. Jahrhunderts hatten die großen Krankenhäuser elektrisches Licht, Fußbodenheizung und fließendes warmes und kaltes Wasser in allen Krankenräumen. Eine für die Krankenhäuser entscheidende Errungenschaft der Medizin war die Erforschung der Übertragungsweise von Infektionen durch den Arzt Robert Koch und die Veröffentlichung seines Buches über Antisepsis im Jahre 1878. Dadurch konnte in den kleinen und großen mehrstöckigen Krankenhausbauten hygienisch gearbeitet werden. Weitere medizinische Errungenschaften, welche die Ärzte in das Bild der Öffentlichkeit rückten, folgten in immer kürzeren Zeitabständen.

Im 20. Jahrhundert gewann ein neuer Faktor an Bedeutung, der die Gestaltung der Krankenhäuser bestimmte: die Ökonomie. Es entstanden Hochhaus-Krankenhäuser, die auf kleiner Grundfläche ein Maximum an Raum und Effektivität boten.

Das Krankenhaus von heute ist nicht mehr ein Ort der Bedürftigen. Es ist eine Institution für diejenigen Patienten, die auf Grund der Schwere oder Kompliziertheit ihrer Krankheit die Behandlung in einem Krankenhaus mit den Möglichkeiten der modernen Medizin benötigen. In Alten- und Pflegeheimen werden Hilfsbedürftige versorgt, die einen eigenen Haushalt nicht mehr führen können und pflegerische Betreuung in mehr oder weniger umfangreichem Maß benötigen. Ambulant bzw. in Kurzzeit- und Tagespflegeeinrichtungen versorgt werden Hilfsbedürftige, die noch in einem eigenen Haushalt leben. Auch sie benötigen zeitweise oder auf bestimmte Aufgaben bezogene kompetente pflegerische Unterstützung.

**Arbeiten im Krankenhaus**
Krankenhäuser zählen wohl zu den bekanntesten und komplexesten Pflegeeinrichtungen. In diesen stationären Einrichtungen nehmen Patienten fern von ihrer gewohnten Umgebung die Möglichkeiten der modernen Medizin in Anspruch. Einer Vielzahl an Pflegekräften bieten diese stationären Einrichtungen unterschiedliche Beschäftigungsmöglichkeiten.

Die Krankenhäuser in Deutschland lassen sich nach verschiedenen Kriterien unterteilen. Trägerschaft, Aufgaben, Größe und Versorgungsstufe sind klassische Kategorien, die eine Unterteilung ermöglichen. Auf einzelne Berufe beziehungsweise Arbeitsmöglichkeiten bezogen lässt sich das Krankenhaus auf einer übergeordneten Ebene in die Bereiche ärztlicher Dienst, pflegerischer Dienst sowie Wirtschafts- und Versorgungsdienst unterteilen. Hinsichtlich der Organisationsstruktur sind Krankenhäuser nach Disziplinen und Subdisziplinen in Abteilungen und Stationen gegliedert. Stabsstellen, zum Beispiel für das zentrale Qualitätsmanagement, sind neuere Strukturen, die auch für Pflegekräfte insofern interessant sind, als dass sie neue Beschäftigungsmöglichkeiten fern von der klassischen Aufgabe am Patientenbett bieten. Eine vertikale Differenzierung besteht dagegen in mehr oder weniger ausgeprägtem Maße bereits seit der Entstehung von Krankenhäusern. Heute kann man als Pflegedienstleitung, Abteilungsleitung, Stationsleitung oder Gruppenleitung, mitunter auch als Schichtleitung tätig werden. In der Horizontalen sind ebenfalls verschiedene Aufgaben und Positionen denkbar, so zum Beispiel als FachkrankenpflegerIn für Anästhesie und Intensivpflege, PraxisanleiterIn, MentorIn etc.

**Arbeiten im Altenheim**
Zu den stationären Einrichtungen gehören nicht nur die Krankenhäuser, sondern auch Pflege- und Altenheime sowie Behindertenheime und stationäre Einrichtungen für die Behandlung psychisch Kranker. Pflegeheime sind hoch spezialisierte Einrichtungen mit gut ausgebildeten Fachkräften, die den BewohnerInnen rund um die Uhr zur Verfügung stehen. Im Pflegeheim erhalten alte, kranke, behinderte und/oder pflegebedürftige Menschen Unterkunft, Verpflegung und um-

fassende soziale Betreuung und Pflege. Das Angebotsspektrum reicht von der allgemeinen Pflege über Pflege durch Fachkräfte bei Tag und Nacht bis hin zur Beratung in allen Pflege- und Betreuungsphasen sowie intensiven Biografiearbeit als Schlüssel zum Verständnis älterer Menschen. Unter der Vielzahl von Pflegeheimen, die mittlerweile in Deutschland existieren, gibt es einige, die sich auf bestimmte Zielgruppen spezialisiert haben. So existiert zum Beispiel in Weimar ein Altenheim für «in die Jahre gekommene» Künstler. In Frankfurt am Main befindet sich ein Altenpflegeheim für betagte homosexuelle Menschen im Aufbau. Potenzielle Tätigkeiten für Pflegekräfte in Altenheimen lassen sich ebenfalls horizontal und vertikal differenzieren. Eine Tätigkeit als Pflegekraft, Wohnbereichsleitung, Pflegedienstleitung oder Heimleitung ist hier ebenso denkbar wie eine Beschäftigung als Pflegehilfskraft, Pflegefachkraft, Qualitätsmanagementbeauftragte/r, PraxisanleiterIn, MentorIn etc.

**Arbeiten in einer Kurzzeit- oder Tagespflege**
Für Menschen, die tagsüber Hilfe und Pflege brauchen, abends und nachts aber lieber in den eigenen vier Wänden sein wollen, ist die Tagespflege ein geeignetes Angebot. Sie gewährleistet den ganzen Tag über nicht nur die Pflege, Betreuung und Versorgung der Gäste in Form von Frühstück, Mittag- und Abendessen, sondern bietet ihnen auch Unterhaltung. Kreative Beschäftigung, Bewegungs- und Tanztherapie, Musiktherapie und Gedächtnistraining sowie weitere Maßnahmen prägen hier den Tagesablauf. Die Tageszentren bieten hilfs- und pflegebedürftigen Menschen eine ganztägige Einbindung in eine soziale Gemeinschaft mit einem meist reichhaltigen Aktivierungs- und Therapieprogramm. Das Tätigkeitsfeld für Pflegekräfte bietet dementsprechende Herausforderungen. Zahlreiche Konstellationen sprechen für das Modell Tagespflege. So können zum Beispiel Berufstätige, die ihre Eltern tagsüber gut betreut wissen wollen, diese abends wieder zu Hause haben. In diesem Fall werden die Tagespflegegäste morgens zu Hause abgeholt und am späten Nachmittag wieder nach Hause gebracht.

In der Kurzzeitpflege finden diejenigen Gäste Aufnahme, die ansonsten zu Hause gepflegt werden und nur für eine begrenzte Zeit fremde Hilfe brauchen. Das kann zum Beispiel der Fall sein, wenn die Tochter, die ihren Vater pflegt, mit ihrer Familie in Urlaub fahren möchte. Kurzzeitpflege kann aber auch im Anschluss an einen Krankenhausaufenthalt zur Rehabilitation beziehungsweise Erholung in Anspruch genommen werden oder als Wiedereinstiegshilfe für eine selbstständige Lebensführung zu Hause genutzt werden. Die oben beschriebenen Angebote kommen auch hierbei zum Tragen.

Gerade die Pflege- und Betreuungsangebote im Rahmen der Tages- und Kurzzeitpflege stellen keine starre Form dar, zu welcher der Mensch passen muss, sondern die Form wird individuell auf den Menschen zugeschnitten. Für das Fachpersonal bedeutet dies, sich viel Zeit für die Beratungsgespräche mit den

Pflegebedürftigen und deren Familien zu nehmen – eine für viele Pflegekräfte interessante Aufgabe.

**Arbeiten im Hospiz**

In einem Hospiz betreute Patienten sind zum Beispiel Krebskranke, die nach menschlichem Ermessen nicht mehr geheilt werden können. Ihre Betreuung umfasst neben kompetenter und individueller Pflege die medizinische Behandlung von Beschwerden wie Schmerzen, Übelkeit, Erbrechen, Durchfall, Appetitlosigkeit und Müdigkeit. Durch intensive Zusammenarbeit von ÄrztInnen, Pflegekräften, SeelsorgerInnen und ehrenamtlichen MitarbeiterInnen soll den Patienten ein Leben bis zum Tod in Würde und Geborgenheit ermöglicht werden. Auch ein vorübergehender Aufenthalt im Hospiz zur Schmerzeinstellung ist möglich. Besuche sind hier in der Regel rund um die Uhr eingeplant. Angehörige können in einigen Hospizen auch übernachten. Das gesamte Angebot umfasst die kompetente und individuelle Pflege, Schmerzbekämpfung und Linderung anderer Beschwerden (Symptomkontrolle), auf Wunsch auch die seelsorgerische und psychosoziale Begleitung der Patienten und Angehörigen. Als MitarbeiterIn in der Pflege gestaltet sich das Arbeitsfeld auch hier vielfach völlig neu und stellt täglich andere Herausforderungen an den Arbeitsablauf.

## 2.1.2 Kurzgefasste Geschichte des Arbeitsmarktes «Ambulante Pflege»

Eine lange Geschichte hat auch die häusliche Pflege, die meist in Abhängigkeit von der Entwicklung der stationären Pflege stand. Zahlreiche Historiker gehen davon aus, dass bereits in Ägypten zwischen 3000 und 300 v. Chr. Formen häuslicher Pflege, getragen von der Familie und Nachbarn, bestanden haben. Auch in der chinesischen Geschichte lassen sich ähnlich frühe Verweise darauf finden, dass Kinder die Eltern pflegen mussten, wenn diese krank waren. Der Konfuzianismus beinhaltet derartige Pflegeverpflichtungen (Schell, 1999). Hervorzuheben ist, dass die häusliche Pflege von Patienten durch die eigenen Angehörigen viele Jahrhunderte lang, bis etwa zur Mitte des 19. Jahrhunderts, den Regelfall darstellte. Nur dort, wo die Familie als wichtiges soziales Netzwerk fehlte, wurde eine Versorgung in öffentlichen Hospitälern vorgenommen. Hier herrschten jedoch, wie bereits beschrieben, hygienisch unzumutbare Verhältnisse. «Sie wurden eher als Stätte und Ursache für Krankheit und Tod angesehen, denn als Orte zur Heilung und Lebensrettung» (Büssing/Giesenbauer/Glaser/Höge, 2000: 19). Eine organisierte Hauspflege entstand in Deutschland erst mit der Industrialisierung. Als Ursache kann vor allem die damit einhergehende sozial verursachte massenhafte Entstehung von Armut, Krankheit und Vereinzelung gesehen werden. Zu dieser Zeit mussten Frauen und Kinder mit zum Unterhalt der Familie beitragen. Fehlende arbeitsrechtliche Bestimmungen ließen eine tägliche Arbeitszeit von bis zu 16 Stunden zu. Den Frauen, die bislang die häusliche Pflege der Angehörigen übernommen hatten, fehlte damit die notwendige Zeit und Kraft. Die Neugründung religiöser Pflegeorden und Diakonissenanstalten sicherte schließlich eine Versorgung der Hilfsbedürftigen vor Ort durch geschulte Personen. Im Unterschied zur Pflege in den damaligen Krankenhäusern umfasste diese Form der Versorgung auch sozialpflegerische Aspekte wie Familienbetreuung und Armenfürsorge. Die unter kirchlicher Trägerschaft stehende Gemeindepflege war geboren und stellte den Ursprung für die private ambulante Pflege dar. Die Schwestern, die zu Beginn des 20. Jahrhunderts zunehmend aus den streng hierarchisch organisierten Mutterhäusern austraten und zunehmend selbstständig tätig wurden, können heute als Pionierinnen dieses Bereichs angesehen werden (Müller-Landgraf, 1996; Bischoff, 1994). Lange wurde jedoch ein verhältnismäßig geringer Teil der Hilfsbedürftigen von diesen Schwestern versorgt. Die kirchliche und zum Teil staatliche Unterstützung der Gemeindepflege stärkte diesen Bereich auch über die Zeit des Nationalsozialismus hinaus. Ein Rückgang der gesamten ambulanten Versorgung ließ sich erst wieder zwischen 1950 und 1970 feststellen (Moers, 1997). Als Ursachen werden hierfür vor allem zwei Aspekte diskutiert: zum einen der Nachwuchsmangel an Diakonissen und Schwestern, zum anderen die gesundheitspolitische Konzentration auf die stationäre Versorgung. Träger der Krankenhäuser wurden vor allem Länder und Gemeinden, während die ambulante Versorgung den Wohlfahrtsverbänden überlassen wurde. Im Jahre 1970 wurden in Rheinland-Pfalz schließlich die ersten Sozialstationen eröffnet – eine Entwicklung, die aus der Versorgungslücke in den dortigen Krankenhäusern resultierte, welche sich zunehmend auch in anderen Bundesländern zeigte. Bis Mitte der 80er-Jahre breitete sich dieses Modell über die alten Bundesländer aus. Eine Konzentration lag auf Grund der Finanzierungsmodalitäten und der geringen personellen Ressourcen auf den am häufigsten nachgefragten medizinisch-pflegerischen Leistungen.

Die Einführung der Pflegeversicherung (PflegeVG) diente schließlich dazu, die zunehmende «Kostenexplosion» im Gesundheitswesen einzudämmen, auch dies stärkte den ambulanten Bereich. Eine Vielzahl privater Pflegedienste entstand ab Mitte der 90er-Jahre, wodurch bis heute für eine professionelle Versorgung pflegebedürftiger Personen vor Ort gesorgt ist.

**Arbeiten im Pflegedienst**

Unter ambulanter Versorgung wird in Deutschland der Teil medizinischer und pflegerischer Versorgung verstanden, bei dem der Patient nicht aus seinem Wohnbereich herausgelöst wird. Entweder sucht er die entsprechende Einrichtung selbst auf, oder er wird, wenn er dazu nicht in der Lage ist, vorübergehend zu Hause versorgt. Zur ambulanten Versorgung zählen unter anderem die Arztpraxen, Zahnarztpraxen, der Sozialpsychiatrische Dienst, Praxen von Physio- und Psychotherapeuten und die Pflegedienste.

Unter ambulanter Pflege versteht man Hilfe- und Unterstützungsleistungen, die vor Ort, also im Haushalt der Pflegebedürftigen, erbracht werden. Gut betreut sein und trotzdem zu Hause wohnen: Die Erfüllung dieses Wunsches vieler älterer, behinderter und kranker Menschen wird durch die ambulanten Pflegedienste möglich. Qualifizierte MitarbeiterInnen der Pflegedienste kommen zu den hilfsbedürftigen Menschen nach Hause, um beispielsweise Spritzen und Medikamente zu geben, Verbände zu wechseln, bei der Körperpflege zu helfen oder auch Bewegungsübungen mit ihnen zu machen. Die meisten Pflegedienste verleihen auch Hilfsmittel, wie zum Beispiel Badewannenlifter, mit denen ein Pflegebedürftiger leicht in die Badewanne hinein- und wieder herausgehoben werden kann. Sie bieten auch Wohnraumberatung an. Bei eingeschränkter Bewegungsfähigkeit genügen manchmal kleine Veränderungen, um die vertraute Wohnung an die veränderten Bedürfnisse der BewohnerInnen anzupassen. Die Pflegedienste sind dafür da, sowohl dem hilfsbedürftigen Menschen als auch seinen Angehörigen das Leben unter schwierigen Umständen zu erleichtern – mit einem Leistungsangebot, das Menschen dabei unterstützt, so eigenständig wie möglich zu leben. Für Menschen, die ihre Angehörigen selbst pflegen, bieten viele Pflegedienste regelmäßig Kurse in häuslicher Pflege an. Fachkräfte vermitteln pflegerisches Grundwissen und Techniken zur Arbeitserleichterung, wie zum Beispiel rückenschonendes Heben. Außerdem springt der Pflegedienst ein, wenn die pflegenden Angehörigen mal krank sind oder in Urlaub fahren wollen. Die Beschäftigung in der ambulanten Pflege ist ebenso wie in der stationären Pflege horizontal und vertikal ähnlich weit verzweigt. Spezialisierungen sind auch hier zu finden, so gibt es zum Beispiel Pflegedienste, die nahezu ausschließlich demente alte Menschen versorgen oder vor allem HIV-Patienten zu ihren Kunden zählen.

**Arbeiten im Betreuten Wohnen**
Zum ambulanten Angebot gehört im weitesten Sinne auch das so genannte «Betreute Wohnen». Es ist stärker auf das Wohnen als auf die Pflege ausgerichtet. Pflegeleistungen können bei Bedarf eingekauft werden. Viele ältere Menschen wollen zwar noch ihren eigenen Haushalt führen, aber auch ganz sicher sein, dass sie bei Bedarf Hilfe erhalten: beim Einkauf und bei Behördengängen, beim Putzen der Wohnung, oder, wenn sie einmal krank sind, die Pflege durch eine erfahrene Pflegeperson. Diese Möglichkeiten werden hier geboten. Die Wohnungen sind seniorengerecht ausgestattet, ohne Türschwellen und andere Stolperfallen. Insbesondere Bad und Küche sind in der Regel so eingerichtet, dass auch bei eingeschränkter Beweglichkeit eine selbstständige Haushaltsführung möglich ist. Für Hilfen im Alltag oder im Falle einer Erkrankung sorgt der jeweilige Pflege- und Betreuungsdienst.

## 2.2 Alternative Arbeitsmärkte

Neben der klassischen Erbringung pflegerischer Dienstleistungen unmittelbar am Patienten oder Hilfsbedürftigen existieren seit vielen Jahren alternative Arbeitsmärkte. Insbesondere in den vergangenen zehn bis 15 Jahren haben diese Alternativen eine weitere Differenzierung erfahren.

### 2.2.1 Arbeiten in der Ausbildung

Die große Anzahl der in der Pflege beschäftigten Personen setzt voraus, dass ausreichend Nachwuchskräfte ausgebildet werden (vgl. **Tab. 1-1**). Examinierte AltenpflegerInnen oder KrankenpflegerInnen bzw. Alten- oder Krankenpflegehilfskräfte müssen qualifiziert werden, damit sie kompetente Pflege leisten können. In Fachseminaren für Altenpflege sowie in Krankenpflegeschulen ist eine nicht unerhebliche Anzahl an LehrerInnen für Pflegeberufe entweder fest angestellt oder freiberuflich beschäftigt, die sich um den Unterricht in einzelnen Lehrgebieten bemühen. Aus der Tatsache, dass Lernen heute ein lebenslanger Prozess ist, lässt sich ableiten, dass auch ein Fort- und Weiterbildungsmarkt existieren muss. Beeinflusst durch eine Forderung der Spitzenverbände der Krankenkassen wurden zum Beispiel seit 1996 schätzungsweise etwa 30 000 Pflegedienstleitungen nach § 80 SGB XI qualifiziert. Mit zunehmender Reformierung, Organisationsentwicklung und Weiterentwicklung der Pflege und Medizin, was in zunehmend geringerer Zeit geschieht, muss Wissen erweitert oder angepasst werden. Im Rahmen der innerbetrieblichen Fortbildung (Picado/Unkelbach, 2001) und in Form von externen Schulungen wird versucht, etwaige Wissenslücken zu schließen.

Die explosionsartige Entwicklung von Pflegestudiengängen, die voranschreitende Akademisierung in der Pflege macht auch die Universitäten und Fachhochschulen zu einem Ort, an dem Lehre in der Pflege stattfindet. Lehrstühle unterschiedlicher Disziplinen wurden und werden auch jüngst noch eingerichtet und bieten ebenfalls Beschäftigungsmöglichkeiten. Ob als LehrstuhlinhaberIn, Lehrbeauftragte/r oder wissenschaftliche MitarbeiterIn: Sowohl in der aktiven Lehre als auch im Rahmen der Vorbereitung, zum Beispiel von Seminaren und Vorlesungen, liegen neue Aufgaben für diejenigen, die sich ursprünglich um die pflegerische Versorgung Hilfsbedürftiger bemüht haben.

### 2.2.2 Arbeiten in der Forschung

An Universitäten und zu einem geringeren Anteil auch an den Fachhochschulen findet Forschung statt. Fester Bestandteil der pflegewissenschaftlichen Ausbildung sind Methoden der qualitativen und quantitativen empirischen Sozialforschung. «Evidence-based Nursing» gewinnt an Bedeutung und verlangt entsprechend qualifizierte Kräfte. Auch private Forschungsunternehmen wurden gegründet. Und diese gehen nicht nur der Frage nach der Wirksamkeit von bestimmten pflegerischen Leistungen bei entsprechenden Erkrankungen nach. Fragen der Zufriedenheit von Patienten in Krankenhäusern und den Indikatoren, die dies beeinflussen, sind ein Beispiel für das große Forschungs- und Arbeitsfeld in der Pflege.

### 2.2.3 Arbeiten in der Beratung

Mit dem gestiegenen Rationalisierungs- und Reformdruck in den Krankenhäusern hat auch der Bedarf an professioneller Beratung zugenommen. Aktuelles Thema, insbesondere in den stationären Einrichtungen, ist die Einführung der DRGs. Für diese Herausforderung sowie für zahlreiche weitere Themen wird externe Beratung eingekauft.

Erlösorientierte Tourenplanung ist in der ambulanten Pflege ein aktuelles Beratungsthema. Nicht vergessen werden darf auch die Einführung von Qualitätsmanagementsystemen. Sowohl im ambulanten als auch im stationären Sektor sichert die Forderung des Gesetzgebers hinsichtlich des Nachweises von Qualität den Beratungsunternehmen in den kommenden Jahren ausreichend Arbeit.

### 2.2.4 Weitere Arbeitsfelder

Supervision und Coaching sind zwei weitere große Arbeitsfelder, auch für Pflegekräfte. Mit den entsprechenden Zusatzausbildungen sind die Berufsaussichten hier recht günstig. Innovative und vorausschauende Unternehmen investieren auch oder gerade zu Zeiten, in denen gespart werden muss, in das Wohlbefinden, aber auch in die Leistungssteigerung ihrer MitarbeiterInnen. Herausfordernde Aufgaben erwarten die Pflegekräfte, die in diesem Bereich tätig sind.

In der Beratung und im Verkauf sind Pflegekräfte zum Beispiel bei Pharmakonzernen beschäftigt – ein Arbeitsgebiet, das ebenfalls bereits das Interesse vieler Pflegekräfte geweckt hat.

Eine erschöpfende Darstellung aller Arbeitsmöglichkeiten ist an dieser Stelle nicht möglich. Denjenigen, die sich orientieren, sei empfohlen, hierfür jedoch ausreichend Zeit aufzuwenden, um zahlreiche Alternativen zu prüfen. Die Analyse der Qualifizierungsmöglichkeiten und Bewertung der jeweiligen Berufsaussichten hilft, eine Entscheidung zu treffen (vgl. Kap. 3.1). Auch grundsätzliche Qualifizierungsmöglichkeiten und die zahlreichen Interviews mit Personen aus der Praxis tragen zur Entscheidungsfindung bei (vgl. Kap. 3.2).

## 2.3 Arbeitsmarkt Ausland

Bereits seit vielen Jahren nutzen examinierte Alten- und Pflegekräfte aus Deutschland vereinzelt die Chance, Erfahrungen im europäischen Ausland zu sammeln. Bislang handelte es sich hierbei um eine relativ geringe Anzahl, da meist nur ausgesprochen wenige Angebote vorlagen und bei der Anerkennung von Zertifikaten und der Beantragung von Auslandsgenehmigungen einige Hürden zu nehmen waren. Auch heute erwartet diejenigen, die im Ausland eine Tätigkeit ausüben möchten, eine Menge Bürokratie. «Von wegen ‹Europa ohne Grenzen›: Wer innerhalb der EU umziehen will, muss tausend Hürden überwinden. Wichtige Jobs bleiben unbesetzt» schreibt Petra Pinzler in ihrem Beitrag in «Die Zeit» (36, 2002). In den Hürden ist sicherlich der Grund dafür zu sehen, warum im Jahre 2000 nur 225 000 Europäer in ein anderes Land der Europäischen Union gezogen sind. Dies sind nicht einmal 0,1 Prozent der 375 Millionen EinwohnerInnen. In den USA ziehen dagegen jährlich sechs Prozent der Bürger von einem Bundesstaat in einen anderen. Weniger Bürokratie macht es möglich! Schwarz sehen? Nein, das Arbeiten im Ausland stellt allerdings in jeder Hinsicht eine Herausforderung dar, bei der jede Interessierte zunächst prüfen sollte, ob sie sich dieser wirklich stellen möchte. Deutsche Pflegekräfte fanden bislang vor allem in der Schweiz gute Arbeitsmöglichkeiten. Die Öffnung der Grenzen in Europa bietet jedoch schon heute und vor allem in Zukunft weitere interessante Beschäftigungsfelder, zum Beispiel in Dänemark, Spanien, Portugal und anderen Ländern der Europäischen Union. Eine intensive Auseinandersetzung mit den jeweiligen Arbeits- und Verdienstmöglichkeiten, Sozialversicherungssystemen, Land und Leuten sowie der mit dem Umzug einhergehenden Trennung von Familie, Freunden und Bekannten ist eine unabdingbare Voraussetzung für das Leben und Arbeiten in Europa.

### 2.3.1 Voraussetzungen für die Arbeit im Ausland

Bei einem Umzug ins Ausland sollten nicht nur die dortigen Arbeitsmöglichkeiten die Entscheidung beeinflussen. Auch den Lebensmöglichkeiten muss ausreichend Berücksichtigung geschenkt werden. In einigen Ländern herrschen völlig andere Lebensgewohnheiten und -umstände, als sie in Deutschland üblich sind. Es macht wenig Sinn, sich ausschließlich von der Begeisterung für ein anderes Land verleiten zu lassen und dort einen Job anzunehmen. Diese wenig rationale Entscheidung würde wahrscheinlich hauptsächlich auf der Berücksichtigung der Sonnentage, der durchschnittlichen Temperaturen und der letzten Urlaubserlebnisse beruhen. Es entwickelt sich schnell ein positives Bild davon, dort zu arbeiten, wo andere Urlaub machen. Endet der Dienst um 16 Uhr, dann ist im

Ruhrgebiet der Nachhauseweg mitunter durch zehn Kilometer Stau auf der Autobahn 40, Dauerregen und andere physikalische Stressoren gekennzeichnet. Bei einer Tätigkeit auf Mallorca könnte man vermuten, dass mit dem Ende des Arbeitstages zur gleichen Uhrzeit nur noch ein kleiner Spaziergang durch die Stadt bis zum Strand den Nachmittag prägen. Dort arbeiten, wo andere Urlaub machen, bedeutet jedoch auch, den im Urlaub bevorzugten klimatischen Verhältnissen (35 °C im Schatten) während der Arbeitszeit ausgesetzt zu sein. Es heißt des Weiteren, jeden Tag damit konfrontiert zu werden, dass andere Urlaub machen, während man selbst arbeiten muss. Es macht weiterhin einen Unterschied, ob man mit dem Fahrzeug eines ambulanten Pflegedienstes über gut ausgebaute Straßen in Deutschland oder über die «Buckelpisten» anderer Länder fahren muss. Nicht zuletzt muss man sich an neue Verkehrsregeln (z. B. das Linksfahrgebot in Großbritannien) und andere Fahrgewohnheiten gewöhnen. In Italien hat man manchmal den Eindruck, dass diejenigen Vorfahrt haben, die am lautesten hupen. Trotz vieler Hürden und Schwierigkeiten gibt es inzwischen jedoch einen deutschen ambulanten Pflegedienst auf Mallorca, der Mitte der 90er-Jahre seine Arbeit aufnahm. Aussteigertypen und Partylöwen finden hier jedoch keine Anstellung. Die Tätigkeit ist ausgesprochen anstrengend. Auch die Leitung eines ambulanten Pflegedienstes ist mit einigen Schwierigkeiten verbunden. Vor allem die unzureichende Vernetzung der deutschen und spanischen Kostenträger stellt ein Problem dar. Ambulante Krankenpflege ist in Spanien keine festgeschriebene Dienstleistung; vom spanischen Sozialversicherungsträger werden keine Kosten übernommen. Auf Grund der bilateralen Gesetze im Rahmen der Europäischen Union müssen die deutschen Kostenträger nur das zahlen, was von den spanischen Trägern übernommen wird, nämlich nichts. Letzten Endes kann es dennoch eine interessante Herausforderung sein, in einem deutschen Pflegedienst auf Mallorca zu arbeiten.

Mehr als nur Grundkenntnisse der Heimatsprache des jeweiligen Wunscharbeitsortes sollten möglichst schon vor dem Wechsel vorliegen. Ein Sprachkurs bei der örtlichen Volkshochschule stellt eine preisgünstige Möglichkeit dar, eine neue Sprache zu erlernen. Es können jedoch auch spezielle Förderprogramme in Anspruch genommen werden. Ausführliche Informationen zur Förderung des Sprachlernens erteilt die Carl Duisberg Gesellschaft e.V., eine gemeinnützige Organisation, die von Bund, Ländern, der EU und der Wirtschaft gefördert wird, auf der Internetseite http://www.cdg.de.

Nicht außer Acht gelassen werden sollten bei einem Wechsel ins europäische Ausland, dass hier teilweise erhebliche Unterschiede existieren, zum Beispiel hinsichtlich des Anspruchs auf Sozialleistungen. Die Staaten entscheiden selbst, wer unter ihr Sozialrecht fällt, welche Leistungen unter welchen Bedingungen erbracht werden. Alles in allem ist es keine leichte Entscheidung, eine Tätigkeit in Deutschland aufzugeben und ins Ausland zu wechseln (s. Kasten).

> **Voraussetzungen für eine Arbeit im Ausland**
>
> - Attraktives Stellenangebot (herausfordernde Stelle, akzeptable Vergütung, angemessene Sozialleistungen etc.)
> - Wohngelegenheit
> - Interesse an Land, Leuten und Kultur
> - Bereitschaft zum Erlernen einer anderen Sprache
> - Bereitschaft zur Aufgabe bestehender sozialer Bindungen oder zumindest zur langfristigen Veränderung des Kontakts
> - Bereitschaft und Fähigkeit, neue Kontakte zu knüpfen

### 2.3.2 Informationen und Kontakte

Bei der Suche nach einer Beschäftigung im europäischen Ausland helfen zunächst die jeweiligen staatlichen oder privaten Arbeitsvermittlungsdienste, deren Adressen und Telefonnummern in der Folge genannt werden. Wichtige länderspezifische Internetadressen, die bei der Jobsuche unterstützen, finden sich im Anhang. Beachtet werden muss auch die landesspezifische Anerkennung der in Deutschland absolvierten Berufsausbildung. Die Adressen der jeweiligen Ministerien bzw. zuständigen Behörden werden ebenfalls erschöpfend aufgezeigt. Weitere Einrichtungen, die für die Anerkennung von Unterlagen im Bewerbungsverfahren zuständig sind, können unter der Internetpräsenz der Europäischen Union (http://europa.eu.int/scadplus/citizens/de/uk/010553.htm) abgerufen werden.

In den einzelnen Länderbeschreibungen werden die jeweiligen Tageszeitungen mit ausführlichem Stellenangebotsteil genannt. Erhältlich sind die ausländischen Tageszeitungen in den Bahnhofsbuchhandlungen der großen deutschen Städte wie München, Berlin, Hamburg, Frankfurt am Main, Düsseldorf usw.

Die Anerkennung deutscher Zertifikate nimmt erfahrungsgemäß einige Wochen Zeit in Anspruch, stellt jedoch in den meisten Fällen kein größeres Problem dar. Die eingereichten Zertifikate sollten bereits von einer deutschen Behörde beglaubigt sein. Eine Übersetzung der Zertifikate ist zwar kostspielig, kann jedoch den Prozess der Anerkennung beschleunigen und ist in einigen Ländern sogar unabdingbare Voraussetzung für die Anerkennung. Zur Sicherheit sollte zuvor eine Anfrage an die zuständige Behörde gerichtet werden. Eine Bewerbung in ausgewählten Einrichtungen kann in der Regel auch vor der Anerkennung erfolgen. Bereits absolvierte Ferienjobs und Betriebspraktika sind im Rahmen der Bewerbung hilfreich, insbesondere wenn dabei die jeweilige Landessprache erlernt werden konnte.

Unterstützung bieten die so genannten EURES-Berater, die es in den Arbeitsämtern der großen deutschen Städte gibt. EURES ist der **European Employment**

> **Testanruf beim EURES-Berater**
>
> Um zu prüfen, ob sich der Anruf beim EURES-Berater lohnt und wie hilfreich die Beratung ist, wurde ein Testanruf getätigt. Handlungsleitend war unter anderem die Frage, inwiefern sich das zum Teil durch Vorurteile geprägte negative Image («unklare Zuständigkeit, minutenlange Warteschleifen, großzügige Pausenzeiten, inkompetente und unzureichende Auskünfte etc.») der Beratung bei Ämtern hier bestätigt.
>
> **Ergebnis:** Bei einem ersten Anruf des entsprechenden EURES-Beraters wurden kurze und prägnante Informationen über die Möglichkeiten der Suche nach Arbeit im europäischen Ausland weitergegeben. Weiterhin wurde die Zusendung von Informationsmaterial mit weiteren nützlichen Informationen über das entsprechende Land angeboten. Diese wurden zeitnah verschickt.
>
> **Tipp:** Bestellen Sie das Informationsmaterial, und arbeiten Sie es zunächst durch. Vereinbaren Sie dann einen Termin mit dem EURES-Berater, um spezielle Fragen mit ihm zu klären.

Service, der seit 1994 existiert. Hierüber sind die Arbeitsverwaltungen der Europäischen Union miteinander verbunden. Die Berater helfen und unterstützen bei der Suche nach Arbeit im europäischen Ausland (s. Kasten). Sie haben die relevanten Informationen über alle Bestimmungen in den Ländern der EU und die dortigen Arbeitsmöglichkeiten. Alternativ erteilt auch das Bundesverwaltungsamt Auskünfte (http://www.bundesverwaltungsamt.de).

> Im Anhang dieses Buches befindet sich eine vollständige Liste der EURES-Berater in Deutschland (vgl. Kap. 7.3).
> Ebenfalls im Anhang befindet sich das Muster eines allgemeinen EU-tauglichen Lebenslaufes in deutscher und englischer Sprache, der erst jüngst von der EU-Kommission entwickelt und verabschiedet wurde (vgl. Kap. 7.10). Auf wichtige zu berücksichtigende Besonderheiten beim Erstellen der Bewerbungsunterlagen für die einzelnen Ländern verweist bereits dieses Kapitel. Wichtige Grundsätze des Erstellens von Bewerbungsunterlagen werden in Kapitel 5 behandelt.

Weiterhin zu beachten sind etwaige Aufenthaltsgenehmigungen. Für eine Arbeit, die einen Zeitraum von drei Monaten im europäischen Ausland überschreitet, wird eine Aufenthaltsgenehmigung des jeweiligen Landes benötigt, welche bei der Stadtverwaltung oder der örtlichen Polizei beantragt werden kann und in der Regel für fünf Jahre gewährt wird.

Wem dies zu aufwändig ist und wer dennoch Auslandserfahrungen sammeln möchte, für den erscheint am ehesten ein Praktikum sinnvoll. Bereits seit einigen

Jahren existiert ein interessantes europäisches Austauschprogramm für KrankenhausmitarbeiterInnen. Dieses Programm trägt die Kurzbezeichnung HOPE (Hospitals of Europe). Ziel des Austauschprogrammes ist es, zu einem tieferen Verständnis der unterschiedlichen Gesundheits- und Krankenhaussysteme innerhalb der EU beizutragen sowie die Zusammenarbeit und den gegenseitigen Austausch des Krankenhauspersonals zu fördern. Die Voraussetzungen für die TeilnehmerInnen sind ausreichende Berufserfahrung von mindestens drei Jahren und fundierte Sprachkenntnisse in der jeweiligen Heimatsprache des gewünschten Landes. Die PraktikantInnen verbringen während des Programms circa vier Wochen als Trainee in einem Krankenhaus. Eine freie Unterkunft und ermäßigte Preise bei den Mahlzeiten werden zur Verfügung gestellt. Die übrigen Kosten werden in der Regel von den PraktikantInnen selbst getragen. Nähere Informationen sind auf der Seite http://www.hope.be oder auf der Seite http://www.dkg.de zu finden.

Auch die Carl Duisberg Gesellschaft e.V. vermittelt Praktika (http://www.cdg.de). Weitere Informationen zu Praktika und Austauschprogrammen findet man auf der Seite http://www.eurogate2000.de.

## Belgien

**Land und Leute**

Romantische Schluchten in den Ardennen, kleine Städtchen mit gemütlichen Marktplätzen und Restaurants mit unzähligen leckeren Gerichten – das ist Belgien. Es grenzt unmittelbar an die Bundesrepublik Deutschland. In Belgien leben rund 10 Millionen Menschen, davon 5,8 Millionen in Flandern, 3,3 Millionen in der Wallonie und circa 1 Million in Brüssel. Eine belgische Sprache im eigentlichen Sinne gibt es nicht, hauptsächlich werden Französisch und Niederländisch gesprochen. Ein kleiner Teil der Belgier spricht sogar Deutsch.

Man sagt den BelgierInnen nach, dass sie bedeutend häufiger feiern als die BürgerInnen anderer Länder. In der Tat gibt es unzählige Volksfeste, Jahrmärkte, Umzüge und Prozessionen von Ostern bis in den Oktober hinein.

Auch die moderne Kunst hat einen fruchtbaren Boden in diesem Land gefunden. In Brüssel befindet sich beispielsweise das größte Comic-Museum Europas.

Die wohl bekannteste Stadt Belgiens ist die Verwaltungs- und Finanzmetropole Brüssel, die Hauptstadt der Europäischen Union. Ein besonderes architektonisches Highlight Brüssels ist der «Grand Place» (Grote Markt), welcher im Barockstil gebaut wurde und ein beliebter Treffpunkt nicht nur für die vielen BesucherInnen der Stadt ist. Weitere interessante belgische Städte sind zum Beispiel Antwerpen mit 468 000 EinwohnerInnen und Brügge mit 117 000 EinwohnerInnen. Antwerpen ist wegen der modernen Hafenanlagen wirtschaftlich bedeutsam, und die

**Abbildung 2-1:** Marion in Belgien
(gezeichnet von Marcus Splietker, 2002)

Stadt Brügge ist kulturell interessant auf Grund ihres berühmten spätmittelalterlichen Baustils. Im Jahre 2002 wurde Brügge neben dem spanischen Salamanca zur Kulturhauptstadt Europas gewählt.

> Weitere Informationen über Belgien sind zum Beispiel im Baedeker Allianz Reiseführer «Belgien» zu finden. Dieser zeichnet sich durch seine Ausführlichkeit aus. Er umfasst 470 Seiten mit zahlreichen farbigen Abbildungen und Kartenskizzen (Beck/Eisenschmid/Haas/Hassenpflug/Moll/Strüber, 2002).

**Arbeitssuche**

Für die Arbeitsvermittlung in Belgien ist der gemeinschaftliche und regionale Beschäftigungsdienst verantwortlich. Dieser teilt sich die Arbeit für die flämische, wallonische und deutschsprachige Region sowie die Region rund um Brüssel. Bewährt hat sich auch die Suche nach Stellenanzeigen in den Tageszeitungen «Le Soir», «De Standard», «Het Laatse Nieuws» und «De Gazet von Antwerpen».

VDAB (flämische Region)
Keizerslaan 11
B-1000 Bruxelles
Tel.: (0032) 50 60 463
http://www.Jobs-career.be

FOREM (wallonische und deutschsprachige Region)
Boulevard Tirou 104
B-6000 Charleroi
Tel.: (0032) 71 20 61 11
http://www.hotjob.be

ORBEM (Region um Brüssel)
Boulevard Anspach 65
B-1000 Bruxelles
Tel.: (0032) 25 05 14 20
http://www.orbem.be

Arbeitsamt der deutschsprachigen Gemeinschaft (Grenzgebiet)
Aachener Str. 73–77
B-4780 St. Vith
Tel.: (0032) 80 28 00 60
http://www.dglive.be

In Belgien ist es besonders wichtig, in der Bewerbung zu begründen, warum sich gerade auf diese Stelle in diesem Unternehmen beworben wird. Das erste Anschreiben sollte einen Lebenslauf mit Angaben über Qualifikationen und Berufserfahrung beinhalten. Diplome und Zeugnisse werden erst später von der jeweiligen Firma angefordert (vgl. Kap. 6 und 7).

**Anerkennung deutscher Zertifikate**
Ähnlich wie in anderen europäischen und außereuropäischen Ländern müssen die deutschen Ausbildungsnachweise vom belgischen Wissenschaftsministerium anerkannt werden. Erst danach kann eine Arbeitserlaubnis erteilt werden.

Ministère de l'éducation
Equivalence de l'enseignement supérieur
Rue de Royale 204, Quartier des Arcades
B-1010 Bruxelles
Tel.: (0032) 2210 55 71

**Abbildung 2-2:** Marion in Dänemark (gezeichnet von Marcus Splietker, 2002)

## Dänemark

**Land und Leute**

Dänemark, das älteste Königreich Skandinaviens, grenzt unmittelbar an die Bundesrepublik Deutschland und hat eine Fläche von 43 000 Quadratkilometern. Früher war Dänemark eine Nation aus Bauern und Fischern, hat sich aber längst zu einem modernen Industriestaat weiterentwickelt.

Dänemark hat circa 5,2 Millionen EinwohnerInnen, von denen 97 Prozent der lutherischen Staatskirche angehören. In Dänemark wird neben der Muttersprache Dänisch sehr viel Englisch gesprochen, unter anderem wegen der vielfältigen internationalen Kontakte. Das Land besteht aus der Halbinsel Jütland und 500 weiteren Inseln, von denen circa 100 bewohnt sind. Die größten dänischen Inseln sind Seeland, Fünen, Falster, Lolland, Langeland und Bornholm. Die schönste Insel ist jedoch Fano, die «Insel der weiten Strände». Dort gibt es 17 Kilometer Sandstrand, wie geschaffen für ein paar freie Tage. Vielleicht fand dort sogar der berühmte dänische Schriftsteller Hans Christian Andersen die Idee für sein Märchen von der kleinen Meerjungfrau?

Die größte und wohl bekannteste Stadt Dänemarks ist die Hauptstadt Kopenhagen mit 1,2 Millionen EinwohnerInnen. Eine Stadt im Aufbruch, die wächst und wächst und sich im wirtschaftlichen Aufschwung befindet. Weitere interessante dänische Städte sind die Hafenstadt Esbjerg (75 000 EinwohnerInnen), sie wird als «Kulturmetropole des Westens» bezeichnet, oder Aalborg (150 000 EinwohnerInnen), die Stadt, deren gleichnamiger Aquavit europaweit bekannt geworden ist.

> Weitere Informationen über Dänemark sind unter anderem im «Dänemark Handbuch» der Reihe Reise Know-How zu finden. Insgesamt 462 Seiten voller Informationen erwarten die Dänemark-Interessierten (Schumann, 2002).

## Arbeitssuche

Für die Arbeitsvermittlung in Dänemark sind die lokalen Arbeitsämter verantwortlich. Hier existieren Arbeitsvermittlungsdienste wie das «Jobcentre» oder die «Arbejdsformidling-AF». Die Generaldirektion der staatlichen Arbeitsbehörde vergibt die entsprechenden Adressen. Die wichtigste dänische Zeitung für die Arbeitssuche ist «Berlingske Tidende».

> Arbeijdsmarkedsstyrelsen (Dänische Arbeitsverwaltung)
> Blegdamsvej 56
> DK-2100 København
> Tel.: (0045) 35 28 81 00
> http://www.ams.dk

In der Bewerbung werden ein Anschreiben in einwandfreiem Dänisch, Zeugniskopien, Referenzen und Gehaltsangaben der letzten Stelle erwartet. Ein Foto beizufügen ist in Dänemark nicht üblich (vgl. Kap. 6 und 7).

## Anerkennung deutscher Zertifikate

Ähnlich wie in anderen europäischen und außereuropäischen Ländern müssen die deutschen Ausbildungsnachweise zunächst anerkannt werden. Erst nach der Anerkennung kann eine Arbeitserlaubnis erteilt werden. Vor Ort sind Arbeitsämter und Berufsverbände zuständig, eine erste Anlaufstelle ist das NARIC.

> NARIC
> National Academic Recognition Information Centre
> Rektorkollegiet
> H.C. Andersen Boulevard 45
> DK-1553 København
> Tel.: (0045) 33 92 54 05

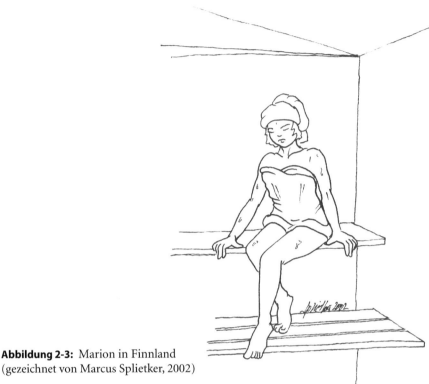

**Abbildung 2-3:** Marion in Finnland
(gezeichnet von Marcus Splietker, 2002)

## Finnland

### Land und Leute

Finnland, das Land der 1000 Seen, welches noch vor einem Jahrhundert ein Großfürstentum des kaiserlichen Russland war, ist heute eine Nation, die zu den wohlhabendsten Industriestaaten Europas gehört. Finnland besitzt mehr Natur als die restlichen europäischen Staaten, riesige Wälder, weite Tundren, Sumpflandschaften und natürlich die Seen. Auch hat Finnland viel Schnee zu bieten, der erste fällt im November, der letzte fällt zwischen April und Mai.

Finnland hat rund 5 Millionen EinwohnerInnen. Amtsprachen sind Finnisch, Schwedisch und Samisch. Die Hauptstadt Finnlands ist Helsinki, welche mit den Nachbarstädten Espoo und Vantaa ein Ballungszentrum bildet, in dem circa 20 Prozent der Finnen wohnen.

Die Finnen sind sehr zurückhaltende Menschen. Trotzdem lässt sich schnell feststellen, dass sie sehr freundlich, hilfsbereit und sozial eingestellt sind. Typisch für Finnland sind die Saunen, es gibt sie nahezu in jedem Mietshaus, Reihenhaus, Einfamilienhaus und in vielen Unternehmen.

Auffällig in Finnland sind auch die Bibliotheken und Museen. Insgesamt gibt es über das Land verteilt mehr als 1500 Bibliotheken und mindestens 300 Museen. Eine weitere Besonderheit ist, dass in Finnland im Sommer die Arbeitszeiten kürzer sind und die Sommerferien von Ende Mai bis Mitte August dauern.

> Kurze und prägnante Informationen über Finnland liefert der Polyglott-Reiseführer «Finnland on tour» mit insgesamt 108 Seiten (Rode, 2001). Hier kann man sich für einen geringen Betrag einen guten und schnellen Überblick verschaffen.

**Arbeitssuche**
Für die Arbeitsvermittlung in Finnland sind die lokalen Arbeitsämter verantwortlich. Diese tragen den Namen «Työvoimatoimistot». Informationen erteilt jedoch auch das Arbeitsministerium, das den Namen «Työministeriö» trägt.

Außerdem ist es aussichtsreich, auf Stellenangebote zu antworten, die sich vor allem in der Sonntagsausgabe der bekanntesten finnischen Zeitung «Helsingin Sanomat» finden lassen.

> Työministeriö
> Eteläesplanadi 4
> SF-00130 Helsinki
> Tel.: (00358) 0 18561
> http://www.mol.fi

Eine finnische Bewerbung ist ein bis zwei Seiten lang und sollte ein Lichtbild enthalten. Zeugnisse müssen nicht beigefügt werden, dafür sind Referenzen um einiges wichtiger (vgl. Kap. 6 und 7).

**Anerkennung deutscher Zertifikate**
In Finnland werden von EU-BürgerInnen Berufserfahrung und Diplome anerkannt, wenn sie im Heimatland den Beruf ausüben dürfen. Es wird nur in einigen Fällen eine Prüfung verlangt.

> Opetushallitus
> Hakaniemenkatu 2
> SF-00530 Helsinki
> Tel.: (00358) 0 7061

**Abbildung 2-4:** Marion in Frankreich (gezeichnet von M. Splietker, 2002)

## Frankreich

### Land und Leute

Frankreich ist eines der größten Länder Europas mit 57 Millionen EinwohnerInnen und kann auf eine berühmte Geschichte zurückblicken. Ob nun die französische Revolution, Ludwig der Sonnenkönig, die Provence, das Elsass, Paris, der Eiffelturm, Montmartre, der leckere Wein oder die gemütlichen Straßencafés, Frankreich hat für alle etwas zu bieten.

Die offizielle Landessprache ist Französisch. Daher ist es eine wesentliche Grundvoraussetzung, diese Sprache zu beherrschen, um in diesem Land arbeiten und leben zu können. In der Hauptstadt Paris leben etwa 2 Millionen Menschen. Schon viele BesucherInnen haben sich in diese Stadt verliebt und sind dort geblieben. Es gibt kaum eine Metropole, die so faszinierend ist. In Paris kommen KunstliebhaberInnen genauso wie NachtschwärmerInnen auf ihre Kosten. So kann man sicher einige Stunden im Louvre verbringen, um die wichtigsten Kunstschätze der Welt zu bewundern. Der Tag kann dann im legendären Nachtklub des 19. Jahrhunderts «Moulin Rouge» zu Ende gehen. Auch NaturfreundInnen finden in den Parks dieser Stadt Ruhe und Erholung. Überhaupt hat Frankreich neben dem pulsierenden Leben der Hauptstadt einige ruhige Plätze zu bieten. Ein paar Tage in der Provence lassen sicher auch den größten Alltagsstress verschwinden.

Patitz (2001) liefert im Marco-Polo-Reiseführer Frankreich auf 180 Seiten, gespickt mit zahlreichen Abbildungen, interessante Informationen über Land und Leute.

**Arbeitssuche**
Für die öffentliche Arbeitsvermittlung in Frankreich ist die französische nationale Arbeitsverwaltung zuständig. Für Einstiegspositionen und Positionen bis zur mittleren Führungsebene ist die Stellensuche über Anzeigen eine aussichtsreiche Möglichkeit. Stellenanzeigen finden sich in Tageszeitungen wie «Le Monde» oder «Le Figaro» oder im Wochenblatt «L'Express».

> ANPE
> Agence Nationale Pour l´Emploi
> Le Galilée 4
> Rue Galilée
> F-93198 Noisy-le-Grand Cedex
> Tel.: (0033) 1 49317400
> http://www.anpe.fr

Eine Bewerbung sollte ein handschriftliches Anschreiben sowie einen Lebenslauf enthalten. In Frankreich ist es nicht üblich, der Bewerbung Zeugnisse beizulegen (vgl. Kap. 6 und 7).

**Anerkennung deutscher Zertifikate**
Ähnlich wie in anderen europäischen und außereuropäischen Ländern müssen die deutschen Ausbildungsnachweise zunächst anerkannt werden. Erst nach der Anerkennung kann eine Arbeitserlaubnis erteilt werden.

> Ministère de l´éducation nationale
> Direction des affaires générales, internationales et de la coopération
> 110 Rue de Grenelle
> F-75357 Paris
> Tel.: (0031) 1 55 55 10 10

**Abbildung 2-5:** Marion in Griechenland (gezeichnet von Marcus Splietker, 2002)

## Griechenland

### Land und Leute

Griechenland hat circa 11 Millionen EinwohnerInnen, von denen 4 Millionen in der Hauptstadt Athen leben. In Griechenland herrscht Mittelmeerklima, die durchschnittlichen Temperaturen liegen im Winter bei 9 °C und im Sommer bei 28 °C. Glücklicherweise ist kein Ort weiter als 70 Kilometer vom Meer entfernt. Die Gesamtlänge der griechischen Küste beträgt inklusive der vielen kleinen Inseln, von denen nur ungefähr 200 bewohnt sind, fast 15 000 Kilometer.

Die GriechInnen sind ihren alten Volksbräuchen bis heute eng verbunden. Volkslieder, Volkstänze, malerische Trachten sind bei Alt und Jung noch immer sehr beliebt. Griechische Volksfeste sind meist religiöser Natur, da die GriechInnen ein gläubiges Volk sind. In den kleinen Orten spielt sich das Leben größtenteils auf dem Dorfplatz und in den kleinen Cafés ab. Dort ist auch noch der Mann das Familienoberhaupt. Er trifft alle wichtigen Entscheidungen allein – am Patriarchat wird strikt festgehalten. Die Frauen sind für die Hausarbeit zuständig und arbeiten unentgeltlich in den Familienbetrieben mit.

Die Hauptstadt Athen ist die weitaus größte Stadt des Landes. Sie ist das Touristenzentrum Griechenlands, zum einen wegen der alten Baudenkmäler aus der Antike, wie zum Beispiel dem Pantheon, und zum anderen natürlich wegen der berühmten Philosophen, welche diese Stadt hervorgebracht hat und auf deren Wegen dort gewandelt werden kann.

Erschöpfende Informationen über Griechenland sind unter anderem im «Reisehandbuch Griechenland» aus dem Michael Müller Verlag zu finden (Fohrer/Naumdorf/Neumeier, 2002).

## Arbeitssuche
Für die Arbeitsvermittlung in Griechenland ist die griechische Anstalt für Arbeit des Arbeitsministeriums (O.A.E.D.) verantwortlich. Viele Jobs werden aber auch über Stellenangebote in den Tageszeitungen «Ta Nea», «Apogevmatini» oder «Eleftherotipia» vergeben.

> O.A.E.D.
> Ethnikis Antistasis 8
> PO Box 70017
> GR-16610 Glyfada, Athen
> Tel.: (0030) 1 9942466
> http://www.oaed.gr

Bewerbungen sollten einen Umfang von drei bis fünf Seiten haben und einen Lebenslauf sowie Ausbildungs- und Gesundheitszeugnisse enthalten. In Griechenland sind Arbeitszeugnisse in den Bewerbungsunterlagen nicht üblich (vgl. Kap. 6 und 7).

## Anerkennung deutscher Zertifikate
Ähnlich wie in anderen europäischen und außereuropäischen Ländern müssen die deutschen Ausbildungsnachweise zunächst anerkannt werden. Erst nach der Anerkennung kann eine Arbeitserlaubnis erteilt werden.

> Ministerium für Gesundheit und Vorsorge
> Abteilung medizinische Berufe
> Aristotelous 17
> GR-10187 Athen
> Tel.: (0030) 1 523 02 95

**Abbildung 2-6:** Marion in England (gezeichnet von M. Splietker, 2002)

## Großbritannien/Nordirland

**Land und Leute**

Das Vereinigte Königreich von Großbritannien und Nordirland besteht aus den vier Ländern England, Nord-Irland, Schottland und Wales. Die insgesamt 59 Millionen EinwohnerInnen leben auf einer Fläche von circa 300 000 Quadratkilometern.

Das Klima in Großbritannien ist ein gemäßigtes Seeklima mit milden Wintern und eher kühlen Sommern. Die Durchschnittstemperatur im Sommer liegt bei 18 °C. Großbritannien wird oft zuerst mit London in Verbindung gebracht, dabei hat dieses Land noch einiges mehr zu bieten, wie zum Beispiel die typisch englischen Orte Oxford oder Cambridge mit ihren weltberühmten Universitäten oder die romantische und erholsame Gegend um Cornwall, die Heimat der Romane von Rosamunde Pilcher. Geschichtsinteressierte finden überall Schlösser und Herrensitze, die einen Besuch wert sind. Um mit den Einheimischen in Kontakt zu kommen, sind die vielen Pubs genau der richtige Ort.

Die wohl bekannteste Stadt Großbritanniens ist London mit fast 7 Millionen EinwohnerInnen. London ist Hauptstadt, Wirtschafts- und Kulturzentrum der Britischen Inseln und eine der wenigen Weltstädte Europas. London bietet seinen BewohnerInnen und dem Tourismus so viele kulturelle Höhepunkte wie keine andere Stadt der Erde: Museen, Bauwerke, Straßen, Parks, Pubs – die Liste der sehenswerten Orte ist endlos. Auch das britische Königshaus sorgt immer wieder für Aufsehen erregende Nachrichten, nicht nur politischer Natur.

Wer Großbritannien aktiv erschließen will, sollte auf den praktischen Ratgeber von Braun, Cordes und Großwendt (2002) zurückgreifen. Er gliedert sich in zwei Teile: einen allgemeinen Teil mit reisetechnischen Hinweisen und der Vorstellung des Landes und einen Teil mit ausführlichen Ortsbeschreibungen.

**Arbeitssuche**
Für die Arbeitsvermittlung in Großbritannien sind die lokalen Arbeitsämter (Jobcentres) zuständig. Erfolg versprechend ist es auch, die Zentrale Arbeitsvermittlung in Frankfurt/Main (ZAV) oder die Overseas Placement Unit (OPU) zu kontaktieren. Auch beim Department of Employment kann mit Unterstützung gerechnet werden (http://www.employmentservice.gov.uk).

Weiterhin ist es möglich, Stellenanzeigen in den Tageszeitungen «The Times», «The Telegraph», «The Guardian» und «London Evening Standard» zu berücksichtigen. Für die Stellensuche in der Gesundheitsbranche lohnt es sich, in Fachzeitschriften wie zum Beispiel «Nursing Mirror» gezielt nach Stelleninseraten zu schauen.

> ZAV
> Feuerbachstr. 42–46
> D-60325 Frankfurt/Main
> Tel.: (069) 71 11-0
>
> OPU – The Employment Service
> 123, West Street, Steel City House
> GB-Sheffield S1 4ER
> Tel.: (0044) 11 42 59 60 51

Eine Bewerbung sollte nach dem deutschen Standard geschrieben werden, allerdings ist hier auf einwandfreies Englisch zu achten. Zeugnisse und Urkunden müssen in englischer Übersetzung beigelegt werden (vgl. Kap. 6 und 7).

**Anerkennung deutscher Zertifikate**
Ähnlich wie in anderen europäischen und außereuropäischen Ländern müssen die deutschen Ausbildungsnachweise zunächst anerkannt werden. Erst nach der Anerkennung kann eine Arbeitserlaubnis erteilt werden. In Großbritannien und Nordirland ist die NARIC für die Anerkennung deutscher Diplome zuständig.

> NARIC
> ECCTIS 2000 Ltd.
> Oriel House, Oriel Road
> GB-Cheltenham GL50 1XP
> Tel.: (0044) 12 42 26 00 10

**Abbildung 2-7:** Marion in Irland
(gezeichnet von Marcus Splietker, 2002)

## Irland

**Land und Leute**

Irland ist eine Insel mit einer Größe von ungefähr 70 000 Quadratkilometern. In der Republik Irland leben 3,5 Millionen Menschen, von denen etwa die Hälfte jünger als 29 Jahre ist. Die Amtssprachen auf der «Grünen Insel» sind zum einen Englisch und zum anderen Gälisch, das allerdings erst seit den letzten Jahren wieder häufiger gesprochen wird. In Irland herrscht gemäßigtes Seeklima und, wie schon viele berühmte Dichter bemerkten, es regnet häufig.

Irland wird nicht umsonst die «Grüne Insel» genannt, denn üppiges Grün, felsige Höhen oder klare Bäche sind keine Seltenheit. Naturfreunde finden dort herrliche Wandermöglichkeiten, und AnglerInnen können sich an den reichen Fischgründen erfreuen. Überhaupt werden BesucherInnen von der irischen Gastfreundlichkeit begeistert sein.

Eine besondere Rolle auf der Insel spielt der heilige St. Patrick. Ihm zu Ehren wird der 17. März als Feiertag begangen.

Die Hauptstadt Dublin wurde vor mehr als 1000 Jahren von Wikingern gegründet. Heute leben im Großraum der Seehafenstadt mehr als 1 Million Menschen, die der Stadt auf Grund der Altersstruktur ein sehr junges Aussehen geben. Auch das in Deutschland so beliebte Guinness-Bier kommt aus Dublin.

> Die Schönheit Irlands zeigt unter anderem der HB-Bildatlas (2001). Die Bilder im Großformat vermitteln einen guten Eindruck von Land und Leuten der «Grünen Insel».

## Arbeitssuche

Für die Arbeitsvermittlung in Irland ist die Behörde für Berufsbildung und Beschäftigung (FAS) zuständig. Erfolg versprechend sind weiterhin Stellenanzeigen in den irischen Tageszeitungen «Irish Times», «Irish Press», «Irish Independent», «Evening Herald» oder «Sunday World».

> FAS – Training & Employment Authority
> SEDOC – European Placement Service
> 27/33 Upper Baggot Street
> IRL-Dublin 4
> Tel.: (00353) 1 66 85 777
> http://www.fas.ie

Die Anforderungen an die Bewerbungsunterlagen gleichen denen für Großbritannien, die bereits beschrieben wurden. Weitere Informationen zur Gestaltung der Bewerbungsunterlagen findet man in Kapitel 6 und 7.

## Anerkennung deutscher Zertifikate

Ähnlich wie in anderen europäischen und außereuropäischen Ländern müssen die deutschen Ausbildungsnachweise zunächst anerkannt werden. Erst nach der Anerkennung kann eine Arbeitserlaubnis erteilt werden. Für die Anerkennung deutscher Zeugnisse ist die Behörde für Berufsbildung und Beschäftigung, FAS, zuständig.

> FAS – Training & Employment Authority
> SEDOC – European Placement Service
> 27/33 Upper Baggot Street
> IRL-Dublin 4
> Tel.: (00353) 1 66 85 777

> National Council for Vocational Awards
> Marino Institute of Education
> Griffith Avenue
> IRL-Dublin 9
> Tel.: (00353) 1 8 53 19 10

**Abbildung 2-8:** Marion in Italien (gezeichnet von Marcus Splietker, 2002)

## Italien

**Land und Leute**

Italien ist ein Küsten- und Gebirgsland mit circa 57 Millionen EinwohnerInnen. Das Land ist unter den Staaten der Europäischen Union dasjenige mit den stärksten Gegensätzen. Da gibt es den wirtschaftlich reichen Norden mit einem hohen Lebensstandard ebenso wie den wirtschaftlich eher schwach entwickelten Süden mit bescheidenen Lebensverhältnissen.

Trotzdem hat Italien nichts von seiner Anziehungskraft auf die vielen BesucherInnen verloren, herrscht doch in diesem «Sonnenland» nach wie vor eine heitere, gesellige Lebensart. Italiener sind Individualisten, die das Leben lieben, das gute Essen genießen und immer für ein Gespräch zu haben sind. Besonders beliebt bei den Europäern ist Italien wegen des Mittelmeerklimas, das im Sommer durchschnittlich 25 °C mit sich bringt. Auch die Winter sind mit etwa 7 °C Durchschnittstemperatur gut auszuhalten.

Über das Jahr verteilt gibt es in Italien eine Menge Volksfeste, von denen der Karneval in Venedig wohl das bekannteste sein dürfte.

Auf Grund der herausragenden kulturgeschichtlichen Vergangenheit besitzt Italien eine Vielzahl einmaliger Baudenkmäler, zu denen nicht nur antike Zeugnisse, sondern auch wertvolle mittelalterliche Klerikalbauten sowie Bauten der Renaissance, des Barock und des Klassizismus gehören. So hat auch die Hauptstadt Rom (circa 3 Millionen EinwohnerInnen) eine Menge an interessanten Bauwerken zu bieten, man denke nur an das «Kolosseum» und die «Spanische

Treppe». Allgemein lassen sich alle großen Städte Italiens, ob nun Mailand, Venedig oder Florenz, mit großen weltberühmten Kunst- und Baudenkmälern in Verbindung bringen.

> Der Reiseführer von Dürr (2002) bietet kurze und prägnante Informationen über Italien.

**Arbeitssuche**
Für die Arbeitsvermittlung in Italien sind die örtlichen Arbeitsämter verantwortlich. Arbeit Suchende müssen sich in die dortigen Vermittlungslisten eintragen. Hierfür sind neben dem Arbeitsbuch eine Familienbescheinigung, Studien- bzw. Ausbildungszeugnisse im Original und einer vereidigten Übersetzung erforderlich. Wurde eine Arbeitsstelle zuvor gefunden, so muss diese durch das örtliche Arbeitsamt genehmigt werden.

> Ministero del Lavoro
> Direzione Generale per l'Impiego
> Via Flavia 6
> I-00187 Rom
> Tel.: (0039) 06 47 88 72 32
> http://www.europalavoro.it

In Italien ist die äußere Form der Bewerbung (Layout, Papierqualität) besonders wichtig, weil UnternehmerInnen sehr viel Wert darauf legen. Zeugnisse oder ein Passbild werden nicht erwartet, ebenso wenig wie Angaben über persönliche Interessen und Einstellungen. Dafür wird schon beim Vorstellungsgespräch ein einwandfreies Italienisch gebührend gewürdigt, da Englisch hier nicht so weit verbreitet ist (vgl. Kap. 6 und 7).

**Anerkennung deutscher Zertifikate**
Ähnlich wie in anderen europäischen und außereuropäischen Ländern müssen die deutschen Ausbildungsnachweise zunächst anerkannt werden. Erst nach der Anerkennung kann eine Arbeitserlaubnis erteilt werden.

> Ministero coordinamento politiche communitarie
> Via Giardino Theodoli 66
> I-00186 Rom
> Tel.: (0039) 06 67 79 53 22

**Abbildung 2-9:** Marion in Luxemburg (gezeichnet von Marcus Splietker, 2002)

## Luxemburg

### Land und Leute

Luxemburg ist mit 417 000 EinwohnerInnen der Kleinste der drei Beneluxstaaten und das letzte Großherzogtum in Europa. Die ersten Assoziationen, wenn man an Luxemburg denkt, sind wohl die vielen bekannten Banken, welche in diesem Land ihren Sitz haben, und natürlich Radio Luxemburg (RTL), Europas erster kommerziell betriebener Radiosender. Aber Luxemburg hat noch mehr zu bieten.

Zum einen haben wichtige Institutionen der Europäischen Union, wie der Europäische Gerichtshof, hier ihren Sitz, zum anderen gibt es den hügeligen Norden, der die südlichen Ausläufer der Ardennen und der Eifel umschließt. Auch ist Luxemburg das Land mit dem höchsten Lebensstandard in Europa. Man sagt den LuxemburgerInnen nach, dass sie offen, freundlich und hilfsbereit sind. Außerdem sprechen sie oft drei Sprachen fließend. Die eigentliche Muttersprache ist Lëtzebuergesch, ein Dialekt germanischen Ursprungs, der mit deutschen und französischen Worten durchsetzt ist. Dieser Dialekt wurde zur Nationalsprache erklärt, um dem Land eine eigene Identität zu verschaffen. Amtssprachen sind jedoch auch Deutsch und Französisch.

Kultur kennt in Luxemburg keine Grenzen, das Angebot reicht von der Kleinkunstbühne bis hin zu Theateraufführungen mit international geschätzten DarstellerInnen in den verschiedenen Häusern. Bekannt ist Luxemburg auch für seine internationalen Kulturveranstaltungen, wie dem «Festival Européen» oder dem Festival klassischer Musik. Außerdem gibt es sehr viele Kunstausstellungen übers ganze Land verteilt.

Die gleichnamige Hauptstadt des Großherzogtums ist eines der Verwaltungszentren des vereinten Europa. In der Bankenmetropole Luxemburg (Stadt) haben etwa 220 Banken ihren Sitz. Die Stadt hat circa 76 000 EinwohnerInnen und kann viele interessante Plätze bieten, wie das Europaviertel oder den Place d´Armes. Ein Bummel lohnt sich hier ganz besonders.

> Weitere ausführliche Informationen über Luxemburg sind auf 383 englischsprachigen Seiten im «The Green Guide Belgium/The Grand Duchy of Luxembourg» von Michelin zu finden (2001).

**Arbeitssuche**
Für die Arbeitsvermittlung in Luxemburg sind die verschiedenen Arbeitsämter zuständig. Auch werden viele freie Stellen in der Zeitung «Luxemburger Wort» inseriert. Es lohnt sich auch, in die deutsche «Frankfurter Allgemeine Zeitung» zu schauen, um nach einer Arbeit in Luxemburg zu suchen.

> Administration de l´Emploi
> 38a, rue Philippe II
> L-2340 Luxembourg
> Tel.: (00352) 4 78 53 00
> http://www.etat.lu/ADEM

In Luxemburg enthält eine Bewerbung den Lebenslauf und das Anschreiben an die jeweilige Firma. Bewerbungen bei deutschen Firmen in Luxemburg sollten eine Bewerbungsmappe enthalten, wie sie in Deutschland üblich ist (vgl. Kap. 6 und 7).

**Anerkennung deutscher Zertifikate**
Ähnlich wie in anderen europäischen und außereuropäischen Ländern müssen die deutschen Ausbildungsnachweise zunächst anerkannt werden. Erst nach der Anerkennung kann eine Arbeitserlaubnis erteilt werden.

> Administration de l´Emploi
> 38a, rue Philippe II
> L-2340 Luxembourg
> Tel.: (00352) 4 78 53 00

**Abbildung 2-10:**
Marion in den Niederlanden
(gezeichnet von Marcus Splietker, 2002)

## Niederlande

### Land und Leute

Die Niederlande grenzen im Norden und Westen an die Nordsee, im Osten an Deutschland, im Süden an Belgien. Das Land ist in zwölf Provinzen aufgeteilt, hat 15,5 Millionen EinwohnerInnen und ist damit eines der am dichtesten besiedelten Länder der Welt. Die Niederlande sind eine parlamentarische Monarchie, deren Staatsoberhaupt Königin Beatrix ist.

Die Kunst wird in den Niederlanden sehr hoch geschätzt. Die bildende Kunst des 17. Jahrhunderts, wie die Werke Rembrandts, genießt ein weltweites Ansehen. Eine weitere wichtige Rolle spielt das Kunsthandwerk, so etwa die Porzellanherstellung. Im 20. Jahrhundert erlangten auch niederländische Modedesigner internationale Anerkennung.

Im Sommer finden in den Niederlanden viele verschiedene folkloristische Veranstaltungen statt. Auch die Käsemärkte finden großen Zulauf, nicht nur durch Einheimische. Die wichtigste und beliebteste Veranstaltung für die Holländer ist jedoch der Geburtstag der Königin Beatrix («Koniginnendag») am 30. April, der im ganzen Land gefeiert wird. Ganz Amsterdam erstrahlt an diesem Tag in «Oranje».

Die Niederlande sind das Land mit der höchsten Museumsdichte der Welt. Es gibt dort rund 1000 Museen. Der kulturelle Mittelpunkt des Landes ist seine Hauptstadt, die Grachten- und Brückenstadt Amsterdam, in der es so viele kulturelle Einrichtungen gibt wie kaum anderswo. Die jung gebliebene Stadt hat bis heute nichts von ihrer magischen Anziehungskraft verloren, hier trifft sich die

Jugend Europas frei nach dem Motto «In Amsterdam darf man alles, was daheim nicht erlaubt ist». Aber auch für ältere BesucherInnen gibt es genug Möglichkeiten, die Zeit in Amsterdam zu genießen, zum Beispiel mit einem Besuch im «Van Gogh Museum» oder im «Anne Frank Huis».

Es gibt noch viele weitere interessante Städte in den Niederlanden, wie die Käsestadt Edam, Rotterdam als das Klein-Manhattan der Niederlande, Maastricht, die Stadt mit dem barocken Lebensgefühl, oder Haarlem, die Stadt der Kunst, um nur einige zu nennen.

> «Holland per Rad» von Kettler (1998) liefert eine Sicht dieses Landes aus ganz besonderer Perspektive.

### Arbeitssuche

Für die Arbeitsvermittlung in den Niederlanden sind vor allem die örtlichen Arbeitsämter verantwortlich. Private Vermittlungsagenturen arbeiten jedoch in der Regel effizienter. Diese werden in den Niederlanden als «Bemiddelingsbureaus» bezeichnet. Zeitungen, wie «Handelsblad», «Algemeen Dagblad» oder «De Telegraaf», bieten ebenfalls gute Möglichkeiten, nach einer Stelle zu suchen.

> Directoraat Generaal van de Arbeidsvorziening
> P.O. Box 415, Visseringlaan 26
> NL-2280 AK Rijskwijk
> Tel.: (0031) 70 3 13 09 11
> http://www.arbeidsbureau.nl
> http://www.werk.net

In der Bewerbung werden das Anschreiben mit deutlichem Bezug auf die Stellenausschreibung erwartet, weiterhin Lebenslauf, Zeugnisse und Referenzen (vgl. Kap. 6 und 7).

### Anerkennung deutscher Zertifikate

Ähnlich wie in anderen europäischen und außereuropäischen Ländern müssen die deutschen Ausbildungsnachweise zunächst anerkannt werden. Erst nach der Anerkennung kann eine Arbeitserlaubnis erteilt werden. Interessierte sollten sich an das Informationszentrum für berufliche Anerkennung (IRAS) wenden.

> IRAS
> Informationszentrum für berufliche Anerkennung
> P.O. Box 2 97 77
> NL-2502 LT Den Haag
> Tel.: (0031) 70 4 26 02 60

# 2 Arbeiten in der Pflege

**Abbildung 2-11:** Marion in Norwegen (gezeichnet von Marcus Splietker, 2002)

## Norwegen

**Land und Leute**

Norwegen macht den westlichen Teil der skandinavischen Halbinsel aus, ist circa 330 000 Quadratkilometer groß und mit 4,4 Millionen EinwohnerInnen eines der am dünnsten besiedelten Länder Europas. Amtssprache ist Norwegisch, es gibt jedoch zwei Schriftsprachen, und zwar Bokmål und Neunorwegisch (Nynorsk). Norwegen ist wohl besser bekannt als das Land der Fjorde und Elche. Seine Reichtümer – riesige Fischschwärme und gewaltige Erdöl- und Erdgasvorkommen – liefert das Meer. Überhaupt hat die Schifffahrt eine große Bedeutung für das Land.

Typisch norwegisch ist das ausgiebige Frühstück, es wird oft als kaltes Büffet gereicht und soll bis zum Nachmittag sättigen, weil die Hauptmahlzeit erst am späten Nachmittag eingenommen wird. Für Deutsche gewöhnungsbedürftig dürfte es sein, dass in Norwegen das Rauchen in allen öffentlichen Einrichtungen strikt verboten ist. Auffällig ist auch der große Wert, der auf Pünktlichkeit gelegt wird.

Die meisten NorwegerInnen besitzen ein eigenes Haus, viele auch ein Sommerhaus an der Küste, an einem See oder im Gebirge. Das Fischen ist traditionell allgemein erlaubt und gilt als weit verbreitetes Freizeitvergnügen. Ohnehin betätigen sich die NorwegerInnen, ob alt oder jung, viel in freier Natur. Immerhin bietet Norwegen ähnliche Vorraussetzungen für das Bergsteigen und Wandern oder den Wintersport wie die Alpenländer.

Die Hauptstadt Oslo liegt am nördlichen Ende des Oslofjordes. Die 500 000 EinwohnerInnen zählende Stadt ist Sitz des Bischofs und hat eine eigene Universität. Das Wahrzeichen Oslos ist das Rathaus, auf das man vom Hafen aus einen wunderschönen Blick genießen kann. Sehenswert ist auch das Königsschloss, ein sehr eindrucksvoller Bau.

> Wer kurze und prägnante Informationen sucht, findet sie im Polyglott-Reiseführer von Kumpch (2002).

### Arbeitssuche

Für die Arbeitsvermittlung in Norwegen sind die lokalen Arbeitsämter zuständig. Sie tragen den Namen «Arbeidskontor». Die wichtigste norwegische Tageszeitung «Aftenposten» bietet ebenfalls gute Chancen, Arbeit zu finden.

> Arbeidsmaredsetatens Grönne Linje
> The Employment Service's Job-Info-Line
> Tel.: (0047) 80 03 31 66
> http://www.aetat.no

Die Bewerbung sollte einen Lebenslauf ohne Lichtbild enthalten, Zeugnisse und Referenzen dürfen nicht fehlen (vgl. Kap. 6 und 7).

### Anerkennung deutscher Zertifikate

Ähnlich wie in anderen europäischen und außereuropäischen Ländern müssen die deutschen Ausbildungsnachweise zunächst anerkannt werden. Erst nach der Anerkennung kann eine Arbeitserlaubnis erteilt werden. Hierzu sollten das National Academic Information Centre (NAIC) und das Auslandsamt in Oslo kontaktiert werden.

> National Academic Information Centre (NAIC)
> International Education Services
> Postboks 1081 Blindern
> N-0317 Oslo
> Tel.: (0047) 22 85 22 60
>
> Utlendingsdirektoratet
> Postboks 8108 Dep.
> N-0032 Oslo
> Tel.: (0047) 22 67530890

**Abbildung 2-12:** Marion in Österreich (gezeichnet von Markus Splietker, 2002)

## Österreich

**Land und Leute**

Die Alpenrepublik Österreich besteht aus neun Bundesländern mit jeweils großer Eigenständigkeit. Das 8 Millionen EinwohnerInnen zählende Land hat große wirtschaftliche und kulturelle Bedeutung als Schnittstelle zwischen Ost und West.

Denkt man an Österreich, denkt man an Sissy, Mozart, Salzburger Nockerln, Sachertorte, Hundertwasser, die Alpen usw. Die österreichische Mentalität ist zunächst einmal konservativ, trotzdem vertreten viele ÖsterreicherInnen weltoffene Anschauungen. Das Bild Österreichs ist geprägt von Theater- und Musikaufführungen auf Weltniveau, dem Donauinselfest und zahlreichen weiteren Stadtfesten. Das Brauchtum Österreichs findet man in den Alpendörfern, wo Trachtenumzüge ein Bestandteil der Dorfkultur sind. Im östlichen Teil des Landes tritt das Traditionelle gegenüber dem Modernen eher zurück.

Österreichische Sehenswürdigkeiten sind alte Schlösser und prächtige Kirchen. Schloss Schönbrunn in Wien wurde sogar zum Weltkulturerbe erhoben. Die «Musikhauptstadt» Wien ist das herausragende Kulturzentrum des Landes. Hier lebten berühmte Komponisten wie Mozart, Beethoven, Schubert, Brahms,

Strauß, um nur einige zu nennen. Die Musik in der «Wiener Luft» spüren die BewohnerInnen und BesucherInnen noch heute in Konzerten, Oper oder Theater. Die Wiener Architektur reicht vom gotischen Stephansdom bis zur Moderne mit Bauten des berühmten Künstlers Hundertwasser.

Auch die Altstadt von Salzburg mit der Residenz und dem Dom sowie der Festung Hohensalzburg gehören zum Weltkulturerbe. Weitere bedeutende Kulturstätten sind die Hofburg und die Hofkirche in Innsbruck sowie die weithin bekannte Wallfahrtskirche Mariazell in der Steiermark.

> «Rehpublik Österreich» ist ein amüsanter Reiseführer, der die Alpenrepublik durch eine ganz besondere Brille betrachtet (Brödl/Putzker, 2000).

### Arbeitssuche

Für die Arbeitsvermittlung in Österreich ist der Arbeitsmarktservice (AMS) zuständig. AMS informiert und vermittelt Arbeitskräfte auf offene Stellen und unterstützt die Eigeninitiative von Arbeit Suchenden und Unternehmen durch Beratung, Qualifizierung sowie durch finanzielle Förderung. Eine weitere Möglichkeit der Stellensuche bieten die österreichischen Tageszeitungen «Kurier», «Presse» und «Standard».

> AMS
> Neubaugasse 43
> A-1070 Wien
> Tel.: (0043) 1 878 71 30 299
> http://www.ams.or.at

Für Bewerbungen gelten dieselben Kriterien und Formalitäten wie in Deutschland (vgl. Kap. 6 und 7).

### Anerkennung deutscher Zertifikate

Ähnlich wie in anderen europäischen und außereuropäischen Ländern müssen die deutschen Ausbildungsnachweise zunächst anerkannt werden. Erst nach der Anerkennung kann eine Arbeitserlaubnis erteilt werden. Österreich und Deutschland haben ein Abkommen über die Gleichstellung von Berufsabschlüssen getroffen, worin bisher circa 185 Ausbildungen gleichgestellt sind. Genaue Auskünfte erteilt das Bundesministerium für Arbeit und Soziales in Österreich.

> Bundesministerium für Arbeit und Soziales
> Stubenring 1
> A-1010 Wien
> Tel.: (0043) 1 71100-0

**Abbildung 2-13:** Marion in Portugal (gezeichnet von Marcus Splietker, 2002)

## Portugal

### Land und Leute

Portugal liegt im Südwesten der iberischen Halbinsel und grenzt im Süden und Westen an den Atlantik und im Norden und Osten an Spanien, wobei PortugiesInnen es als kränkend betrachten, wenn ihr 10 Millionen EinwohnerInnen zählendes Land als Anhängsel Spaniens bezeichnet wird. Die offizielle Landessprache ist Portugiesisch. Im Nordwesten Portugals herrscht ein atlantisches Klima, im Landesinneren hingegen nimmt das Klima eher kontinentale Züge an. Im Sommer erreicht das Thermometer Werte deutlich über 30 °C.

Die auffallend freundlichen PortugiesInnen schaffen es, eine für uns schon fast vergessene gemütliche Lebensart zu vermitteln. Wichtige Elemente der portugiesischen Traditionen sind die Musik und die Baukunst. Die Musik wird von einer gewissen melancholischen Grundstimmung geprägt. Der «Fado», ein schwermütiger Gesang mit Gitarrenbegleitung, drückt diese Stimmung aus. Man kann diese typisch portugiesischen Gesänge hauptsächlich in kleinen Lokalen der Lissaboner Altstadt genießen. Die Hauptstadt Lissabon liegt an der Ostküste, direkt an der Mündung des Flusses Tejo. Von dieser Stadt geht ein besonderes Flair aus, fahren doch über 100 Jahre alte englische Straßenbahnen durch die engen Gassen, vorbei an traditioneller und moderner Architektur. Die größte Hängebrücke der Welt befindet sich in Lissabon.

Ebenfalls zu Portugal gehört die im atlantischen Ozean, westlich von Marokko und nördlich von den Kanaren gelegene, autonom verwaltete Insel Madeira. Dort gibt es viele Orte mit kleinen Kirchen. Besonders beliebt ist diese Insel wegen des ganzjährig gleich bleibend warmen Klimas und des glasklaren Wassers.

Wer gern Fisch isst, der wird sich in Portugal sehr wohl fühlen.

«Portugal selbst entdecken» ist ein informatives Tipp-Buch für entdeckungsfreudige Individualreisende (Möbius/Ster, 1998). Hier erfährt man etwas über dieses «Sonnenland» abseits der Hauptverkehrsadern.

**Arbeitssuche**
Für die Arbeitsvermittlung in Portugal sind die lokalen Arbeitsämter des Instituts für Arbeit und Berufsbildung verantwortlich. Auch die Suche in der größten Wochenzeitung «Expresso» kann erfolgreich sein, da diese Zeitung eine wöchentliche Beilage mit 20 Seiten Stellenangeboten hat. Weiterhin gibt es die Zeitungen «O Journal» und «Diario de Noticias», in denen sich die Suche nach Stellenanzeigen lohnt.

> Instituto do Emprego e Formção Profissional – IEFP
> Avenida Jose Malhoa 11
> P-1070 Lisboa
> Tel.: (00351) 21-7 22 70 00
> http://www.iefp.pt

Die Bewerbung in Portugal enthält ein Anschreiben, das nicht länger als eine Seite ist, Stärken, Interessen und Fähigkeiten werden kurz genannt. Es ist nicht üblich, dass Zeugnisse beigelegt werden (vgl. Kap. 6 und 7).

**Anerkennung deutscher Zertifikate**
Ähnlich wie in anderen europäischen und außereuropäischen Ländern müssen die deutschen Ausbildungsnachweise zunächst anerkannt werden. Erst nach der Anerkennung kann eine Arbeitserlaubnis erteilt werden. Das «Instiuto do Emprego e Formação Profissional» (IEFP) hilft hier weiter. Zuständig für die Anerkennung deutscher Zertifikate ist die Organisation NARIC.

> Instituto do Emprego e Formção Profissional – IEFP
> Nucleo de Certificação Profissional
> Rua das Picoas 14
> P-1000 Lisboa Codex
> Tel.: (0035) 1 21-35 63 80-1, -9
>
> NARIC
> Av. 5 ds Outobro, 107
> P-1051 Lisboa
> Tel.: (0035) 1 17 93 12 91

## 2 Arbeiten in der Pflege

**Abbildung 2-14:** Marion in Schweden (gezeichnet von Marcus Splietker, 2002)

## Schweden

### Land und Leute

Schweden, das drittgrößte Land der Europäischen Union, grenzt im Westen an Norwegen, im Nordosten an Finnland und im Süden an Dänemark. Das 8,6 Millionen EinwohnerInnen zählende Land gliedert sich landschaftlich in drei unterschiedliche Gebiete.

Sozialpolitisch gesehen ist Schweden sehr engagiert, besonders was die Gleichberechtigung der Geschlechter angeht. Schweden wurde in seiner Kultur größtenteils vom Ausland beeinflusst. Wikinger brachten neue Eindrücke von ihren Reisen mit, und englische Missionare christianisierten das Land. Deutsches Gedankengut wurde im Spätmittelalter durch eingewanderte Handwerker und Kaufleute eingeführt. Ein Schwede, Alfred Nobel, stiftete den Nobelpreis. Bis heute werden alle Nobelpreise, außer dem Friedensnobelpreis, vom schwedischen König verliehen.

Ein besonderes Fest ist der Mittsommerbeginn in der kürzesten Nacht des Jahres. Es wird traditionell ausgiebig und meist im Freien gefeiert und ist in Deutschland spätestens seit der Fernsehwerbung von IKEA ein Begriff. Typisch schwedisch sind die vielen Handy-NutzerInnen im öffentlichen Leben. Schweden ist das handy- und computerreichste Land der Welt.

Eigentlich unterscheidet sich das Leben in Schweden nicht sonderlich von dem in Deutschland, nur in ihrem Freizeitverhalten legen die SchwedInnen besonders viel Wert auf die Natur. Fast jede/r zweite besitzt ein «Stuga», ein eigenes Ferienhaus außerhalb der großen Städte. Beliebt als Freizeitbeschäftigung ist heute wie früher das Skilaufen.

Wer es liebt, alte und prunkvolle Schlösser zu erkunden, ist in Schweden genau richtig, hat doch die schwedische Großmachtzeit in der Baugeschichte des Landes ihre Spuren hinterlassen. Die schwedische Hauptstadt Stockholm liegt an der Mündung des Mälaren in die Ostsee. Die Altstadt liegt auf den Inseln Staden, Riddar und Helgeandsholmen. Insgesamt soll die Stadt auf 14 Inseln liegen, weshalb die 727 000 Einheimischen behaupten, ihre Stadt sei auf Wasser gebaut. In Stockholm gibt es viele Kirchenbauten und Museen, die königliche Oper und viele Theater.

> Weitere Informationen über Schweden sind zum Beispiel im Polyglott-Reiseführer «Schweden» zu finden. Kürze und Prägnanz der Beschreibungen zeichnen diesen Reiseführer im Taschenformat aus (Dey, 2001).

### Arbeitssuche
Für die Arbeitsvermittlung in Schweden sind die lokalen Arbeitsämter (Arbetsförmedlingen) verantwortlich. Dort liegen viele Informationen über Stellenangebote vor. Die größte schwedische Tageszeitung «Dagens Nyheter» bietet ebenfalls gute Chancen für die Stellensuche.

> International Employment Office
> Arbetsformedlingen Utland
> Box 77 63
> Sveavägen 24-226
> S-10396 Stockholm
> Tel.: (0046) 8 20 03 50
> http://www.amv.se

Die Bewerbung sollte einen Lebenslauf ohne Lichtbild enthalten. Zeugnisse können beigefügt werden, Referenzen spielen jedoch eine weitaus wichtigere Rolle (vgl. Kap. 6 und 7).

### Anerkennung deutscher Zertifikate
Ähnlich wie in anderen europäischen und außereuropäischen Ländern müssen die deutschen Ausbildungsnachweise zunächst anerkannt werden. Erst nach der Anerkennung durch die Högskoleverket (s. u.) kann eine Arbeitserlaubnis erteilt werden.

> Högskoleverket
> Box 7851
> S-10399 Stockholm
> Tel.: (0046) 8 4537000

**Abbildung 2-15:** Marion in der Schweiz (gezeichnet von Marcus Splietker, 2002)

## Schweiz

### Land und Leute

Die Schweiz, das sind sieben Millionen EinwohnerInnen, verschiedene Kulturen, Sprachräume und 23 Kantone, von denen jeder Einzelne einem kleinen autonomen Staat mit Regierung, Parlament, Gesetzen und Gerichten gleicht.

Das Land der «lila Kühe» und der «kleinen Heidi» gliedert sich in drei landschaftlich beeindruckende Regionen: das hügelige Mittelland vom Bodensee bis zum Genfer See, das lang gestreckte Faltengebirge des Schweizer Jura und die weltberühmten Schweizer Alpen. Auch befinden sich in der Schweiz Europas höchste Berge, nämlich das Matterhorn (4478 m), und die Dufourspitze im Monte-Rosa-Massiv (4634 m).

Die schönsten Gegenden sind das Engadin, das Berner Oberland, die Region um den Vierwaldstätter See und das Wallis. Besonders beliebt ist das Tessin mit seinem «italienischen Flair» und dem mediterranen Klima.

In den vier Landessprachen kommt die Vielfalt des Landes besonders zum Ausdruck. Es wird Schwyzerdütsch, Französisch, Italienisch und Rätoromanisch gesprochen. Im größten Teil der Schweiz ist die offizielle Schriftsprache Hochdeutsch.

Die größte Stadt des Landes ist Zürich, eine Stadt mit internationalem Flair. Sie liegt im Norden, direkt am Zürisee, mit den Alpen als Hintergrundpanorama. Hier existieren gleichzeitig Beschaulichkeit, Tradition und Moderne. Als längstes Schaufenster der Schweiz gilt die Züricher Bahnhofstraße, eine der schönsten Einkaufsmeilen in Europa.

In Zürich befindet sich auch das Schweizerische Landesmuseum, welches für seine bedeutenden kulturhistorischen Sammlungen sehr bekannt ist. Das Züricher Schauspielhaus gehört zu den renommiertesten deutschsprachigen Bühnen.

Die Hauptstadt der Schweiz ist Bern. Auch Bern hat viele interessante Plätze und Sehenswürdigkeiten zu bieten, so zum Beispiel den Bärengraben am Ende des Stadtzentrums. Hier tummeln sich vier große Bären. Der Bär ist auch das Wappentier der Stadt Bern. Weiterhin sehenswert sind das Münster, der bedeutendste spätgotische Sakralbau der Schweiz, sowie der «Zytglogge», ein Uhrenturm. Die Altstadt zu besichtigen, ist auch bei Regen kein Problem, denn die Häuser in den Gassen sind durch einen durchgehenden Arkadengang von etwa sechs Kilometern Länge miteinander verbunden und bieten die Möglichkeit eines trockenen Rundgangs.

> Informationen, Bahn-Routen und die 99 schönsten Bahn-Destinationen liefert der Reiseführer «Schweiz mit dem Zug erleben» von Bernet und Mochel (2000).

**Arbeitssuche**
Für die Arbeitsvermittlung von deutschem Pflegepersonal in der Schweiz ist unter anderem die Schweizerische Vermittlungs- und Beratungsstelle für Personal des Gesundheitswesens AG zuständig. Mittlerweile werden deutsche Arbeitskräfte auch über deutsche Arbeitsämter in die Schweiz vermittelt. In Tageszeitungen wie «Neue Zürcher Zeitung», «Tages-Anzeiger» oder «Journal de Genève» sind viele offene Stellen zu finden.

Aufenthaltsbewilligungen werden bei einem Aufenthalt von mehr als drei Monaten nur dann erteilt, wenn für die entsprechende Stelle keine gleichwertig qualifizierte schweizerische Arbeitskraft zur Verfügung steht.

Schweizerische Vermittlungs- und Beratungsstelle
für Personal des Gesundheitswesens AG
Schaffhauserstr. 21
CH-8042 Zürich
Tel.: (0041) 1 36 38 404
http://www.acces.ch
http://www.jobclick.ch
http://www.swisswebjobs.ch
http://www.tobjobs.ch
http://www.treffpunkt-arbeit.ch

In der Schweiz gelten für Bewerbungsschreiben dieselben Anforderungen wie in Deutschland (vgl. Kap. 6 und 7).

**Anerkennung deutscher Zertifikate**
Für eine Arbeitsaufnahme in der Schweiz ist eine Anerkennung der deutschen Ausbildungsnachweise nicht notwendig. Nach erfolgreicher Bewerbung kann eine Tätigkeit im Spital unverzüglich aufgenommen werden. Möchte man jedoch eine Fachweiterbildung absolvieren, muss eine Registrierung beim Schweizer Roten Kreuz erfolgen.

Schweizer Rotes Kreuz
Abteilung Berufsbildung
Werkstr. 18
CH-3084 Bern/Wabern
Tel.: (0041) 31 960 75 75

## Spanien

### Land und Leute

Das Königreich Spanien grenzt im Norden an Frankreich, im Osten an das Mittelmeer, im Süden an die Straße von Gibraltar und im Westen an Portugal und den Atlantischen Ozean. Spaniens Staatsgebiet umfasst auch die Balearen, die Kanarischen Inseln und die Provinzen Melilla und Ceuta in Nordafrika, das alles bei einer Fläche von über 500 000 Quadratkilometer und 39,5 Millionen EinwohnerInnen.

Das Klima ist kontinental, mit heißen, trockenen Sommern und im Landesinneren teilweise sehr kalten Wintern. Im Sommer klettert das Thermometer nicht selten über 40 °C. Es gibt auch heftige Regenfälle. An den Küsten herrscht mediterranes Klima.

Neben dem Spanischen sind als regionale Amtssprachen auch Katalanisch, Baskisch und Galizisch anerkannt.

Seinem Ursprung nach ist Spanien ein landwirtschaftlich geprägter Staat, heute ist aber auch der Tourismus ein bedeutender Wirtschaftsfaktor. Spanien ist weltweit einer der größten Weinproduzenten. Auch die Fischfangindustrie spielt eine bedeutende Rolle.

Die Kultur Spaniens ist durch den Katholizismus geprägt, was an den vielen durchweg festlich begangenen Feiertagen erkennbar ist. Der wohl bekannteste spanische Brauch ist der Stierkampf. Weiterhin typisch ist der Flamenco, eine Form des Tanzes.

Zu entdecken und zu besichtigen gibt es sehr viel in Spanien, schließlich ist es das Land mit den meisten Stätten des Weltkulturerbes. Ein Bummel durch die Altstadt von Santiago de Compostela ist besonders interessant. Schon Heinrich von Kleist hat diese Stadt in seiner Literatur verewigt.

Barcelona ist die zweitgrößte und wichtigste Stadt des Landes mit einem der bedeutendsten Häfen des Mittelmeers. Offen und gastfreundlich bietet es weit reichende Möglichkeiten, was Musik, Theater, Kunst, Gastronomie und Shopping betrifft.

Für ein paar ruhige Stunden lohnt sich ein Ausflug auf die Insel Menorca, wo neben der herrlichen Landschaft auch leicht ein gemütliches Café zu finden ist. Auch Mallorca hat seinen BesucherInnen eine Menge zu bieten: Sonne, Meer, Rummel, Natur und Kultur. Besonders beeindruckend ist die gotische Kathedrale La Seu in Palma de Mallorca mit ihrer großartigen Architektur.

> Der Reiseführer «Natur Spanien» spricht alle reiselustigen Naturfreunde an. Hier findet man wichtige Informationen über die attraktivsten Naturregionen im Reiseziel – ausführlich, fundiert und praxisnah (Cabo, 2001).

**Abbildung 2-16:** Marion in Spanien (gezeichnet von Marcus Splietker, 2002)

**Arbeitssuche**

Für die Arbeitsvermittlung in Spanien ist die nationale spanische Arbeitsverwaltung (INEM) verantwortlich. Ausländer vor Ort erhalten die gleichen Informationen und Rechte wie die Einheimischen bei der Arbeitssuche. Wenn auf Stellenangebote aus den großen Tageszeitungen «El Pais», «La Vanguardia», «Actualidad Economica» geantwortet wird, ist mit Erfolg bei der Arbeitssuche zu rechnen.

> INEM – Instituto Nacional de Empleo
> c/ Condesa de Venadito, 9
> E-28027 Madrid
> Tel.: (0034) 91-5 85 98 35
> http://www.inem.es

Die spanische Bewerbung ist möglichst kurz zu fassen, wobei Zeugnisse nicht beigefügt werden müssen (vgl. Kap. 6 und 7).

**Anerkennung deutscher Zertifikate**

Ähnlich wie in anderen europäischen und außereuropäischen Ländern müssen die deutschen Ausbildungsnachweise zunächst anerkannt werden. Erst nach der Anerkennung kann eine Arbeitserlaubnis erteilt werden. Für diese Anerkennung ist ebenfalls die INEM (s. o.) zuständig.

## 2.4 Zusammenfassung

Neben den klassischen Arbeitsfeldern der pflegerischen Dienstleistungen existieren in der Pflege seit vielen Jahren alternative Arbeitsmärkte. Wer eine Tätigkeit unmittelbar am Patienten oder Hilfsbedürftigen sucht, findet eine Herausforderung nicht nur in Krankenhäusern, Altenheimen und ambulanten Pflegediensten. Auch Kurzzeit-, Tagespflegeeinrichtungen und Hospize stellen interessante Alternativen dar. Selbst fernab von diesen Arbeitsfeldern existieren Arbeitsmöglichkeiten, die für viele in der Pflege Beschäftigte interessant erscheinen, unter anderem Forschung, Lehre und Beratung. Zur weit reichenden Veränderung des Arbeitsmarktes Pflege trägt auch die Öffnung der Grenzen innerhalb der Europäischen Union bei. Ob nun im Rahmen der Arbeit als KrankenpflegerIn bei einem mallorquinischen Pflegedienst oder bei einer beratenden Tätigkeit in England – Pflege bietet Vielfalt.

Vielleicht haben Ihnen die Länderbeschreibungen bereits Lust auf eine Tätigkeit im Ausland gemacht. Bedacht werden sollten jedoch unbedingt die bereits genannten Voraussetzungen (vgl. Kap. 2.3.1). Der Wechsel in das europäische Ausland stellt in der Regel einen tiefen Einschnitt ins bisherige Privatleben und ins Berufsleben dar. Ein entsprechender Wechsel des persönlichen und beruflichen Standortes will wohl überlegt sein.

# 3 Investition in die Zukunft – Qualifizierungsmöglichkeiten in der Pflege

*Nicht, was er mit seiner Arbeit erwirbt, ist der eigentliche Lohn des Menschen, sondern was er durch sie wird.*

*John Ruskin*

Der Arbeitsmarkt Pflege befindet sich in Bewegung. Jüngst berichtete die Wirtschaftswoche über den zukünftigen Einsatz von «Pflegerobotern». Bedeutet dies das langfristige Aus von Menschen in der Pflege? Die Antwort lautet: Sicherlich nicht! Die Anforderungen an die Arbeit in der Pflege ändern sich jedoch. Die Notwendigkeit, sich ständig weiterzubilden, zeigt sich in dieser Branche ganz besonders. Pflege ohne den Einsatz von EDV ist in vielen Bereichen nicht denkbar. Eine intensive Personalentwicklung durch interne Personalentwicklungsmaßnahmen oder externe Weiterbildungen bis hin zum Studium von Pflegewissenschaften oder Pflegemanagement ist wichtig geworden (Loffing, 2001a). Getragen wird diese Entwicklung von einem Wertewandel in der Bevölkerung (Opaschowski, 1991, Becker, 1999). Es existiert nicht nur zunehmender Bedarf, sondern auch zunehmendes Interesse an Bildung in der Pflege.

In diesem Kapitel wird die Vielfalt an Qualifizierungsmöglichkeiten dargestellt, die es heute auf dem Pflegemarkt gibt. Durch eine Marktanalyse wird ein guter Überblick über das aktuelle Weiterbildungsangebot geschaffen. Kritisch werden dabei die ausgewählten Bildungsmaßnahmen diskutiert. Eine Checkliste zur Überprüfung von Weiterbildungsträgern soll dazu beitragen, diesbezüglich die richtige Entscheidung zu treffen. Auch hinsichtlich der Vielfalt der Studiengänge wird ein Überblick gegeben. Der Anhang (vgl. Kap. 7) ergänzt dieses Kapitel durch zahlreiche Adressen und weitere wichtige Informationen. Vervollständigt werden die Darstellungen durch zahlreiche Interviews mit ausgewählten Persönlichkeiten, die unterschiedliche Karrierewege beschritten haben. Eine Orientierung der eigenen Karriere an existierenden Karrieren ist dabei erwünscht und umsetzbar.

Methodisch folgt auch dieses Kapitel einer möglichst vielfältigen Darstellung mit dem Ziel eines weiteren Überblicks über Qualifizierungsmöglichkeiten. Für tiefer gehende Analysen werden Empfehlungen erteilt.

## 3.1 Möglichkeiten der Fort- und Weiterbildung

Mit der Überschrift «Personalentwicklung als Motor des Fortschritts» leitet Becker sein Standardwerk zur Personalentwicklung ein (1999: 1). «Die große Herausforderung an die Personalentwicklung liegt in der Lösung des Problems, die Menschen durch Lernen zu befähigen, sich in der zunehmend undeterminierten Welt der Arbeit zurechtzufinden», schreibt er weiter. Personalentwicklung kann auch im Gesundheitswesen ein Hilfsmittel darstellen, mit dem den zukünftigen Anforderungen effektiv begegnet werden kann (Loffing, 2001a). Der Begriff Personalentwicklung wird in diesem Zusammenhang weit gefasst, er umfasst alle Maßnahmen der allgemeinen und beruflichen Weiterbildung bzw. Fortbildung. Maßnahmen der Personalentwicklung kommen jedoch nur dann zum Tragen, wenn sie auf einer Bildungsmotivation, einer Bereitschaft, neue Wissensinhalte aufzunehmen und sich weiterzuentwickeln, basieren. Unter zahlreichen MitarbeiterInnen in der Pflege ist diese Motivation deutlich erkennbar. Die explosionsartige Entwicklung der Pflegestudiengänge ist nur ein Indiz dafür, ein weiteres stellt die Vielzahl der Bildungsträger und Weiterbildungs- sowie Seminarangebote dar. Mittlerweile steht Interessierten eine nahezu unglaubliche Vielfalt an Qualifizierungsmöglichkeiten zur Verfügung. Differenzierungen in unterschiedlichen Tätigkeitsbereichen innerhalb und außerhalb der eigentlichen pflegerischen Arbeit sind zu finden. Diese Vielfalt und Differenzierung bietet zahlreiche Chancen. Pflege geht heute weit über das hinaus, was man zunächst damit assoziiert. Die Unübersichtlichkeit des Bildungsmarktes in der Pflege gebietet aber auch Achtsamkeit. Inhalte und Umfang von Qualifizierungen unterscheiden sich häufig voneinander. So reicht der Umfang unterschiedlicher MentorInnen-Lehrgänge von nur 16 bis zu maximal 440 Stunden (Quernheim, 1997). Unterschiede hinsichtlich des Inhalts sind hier selbstverständlich zu erwarten. Auch hinsichtlich der Qualität der Bildungsangebote sind deutliche Unterschiede zu erkennen. Jüngst war insbesondere in der ambulanten Pflege ein Boom im Bereich der Qualifizierungen zur Pflegedienstleitung nach § 80 SGB XI zu erkennen. Eine Vereinbarung der Spitzenverbände der Krankenkassen forcierte diese Entwicklung. Auf der Grundlage der spärlichen Vorgaben, die die Spitzenverbände machten (Umfang: mindestens 460 Stunden; Inhalt: wenig konkrete Angaben), entstanden zahlreiche Lehrgänge. Neue Bildungsunternehmen ohne Erfahrungen im Gesundheitswesen und in der Pflege entstanden. Die Qualität vieler Angebote war fraglich. Beispiele, die dies belegen: Von den geforderten Stunden wurde in einigen Lehrgängen zum Teil bis zu einem Drittel gar nicht angeboten. Anwesenheiten wurden bei Trägern nicht kontrolliert. Unerfahrene und branchenfremde DozentInnen wurden eingesetzt. Curricula lagen in vielen Fällen nicht vor. Der Effekt im Sinne einer notwendigen Weiterentwicklung der Pflegedienstleitungen in ambulanten Diensten wurde damit vielfach nicht erzielt. Bildung im Gesundheitswesen benötigt eine strengere Berücksichtigung vorhandener Gesetze und Richtlinien beziehungsweise Empfehlungen (BBiG, SGB, DKG, IHK, Landesbestimmungen etc.). Aus der Sicht der Bildungswilligen ist eine vorherige Prüfung des Angebotes auf dem Bildungsmarkt zwingend notwendig geworden.

### 3.1.1 Begriff und Aufgaben

Der in diesem Buch und in der Bildung heute zunehmend anzutreffenden synonymen Verwendung der Begriffe Fortbildung und Weiterbildung ging ursprünglich eine Differenzierung voraus. Dabei ist festzustellen, dass hinsichtlich dieser beiden Begriffe in der Literatur bis heute keine einheitliche Verwendung zu finden ist. In Anlehnung an v. Rosenstiel (1992) wird Fortbildung als Vertiefung und Modernisierung von Wissen und Können verstanden. Dabei finden Fortbildungen nach abgeschlossener Ausbildung statt und beziehen sich auf die gleiche berufliche Ebene. Weiterbildung dagegen meint die Veränderung und Neuorientierung des bisherigen Berufsfeldes. Als Sammelbegriff für alle Aktivitäten, die die Erhaltung, Erweiterung und Anpassung der beruflichen Fertigkeiten und Kenntnisse ermöglichen, wird die berufliche Weiter- beziehungsweise Fortbildung nach dem Berufsbildungsgesetz von 1969 verstanden (§ 1 Abs. 3). Sinnvoll erscheint in diesem Zusammenhang eine einfache Unterteilung nach dem Inhalt, die zum Beispiel Pawlowsky und Bäumer verwenden (1996). Sie unterscheiden die allgemeine Weiterbildung von der beruflichen Weiter- bzw. Fortbildung. Für die Pflege lassen sich hier bereits zahlreiche Angebote unterteilen. Der Übersichtlichkeit wegen wird auch der weiteren Einteilung in Erweiterungs-, Anpassungs- und Aufstiegsfortbildungen als Bereiche der beruflichen Weiter- bzw. Fortbildung Folge geleistet. Keine Unterscheidung wird dagegen hinsichtlich des Durchführungsortes, ob also eine Weiterbildung als «Inhouse-Seminar» oder externe Schulung angeboten wird, vorgenommen.

### 3.1.2 Ziele und Funktionen von Fort- und Weiterbildungen

Becker unterscheidet zwischen unterschiedlichen Zielen, die mit Weiterbildungen verfolgt werden (1999). Unterscheiden lassen sich ihm zufolge betriebliche, individuelle und gesellschaftliche Weiterbildungsziele. Aus Sicht des Betriebes lässt sich durch Weiterbildung die Wettbewerbsfähigkeit erhalten, die Anpassung der Qualifikationen der Mitarbeiter an veränderte Gegebenheiten gewährleisten und die Flexibilität der MitarbeiterInnen erhöhen. Dies alles sind Ziele, die auch in der Pflege eine große Relevanz haben. Die persönliche und berufliche Entfaltung, die Anpassung der vorhandenen Qualifikationen an die Ansprüche des Arbeitsplatzes

(Arbeitsplatzsicherheit) und die Sicherung der erreichten Stellung im Beruf sind individuelle Ziele, die mit Weiterbildungen verfolgt werden. Hier liegt auch eine Begründung dafür, dass zahlreiche Arbeitnehmer selbst in ihre Weiterbildung investieren. Aus gesellschaftlicher Perspektive lassen sich schließlich noch bildungsidealistische Ziele wie das allgemeine Recht auf Bildung und Ausgleich von Benachteiligungen, volkswirtschaftliche sowie arbeitsmarkt- und strukturpolitische Aspekte und die Entfaltung internationaler Wettbewerbsfähigkeit anführen. Auch in Befragungen von Unternehmen konnten diese Ziele bestätigt und weiter ausdifferenziert werden (Maisberger, 1996).

### 3.1.3 Allgemeine Weiterbildungen

Unter allgemeinen Weiterbildungen versteht Becker die «Förderung der Allgemeinbildung als Aneignung von grundlegenden Erkenntniskategorien und -methoden, Schlüsselqualifikationen, Einstellungen und Haltungen, die in jedem Lebensbereich notwendig sind und gewonnen werden können, zugleich aber auch für andere Bereiche Bedeutung haben, wie zum Beispiel logisches Denken, Flexibilität, Urteilsfähigkeit oder Verantwortungsbereitschaft» (1999: 171). Der Förderung dieser Aspekte kommt insofern eine große Bedeutung zu, als dass durch eine Erweiterung der Schlüsselqualifikationen auch eine Steigerung der Handlungskompetenz zu erwarten ist, die wiederum notwendig ist, um sich am Arbeitsplatz zu bewähren. Schlüsselqualifikationen werden im deutschsprachigen Raum bereits seit einigen Jahren verstärkt in Aus- und Weiterbildungskonzepte einbezogen (Weidlich, 1998). Auf diese Weise können andere Einstellungen und Kompetenzen erzeugt werden. Ein besonders hoher Stellenwert kommt in vielen Bildungsmaßnahmen der Förderung der Selbstreflexion zu. Dies lässt sich darauf zurückführen, dass es sich gerade hierbei um eine wichtige Fähigkeit handelt, um über eine gezielte Weiterentwicklung nachzudenken. Über einen Soll-Ist-Vergleich im Rahmen der Reflexion kann unter anderem entschieden werden, ob im Bereich der Sozial-, Fach- oder Methodenkompetenz Förderungsbedarf besteht. Wichtig ist bei entsprechenden Trainings, dass sie von ausreichend gut qualifizierten TrainerInnen ausgeübt werden. Insbesondere in den allgemeinen Fortbildungen, wo es um Erweiterung der Problemlösekompetenz sowie der Kritik-, Kooperations- und Urteilsfähigkeit oder um Stärkung der Eigenwahrnehmung geht, sollte zumindest eine therapeutische Grundqualifikation vorliegen.

## 3.1.4 Berufliche Fort- bzw. Weiterbildungen – Eine Analyse

Bei den beruflichen Fort- bzw. Weiterbildungen wird in den Ausführungen von Becker (1999) zwischen Erweiterungs-, Anpassungs- und Aufstiegsfortbildungen differenziert. Das umfassende Weiterbildungsangebot in der Pflege lässt sich danach sehr gut unterteilen.

Im Rahmen einer empirischen Untersuchung konnte ein guter Überblick über den aktuellen Markt der beruflichen Fort- und Weiterbildungen in der Pflege gewonnen werden (Loffing, 2002). Die detaillierten Ergebnisse der gesamten Untersuchung können beim Autor angefordert werden, zum Beispiel durch die Antwortkarte im Anhang.

Die Grundgesamtheit, auf die sich diese Untersuchung bezieht, stellte das vollständige Angebot an Qualifizierungen (ohne Pflegestudiengänge) für Pflegekräfte in Deutschland dar. Auswahlprinzip war eine nichtzufällige Auswahl, die aufs Geratewohl erfolgte, das heißt, es wurden Elemente der Grundgesamtheit ausgewählt, die besonders gut zu erreichen waren. In diesem Fall wurden die an eine große Einrichtung im Gesundheitswesen in Nordrhein-Westfalen über einen Zeitraum von zwei Jahren (1998–2000) gesendeten Seminarausschreibungen ausgewertet. Die Stichprobengröße betrug 30 Bildungsunternehmen. Unter Berücksichtigung potenzieller Auswahltypen im Rahmen der Marktforschung ist die so genannte «Auswahl aufs Geratewohl» das einfachste und billigste, aber auch das willkürlichste und damit ungenaueste Auswahlverfahren. In der Praxis der Marktforschung wird es jedoch häufig angewandt (Hammann/Erichson, 1994).

Die Beschreibung der Weiterbildungen erfolgt kurz und prägnant nach dem im folgenden Kasten beschriebenen Schema.

### Schema der Kurzbeschreibung der Weiterbildungen

**Einsatzbereiche/Aufgaben:** Hier werden kurz und prägnant die zukünftigen Aufgabengebiete auf der Grundlage der jeweiligen Weiterbildung charakterisiert.

**Besondere fachliche Voraussetzungen:** An dieser Stelle werden die Voraussetzungen zur Teilnahme an einem entsprechende Lehrgang genannt, die über die für alle Weiterbildungen empfohlene unbedingte Voraussetzung einer erfolgreich abgeschlossenen Krankenpflege-, Kinderkrankenpflege- bzw. Altenpflegeausbildung hinausgehen. Zum Teil wird auch eine erfolgreich abgeschlossene Ausbildung zur Hebamme oder zum Entbindungspfleger anerkannt.

**Persönliche Voraussetzungen:** Neben den zuvor genannten fachlichen Voraussetzungen spielen immer auch Eigenschaften der Persönlichkeit eine nicht unerhebliche Rolle hinsichtlich der Eignung für eine bestimmte Tätigkeit. Die jeweils relevanten Eigenschaften werden an dieser Stelle aufgelistet. Dabei erhebt diese Liste jedoch keinen Anspruch auf Vollständigkeit.

> **Inhalte der Weiterbildung:** Unter dieser Überschrift ist eine kurze Beschreibung der Weiterbildungsinhalte zu finden.
>
> **Weiterbildungsform:** Der Umfang der Weiterbildungen wird in fachtheoretischen und fachpraktischen Unterrichtseinheiten sowie erforderlichen Praxiseinsätzen (absolvierte Einsätze in dem jeweiligen Tätigkeitsgebiet) angegeben. Die differierenden Angaben bezüglich des Umfangs der Weiterbildungen spiegelt die Spanne (minimaler und maximaler Umfang in Stunden) wider, die bei der Analyse aller Bildungsangebote herausgearbeitet werden konnte.
> Die Weiterbildungen werden zum Teil als Vollzeitlehrgänge bzw. berufsbegleitend angeboten. Berufsbegleitend bieten die einzelnen Träger unterschiedliche Modelle an. Es konnten Lehrgänge mit Wochenblöcken oder Wochenendblöcken sowie regelmäßigen Tages- bzw. Nachmittagsveranstaltungen identifiziert werden.
> Die Einschätzung der zukünftigen Berufsaussichten erfolgt entsprechend der Kategorien «günstig», «neutral» oder «ungünstig». Dabei werden unterschiedliche Zeitperspektiven berücksichtigt.

### Ergebnisse der Analyse von Erweiterungsfortbildungen

Unter Erweiterungsfortbildung fallen alle Bildungsangebote, die das bereits vorhandene Wissen um ausgewählte Aspekte sinnvoll erweitern und die TeilnehmerInnen für neue Aufgaben in der Pflege oder über die Pflege hinaus qualifizieren.

### Berufspädagogische Erweiterungsfortbildungen

**MentorIn.** MentorInnen sind in den meisten Einrichtungen nebenamtlich mit entsprechenden Aufgaben im Rahmen der Anleitung von SchülerInnen oder neuen MitarbeiterInnen betraut. Eine Empfehlung der DKG sieht vor, dass der prozentuale Anteil der Praxisanleitung auf die gesamte Arbeitszeit etwa 20 Prozent beträgt. Dies erfordert eine gute Arbeitsorganisation, um sich für entsprechende Aufgaben Zeit zu verschaffen und nach erbrachter, eigener pflegerischer Leistung auf eine Schülerin oder neue Mitarbeiterin umstellen zu können.

Die Chancen sind auf Grund der gesetzlichen Bestimmung kurz-, mittel- und auch langfristig günstig.

*Einsatzbereiche/Aufgaben:*
- Professionalisierung und Weiterentwicklung der SchülerInnenanleitung in der Pflege
- Mitarbeit im Rahmen der praktischen Ausbildung auf der Station
- Kernaufgaben im Rahmen des Anleitungsprozesses: individuell planen, organisieren, durchführen, weiterentwickeln.

*Besondere fachliche Vorraussetzungen:*
- mindestens einjährige Berufserfahrung.

*Persönliche Voraussetzungen:*
- Fachkompetenz: aktuelles pflegerisches Fachwissen, Selbstständigkeit
- Sozialkompetenz: Kommunikations- und Kooperationsfähigkeit, Kritikfähigkeit
- Methodenkompetenz: differenzierte Wahrnehmungsfähigkeit, Entscheidungsfähigkeit
- Interesse an der systematischen Erweiterung dieser Kompetenzen, unter anderem bis zur kompetenten Anwendung ausgewählter Methoden der Anleitung.

*Inhalte der Weiterbildung:*
- Grundlagen professioneller Pflege
- Kommunikation und Kooperation
- berufsbezogene Pädagogik
- angewandte Psychologie
- Grundlagen der praktischen Ausbildung in der Pflege
- Maßnahmen zur Qualitätssicherung.

*Weiterbildungsform:*
- Umfang: 120 bis 412 Stunden fachtheoretischer Unterricht
- berufsbegleitend in einem halben bis einem Jahr.

**PraxisanleiterIn.** Insbesondere in Krankenhäusern sind PraxisanleiterInnen häufig hauptamtlich mit entsprechenden Aufgaben betraut. Im ambulanten Bereich findet man hauptamtliche PraxisanleiterInnen eher selten. Unter Berücksichtigung der derzeitigen Einsparbemühungen im Gesundheitswesen ist zu erwarten, dass die Berufsaussichten zukünftig in diesem Bereich eher ungünstig sind. Dabei verläuft die Entwicklung vermutlich zu Gunsten einer Stärkung der MentorInnen in der Praxis.

*Einsatzbereiche/Aufgaben:*
- Koordination und Planung der Praxiseinsätze unter Berücksichtigung der gesetzlichen Bestimmungen und in Zusammenarbeit mit den Ausbildungsstätten
- Strukturierung der praktischen Ausbildung analog des Anleitungsprozesses (Auswahl, Planung, Durchführung, Kontrolle) unter Berücksichtigung individueller Lernvoraussetzungen

- Durchführung praktischer Prüfungen im Rahmen der Aus- und Weiterbildung in Zusammenarbeit mit LehrerInnen für Pflegeberufe
- Aufbau und Betreuung von MentorInnenarbeitskreisen.

*Besondere fachliche Voraussetzungen:*
- mindestens zweijährige Berufserfahrung.

*Persönliche Voraussetzungen:*
- Fachkompetenz: aktuelles pflegerisches Fachwissen, Selbstständigkeit
- Sozialkompetenz: Kommunikations- und Kooperationsfähigkeit, Kritikfähigkeit
- Methodenkompetenz: differenzierte Wahrnehmungsfähigkeit, Entscheidungsfähigkeit
- Interesse an der systematischen Erweiterung dieser Kompetenzen, unter anderem bis zur Beherrschung ausgewählter Methoden der Anleitung.

*Inhalte der Weiterbildung:*
- Reflexion der eigenen Berufsrolle
- Lerntheorien
- Ausbildungssysteme
- Kommunikation, Rhetorik
- Fachdidaktik, Anleitungssituationen.

*Weiterbildungsform:*
- Umfang: 200 bis 460 Stunden fachtheoretischer Unterricht
- berufsbegleitend in einem halben bis einem Jahr.

**LehrerIn für Pflegeberufe.** Auch zukünftig wird im Gesundheitswesen weiter ausgebildet. Die Forderung nach qualifiziertem Personal lässt erwarten, dass die Berufsaussichten für LehrerInnen für Pflegeberufe auch weiterhin günstig sind. Die Tatsache, dass es auf entsprechende Stellen zahlreiche geeignete BewerberInnen auch unter den Diplom-PflegepädagogInnen gibt, minimiert jedoch die Berufschancen in diesem Bereich.

*Einsatzbereiche/Aufgaben:*
- Lehrtätigkeit an Ausbildungsstätten der Pflege, Fachweiterbildungsstätten oder in der innerbetrieblichen Fortbildung.

*Besondere fachliche Voraussetzungen:*
- mindestens dreijährige Berufspraxis.

*Persönliche Voraussetzungen:*
- Fachkompetenz: aktuelles pflegerisches Fachwissen, Selbstständigkeit
- Sozialkompetenz: Kommunikations- und Kooperationsfähigkeit, Kritikfähigkeit
- Methodenkompetenz: differenzierte Wahrnehmungsfähigkeit, Entscheidungsfähigkeit, Lehrfähigkeit
- Interesse an der systematischen Erweiterung dieser Kompetenzen, unter anderem im Bereich der pädagogisch-didaktischen Unterrichtsgestaltung.

*Inhalte der Weiterbildung:*
- Aufbau und Funktion des Gesundheits-, Sozial- und Bildungswesens
- Gestaltung und Koordination der theoretischen und praktischen Ausbildung
- Entwicklung von Unterrichtskonzepten.

Weiterbildungsform:
- Umfang: 2 200 bis 3 000 Stunden fachtheoretischer und 800 Stunden fachpraktischer Unterricht
- 23 Monate Vollzeit oder vier Jahre berufsbegleitend.

**Fachspezifische Erweiterungsfortbildungen**
**Fachweiterbildung Anästhesie und Intensivmedizin.** Die Chancen als Fachpflegende/r für Anästhesie und Intensivmedizin werden auch in Zukunft günstig sein. Mit der Stärkung des ambulanten Sektors werden insbesondere in diesem Bereich sowohl kurz- als auch mittel- und langfristig zahlreiche qualifizierte Kräfte gesucht.

*Einsatzbereiche/Aufgaben:*
- Gestaltung spezifischer Pflegeprozesse
- Mitarbeit im Rahmen der kontinuierlichen Überwachung von PatientInnen mit akuten Störungen der elementaren Vitalfunktionen, Unterstützung ärztlichen Handelns
- Anleitung, Beratung von MitarbeiterInnen, Aus- und Weiterzubildenden in der Praxis.

*Besondere fachliche Voraussetzungen:*
- mindestens zweijährige Berufserfahrung, davon mindestens sechs Monate im Fachbereich.

*Persönliche Voraussetzungen:*
- Fachkompetenz: aktuelles pflegerisches Fachwissen, vor allem im Bereich Anästhesie und Intensivmedizin

- Sozialkompetenz: Kommunikations- und Kooperationsfähigkeit, sehr gute Aufmerksamkeits- und Konzentrationsfähigkeit
- Methodenkompetenz: differenzierte Wahrnehmungsfähigkeit, Fähigkeit zum schnellen Handeln, besonders gute Fähigkeit zur Stressbewältigung, Problemlösungsfähigkeit
- Interesse an der systematischen Erweiterung, vor allem des in diesem Bereich notwendigen Fachwissens.

*Inhalte der Weiterbildung:*
- Grundlagen der Intensivmedizin
- Grundlagen der Anästhesiologie
- pflegerische Maßnahmen der Intensivmedizin und Anästhesiologie
- Berufskunde
- Medizintechnik in der Intensivtherapie und Anästhesie.

Weiterbildungsform:
- Umfang: 336 Stunden fachtheoretischer und 3 400 Stunden fachpraktischer Unterricht
- zwei Jahre berufsbegleitend.

**Fachweiterbildung Funktionsdienste, Schwerpunkt Operationsdienst.** Auch hier sind die Chancen im stationären Bereich langfristig günstig. Qualifizierte Fachpflegende für den Operationsdienst werden zukünftig sowohl in Deutschland als auch in den anderen Ländern der EU gute Chancen haben, eine adäquate Stelle zu finden.

*Einsatzbereiche/Aufgaben:*
- Gestaltung spezifischer Pflegeprozesse
- Mitarbeit bei operativen Eingriffen (Vorbereitungs-, Nachbereitungs- und Überwachungsaufgaben, Instrumentieren), Unterstützung ärztlichen Handelns
- Anleitung, Beratung von MitarbeiterInnen sowie von Aus- und Weiterzubildenden in der Praxis.

*Besondere fachliche Voraussetzungen:*
- mindestens zweijährige Berufserfahrung, davon mindestens sechs Monate in einem operativen Funktionsdienst.

*Persönliche Voraussetzungen:*
- Fachkompetenz: aktuelles pflegerisches Fachwissen, vor allem im Operationsdienst, ausgeprägte Kenntnisse im Bereich der Operationstechniken

- Sozialkompetenz: Kommunikations- und Kooperationsfähigkeit, sehr gute Konzentrationsfähigkeit
- Methodenkompetenz: differenzierte Wahrnehmungsfähigkeit, Fähigkeit zum schnellen Handeln, besonders gute Fähigkeit zur Stressbewältigung, Problemlösungsfähigkeit, Urteilsfähigkeit
- Interesse an der systematischen Erweiterung, vor allem des in diesem Bereich notwendigen Fachwissens.

*Inhalte der Weiterbildung:*
- medizinische Grundlagen
- pädagogische, soziologische und psychologische Aspekte im Operationsdienst
- rechtliche, organisatorische und betriebswirtschaftliche Aspekte
- Grundlagen der Pharmakologie, Anästhesiologie und Reanimation
- Grundlagen der angewandten Krankenhaushygiene.

*Weiterbildungsform:*
- Umfang: 720 Stunden fachtheoretischer und fachpraktischer Unterricht und 3120 Stunden Einsatz in der Praxis
- zwei Jahre berufsbegleitend.

**Fachweiterbildung Nephrologie.** Auch hier sind die Chancen im stationären und ambulanten Bereich langfristig günstig. Qualifizierte Fachpflegende für Nephrologie werden zukünftig vor allem in der ambulanten Pflege gute Berufsaussichten haben.

*Einsatzbereiche/Aufgaben:*
- Gestaltung spezifischer Pflegeprozesse
- Mitarbeit bei Behandlungsmaßnahmen im Rahmen der Versorgung von PatientInnen mit Nierenfunktionsstörungen, Unterstützung ärztlichen Handelns
- Anleitung, Beratung von MitarbeiterInnen sowie von Aus- und Weiterzubildenden in der Praxis.

*Besondere fachliche Voraussetzungen:*
- mindestens zweijährige Berufserfahrung, davon mindestens sechs Monate in der Nephrologie.

*Persönliche Voraussetzungen:*
- Fachkompetenz: aktuelles pflegerisches Fachwissen, vor allem in der Nephrologie

- Sozialkompetenz: Kommunikations- und Kooperationsfähigkeit, sehr gute Konzentrationsfähigkeit
- Methodenkompetenz: differenzierte Wahrnehmungsfähigkeit
- Interesse an der systematischen Erweiterung vor allem des in diesem Bereich notwendigen Fachwissens.

*Inhalte der Weiterbildung:*
- Grundlagen der nephrologischen Pflege
- chronische Niereninsuffizienz
- Behandlungsarten der terminalen Niereninsuffizienz
- Transplantation, akutes Nierenversagen
- spezielle Therapien.

*Weiterbildungsform:*
- Umfang: 720 Stunden fachtheoretischer und fachpraktischer Unterricht sowie 2400 Stunden Einsatz in der Praxis
- zwei Jahre berufsbegleitend.

**Fachweiterbildung Psychiatrie.** Die Berufsaussichten für gut qualifiziertes Krankenpflegepersonal in der Psychiatrie sind für alle drei Zeitperspektiven günstig.

*Einsatzbereiche/Aufgaben:*
- Gestaltung spezifischer Pflegeprozesse
- Mitarbeit im Rahmen der Versorgung psychisch kranker Menschen, Unterstützung ärztlichen Handelns
- Anleitung, Beratung von MitarbeiterInnen sowie von Aus- und Weiterzubildenden in der Praxis.

*Besondere fachliche Voraussetzungen:*
- mindestens zweijährige Berufspraxis, davon mindestens ein Jahr in der Psychiatrie, Kinder-, Jugend- oder Gerontopsychiatrie.

*Persönliche Voraussetzungen:*
- Fachkompetenz: aktuelles pflegerisches Fachwissen
- Sozialkompetenz: Kommunikations- und Kooperationsfähigkeit, Konfliktfähigkeit
- Methodenkompetenz: differenzierte Wahrnehmungsfähigkeit, Stressresistenz
- Interesse an der systematischen Erweiterung vor allem des in diesem Bereich notwendigen Fachwissens.

*Inhalte der Weiterbildung:*
- Psychologie, Psychiatrie
- Krankheitslehre
- spezielle Therapieformen
- Rehabilitation.

*Weiterbildungsform:*
- Umfang: 240 bis 850 Stunden fachtheoretischer und 480 Stunden fachpraktischer Unterricht sowie 3300 Stunden Einsatz in der Praxis
- berufsbegleitend oder Vollzeit.

**Fachweiterbildung Sozialpsychiatrie.** Eine hauptamtliche Tätigkeit in diesem Bereich, zum Beispiel in der Gemeindepsychiatrie, ist ausgesprochen schwierig zu finden. Günstig sind die Berufsaussichten bei denjenigen, die neben ihrer Haupttätigkeit als Pflegende/r zum Beispiel in einem Pflegedienst entsprechende Aufgaben übernehmen.

*Einsatzbereiche/Aufgaben:*
- Sozialpsychiatrisch qualifizierte Pflegekräfte haben die Aufgabe, durch regelmäßige Hausbesuche und praktische Hilfestellung den Betroffenen trotz nachhaltiger Beeinträchtigungen durch die Erkrankung das Verbleiben in ihrer gewohnten häuslichen Umgebung zu ermöglichen
- zum Leistungsspektrum gehören unter anderem die Sicherstellung der fachgerechten medizinischen Behandlung, Hilfen bei der Selbstversorgung, Informierung über die Erkrankung, Beratung der Angehörigen sowie Krisenintervention.

*Besondere fachliche Voraussetzungen:*
- berufliche Tätigkeit im psychosozialen Bereich.

*Persönliche Voraussetzungen:*
- Fachkompetenz: aktuelles pflegerisches Fachwissen, vor allem im Bereich der Sozialpsychiatrie
- Sozialkompetenz: Kommunikations- und Kooperationsfähigkeit, Konfliktfähigkeit
- Methodenkompetenz: differenzierte Wahrnehmungsfähigkeit, Stressresistenz
- Interesse an der systematischen Erweiterung vor allem des in diesem Bereich notwendigen Fachwissens.

*Inhalte der Weiterbildung:*
- Alltagsbelastungen, Lebenskrisen, Leiden, Krankheit, Behinderung
- therapeutische Grundhaltungen und Formen der Hilfe

- die besonderen Lebenswelten psychisch kranker Menschen
- Modelle psychosozialer Hilfen, Prävention, Therapie und Rehabilitation
- therapeutisches Handeln und berufliche Selbsterfahrung.

*Weiterbildungsform:*
- Umfang: 800 Unterrichtseinheiten Fachtheorie
- 30 Monate berufsbegleitend.

**Fachweiterbildung Gerontopsychiatrie.** Die Zunahme des durchschnittlichen Lebensalters lässt erwarten, dass es auch zu einer weiteren Zunahme gerontopsychiatrisch erkrankter Menschen kommen wird. Qualifizierte Fachpflegende für Psychiatrie werden dementsprechend kurz-, mittel- und langfristig gute Berufsaussichten haben.

*Einsatzbereiche/Aufgaben:*
- Anwendung spezieller Konzepte und Pflegestrukturen für demente PatientInnen/BewohnerInnen
- Mitarbeit im Rahmen der Versorgung gerontopsychiatrisch erkrankter Menschen, Unterstützung ärztlichen Handelns
- Erbringung effektiver sozialhygienischer Betreuung
- Anleitung, Beratung von MitarbeiterInnen sowie von Aus- und Weiterzubildenden in der Praxis.

*Besondere fachliche Voraussetzungen:*
- mindestens zweijährige Berufserfahrung.

*Persönliche Voraussetzungen:*
- Fachkompetenz: aktuelles pflegerisches Fachwissen
- Sozialkompetenz: Kommunikations- und Kooperationsfähigkeit, Konfliktfähigkeit, Einfühlungsvermögen
- Methodenkompetenz: differenzierte Wahrnehmungsfähigkeit, Stressresistenz
- Interesse an der systematischen Erweiterung vor allem des in diesem Bereich notwendigen Fachwissens.

*Inhalte der Weiterbildung:*
- gerontopsychiatrisches Fachwissen
- gerontopsychiatrischer Pflegeprozess
- Pflegedokumentation
- gerontopsychiatrische Pflegestandards
- gerontopsychiatrische Medikamentenlehre.

*Weiterbildungsform:*
- Umfang: 128 bis 440 Stunden fachtheoretischer Unterricht und dreiwöchiges Praktikum sowie 50 Stunden Supervision/Fallbesprechung
- berufsbegleitend.

**Fachweiterbildung Rehabilitation.** Auch in diesem Bereich sind die Berufsaussichten langfristig günstig. Das Arbeitsfeld erstreckt sich vor allem auf die Rehabilitations- und Kurkliniken.

*Einsatzbereiche/Aufgaben:*
- Gestaltung spezifischer Pflegeprozesse
- Mitarbeit im Rahmen der Versorgung von Rehabilitanden, Unterstützung ärztlichen Handelns
- Anleitung, Beratung von MitarbeiterInnen sowie von Aus- und Weiterzubildenden in der Praxis.

*Besondere fachliche Voraussetzungen:*
- sechsmonatige Berufspraxis im Bereich der Rehabilitation.

*Persönliche Voraussetzungen:*
- Fachkompetenz: aktuelles pflegerisches Fachwissen
- Sozialkompetenz: Kommunikations- und Kooperationsfähigkeit, Konfliktfähigkeit
- Methodenkompetenz: differenzierte Wahrnehmungsfähigkeit, Fähigkeit zur Motivation anderer
- Interesse an der systematischen Erweiterung vor allem des in diesem Bereich notwendigen Fachwissens.

*Inhalte der Weiterbildung:*
- theoriegeleitete Pflegemodelle: Basis für professionelles Handeln
- medizinisches, pflegerisches und rechtliches Fachwissen über medizinische Rehabilitation
- Einführung in therapeutische Konzepte der Physiotherapie, Ergotherapie, Logopädie, Neuropsychologie
- Grundlagen der Rehabilitationsberatung sowie psychosoziale und kommunikative Kompetenzen
- Pflegekonzepte, wie zum Beispiel Bobath, Kinästhetik, Affolter, FOT, Basale Stimulation®.

*Weiterbildungsform:*
- Umfang: 480 Stunden fachtheoretischer und 240 Stunden fachpraktischer Unterricht
- zwei Jahre berufsbegleitend.

**Fachweiterbildung Funktionsdienste, Schwerpunkt Endoskopie.** Nach Aussage zahlreicher Personalverantwortlicher wird in diesem Bereich auch zukünftig weiterhin qualifiziertes Personal gesucht. Die Berufsaussichten sind demnach günstig.

*Einsatzbereiche/Aufgaben:*
- Gestaltung spezifischer Pflegeprozesse
- Mitarbeit im Rahmen der Endoskopie, Unterstützung ärztlichen Handelns
- Anleitung, Beratung von MitarbeiterInnen sowie von Aus- und Weiterzubildenden in der Praxis.

*Besondere fachliche Voraussetzungen:*
- mindestens zweijährige Berufserfahrung, davon mindestens sechs Monate in einem operativen Funktionsdienst.

*Persönliche Voraussetzungen:*
- Fachkompetenz: aktuelles pflegerisches Fachwissen
- Sozialkompetenz: Kommunikations- und Kooperationsfähigkeit
- Methodenkompetenz: differenzierte Wahrnehmungsfähigkeit
- Interesse an der systematischen Erweiterung vor allem des in diesem Bereich notwendigen Fachwissens.

*Inhalte der Weiterbildung:*
- medizinische Grundlagen
- pädagogische, soziologische und psychologische Aspekte im Operationsdienst
- rechtliche, organisatorische und betriebswirtschaftliche Aspekte
- Grundlagen der Pharmakologie, Anästhesiologie und Reanimation
- Grundlagen der angewandten Krankenhaushygiene.

*Weiterbildungsform:*
- Umfang: 3 120 Stunden fachtheoretischer und fachpraktischer Unterricht
- zwei Jahre berufsbegleitend.

**Suchtfachpflege.** Die Stellen in der reinen Suchtfachpflege sind begrenzt. Auch hier ist jedoch erkennbar, dass der Anteil gut qualifizierter MitarbeiterInnen abnimmt. Gute Chancen also für diejenigen, die mit einer entsprechenden Qualifizierung in diesem Bereich tätig werden möchten.

*Einsatzbereiche/Aufgaben:*
- Gestaltung spezifischer Pflegeprozesse
- Mitarbeit im Rahmen der Behandlung/Therapie von Suchtkranken, Unterstützung ärztlichen Handelns
- Anleitung, Beratung von MitarbeiterInnen sowie von Aus- und Weiterzubildenden in der Praxis.

*Besondere fachliche Voraussetzungen:*
- mehrjährige Erfahrung in diesem Bereich.

*Persönliche Voraussetzungen:*
- Fachkompetenz: aktuelles pflegerisches Fachwissen
- Sozialkompetenz: Kommunikations- und Kooperationsfähigkeit, Konfliktfähigkeit, Durchsetzungsvermögen
- Methodenkompetenz: differenzierte Wahrnehmungsfähigkeit, Stressresistenz
- Interesse an der systematischen Erweiterung vor allem des in diesem Bereich notwendigen Fachwissens.

*Inhalte der Weiterbildung:*
- Pflegeplanung in der Suchtarbeit
- therapeutisch-pflegerische Grundlagen
- psychiatrisch-medizinische Grundlagen
- Psychologie
- Gesprächstechniken und Gruppenarbeit mit Selbsterfahrung.

*Weiterbildungsform:*
- Umfang: 1200 Stunden in Form von Theorieblöcken und Hospitationen
- 24 Monate berufsbegleitend.

**Erweiterungsfortbildungen für Tätigkeitsfelder außerhalb der eigentlichen pflegerischen Dienstleistungen**
QualitätsberaterIn. Die Forderung des Nachweises von Qualität sowie die Zunahme der Überprüfungen durch den Medizinischen Dienst der Krankenkassen (MDK) lassen erwarten, dass die Berufsaussichten zumindest aktuell in diesem Bereich ausgesprochen günstig sind. Unter Berücksichtigung der Notwendigkeit fortlaufender Qualitätssicherungsmaßnahmen und damit einhergehender Prüfungen sind die Aussichten auch mittel- und langfristig günstig.

*Einsatzbereiche/Aufgaben:*
- Qualitätsberatung für Kranken- und Pflegekassen
- gutachterliche Tätigkeit für den MDK
- Unterrichtstätigkeit an Aus- und Fortbildungsinstituten.

*Besondere fachliche Voraussetzungen:*
- mindestens dreijährige Berufserfahrung
- wünschenswert: eine bereits abgeschlossene berufspädagogische und/oder fachbezogene Weiterbildung (PraxisanleiterIn, MentorIn etc.).

*Persönliche Voraussetzungen:*
- Fachkompetenz: aktuelles pflegerisches Fachwissen in unterschiedlichen Bereichen
- Sozialkompetenz: Kommunikations- und Kooperationsfähigkeit, Konfliktfähigkeit, Durchsetzungsvermögen
- Methodenkompetenz: differenzierte Wahrnehmungsfähigkeit, Stressresistenz, Beratungskompetenz, Präsentations- und Moderationskompetenz
- Interesse an der systematischen Erweiterung vor allem des in diesem Bereich notwendigen Fachwissens.

*Inhalte der Weiterbildung:*
- Grundlagen des Qualitätsmanagements und Qualitätsmanagementmodelle
- Werkzeuge und Instrumente des Qualitätsmanagements
- Maßnahmen der Qualitätssicherung
- betriebswirtschaftliche Grundlagen des Dienstleistungsbetriebs
- Beratung und Kommunikation.

*Weiterbildungsform:*
- Umfang: 580 Stunden fachtheoretischer Unterricht
- 15 Monate berufsbegleitend.

**Qualitätsmanagementbeauftragte/r.** Die Forderung des Nachweises von Qualität sorgt auch hier für günstige Berufsaussichten. In den kommenden Jahren stehen zahlreiche Zertifizierungen an. Sowohl hierfür als auch im Rahmen der Pflege entsprechender Qualitätsmanagementsysteme wird langfristig gut qualifiziertes Personal gesucht.

*Einsatzbereiche/Aufgaben:*
- Steuerung von Projekten zur Einrichtung von Qualitätsmanagementsystemen
- Analyse und Verbesserung institutioneller Aufbau- und Ablauforganisationen

- Unterstützung und Motivierung der beteiligten MitarbeiterInnen über Qualitätszirkelarbeit und Beratungstätigkeiten
- Daten erheben, die für Marketing und Öffentlichkeitsarbeit relevant sind.

*Besondere fachliche Voraussetzungen:*
- mindestens dreijährige Berufserfahrung in einem der o. g. Ausbildungsberufe in der Pflege oder
- ein Hoch- bzw. Fachhochschulabschluss mit einem Jahr praktischer Erfahrung im Gesundheitswesen
- gute sprachliche Fähigkeiten.

*Persönliche Voraussetzungen:*
- Fachkompetenz: aktuelles pflegerisches Fachwissen, gute Kenntnisse der Aufbau- und Ablauforganisation in Einrichtungen des Gesundheitswesens
- Sozialkompetenz: Kommunikations- und Kooperationsfähigkeit, Konfliktfähigkeit, Durchsetzungsvermögen
- Methodenkompetenz: differenzierte Wahrnehmungsfähigkeit, Stressresistenz, Beratungskompetenz, Fähigkeit zu analytischem Denken
- Interesse an der systematischen Erweiterung vor allem des in diesem Bereich notwendigen Fachwissens.

*Inhalte der Weiterbildung:*
- Grundlagen des Qualitätsmanagements
- Qualitätsmanagementmodelle
- Werkzeuge und Instrumente des Qualitätsmanagements
- Erstellen von Qualitätsmanagementhandbüchern
- DIN EN ISO 9000 ff. und ihre Elemente, TQM, KTQ etc.

*Weiterbildungsform:*
- Umfang: 160 bis 324 Stunden fachtheoretischer Unterricht
- berufsbegleitend.

**Pflegefach- und PflegeorganisationsberaterIn.** Unter Berücksichtigung der Ausführungen zum Wachstumsmarkt Pflege sind die Berufsaussichten auch hier kurz-, mittel- und langfristig günstig.

*Einsatzbereiche/Aufgaben:*
- Beratung in pflegerischen Fachfragen
- Beratung in Managementfragen, Organisationsabwicklung, Qualitätssicherung.

*Besondere fachliche Voraussetzungen:*
- mehrjährige Tätigkeit als Leitungskraft, PraxisanleiterIn, QualitätsberaterIn oder großes Engagement als Pflegefachkraft
- günstig: vierjährige Berufserfahrung.

*Persönliche Voraussetzungen:*
- Fachkompetenz: aktuelles pflegerisches Fachwissen, gute Kenntnisse der Aufbau- und Ablauforganisation in Einrichtungen des Gesundheitswesens
- Sozialkompetenz: Kommunikations- und Kooperationsfähigkeit, Konfliktfähigkeit, Durchsetzungsvermögen
- Methodenkompetenz: differenzierte Wahrnehmungsfähigkeit, Stressresistenz, Beratungskompetenz, Fähigkeit zu analytischem Denken
- Interesse an der systematischen Erweiterung vor allem des in diesem Bereich notwendigen Fachwissens.

*Inhalte der Weiterbildung:*
- Beratung von KollegInnen, PatientInnen
- Erweiterung psychosozialer Kompetenzen
- Methoden der Gesprächsführung und Konfliktgestaltung
- Aufbau und Nutzung sozialer Netzwerke.

*Weiterbildungsform:*
- Umfang: 472 bis 810 Stunden fachtheoretischer Unterricht
- berufsbegleitend.

**PersonalentwicklerIn.** Die wenigsten Einrichtungen im Gesundheitswesen verfügen über eine funktionierende strategieorientierte Personalentwicklung. Eine Eingliederung als PersonalentwicklerIn erscheint daher derzeit eher ungünstig. Die Bildung von Krankenhausverbunden sowie weitere Kooperationsformen ermöglichen jedoch zukünftig die Schaffung entsprechender Stellen. Langfristig sind die Berufsaussichten unter Berücksichtigung der Notwendigkeit strategieorientierter Personalentwicklung zumindest neutral.

*Einsatzbereiche/Aufgaben:*
- Auswahl und Einarbeitung von Personal
- strategieorientierte Personalentwicklung (Personalentwicklung entsprechend den Bedürfnissen des Unternehmens unter Berücksichtigung der individuellen Ziele).

*Besondere fachliche Voraussetzungen:*
- Pflegekraft in Leitungsposition
- günstig: Erfahrung in der innerbetrieblichen Fortbildung.

*Persönliche Voraussetzungen:*
- Fachkompetenz: aktuelles pflegerisches Fachwissen
- Sozialkompetenz: Kommunikations- und Kooperationsfähigkeit
- Methodenkompetenz: differenzierte Wahrnehmungsfähigkeit, Lehrkompetenz, Organisationsgeschick, Fähigkeit zu analytischem Denken
- Interesse an der systematischen Erweiterung vor allem des in diesem Bereich notwendigen Fachwissens.

*Inhalte der Weiterbildung:*
- Grundlagen der Personalentwicklung
- Methoden und Strategien der Personalbildung
- Methoden und Strategien der Personalförderung
- Rolle und Selbstverständnis des Personalentwicklers
- Organisation der Personalentwicklung.

*Weiterbildungsform:*
- Umfang: 144 Stunden fachtheoretischer Unterricht
- berufsbegleitend.

**RettungsassistentIn.** Die zukünftigen Berufsaussichten sind in diesem Bereich eher ungünstig bis neutral, da er auf großes Interesse zahlreicher Pflegekräfte sowie anderer gut ausgebildeter RettungsassistentInnen stößt.

*Einsatzbereiche/Aufgaben:*
- Einsatz im Rahmen der Notfallversorgung.

*Besondere fachliche Voraussetzungen:*
- mehrjährige Erfahrung in der Pflege, möglichst in der Anästhesie und Intensivpflege.

*Persönliche Voraussetzungen:*
- Fachkompetenz: aktuelles pflegerisches Fachwissen, vor allem in der Notfallversorgung
- Sozialkompetenz: Kommunikations- und Kooperationsfähigkeit, Durchsetzungsvermögen, sehr gute Konzentrationsfähigkeit
- Methodenkompetenz: differenzierte Wahrnehmungsfähigkeit, Fähigkeit zum schnellen Handeln, besonders gute Fähigkeit zur Stressbewältigung, Problemlösungsfähigkeit
- Interesse an der systematischen Erweiterung vor allem des in diesem Bereich notwendigen Fachwissens.

*Inhalte der Weiterbildung:*
- allgemeine Notfallmedizin
- spezielle Notfallmedizin
- Organisation und Einsatztaktik.

*Weiterbildungsform:*
- Umfang: 300 Stunden fachtheoretischer Unterricht zzgl. 1600 Einsatzstunden an einer Lehrrettungswache
- berufsbegleitend.

**GesundheitsberaterIn/-pädagogIn.** Auf Grund der Vielzahl möglicher Arbeitgeber sind die Berufsaussichten in diesem Bereich günstig. Allerdings handelt es sich hierbei eher um eine selbstständige oder freiberufliche Tätigkeit.

*Einsatzbereiche/Aufgaben:*
- in Kindergärten, Kinderhorten, Privatschulen
- in allen Bereichen der Erwachsenenbildung, wie zum Beispiel der VHS oder Familienbildungsstätten, sowie in Weiterbildungsinstituten
- in Kurkliniken und Rehabilitationseinrichtungen
- in Vereinen für die Gesundheitsförderung
- in der betrieblichen Gesundheitsförderung.

*Besondere fachliche Voraussetzungen:*
- abgeschlossene Berufsausbildung in o. g. Bereich oder Studium im sozialen, pädagogischen oder medizinischen Bereich oder eine hauptamtliche Tätigkeit bei Gesundheitsämtern und Krankenkassen.

*Persönliche Voraussetzungen:*
- Fachkompetenz: gute pädagogische Erfahrungen, Kenntnisse in der Gesundheitsförderung
- Sozialkompetenz: Kommunikations- und Kooperationsfähigkeit
- Methodenkompetenz: differenzierte Wahrnehmungsfähigkeit, Beratungskompetenz, Selbstständigkeit
- Interesse an der systematischen Erweiterung vor allem des in diesem Bereich notwendigen Fachwissens.

*Inhalte der Weiterbildung:*
- Gesundheit als dynamischer Begriff
- Wissensgrundlagen aus Medizin/Psychosomatik, Psychologie und Pädagogik
- gesundheitspädagogisch relevante Fähigkeiten im Umgang mit Personen und Gruppen.

*Weiterbildungsform:*
- Umgang: 800 Unterrichtseinheiten fachtheoretische Unterweisung
- Fernstudium.

**Erweiterungsfortbildungen, die die eigentliche Arbeit in der Pflege erweitern**
Erweiterungsfortbildungen sichern die langfristig kompetente Leistungserbringung am Kunden. In der Pflege wird zunehmend qualifiziertes Personal gesucht, was die Berufsaussichten günstig erscheinen lässt.

**Kinästhetik in der Pflege.** Kinästhetik ist ein umfassendes Analyse- und Handlungsinstrument, welches davon ausgeht, dass jeder Tätigkeit Bewegung zu Grunde liegt. In der Pflege ist es damit gut einsetzbar. Die kinästhetischen Konzepte dienen dazu, die Bewegungsgrundlagen eines Menschen zu verstehen und zu analysieren. Die alltäglichen Handlungen können so situationsangepasst und in Interaktion mit der betroffenen Person lern- und gesundheitsfördernd unterstützt werden. Dabei stehen Gesundheitsentwicklung und Erhöhung der Lebensqualität für beide Beteiligten im Vordergrund. Kinästhetik in der Pflege wurde von Dr. Frank Hatch und Dr. Lenny Maietta entwickelt. Um Bewegungsdefizite von PatientInnen zu kompensieren, sind Pflegende häufig versucht, sie zu heben und zu tragen. Es fehlt ihnen an notwendigen Handlungsfähigkeiten, um PatientInnen bei ihren Bewegungen gezielt zu unterstützen. Resultat sind häufige Beschwerden in Muskulatur und Wirbelsäule, bis hin zu ernsthaften Erkrankungen des Skeletts. Der Ansatz von Kinästhetik ist es, Pflegende zu unterrichten, wie sie die meisten pflegerischen Tätigkeiten durch Bewegung an Stelle von Heben und Tragen ausführen können. Das Hauptanliegen allerdings ist die Unterstützung der PatientInnen in ihrer Gesundheitsentwicklung. Die wissenschaftlichen Grundlagen, die zur Entwicklung von Kinästhetik in der Pflege führten, stammen allesamt von den Forschungsergebnissen der Verhaltenskybernetik. Eine wichtige Entdeckung der kybernetischen Forschung war: Der Mensch kann sich Veränderungen bei sich selbst und bei anderen am besten anpassen, wenn ein sofortiges sensorisches Feed-back erfolgt (Hatch/Maietta, 2002; Citron, 1998). Zwei Personen können, wenn sie in engem körperlichen Kontakt stehen, gegenseitig die Bewegung des anderen als Feed-back benutzen, um sich bei der gemeinsamen Ausführung einer Tätigkeit zu orientieren. Dies unterstützt PatientInnen beim Wiedererlernen von Funktionen und Pflegende beim Entdecken von Möglichkeiten, PatientInnen zu bewegen, ohne sie zu heben.

Um eine Verbesserung der pflegerischen Leistung und eine Verminderung des Verletzungsrisikos zu erreichen, müssen folgende zwei Bereiche berücksichtigt werden:

- die Schulung der spezifischen motorischen und sensorischen Fähigkeiten, die zur Ausübung der Tätigkeiten erforderlich sind
- die Gestaltung der Arbeitsumgebung, damit die für die Tätigkeit notwendigen Bewegungen leicht ausgeführt werden können.

Da jede Interaktion mit einer Patientin bzw. einem Patient einmalig und nicht wiederholbar ist, und da menschliche Aktivität zu komplex ist, als dass man eine Technik anwenden könnte, die auf jeden Menschen übertragbar ist, ergibt sich die Notwendigkeit, ein Konzept zu verfolgen, das individuelle Anpassung ermöglicht.

*Inhalte der Weiterbildung:*
- menschliche Bewegung
- Konzepte der Kinästhetik
- Selbsterfahrung und Praxistransfer
- Gestaltung der Umgebung.

*Weiterbildungsform:*
- Umfang: 2-mal 24 Stunden für Basiskurs und Aufbaukurs
- berufsbegleitend.

**Basale Stimulation® in der Pflege.** Die Basale Stimulation® ist ein Konzept, das von Prof. Andreas Fröhlich primär für die Früh- und Wahrnehmungsförderung bei geistig und körperlich Behinderten entwickelt wurde. Auf Grund sehr guter Erfolge überlegte man, dieses Konzept auch in die Pflege zu übertragen, was sehr gut möglich ist, da die Prinzipien der Basalen Stimulation eine grundlegende, elementare und allgemein gültige Bedeutung für alle Menschen haben. Die Basale Stimulation® ist für akut und chronisch erkrankte Menschen von großer Relevanz. Für die Einführung dieses Konzepts in der Pflege ist vor allem Christel Bienstein verantwortlich. Sie hat ganz entscheidend dazu beigetragen, dass das Konzept in die Pflege übertragen und spezielle pflegerische Aspekte weiterentwickelt wurden. Im Laufe der Jahre haben sich nun zahlreiche pflegerisch-therapeutische Möglichkeiten entwickelt, die sich schon in vielen Altenpflegeheimen und Krankenhäusern sehr gut bewährt haben. Nicht zuletzt deshalb gewinnt die Basale Stimulation® in der Pflege zunehmend an Interesse und Bedeutung, vor allem in der Alten- und Krankenpflege. Die Pflegenden erlernen dadurch neue Möglichkeiten der therapeutischen Förderpflege und werden somit kompetenter im Umgang mit den PatientInnen bzw. BewohnerInnen. Auch pflegende Angehörige können in das Konzept eingewiesen werden. Die Pflege wird dadurch nicht nur professioneller, hat mehr Erfolgserlebnisse aufzuweisen und erfährt sehr viel Wertschätzung, sondern auch die Motivation und die Zufriedenheit des Pflegepersonals nehmen zu. Basale Stimulation® ist vor allem für Menschen geeignet,

die in ihrer Möglichkeit zur Wahrnehmung, Bewegung und Kommunikation eingeschränkt sind, wie zum Beispiel:
- schwer kranke und immobile Menschen
- somnolente, desorientierte und demente Menschen
- bewusstlose, sedierte und beatmete Menschen
- stark in ihrer Beweglichkeit eingeschränkte Menschen
- PatientInnen mit Schädel-Hirn-Trauma, Alzheimer-Krankheit oder apallischem Syndrom
- Behinderte
- frühgeborene und kranke Kinder (sofern sie in ihrer Fähigkeit zur Wahrnehmung und Kommunikation eingeschränkt sind)
- HemiplegiepatientInnen.

Pflegende haben hiermit die Möglichkeit, noch aktiver am Genesungsprozess mitzuwirken und den PatientInnen ganz gezielt Angebote für die persönliche Wahrnehmungs-, Entwicklungs- und Kommunikationsfähigkeit zu machen.

Basal-stimulierende Pflege bietet den PatientInnen ganz gezielt fördernde und aktivierende Wahrnehmungsmöglichkeiten an, wodurch mit der Patientin beziehungsweise dem Patient kommuniziert werden kann. Es lässt sich förderlich, stabilisierend, aktivierend und beruhigend einwirken. Die Basale Stimulation® kann die Wahrnehmung des Körpers beleben und dadurch krankheitsbedingt fehlendem Körperbewusstsein und vor allem auch dem Gefühl der Verlorenheit entgegenwirken. Basale Stimulation® ist bei unruhigen Kranken genauso wirksam wie zum Beispiel bei sehr zurückgezogenen und körperlich eingeschränkten Kranken.

Es gibt verschiedene Wahrnehmungsbereiche:
- somatische Wahrnehmung
- vestibuläre Wahrnehmung
- vibratorische Wahrnehmung
- orale Wahrnehmung
- olfaktorische Wahrnehmung
- visuelle Wahrnehmung
- auditive Wahrnehmung
- taktile Wahrnehmung.

In all diesen Wahrnehmungsbereichen gibt es vielfältige Stimulationspunkte, die es ermöglichen, mit den PatientInnen in Kontakt zu treten, mit ihnen zu kommunizieren. Man kann sich somit aktiv am Genesungsprozess beteiligen oder auch einen Schwerkranken oder nicht heilbaren kranken Menschen auf seinem letzten Weg in Würde begleiten.

*Inhalte der Weiterbildung:*
- das theoretische Gerüst der Basalen Stimulation®
- Vorstellung und Erfahrbarmachung der verschiedenen Wahrnehmungsbereiche
- Möglichkeiten der Integration der Basalen Stimulation® in die Pflege durch Veränderung der Wahrnehmung der Pflegenden, durch belebende oder beruhigende, bobathorientierte Ganzkörperwäschen, durch atemstimulierende Einreibung und durch Veränderung der Mundpflege.

*Weiterbildungsform:*
- Umfang: 2-mal 24 Stunden für Basis- und Aufbaukurs
- berufsbegleitend.

**Validation** ist eine Kommunikationsform und Therapie, mittels derer man lernen kann, mit sehr alten Personen, die an der Alzheimer-Krankheit bzw. damit verwandten Formen von geistiger Verwirrtheit leiden, in Verbindung zu treten und zu bleiben. Validation basiert auf einer Geisteshaltung, die älteren Erwachsenen, die an Demenz vom Alzheimer-Typ erkrankt sind und darum kämpfen, vor ihrem Tod noch bestimmte unerfüllte Aufgaben zu erledigen, vor allem Respekt und Einfühlung entgegenbringt. Die Validation soll helfen, ihre Würde wiederherzustellen, und verhindern helfen, dass sie in das Stadium des Vegetierens absinken. Durch Validation bekommen verwirrte, sehr alte Menschen jemanden, der ihnen mit Einfühlung zuhört, jemanden, der sie nicht werturteilt, sondern ihre Sicht der Realität akzeptiert. In dem Maß, in dem das Vertrauen zwischen den Klienten und den validierenden Pflegepersonen wächst, lassen das Angstgefühl und die Notwendigkeit nach, die Klienten zu fixieren. Schlussendlich wird das Gefühl des Selbstwertes wieder stärker. Körperliche und soziale Funktionen verbessern sich, und ein Rückzug in das vegetierende Dasein wird verhindert. Validation basiert auf der Annahme, dass hinter allem Verhalten eine Ursache steht.

*Inhalte der Weiterbildung:*
- Biografiearbeit
- Verstehen der Demenz (Kernsymptome der Demenz)
- Einüben validierender Kommunikations- und Umgangsarten mit dem erkrankten Menschen anhand von konkreten Fallbeispielen aus der Praxis
- Umgang mit Krisensituationen
- Sinn und Zweck von Ritualen.

*Weiterbildungsform:*
- Umfang: 16 bis 100 Stunden fachtheoretischer und fachpraktischer Unterricht
- berufsbegleitend.

### Ergebnisse der Analyse von Anpassungsfortbildungen

Durch Anpassungsfortbildungen sollen einmal erworbene berufliche Qualifikationen auf dem neuesten Stand gehalten bzw. dorthin gebracht werden. So wird zum Beispiel durch einen speziellen Wiedereingliederungskurs Pflegenden, die längere Zeit nicht mehr in ihrem Beruf tätig waren, ein beruflicher Einstieg in die Pflege ermöglicht. Becker schreibt in diesem Zusammenhang über eine «Förderung der horizontalen Mobilität» (1999: 173).

Das Arbeitsamt unterstützt in vielen Fällen die Wiedereingliederung. Es informiert über Einzelheiten, über die Förderungsarten und die Voraussetzungen für die Gewährung finanzieller Mittel. AnsprechpartnerInnen sind die zuständigen ArbeitsvermittlerInnen oder ArbeitsberaterInnen.

*Weiterbildungsform:*
- Umfang: 240 Unterrichtsstunden fachtheoretischer Unterricht und 308 Zeitstunden Praxiseinsatz
- Vollzeit oder berufsbegleitend.

### Ergebnisse der Analyse von Aufstiegsfortbildungen

Zur Übernahme höherwertiger Positionen in Unternehmen befähigen Aufstiegsfortbildungen, spezielle Weiterbildungen, die für Führungsaufgaben qualifizieren. Becker schreibt in diesem Zusammenhang von einer «Förderung der vertikalen Mobilität» (1999: 173).

**Stationsleitung/Wohnbereichsleitung.** Eine Qualifizierung zur Stations- oder Wohnbereichsleitung wird langfristig nicht mehr ausreichende Kenntnisse zur kompetenten Leistungserbringung in diesem Bereich liefern können. Auch auf dieser mittleren Führungsebene ist bereits eine Tendenz in Richtung Pflegestudium zu erkennen.

*Einsatzbereiche/Aufgaben:*
- Leitung einer Station bzw. eines Wohnbereichs in der stationären Alten-, Kranken- oder Kinderkrankenpflege.

*Besondere fachliche Voraussetzungen:*
- mindestens dreijährige Berufspraxis.

Persönliche Voraussetzungen:
- Fachkompetenz: aktuelles pflegerisches Fachwissen
- Sozialkompetenz: Kommunikations- und Kooperationsfähigkeit, Durchsetzungsvermögen, Reflexionsfähigkeit

- Methodenkompetenz: differenzierte Wahrnehmungsfähigkeit, Problemlösungsfähigkeit, Fähigkeit zum situativen Führen
- Interesse an der systematischen Erweiterung vor allem der in diesem Bereich benötigten Kompetenzen.

*Inhalte der Weiterbildung:*
- Pflegewissenschaft
- Qualitätssicherung
- Mitarbeiterführung, Personalentwicklung und -beurteilung
- Betriebswirtschaftslehre, Pflegebedarfsermittlung.

*Weiterbildungsform:*
- Umfang: 460 bis 640 Stunden oder 576 Stunden fachtheoretischer und 144 Stunden fachpraktischer Unterricht
- 14 Monate bis zwei Jahre berufsbegleitend.

**Pflegedienstleitung.** Mit Aufkommen der Pflegestudiengänge sind auch hinsichtlich dieser Qualifizierung abnehmende AbsolventInnenzahlen zu erkennen. Im Rahmen der Bewerbung für eine Stelle als Pflegedienstleitung wird heute in den meisten Fällen mehr Wert auf ein erfolgreich absolviertes Pflegestudium gelegt. Für qualifizierte Pflegedienstleitungen sind die Berufsaussichten langfristig positiv.

*Einsatzbereiche/Aufgaben:*
- Leitung einer Abteilung des Pflegedienstes oder des gesamten Pflegedienstes.

*Besondere fachliche Voraussetzungen:*
- mindestens dreijährige Berufspraxis
- Erfahrung in leitender Funktion.

*Persönliche Voraussetzungen:*
- Fachkompetenz: aktuelles pflegerisches Fachwissen, betriebswirtschaftliche Kenntnisse
- Sozialkompetenz: Kommunikations- und Kooperationsfähigkeit, Durchsetzungsvermögen, Reflexionsfähigkeit
- Methodenkompetenz: differenzierte Wahrnehmungsfähigkeit, Problemlösungsfähigkeit, Fähigkeit zum situativen Führen
- Interesse an der systematischen Erweiterung vor allem der in diesem Bereich benötigten Kompetenzen.

*Inhalte der Weiterbildung:*
- Betriebswirtschaftslehre und Volkswirtschaftslehre

- Grundlagen der Psychologie, der Soziologie, der Pädagogik und Didaktik
- Wirtschaftlichkeit, Rationalisierung und Recht
- Personalwesen
- Statistik, Büroorganisation, Datenverarbeitung.

*Weiterbildungsform:*
- Umfang: 480 bis 2550 Stunden fachtheoretischer Unterricht und 800 bis 924 Stunden fachpraktischer Unterricht
- zwei Jahre Vollzeit.

**Heimleitung.** Ähnlich wie bei der Qualifizierung zur Pflegedienstleitung wird dieses Tätigkeitsfeld heute zunehmend häufiger von (Fach-)HochschulabsolventInnen abgedeckt. Für gut qualifizierte HeimleiterInnen sind die Berufsaussichten zukünftig günstig.

*Einsatzbereiche/Aufgaben:*
- betriebswirtschaftliche Führung des Gesamtbetriebs, Betriebsorganisation und Sicherstellung der pflegerischen Leistungen
- Vertreten der Institution nach außen gegenüber potenziellen KundInnen, den Kostenträgern, im Gemeinwesen und in Gremien
- Sichern der Dienstleistungsqualität durch Koordination der verschiedenen Funktionsbereiche im Heim.

*Besondere fachliche Voraussetzungen:*
- mehrjährige Berufserfahrung.

*Persönliche Voraussetzungen:*
- Fachkompetenz: aktuelles pflegerisches Fachwissen, betriebswirtschaftliche Kenntnisse
- Sozialkompetenz: Kommunikations- und Kooperationsfähigkeit, Durchsetzungsvermögen, Reflexionsfähigkeit
- Methodenkompetenz: differenzierte Wahrnehmungsfähigkeit, Problemlösungsfähigkeit, Fähigkeit zum situativen Führen
- Interesse an der systematischen Erweiterung vor allem der in diesem Bereich benötigten Kompetenzen.

*Inhalte der Weiterbildung:*
- Vermittlung der in der Heimpersonalverordnung vom 1. Januar 2002 in § 2 genannten fachlichen Voraussetzungen für die Eignung zur Heimleiterin, insbesondere Recht, Betriebsorganisation und Organisationslehre.

*Weiterbildungsform:*
- Umfang: 480 bis 640 Stunden fachtheoretischer Unterricht
- berufsbegleitend.

**Leitung eines ambulanten Pflegedienstes.** In den vergangen Jahren wurden auf der Grundlage der Forderungen des § 80 SGB XI zahlreiche Pflegedienstleitungen in ambulanten Diensten qualifiziert. Der Markt scheint hier gesättigt. Für gut qualifizierte Pflegedienstleitungen sind die Berufsaussichten jedoch nach wie vor günstig.

*Einsatzbereiche/Aufgaben:*
- selbstständige Leitung eines ambulanten Pflegedienstes.

*Besondere fachliche Voraussetzungen:*
- mehrjährige Berufserfahrung.

*Persönliche Voraussetzungen:*
- Fachkompetenz: aktuelles pflegerisches Fachwissen, betriebswirtschaftliche Kenntnisse
- Sozialkompetenz: Kommunikations- und Kooperationsfähigkeit, Durchsetzungsvermögen, Reflexionsfähigkeit
- Methodenkompetenz: differenzierte Wahrnehmungsfähigkeit, Problemlösungsfähigkeit, Fähigkeit zum situativen Führen
- Interesse an der systematischen Erweiterung vor allem der in diesem Bereich benötigten Kompetenzen.

*Inhalte der Weiterbildung:*
- Rolle der Führungskraft
- psychosoziale Kompetenzen
- Betriebswirtschaft.

*Weiterbildungsform:*
- Umfang: 460 Stunden fachtheoretischer Unterricht (entspricht den Vorgaben des § 80 SGB XI)
- berufsbegleitend in ein bis zwei Jahren.

**BetriebswirtIn für soziale Berufe.** BetriebswirtInnen für soziale Berufe bemühen sich vor allem um die kompetente Erfüllung der betriebswirtschaftlichen, buchhalterischen und verwaltungsorganisatorischen Aufgaben in Einrichtungen des Gesundheitswesens. Die Berufsaussichten sind in diesem Bereich aktuell und zukünftig sehr günstig.

*Einsatzbereiche/Aufgaben:*
- Betriebsabläufe analysieren und aktiv gestalten
- Mitarbeiterführung
- Managementkonzepte in sozialen Einrichtungen einbringen.

*Besondere fachliche Voraussetzungen:*
- mindestens zweijährige Berufserfahrung.

*Persönliche Voraussetzungen:*
- Fachkompetenz: aktuelles pflegerisches Fachwissen
- Sozialkompetenz: Kommunikations- und Kooperationsfähigkeit, Durchsetzungsvermögen
- Methodenkompetenz: differenzierte Wahrnehmungsfähigkeit, Problemlösungsfähigkeit, Fähigkeit zum situativen Führen
- Interesse an der systematischen Erweiterung vor allem der in diesem Bereich benötigten Kompetenzen.

*Inhalte der Weiterbildung:*
- Betriebswirtschaftslehre
- Volkswirtschaftslehre
- Recht für soziale Einrichtungen
- Wirtschaftsinformatik für soziale Einrichtungen.

*Weiterbildungsform:*
- Umfang: 900 Unterrichtseinheiten
- berufsbegleitend.

**FachwirtIn in der Alten- und Krankenpflege (IHK).** Hier gilt Ähnliches wie für den zuvor beschriebenen Lehrgang zum Betriebswirten/zur Betriebswirtin. Während dieser Lehrgang jedoch eher für höhere Aufgaben qualifiziert, ist die Qualifizierung zur Fachwirtin bzw. zum Fachwirt vorwiegend für das mittlere Management geeignet. Die Berufsaussichten sind auch hier günstig.

*Einsatzbereiche/Aufgaben:*
- kompetente Bearbeitung betriebswirtschaftlicher, buchhalterischer und verwaltungsorganisatorischer Aufgaben.

*Besondere fachliche Voraussetzungen:*
- mindestens zweijährige Berufserfahrung mit verwaltender Tätigkeit.

*Persönliche Voraussetzungen:*
- Fachkompetenz: aktuelles pflegerisches Fachwissen
- Sozialkompetenz: Kommunikations- und Kooperationsfähigkeit, Durchsetzungsvermögen
- Methodenkompetenz: differenzierte Wahrnehmungsfähigkeit, Problemlösungsfähigkeit, Fähigkeit zum situativen Führen
- Interesse an der systematischen Erweiterung vor allem der in diesem Bereich benötigten Kompetenzen.

*Inhalte der Weiterbildung:*
- Recht, Pflegeversicherungsgesetz
- Rechnungswesen
- betriebliche Organisation und Unternehmensführung
- Qualitätsmanagement
- Personalwirtschaft inkl. EDV
- spezielle Aufbau- und Ablauforganisation.

*Weiterbildungsform:*
- Umfang: 600 Stunden (entspricht den Vorgaben der IHK)
- berufsbegleitend in ein bis zwei Jahren.

**Organisationsentwicklung und Projektmanagement in Einrichtungen der Gesundheitsversorgung.** Die aktuellen und zukünftigen Veränderungen im Gesundheitswesen erfordern kompetente Fachkräfte, die den Wandel planen, initiieren und begleiten. Hier bestehen gute Chancen für ausgebildete OrganisationsentwicklerInnen mit pflegerischer Grundqualifikation.

*Einsatzbereiche/Aufgaben:*
- Gestaltung von Veränderungsprozessen in Organisationen.

*Besondere fachliche Voraussetzungen:*
- mehrjährige Tätigkeit als Fach- und/oder Führungskraft.

*Persönliche Voraussetzungen:*
- Fachkompetenz: gute Kenntnisse der Aufbau- und Ablauforganisation in Einrichtungen des Gesundheitswesens
- Sozialkompetenz: Kommunikations- und Kooperationsfähigkeit, Durchsetzungsvermögen
- Methodenkompetenz: differenzierte Wahrnehmungsfähigkeit, Problemlösungsfähigkeit, Organisationsgeschick, analytisches Denkvermögen

- Interesse an der systematischen Erweiterung vor allem der in diesem Bereich benötigten Kompetenzen.

*Inhalte der Weiterbildung:*
- Management von Veränderungsprozessen
- Methoden des Projektmanagements
- wesentliche Handlungsbereiche zur effektiven und erfolgreichen Gestaltung der Projektarbeit
- Entwicklung und Bearbeitung eines eigenen Projektes, welches in einer Einrichtung im Kontext der Organisationsentwicklung durchgeführt wird.

*Weiterbildungsform:*
- zwei Semester
- berufsbegleitend.

**Zur Vielfalt der Seminarangebote**

Im Rahmen der Analyse der Bildungsangebote von 30 Bildungsunternehmen konnten neben den Weiterbildungsangeboten auch zahlreiche Seminarangebote identifiziert werden. Diese reichen von A wie «Ayurveda in der Pflege» über B wie «Borderline und Pflege» bis Z wie «Zeitmanagement für Pflegedienstleitungen». Hier steht den Interessierten ein breites Angebot zur Verfügung. Bei den Seminaren handelt es sich in der Regel um Tagesveranstaltungen, für die anschließend eine Teilnahmebescheinigung ausgestellt wird. Eine individuelle und gezielte Vertiefung ausgewählter Inhalte ist durch den regelmäßigen Besuch entsprechender Veranstaltungen sehr gut möglich.

## 3.1.5 Qualifizierungen im kritischen Vergleich

Der Markt der Weiterbildungen ist ausgesprochen unübersichtlich geworden. Neben einigen großen und traditionellen Bildungsträgern sind in der Vergangenheit zahlreiche kleinere Unternehmen entstanden, die sich Qualifizierung in der Pflege zur Hauptaufgabe gemacht haben. Mit Hochglanzbroschüren und selbst gedruckten Faltblättern wird auf zahlreiche Seminare und Weiterbildungen hingewiesen. Behauptet wird bei allen Angeboten, dass nach pädagogisch-didaktischen Grundsätzen qualifiziert wird und hochkarätige und praxiserfahrene DozentInnen verpflichtet wurden. Begriffe wie Evaluation, Zertifizierung und Akkreditierung haben Hochkonjunktur, sie werden zum Teil inflationär und in zahlreichen Fällen wenig richtig eingesetzt. Praxisnah, an den Bedürfnissen jedes Einzelnen, soll angeblich überall unterrichtet werden. Werbemaßnahmen müssen zwar wahrheitsgemäß sein und dürfen weder irreführend sein noch unerfüllbare Erwartungen wecken, in der Praxis zeigt sich jedoch allzu häufig ein anderes Bild. Fortbildungsinteressierte stehen damit einer Entscheidung für ein Angebot meist hilflos gegenüber, insbesondere wenn es um eine Entscheidung unter Qualitätsgesichtspunkten geht (Hellmann, 2002). Eher unzureichende Angaben findet man in vielen Ausschreibungen zu den Aspekten, die wirklich wichtig für die Qualität sind. Hierzu zählen vor allem detaillierte Angaben zu Lernqualität, Lernkultur, Qualifikation der Lehrenden und Maßnahmen der Qualitätssicherung.

«Unglaubliche Geschichten über Qualifizierungen in der Pflege» könnte der erste Teil dieses Abschnitts lauten, der verdeutlicht, wie wichtig eine Prüfung des Bildungsangebotes und -trägers ist. Der Autor beteuert, dass die nachfolgenden Schilderungen allesamt wahrheitsgetreu wiedergegeben werden. Namen einzelner Träger sowie Personennamen werden aus Datenschutzgründen nicht genannt.

**Über einen Dozenten, der krankheitsbedingt nicht die aktuelle DIN EN ISO zur Verfügung hatte...**
«Es tut mir Leid, aber ich kann Ihnen nicht aus der aktuellen Norm berichten, da mir diese auf Grund meiner längeren Erkrankung nicht vorliegt», antwortete ein Dozent auf den kritischen Hinweis einer Teilnehmerin, die bemerkte, dass die im Fach Qualitätsmanagement benutzte DIN EN ISO nicht aktuell sei.

**Über eine Weiterbildung, die statt der angegebenen 460 Stunden nur eine Nettozeit von circa 300 Stunden umfasst...**
Berufsbegleitende Weiterbildungen stellen eine zusätzliche Belastung für die TeilnehmerInnen dar. Wenn man als TeilnehmerIn nur an einem Zertifikat und nicht an den eigentlich wichtigen Inhalten interessiert ist, dann sind vor allem die Lehrgänge interessant, von denen man weiß, dass die angegebene Stundenzahl von Seiten des Bildungsträgers gar nicht erbracht wird. Für den Träger hat dies den Vorteil, dass er erhebliche Kosten spart. In Klassenbüchern werden die nicht erteilten Unterrichtsstunden als so genannte Hausaufgaben, Hausarbeiten und sonstige Aufgaben verbucht. Auch Projektarbeit und arbeitsteilige Gruppenarbeit sind durchaus geeignete Lernmethoden, die allerdings nur dann einen Sinn haben, wenn diese Aufgaben auch wirklich erteilt, Projekte begleitet und die Ergebnisse kontrolliert werden.

**Über Fehlzeiten, die keine Rolle spielen...**
Meldet man sich für eine Weiterbildung an, so hat diese wie zuvor erwähnt einen bestimmten Stundenumfang. Bei vielen Trägern erscheint diese Stundenzahl auf dem nach Ablauf ausgehändigten Zertifikat. Fehlzeiten, die eine vertraglich vereinbarte Zeit überschreiten, müssten eigentlich dazu führen, dass ein Zertifikat nicht ausgestellt werden kann. Gängige Praxis bei einigen Trägern ist jedoch, dass

Fehlzeiten zwar dokumentiert werden, jedoch keinen Einfluss auf die Vergabe eines solchen Zertifikats haben. Schließlich will man zahlungskräftige Kunden nicht vergraulen.

**Zertifikat gegen Geld...**
«Aus zeitlichen Gründen kann ich den Lehrgang leider nicht besuchen, ich benötige jedoch dringend das Zertifikat, um meine Kassenzulassung nicht zu verlieren», sagte der Inhaber eines Pflegedienstes, der schließlich gegen die Zahlung der Teilnahmegebühr ein entsprechendes Zertifikat ausgestellt bekam, ohne auch nur an einer Stunde Unterricht teilgenommen zu haben.

**Über Unterrichtsinhalte, die einfach gegen andere Inhalte ausgetauscht werden...**
Fällt eine Dozentin krankheitsbedingt aus, muss der Unterrichtstag nicht zwingend ausfallen, wenn kurzfristig nach Ersatz gesucht wird. Wenn nun aber der ausgefallene Unterricht dieser Dozentin durch ein anderes Unterrichtsfach einer anderen Dozentin abgedeckt wird, so kann dies unter Berücksichtigung eines Curriculums für eine Weiterbildung nur durch einen Ringtausch der Termine geschehen. Die eine Dozentin springt ein und gibt dafür einen ihrer anderen Termine an die an diesem Tag verhinderte Dozentin ab. Auf diese Weise würde die Aufteilung der Stunden in Bezug auf bestimmte Inhalte identisch bleiben. Geschieht dies nicht, so entsteht eine Abweichung vom Curriculum. TeilnehmerInnen unterschiedlicher Bildungsmaßnahmen gaben jedoch gerade diese Irritation an. Hatte das Fach Zeitmanagement ursprünglich einen Umfang von acht Stunden, so wurden daraus schon einmal 24 Stunden, wenn die entsprechende Dozentin zufällig Zeit hatte. Das Fach Mitarbeiterführung wurde stattdessen um entsprechende 16 Stunden verkürzt. Da stellt sich die Frage, warum man eigentlich ein Curriculum entwickelt hat.

**Über ein Curriculum, das nicht beachtet wird...**
Liegt ein Curriculum vor, so ist dies sicherlich eine gute pädagogisch-didaktische Grundlage für einen Lehrgang. Wird ein Curriculum jedoch von den DozentInnen nicht berücksichtigt und achtet ein Träger nicht auf die Umsetzung ausgewählter Inhalte, stellt sich die Frage nach dem Sinn eines solchen Instruments.

**Über DozentInnen, die die Zielgruppe nicht kennen...**
Eine Dozentin gilt als Expertin für ein bestimmtes Fach. Hierzu wird vor allem das notwendige fachtheoretische Wissen benötigt. Nicht außer Acht gelassen werden darf jedoch insbesondere in der Pflege, dass neben den fachtheoretischen Kenntnissen vor allem auch Kenntnisse der Zielgruppe eine unabdingbare Voraussetzung für die erfolgreiche Wissensvermittlung darstellen. Bildung im

Gesundheitswesen benötigt vor allem ExpertInnen, die über ausreichende Branchenkenntnisse verfügen. Nicht benötigt wird zum Beispiel die Diplom-Soziologin, die Zeitmanagement unterrichtet, ohne zu wissen, wie der Tagesablauf einer bzw. eines Pflegenden in einem ambulanten Pflegedienst aussieht.

Es ließen sich noch viele weitere Beschreibungen der Realität auf dem Bildungsmarkt Pflege anführen. Nicht vergessen werden darf dabei jedoch, dass zahlreiche Bildungsträger auch sehr gute Bildungsarbeit leisten. Die folgende Checkliste (s. Kasten) soll einen Beitrag dazu leisten, eben diese Träger ausfindig zu machen.

**Hier können weitere Entscheidungshilfen angefordert werden:**

«Checkliste Qualität beruflicher Weiterbildung»
Bundesinstitut für Berufsbildung (BiBB)
Friedrich-Ebert-Allee 38
D-53113 Bonn
www.bibb.de

«Qualitätsstandards in der Weiterbildung»
Weiterbildung Hamburg e. V.
Lange Reihe 81
D-20099 Hamburg
www.weiterbildung-hamburg.de

«Allgemeine Tipps zur Qualität von Weiterbildungen»
Deutsches Institut für Erwachsenenbildung e. V. (DIE)
Friedrich-Ebert-Allee 38
D-53113 Bonn
www.die-bonn.de

Im Anhang findet sich eine kurze Liste ausgewählter renommierter Träger, die seit vielen Jahren ausgesprochen positive Bildungsarbeit leisten (vgl. Kap. 7.7). Diese Liste erhebt jedoch keinen Anspruch auf Vollständigkeit.

## 3.1.6 Studienlandschaft Pflege

Wie bereits erwähnt, gibt es mittlerweile eine Vielzahl von Studiengängen in der Pflege (vgl. Kap. 7.5 und 7.6). Das Angebot reicht von «Pflegemanagement» über «soziale Gerontologie» bis hin zu «angewandten Gesundheitswissenschaften». Betrachtet man die inhaltlichen Schwerpunkte, so kann grob zwischen pflege- und gesundheitswissenschaftlichen Studiengängen, pflege- und gesundheitsma-

**Checkliste**
**Auswahl eines geeigneten Bildungsunternehmens**

1. Was verspricht die Ausschreibung zur Weiterbildung?
   - Gibt es Hinweise auf ein Curriculum? Werden die TeilnehmerInnen an der Detaillierung des Curriculums beteiligt?
   - Basiert das Weiterbildungsangebot auf irgendeiner Empfehlung/Richtlinie bzw. auf einem Gesetz?
   - Gibt es Hinweise auf eine Anerkennung der Weiterbildung, zum Beispiel bei den Kostenträgern?
   - Gibt es Hinweise auf die DozentInnen? Welche Qualifikationen haben sie?
   - Gibt es Hinweise auf eine fachliche, wissenschaftliche, organisatorische Kursleitung?
   - Stimmen die veranschlagten Stunden mit der Summe der Stunden der einzelnen Termine überein?
   - Gibt es Leistungsüberprüfungen?
   - Zu welchen weiteren Leistungen verpflichtet sich der Träger?
   - Gibt es die Möglichkeit des Rücktritts von einer solchen Maßnahme?
   - Wie groß sind die Teilnehmergruppen?
   - Wie wird die Lern- und Lehrqualität gesichert?
   - Wird unterschiedliches Vorwissen der TeilnehmerInnen berücksichtigt? Wenn ja, wie?
   - Geschieht eine Abstimmung der DozentInnen untereinander? Wenn ja, wie?
   - Wird das Zertifikat bei entsprechenden Institutionen anerkannt?
2. Wie kompetent sind die AnsprechpartnerInnen am Telefon?
   - Gibt man bereitwillig Auskünfte?
   - Können offen gebliebenen Fragen kompetent geklärt werden?
3. Welche Referenzen kann das Bildungsunternehmen vorweisen?
   - Arbeitet das Unternehmen mit großen Einrichtungen des Gesundheitswesens zusammen?
   - Gibt es Hinweise auf ehemalige TeilnehmerInnen, die hier bereits einen Lehrgang besucht haben?
   - Wie lange bietet das Unternehmen bereits einen solchen Lehrgang an?
4. Kann das Unternehmen ein Qualitätssicherungskonzept vorweisen?
   - Gütesiegel: zum Beispiel der Weiterbildung Hamburg e.V.
   - Qualitätspreise: zum Beispiel der Europäische Qualitätspreis der EFQM
   - Zertifikate nach DIN EN ISO.
5. Ist die Hospitation in einem der laufenden Lehrgänge möglich?
   - Hier kann man sich einen guten Einblick in die Maßnahme sowie den Träger verschaffen.
   - Befragt werden sollten hier vor allem die TeilnehmerInnen des Lehrgangs.

nagementorientierten Studiengängen sowie Studiengängen mit pädagogischem Schwerpunkt differenziert werden. Die Möglichkeit, einen dieser Studiengänge zu besuchen, haben fast alle examinierten Pflegekräfte. Mittlerweile ist die Allgemeine Hochschulreife (Abitur) nicht mehr die unabdingbare Voraussetzung, um an einer Hochschule angenommen zu werden. Für die Aufnahme in einem der Pflege- und Gesundheitsstudiengänge ist es viel wichtiger, dass die BewerberInnen eine abgeschlossene Ausbildung in der Pflege und ausreichend Berufspraxis vorweisen können. Eher wenige Pflegestudiengänge bieten auch einen Einstieg ganz ohne Pflegeausbildung, was nahe liegt, denn mit den meisten Studiengängen soll das bereits erworbene Wissen erweitert und differenziert werden. Kenntnisse der Aufbau- und Ablauforganisation stationärer oder ambulanter Einrichtungen stellen eine unabdingbare Voraussetzung dar, um viele universitäre Lehrinhalte zu verstehen. Ein weiterer Vorteil der notwendigen grundständigen Ausbildung in der Pflege und einiger Jahre Berufserfahrung ist, dass die Studierenden in diesem Bereich meist schon etwas älter sind und höhere Erwartungen in das Studium setzen als dies in anderen Bereichen der Fall ist. Auch hinsichtlich der Motivation und des Engagements der Studierenden ist in diesem Fall ein zum Teil höheres Niveau festzustellen. Da sich nicht jeder, der bereits einige Jahre im Berufsleben stand, wieder mit der klassischen Studentenrolle (unter anderem niedriger Lebensstandard) identifizieren kann, sind mittlerweile sehr viele Teilzeit- und Fernstudiengänge entstanden. Diese Studiengänge laufen größtenteils berufsintegriert, das heißt, dass Theorie und Praxis sehr eng miteinander verbunden sind und die Chance besteht, in seinem Beruf und am derzeitigen Arbeitsplatz weiterzuarbeiten oder ihn direkt mit dem Studium zu verbinden. Oft führen die StudienteilnehmerInnen Projekte in ihrer Arbeit gebenden Institution durch, die von der Hochschule angeregt und unterstützt werden. Die Unterrichtszeiten bei dieser Art von Studium sind so angelegt, dass nur geringe Freistellungszeiten von der Arbeit notwendig sind. Allerdings sollte man sich genau überlegen, ob die Bereitschaft für diese Art von Studium wirklich vorhanden ist, denn auch die Wochenenden sind oft notwendig, um Veranstaltungen zu besuchen oder wissenschaftliche Fragestellungen zu bearbeiten (vgl. Kap. 3.3.2). Die genauen Studientage und Präsenzzeiten sind von Studiengang zu Studiengang verschieden. Eine Besonderheit der Fernstudiengänge ist der Kontakt mit den DozentInnen, welcher nicht persönlich abläuft, sondern in der Regel über das Internet in Form von E-Mail-Kontakten und Videokonferenzen. Überhaupt ist hier sehr viel Selbstdisziplin gefordert, da nach einem anstrengenden Arbeitstag vielfach noch die Bearbeitung von Texten aus Lehrbüchern sowie weitere, mitunter wissenschaftliche Arbeiten anstehen. Neben den Fernstudiengängen gibt es noch so genannte Aufbau- und Kontaktstudiengänge, die meist ein bereits abgeschlossenes Hochschulstudium und mehrjährige Berufserfahrung als Zugangsvoraussetzungen verlangen. Diese Studiengänge richten sich hauptsächlich an Fach- und Führungskräfte, die ihr

Wissen in speziellen Bereichen vertiefen oder sich weitere Bereiche des Gesundheitswesens erschließen wollen. Auch hier gibt es viele Möglichkeiten, berufsbegleitend zu studieren, wobei die Präsenztage und der Arbeitsaufwand variieren.

> Ein erste Orientierungshilfe bietet eine Liste der Studienfächer, Zugangsvoraussetzungen, Studieninhalte, Studienorte und der jeweiligen Adressen und weiteren wichtigen Informationen, die sich im Anhang dieses Buches finden (vgl. Kap. 7). Weitere Informationen sind bei den entsprechenden Fachhochschulen oder bei der Studienberatung des Arbeitsamtes zu erhalten. Auch der «Studienführer Pflege- und Gesundheitswissenschaften» von Katrin Krause (2001) liefert wichtige Informationen auf dem Weg zur Hochschullaufbahn.
> Eine Auflistung der Pflegestudiengänge nach Studienorten ist im Internet unter anderem unter http://www.heilberufe-online.de zu finden. Sehr informativ ist die Seite http://www.pflegestudium.de im Internet. Hier findet man nicht nur eine gute Übersicht sämtlicher Pflegestudiengänge, sondern auch Informationen rund um die Studienlandschaft Pflege. Die Startseite, welche regelmäßig aktualisiert wird, bietet Informationen über neue Pflegestudiengänge und neue Bücher auf dem Pflegemarkt.

Einen Überblick über die bundesweite Verteilung der Studienorte liefert **Abbildung 3-1**. Neben der Möglichkeit eines Studiums in Deutschland besteht auch die Chance, im europäischen Ausland einen Pflegestudiengang zu absolvieren, wobei sich hier zunächst die deutschsprachigen Länder, wie Österreich und die Schweiz, anbieten. In Österreich gibt es zwar noch keine eigenständigen Pflegestudiengänge, jedoch werden berufsbegleitende Hochschullehrgänge hauptsächlich mit Managementthemen angeboten. Diese Lehrgänge finden unter anderem in den Städten Graz, Innsbruck, Klagenfurt, Krems, Linz, Mödling, Salzburg und Wien statt. In der Schweiz dagegen gibt es bereits seit einigen Jahren eigenständige Studiengänge im Bereich der Pflege, nämlich an der Fachhochschule Aarau, der Universität Basel und der Universität Bern. Die Möglichkeit eines international gültigen Abschlusses (z. B. MScN) in einem Pflegestudiengang bieten aber auch weitere Universitäten, zum Beispiel in London. Bei einer Entscheidung für ein Studium im Ausland sollte bedacht werden, dass neben der räumlichen Entfernung in der Regel auch noch die Hürde der fremden Sprache zu nehmen ist. Sehr gute Englischkenntnisse in Wort und Schrift sind hier in der Regel unabdingbare Voraussetzungen für einen erfolgreichen Studienverlauf.

**Allgemeiner Aufbau der Studiengänge**
Ein Vollzeitstudiengang an der Fachhochschule besteht in der Regel aus acht Semestern und unterteilt sich in das Grundstudium und das Hauptstudium sowie ein bis zwei Praxissemester. Das Grundstudium benötigt die ersten drei Semester und soll Grundlagenkenntnisse zum Beispiel der Pflegewissenschaften und die

**124** 3 Investition in die Zukunft – Qualifizierungsmöglichkeiten in der Pflege

**Abbildung 3-1:** Bundesweite Verteilung der Studienorte (Quelle: Krause, 2001: 32)

Art und Weise wissenschaftlichen Arbeitens vermitteln. Abgeschlossen wird das Grundstudium in Deutschland mit dem Vordiplom, das mit dem Bestehen von Klausuren, Referaten, Hausarbeiten oder mündlichen Prüfungen erworben wird. In einigen Studiengängen folgt direkt im Anschluss daran das Praxissemester, in anderen Studiengängen wird es dagegen erst im 5. oder 6. Semester empfohlen. Die Praktikumsstelle darf meist selbst ausgewählt werden, sollte aber auf jeden Fall zum Studienschwerpunkt passen. Es ist sinnvoll, bei der Suche nach einer geeigneten Stelle sorgfältig zu recherchieren, da es sich hier bereits um einen potenziellen Arbeitgeber handeln könnte. Bereichernd sind auch Auslandspraktika, weil diese Flexibilität und Anpassungsvermögen bestätigen und die persönlichen sowie fachlichen Erfahrungen erweitern können. Abgeschlossen wird das Praxissemester mit einen Bericht und der Präsentation des Praktikums vor der Studiengruppe und den ProfessorInnen des Fachbereichs.

Im Hauptstudium geht es darum, einen der angebotenen Schwerpunkte intensiv zu verfolgen, die bereits erworbenen Grundlagenkenntnisse zu vertiefen und Zusammenhänge zwischen den Inhalten der verschiedenen Veranstaltungen herzustellen. Inzwischen werden an vielen Fachhochschulen zum Erwerb des Diploms interdisziplinäre Prüfungsklausuren von den Studierenden verlangt. Aber auch die mündlichen Prüfungen spielen keine geringe Rolle, um einen guten Abschluss zu erreichen, geht es doch im Berufsleben primär darum, zu präsentieren und angemessen kommunizieren zu können.

Abgeschlossen wird das Studium mit der Diplomarbeit, in der sich die bzw. der Studierende mit einem selbst gewählten Thema wissenschaftlich auseinander setzt oder sich einer wissenschaftlichen Fragestellung widmet. Die Diplomarbeit wird unter der Betreuung einer Lehrperson geschrieben, die fachlichen Austausch und wichtige Tipps im Rahmen der Bearbeitung bereithält. Informationen zu einem Studiengang in der Pflege aus erster Hand liefert das folgende Interview mit einer Studentin.

**Interview mit einer Studentin**
Silke Gall ist seit 1999 Studentin. Auf dem Weg zu neuen beruflichen Herausforderungen hat sie sich für die Einschreibung in einen Pflegestudiengang entschieden.

---

**Zur Person**

Silke Gall
Jahrgang 1972, ledig, keine Kinder, Krankenpflegerin

Beruflicher Werdegang:
  1990 bis 1993: Ausbildung zur Krankenschwester am Klinikum Kempten-Oberallgäu

> 1993 bis 1995: Tätigkeit als Krankenpflegerin und Mentorin auf der interdisziplinären Intensivstation im Klinikum Kempten-Oberallgäu
> 1995 bis 1997: Tätigkeit als Fachberaterin für Stoma-, Inkontinenz- und Wundversorgung bei der Fa. Mediana, Berlin
> 1997 bis 2001: Tätigkeit als Krankenpflegerin auf einer interdisziplinären Intensivstation im St.-Gertrauen-Krankenhaus Berlin (bis 1999 vollzeitbeschäftigt, ab Oktober 1999 mit 8 Stunden pro Woche)
> 1999 bis 2001: Studium «Pflege und Gesundheit» an der Fachhochschule Neubrandenburg
> 2001: Studienplatzwechsel
> seit 2001: Studium «Pflege/Pflegemanagement» an der Alice-Salomon-Fachhochschule Berlin
>
> Tätigkeiten während des Studiums:
> - Tutorin im Forschungsprojekt «Gesundheits- und Alterskonzepte von Ärzten und Pflegekräften, die an der ambulanten Versorgung alter Menschen beteiligt sind»
> - Mitarbeit im Modellprojekt Pflegeüberleitung (Durchführung von Interviews).
>
> Ausgewählte Fortbildungen (vor dem Studium):
> - zahlreiche Fortbildungen zu Stoma-, Inkontinenz- und Wundversorgung
> - Aromatherapie
> - Bobath
> - Basale Stimulation®
> - Gesprächsführung.

Wann und aus welchen Gründen fiel Ihre Entscheidung für das Studium der Pflege?

«Ich habe immer nach beruflichen Perspektiven gesucht. Überlegungen hinsichtlich einer Weiterbildung zur Mentorin oder zur Intensiv- und Anästhesie-Fachschwester haben mich lange beschäftigt, hätten mir persönlich aber letztendlich keine neuen Horizonte eröffnet. Hinzu kamen Barrieren in der Beratungstätigkeit als Stomafachberaterin und eine große Unzufriedenheit im Beruf – hauptsächlich dadurch begründet, dass ich immer das Gefühl hatte, PatientInnen nicht so professionell und intensiv betreuen zu können, wie es ihnen nach meinem Pflegeverständnis zustehen würde. Zusätzlich bemerkte ich, dass ich große Wissensdefizite hatte.»

Wie und wo haben Sie sich über das Angebot an pflegewissenschaftlichen Studiengängen informiert?

«Zirka ein Jahr vor meiner Einschreibung suchte ich gezielt Gespräche mit PflegestudentInnen, um von deren Erfahrungen zu profitieren. Hilfe habe ich auch über den DBfK bekommen. Hier stellte man mir eine Liste der Fachhochschulen zur Verfügung, die Pflegestudiengänge anbieten. Schließlich habe ich meinen Studienschwerpunkt festgelegt und vor der endgültigen

## 3.1 Möglichkeiten der Fort- und Weiterbildung 127

**Abbildung 3-2:** Marion beim Lernen (gezeichnet von Marcus Splietker, 2002)

Entscheidung für eine Fachhochschule die zugesandten Informationsbroschüren kritisch geprüft.»

Wie haben Sie sich in den ersten Wochen an der Fachhochschule zurechtgefunden?

«Ich habe sehr schnell Kontakte geknüpft mit anderen StudentInnen. Die Orientierung im Hochschuldschungel ließ sich gemeinsam sehr gut meistern. Mit viel Ruhe und Geduld bin ich an alles herangegangen, habe immer wieder StudentInnen aus höheren Semestern befragt.»

Beschreiben Sie einen typischen Tag an der Fachhochschule.

«Ja, was ist typisch? Zirka drei Vorlesungen und Seminare besucht man pro Tag. Weitere Zeit entfällt auf ein intensives Literaturstudium, Seminare müssen vorbereitet werden, Gespräche mit KommilitonInnen und DozentInnen werden geführt. Der Lehrplan ist im Grundstudium vorgegeben. Im Hauptstudium wird alles etwas lockerer, ich kann mich mit den Themen beschäftigen, die mich wirklich interessieren. Insgesamt gibt es viel Spielraum, um eigene Ideen in die Seminare einzubringen.»

In welchem Bereich des Studiums liegen Ihre Schwerpunkte, und konnten Sie diese in Ihrem Praxissemester weiterverfolgen?

«Meine Schwerpunkte liegen in den Bereichen Pflegewissenschaft, Fort- und Weiterbildung für examiniertes Pflegepersonal. In meinem Praxissemester beim Verlag Hans Huber konnte ich Fort- und Weiterbildungen mit vorbereiten und einen großen Einblick in das Schweizer Fort- und Weiterbildungssystem gewinnen. Intensive Erfahrungen habe ich hier sammeln können, die mir im Rahmen meiner späteren beruflichen Tätigkeit sicherlich zugute kommen.»

Wissen Sie bereits, wie es nach dem Studium weitergehen soll?
«Ich möchte im Fort- und Weiterbildungsbereich arbeiten, als Dozentin – eventuell selbstständig. Das passende Konzept dazu reift gerade noch heran.»

Wie ist an Ihrer Hochschule das Verhältnis zwischen den ProfessorInnen und den StudentInnen?
«Die Zusammenarbeit mit den DozentInnen und ProfessorInnen ist zum größten Teil sehr gut. Allerdings gibt es auch Ausnahmen. In Neubrandenburg war es manchmal schwierig, bestimmte DozentInnen zu erreichen. In Berlin habe ich bis jetzt gute Erfahrungen gemacht – ich erreiche alle DozentInnen, wenn ich Unterstützung brauche.»

Wie finanzieren Sie Ihr Studium, und wo haben Sie nützliche Informationen zu diesem Thema bekommen?
«Ich werde durch das BAföG unterstützt. Wenn man das Studium vor Vollendung des 30. Lebensjahrs beginnt, ist man noch förderungswürdig. Eine Tätigkeit nebenher ist jedoch notwendig, um das Studium zu finanzieren. Mein Tipp: Studienberatungsstellen beraten kompetent hinsichtlich der individuellen Finanzierung des Studiums.»

Haben Sie einen Rat für Studierende und die, die es werden wollen?
«Pflege zu studieren lohnt sich auf jeden Fall. Die Pflege in Deutschland braucht endlich eine bessere Lobby. Es gibt ein breites Betätigungsfeld nach dem Studium. Man sollte im Vorfeld jedoch schon ungefähr wissen, was man nach dem Studium machen will, um zielstrebiger und gezielter auf bestimmte Dinge hinzuarbeiten und sich mit bestimmten Themen zu beschäftigen, so zum Beispiel in den Bereichen Pflegewissenschaft oder Pflegemanagement.

Mittlerweile gibt es viele informative Internetseiten zum Thema Pflegestudium, viele Hochschulen haben Informationstage eingerichtet. Es ist sinnvoll, sich an solchen Tagen vor Ort zu informieren, um mit Pflegekräften zu sprechen, die bereits Pflege studieren. Informationen aus erster Hand sind auf diese Weise zu gewinnen.»

Das Angebot an Studiengängen im Bereich der Pflege ist sehr vielfältig. Die Inhalte der einzelnen Studiengänge sind sich in einigen Bereichen sehr ähnlich, in anderen weichen sie dagegen deutlich voneinander ab. So wird beispielsweise in sämtlichen Pflege- und Gesundheitsstudiengängen Fragen über Gesundheit und Krankheit nachgegangen. Wahrscheinlich weiß jede Absolventin, jeder Absolvent eines solchen Studiengangs etwas mit Antonovsky und der «Salutogenese» anzufangen. Natürlich gibt es mindestens genauso viele inhaltliche Unterschiede wie Gemeinsamkeiten der verschiedenen Pflegestudiengänge in Deutschland. Der größte Unterschied liegt wohl in den Schwerpunkten, die zwischen den Studiengängen und einzelnen Studienorten stark variieren können.

Erstaunlich viele Gemeinsamkeiten sind in den Zugangsvoraussetzungen der Hochschulen zu entdecken. Wie bereits erwähnt, gibt es kaum Möglichkeiten, ohne Pflegeausbildung in diesen Studiengang aufgenommen zu werden. Die Chance, durch Praktika einige Defizite auszugleichen oder wettzumachen, um einen Studienplatz zu erhalten, ist nicht sehr groß. Die Forderung nach Berufspraxis und manchmal sogar nach Leitungserfahrung behalten sich die meisten Fachhochschulen vor. Die persönlichen Voraussetzungen für ein Pflegestudium hängen von der Art des Studiengangs ab. Die Entscheidung für ein Vollzeitstudium erfordert ein hohes Maß an Eigenverantwortung und Selbstständigkeit. Auch finanziell werden einige Einschränkungen notwendig sein. Ein Teilzeitstudium, während dessen weiterhin einer Beschäftigung nachgegangen wird, kostet Freizeit und verlangt viel Selbstdisziplin. Eine weitere Gemeinsamkeit liegt im Umfang der Studiengänge. Die Vollzeitstudiengänge gehen in der Regel über acht Semester und beinhalten ein bis zwei Praxissemester, die Aufbau- und Kontaktstudiengänge lassen sich vorwiegend in vier Semestern abschließen.

**Chancen und Möglichkeiten nach erfolgreichem Abschluss**
Auf Grund der fachübergreifenden und wissenschaftlichen Qualifikation werden die AbsolventInnen in der Lage sein, komplexe Aufgabenstellungen im Pflegebereich eigenverantwortlich und in der Arbeit im multiprofessionellen Team wahrzunehmen. Neben der Pflege eröffnen sich weitere interessante Beschäftigungs- und Karrieremöglichkeiten. Viele Faktoren müssen in die Entscheidung für einen bestimmten Karriereweg einfließen. Eine wichtige Entscheidungshilfe können Berichte aus der Praxis darstellen – Berichte von denjenigen, die die vermeintliche Wunschposition bereits erreicht haben. Aus diesem Grund finden sich in den folgenden Abschnitten 15 Interviews mit unterschiedlichen Persönlichkeiten, die allesamt zunächst eine grundständige Ausbildung in der Pflege absolviert haben. Bei der Auswahl dieser Personen und ihren Tätigkeitsfeldern wurde darauf geachtet, ein möglichst breites Spektrum darzustellen. Von der Fachhochschullehrerin über den MDK-Gutachter bis hin zum Geschäftsführer eines Berufsverbandes sind ausführliche Interviews dargestellt. Die Interviewfragen richten sich dabei auf die Person, ihren Karriereweg und die derzeitige Position.

## 3.2 Interviews aus der Praxis: Arbeiten als Angestellte/r

Was spricht für eine Tätigkeit als Angestellte/r? Ein gesichertes Einkommen mit bis zu 14 Monatsgehältern und entsprechenden Sozialleistungen, geregelte Arbeitszeiten, geregelter Urlaub, keine direkte Abhängigkeit von externen Marktbedingungen, Möglichkeiten der Spezialisierung in einem pflegerischen Bereich, geringere Verantwortung und ein geringeres Risiko sind potenzielle Vorteile, die mit einer Tätigkeit als Angestellte/r im Vergleich zur Selbstständigkeit einhergehen. Angestelltenverhältnisse bieten heute und in Zukunft vielfältige Möglichkeiten der horizontalen und vertikalen Entwicklung in einem Unternehmen. Sie setzen jedoch die Identifikation mit der Aufgabe und dem Unternehmen voraus, für das gearbeitet wird.

### 3.2.1 Interview mit einer Qualitätsmanagementbeauftragten

Das durchaus komplexe und herausfordernde Aufgabengebiet einer Qualitätsmanagementbeauftragten kann die Entwicklung und Pflege eines Qualitätsmanagementsystems sowie alle damit in Verbindung stehenden Aufgaben der Überprüfung, Nachbesserung sowie Umsetzung umfassen.

**Anja Haasch – Qualitätsmanagementbeauftragte**
Anja Haasch ist seit 2001 Qualitätsmanagementbeauftragte bei der Ambulante Dienste Gelsenkirchen gGmbH. Auf dem Weg zur Zertifizierung der Einrichtung stellen sich ihr täglich spannende neue Aufgaben.

Ihr Arbeitgeber ist die Ambulante Dienste Gelsenkirchen gGmbH, deren Träger zu 51 Prozent die Evangelischen Kliniken Gelsenkirchen und zu 49 Prozent der Gesamtverband der evangelischen Gemeinden Gelsenkirchens und Wattenscheids sind. Bereits vor einigen Jahren fusionierten die Ambulanten Dienste und die Evangelischen Kliniken Gelsenkirchen zu einem Unternehmen. Sehr früh erkannte man den Nutzen einer Verbindung des Krankenhauses mit den ambulanten Einrichtungen. Diese Gemeinschaft ermöglicht eine individuelle und umfassende Versorgung der Bürger Gelsenkirchens durch ein vielfältiges Angebot medizinisch-pflegerischer Betreuung durch das Krankenhaus, ambulanter Versorgung in der häuslichen Umgebung durch die Diakoniestationen, einer Tagespflege, die die psychosoziale Betreuung der KundInnen/PatientInnen übernimmt, und von Essen auf Rädern. Die Ambulanten Dienste, die Tagespflege und das Essen auf Rädern beschäftigen zurzeit circa 110 Mitarbeiter. Die Diakoniestationen sind über das gesamte Stadtgebiet Gelsenkirchens verteilt, die Evangelischen Kliniken befinden sich zentral im Stadtkern.

> **Zur Person**
>
> Anja Haasch
> Jahrgang 1966, verheiratet, zwei Kinder, Krankenschwester, PDL, QSB
>
> Beruflicher Werdegang:
>   1985 bis 1988: Ausbildung zur Krankenschwester
>   1988 bis 1999: Tätigkeit in unterschiedlichen Krankenhäusern im Ruhrgebiet als Pflegefachkraft, unter anderem auf Intensivstationen
>   1999 bis 2001: Tätigkeit in zwei ambulanten Pflegediensten im Ruhrgebiet, zunächst als Pflegefachkraft und anschließend als Pflegedienstleitung (2000–2001)
>   seit 2001: Tätigkeit bei den Ambulanten Diensten Gelsenkirchen gGmbH, Qualitätssicherungsbeauftragte
>
> Ausgewählte Weiterbildungen:
>   2000 bis 2001: Weiterbildung zur PDL nach § 80 SGB XI
>   2002: Weiterbildung zur Qualitätssicherungsbeauftragten und internen Auditorin (DGQ)

Frau Haasch, welche drei zentralen Aspekte charakterisieren Ihr derzeitiges Aufgabenfeld?
 «1. Einführung eines Qualitätsmanagementsystems nach DIN ISO 9001 mit integriertem Beschwerdemanagementsystem in allen Einrichtungen der Ambulanten Dienste
 2. Schulung aller Mitarbeiter in diesen Bereichen
 3. Tätigkeit als Beauftragte für den Datenschutz.»

Beschreiben Sie bitte einen typischen Arbeitstag.
 «Über die Beschreibung eines meiner typischen Arbeitstage brauche ich nicht lange nachzudenken, denn den gibt es gar nicht. Da sich das Unternehmen, in dem ich beschäftigt bin, erst im Aufbau eines QM-Systems befindet, müssen zuerst einmal Strukturen geschaffen werden, die eine gewisse Kontinuität als Ergebnis nach sich ziehen. Meine Stelle ist neu entstanden und fordert ein immenses Maß an Eigenständigkeit und Flexibilität. Jeder Tag bringt neue Herausforderungen mit sich.»

Was fordert Sie in Ihrem Tätigkeitsbereich ganz besonders heraus?
 «Die dringend notwendige Miteinbeziehung der Mitarbeiter aus allen Bereichen der Ambulanten Dienste. Ein QM-System darf niemals ohne die Mitarbeiter entwickelt und eingeführt werden, da es sonst zum Scheitern verurteilt sein würde. Schließlich müssen die Mitarbeiter die theoretisch

erarbeiteten Konzepte praktisch umsetzen. Eine weitere Herausforderung in meinem Arbeitsfeld ist, geduldig zu sein. Viele Prozesse bedürfen Zeit. Konzepte müssen entwickelt und eingeführt werden. Darüber hinaus gilt es, sie aufrechtzuerhalten, das fordert Kontinuität und vor allem Kraft. Potenzielle Schwierigkeiten und Motivationslücken auf Seiten der Mitarbeiter müssen rechtzeitig erkannt werden.»

Wie haben Sie Familie und berufliche Qualifizierung miteinander vereinbaren können?

«Auch dies war eine Herausforderung. Eine große Portion Toleranz und Verständnis sind Grundvoraussetzungen, wenn beide Partner beruflich etwas erreichen wollen. Die Unterstützung durch meinen Partner spielte hier eine besonders große Rolle. Auch für ihn war es selbstverständlich, Kindererziehung, Haushalt usw. in meiner Abwesenheit nach seinen Möglichkeiten zu übernehmen. Seine berufliche Situation erlaubte ihm darüber hinaus eine Abstimmung mit meinem Dienstplan und meinen beruflichen Zielen. Es gehört sicher aber auch dazu, Prioritäten zu setzen. Sekundär Wichtiges muss hier auch einmal zurückgestellt werden: ‹Fenster putzen versus Fahrradfahren mit den Kindern.› Die Entscheidung fiel hier nicht schwer. Insgesamt musste ich feststellen, dass meine Kinder durch ihre beruflich aktive Mutter früher als andere Kinder selbstständig geworden sind und Verantwortung übernommen haben.»

Zu welchem Zeitpunkt haben Sie sich bewusst dafür entschieden, genau diesen Karriereweg einzuschlagen?

«Meine eigene Unzufriedenheit und die Defizite, die ich in der Praxis wahrgenommen habe, motivierten mich dazu, darüber nachzudenken, im Rahmen welcher Tätigkeit ich am ehesten einen Einfluss auf die Verbesserung der Qualität haben könnte. Hier lag der Ursprung für den Wechsel von der aktiven Pflege in Richtung Qualitätssicherung.»

Was waren die Schlüsselelemente, die Sie in Ihrer Entscheidung bestärkten?

«Gespräche mit meinen Vorgesetzten und Dozenten im Rahmen meiner Qualifizierung zur PDL sowie mein eigener Wunsch, die Qualität in der Pflege gezielt positiv zu beeinflussen, das waren meine Hauptmotivatoren.»

Wollten Sie schon immer diese Position bekleiden?

«Nein, es wäre vermessen, wenn ich behaupten würde, dass ich schon immer als Qualitätssicherungsbeauftragte hätte arbeiten wollen. Meine eigene Sozialisation hat mich in diese Richtung gebracht. Heute weiß ich jedoch, dass es die richtige Entscheidung war.»

**Was empfehlen Sie denjenigen, die zukünftig eine ähnliche Position bekleiden wollen?**
«Sich vollkommen darüber im Klaren zu sein, eine beratende Tätigkeit ausüben zu wollen. Die QSB leistet unterstützende Arbeit für die Leitungen und Mitarbeiter der einzelnen Stationen. Dies verläuft jedoch nicht immer ohne Schwierigkeiten. Konfliktfähigkeit ist eine entscheidende Kompetenz einer QSB.»

**Welche fachlichen und überfachlichen Fähigkeiten beziehungsweise Schlüsselqualifikationen werden neben der von Ihnen erwähnten Konfliktfähigkeit benötigt, wenn man diese Position bekleiden möchte?**
«Wichtig ist vor allem ein fundiertes Qualitätsmanagementwissen, das man sich am besten über eine Qualifizierung zur Qualitätssicherungsbeauftragten aneignet. Mittlerweile wird diese Weiterbildung von vielen Organisationen angeboten. Ich empfehle eine Weiterbildung bei einem renommierten Institut, das aufbauende Schulungen in diesem Bereich ermöglicht. Folgende Schlüsselqualifikationen erscheinen mir ebenfalls wichtig und für den Berufserfolg entscheidend:
- Kommunikationsfähigkeit
- Organisationstalent
- Überzeugungskraft
- Durchsetzungsvermögen
- Verhandlungsgeschick
- Fähigkeit zum abstrakten Denken
- und sicherlich noch einige Fähigkeiten mehr.»

**Welchen Rat geben Sie BerufseinsteigerInnen?**
«Die Entscheidung für diesen Beruf sollte wohl überlegt werden. Ein gewisses Maß an Berufserfahrung als Mitarbeiter und Leitungskraft in der Pflege ist ebenfalls von Vorteil. Basierend auf einer guten Qualifizierung kann dann eine Tätigkeit beginnen. Hierbei heißt es, an seinen Idealen festzuhalten. ‹Ideale sind wie Sterne, man kann sie nicht erreichen, aber man kann sich an ihnen orientieren.›»

**Wie sehen Sie die kurz-, mittel- und langfristigen Berufsaussichten in Ihrem Bereich?**
«Insgesamt sind die Aussichten auf allen drei Zeitachsen positiv:
- kurzfristig: Zur Zeit sind die Aussichten, was eine Arbeit im Bereich QM betrifft, sicher sehr gut. Alle Unternehmen im sozialen Dienstleistungsbereich sind verpflichtet, ein QM-System einzuführen. Der Bedarf ist also gegeben.

- mittel- und langfristig: Auch hier sind die Aussichten gut, denn diese Systeme müssen schließlich von Mitarbeitern im QM-Bereich ständig überprüft, analysiert, weiterentwickelt und verbessert werden.»

Gibt es in Ihrem Tätigkeitsbereich bestimmte Trends?
«Derzeit erkenne ich, dass in Unternehmen zunehmend Stellen für den Aufbau und die Pflege von QM-Systemen geschaffen werden.»

Würden Sie sich noch einmal für diesen Karriereweg entscheiden?
«Kann ich sehr schwer sagen, weil mir der direkte und persönliche Vergleich fehlt. Ich weiß jedoch, dass mein derzeitiges Tätigkeitsfeld ausgesprochen spannend und herausfordernd ist.»

### 3.2.2 Interview mit einem Stationsleiter

In Krankenhäusern und Altenheimen stellen Stations- bzw. Wohnbereichsleitungen die Führungskräfte der unteren Hierarchieebene dar. Sie arbeiten unmittelbar mit den StationsmitarbeiterInnen zusammen, übernehmen jedoch im Vergleich zu ihnen zahlreiche verwaltungsorganisatorische Aufgaben, zum Beispiel im Rahmen der Dienstplangestaltung. Stationsleitungen sind gegenüber den MitarbeiterInnen der jeweiligen Station weisungsbefugt, sie tragen die Verantwortung für die Station. Die direkt vorgesetzte Stelle ist die Leitung des Pflegedienstes. Golombek und Roßbauer (1998) sowie Häseler (2001) zufolge lassen sich folgende Aufgaben- und Verantwortungsbereiche definieren:

- **Aufgaben, die auf die PatientInnen bzw. BewohnerInnen bezogen sind.** Hierzu zählen neben der fachgerechten Erfassung der PatientInnenbedürfnisse und fachgerechten Ausführung der medizinischen Anordnungen der ÄrztInnen auch die Überwachung der ordnungsgemäßen Vorbereitung beziehungsweise Durchführung therapeutischer und diagnostischer Maßnahmen, die Überwachung und Koordination der Pflegemethoden sowie die Einhaltung und Überwachung der Schweigepflicht und des Datenschutzes sowie weitere Aufgaben.
- **Aufgaben, die auf den Betrieb bezogen sind.** Überwachungsaufgaben sind auch hier gefragt. Die Überwachung der Geräte nach der MedGV, die Überwachung der Medikamentenanforderung und -aufbewahrung, die regelmäßige Überprüfung des Medikamentenschranks sowie die Überwachung des festgelegten Arbeitsablaufs sind einige dieser Überwachungsaufgaben.
- **Aufgaben, die auf die MitarbeiterInnen bezogen sind.** Hierbei handelt es sich um Aufgaben wie zum Beispiel Personaleinsatzplanung, Durchführung von Teambesprechungen, Einarbeitung von neuen MitarbeiterInnen, Förderung

der MitarbeiterInnen, regelmäßige Personalbeurteilungen, das Führen von Statistiken (Pflegeintensität, Pflegekategorien etc.) und weitere Aufgaben.
- **Weitere Aufgaben.** Hinzu kommen noch Aufgaben, die sich auf die Zusammenarbeit mit anderen Bereichen, den Krankenpflegeschulen und Fachseminaren für Altenpflege sowie auf die Zusammenarbeit mit der Pflegedienstleitung beziehen.

### Winfried Knäpper – Leiter einer Intensivstation

Winfried Knäpper leitet seit 1993 die operative Intensivstation der Sana-Klinikum Remscheid GmbH. Im Juli 2002 übernahm er die Leitung der neu geschaffenen, 20 Betten umfassenden interdisziplinären Intensiveinheit. Auf seinem bisherigen Berufsweg hat Winfried Knäpper gute Voraussetzungen für eine kompetente Erfüllung von Leitungsaufgaben geschaffen.

Das Klinikum befindet sich zu 25 Prozent in städtischem Besitz; 75 Prozent der Gesellschaft hält die Sana, eine Gesellschaft, die sich Mitte der 70er-Jahre mit der Zielsetzung gründete, zu beweisen, dass kostengünstige Wirtschaftsführung und medizinisch sowie pflegerisch hoch stehende Leistungen keine Begriffe sind, die

---

**Zur Person**

Winfried Knäpper
Jahrgang 1961, verheiratet, zwei Kinder, Krankenpfleger, STL, Dipl.-Pflegewirt (FH)

Beruflicher Werdegang:
 1981 bis 1982: Zivildienst in der Altenpflege
 1983 bis 1986: Ausbildung zum Krankenpfleger
 1986 bis 1989: Tätigkeit im Krankenhaus Bethesda in Wuppertal sowie im Lungenfachkrankenhaus Bethanien in Solingen in Endoskopieabteilungen, auf einer interdisziplinären Intensivstation und einer orthopädischen und unfallchirurgischen Station als Pflegefachkraft und Schichtleitung
 seit 1989: Tätigkeit auf der operativen Intensivstation der Sana-Klinikum Remscheid GmbH, zunächst als Pflegefachkraft, anschließend als stellvertretende Leitung (1992–1993) und schließlich als Leitung der Intensivstation (seit 1993), seit Juli 2002 als Leiter der interdisziplinären Intensivstation.

Ausgewählte Weiterbildungen:
 1990 bis 1992: Ausbildung zum Fachkrankenpfleger für Anästhesie- und Intensivmedizin
 1993: Lehrgang zur Leitung einer Funktionseinheit
 1998 bis 2002: Studium zum Diplom-Pflegewirt (FH) an der Katholischen Fachhochschule in Köln.

sich in der täglichen Krankenhauspraxis gegenseitig ausschließen. Im Jahre 1976 von 18 Unternehmen der privaten Krankenversicherung gegründet, ist die Sana Kliniken-Gesellschaft mbH mit inzwischen 33 Gesellschaftern der privaten Krankenversicherungen der größte private Krankenhausbetreiber Deutschlands.

Winfried Knäpper arbeitet in einem interdisziplinär ausgerichteten Haus der Maximalversorgung mit zwölf Fachabteilungen und circa 1500 Beschäftigten, vertreten an zwei Standorten, die zirka zehn Kilometer voneinander entfernt liegen. Kernaufgabe ist die Versorgung akut Kranker, sowohl internistisch als auch chirurgisch. Aus ökonomischen Gründen ist geplant, die gesamte Akutversorgung an einem Standort zu gewährleisten und in dem zweiten Betriebsteil im Stadtteil Remscheid-Lennep ein Gesundheitszentrum zu entwickeln. Innerhalb der damit verbundenen Umstrukturierung werden die Betten von derzeit 700 auf 450 reduziert. Dies bedeutet eine deutliche Verkürzung der Liegezeiten und damit eine Straffung der Ablauforganisation. Für Winfried Knäpper resultieren daraus einige besondere Aufgaben.

Herr Knäpper, welche drei zentralen Aspekte charakterisieren Ihr derzeitiges Aufgabenfeld?

«Hauptsächlich beschäftige ich mich mit der Mitarbeiterführung und Personalentwicklung, des Weiteren habe ich die Aufgabe, den laufenden Betrieb der Station zu organisieren, und immer wieder fallen auch außergewöhnliche Aufgaben an.»

Welche Aufgaben verbergen sich hinter diesen Beschäftigungsfeldern?

«Auf alle Fälle spannende Aufgaben:
1. Mitarbeiterführung und Personalentwicklung: Der Stellenplan der Abteilung weist 45 Stellen aus, mit Teilzeitkräften bin ich für ca. 60 Mitarbeiter verantwortlich. Daraus resultieren folgende Tätigkeiten:
   - das Führen von Mitarbeitergesprächen
   - Stärken- und Schwächenanalysen
   - Bereitstellung von Ressourcen: Zeit, Aushandeln finanzieller Mittel, Schulungen, Gestalten von Anlernsituationen usw.
2. Den laufenden Betrieb organisieren:
   - Personaleinteilung
   - Bettenbelegung
   - Krankheitsausfälle kompensieren
   - Qualitätsverbesserung durch Zirkelarbeit
   - Beschaffung und Auswahl von medizinischen Produkten
   - Gespräche mit Vertretern
   - Einstellungsgespräche

- regelmäßiges Abstimmen mit dem Vorgesetzten sowohl im ärztlichen wie auch pflegerischen Bereich
- Einführung neuer pflegerischer und Unterstützung bei der Einführung neuer medizinischer Behandlungsmethoden
- Verwaltung der Arbeitszeitkonten.

3. Außergewöhnliche Aufgaben bewältigen:
   - Organisation der Zusammenlegung zweier Intensivstationen
   - Anforderungen an die Räumlichkeiten bestimmen
   - technische Ausstattung bestimmen
   - konkrete Planung des Umzugstages sowie
   - konzeptionelle Tätigkeiten vornehmen, wie zum Beispiel
     – Umsetzung des Medizinproduktgesetzes
     – Erstellen von Anforderungsprofilen für die Beschaffung neuer Produkte
     – Materialanforderungen erstellen.

Neben diesen besonderen Auf gibt es zahlreiche außergewöhnliche Aufgaben, die von Stationsleitungen immer wieder zu bewältigen sind. Jeden Tag begegne ich neuen Herausforderungen!»

**Wie sieht Ihr typischer Arbeitstag aus?**

| | |
|---|---|
| 6.00 bis 6.30 Uhr: | Teilnahme an der Übergabe Nacht- zur Frühschicht, ggf. Hilfe bei der Verteilung der Patienten |
| 6.30 bis 7.15 Uhr: | Durchgehen der E-Mails, ggf. Vorbereiten von Terminen, Büroarbeit |
| 7.15 bis 7.30 Uhr: | Teilnahme an der Visite und Bettenverteilung |
| ca. 7.50 Uhr: | Tagesbesprechung |
| 8.00 bis 9.00 Uhr: | Büroarbeit/Telefongespräche, E-Mail-Kontakt mit Architekten, Einkauf, Planung von Räumlichkeiten, konzeptionelle Überlegungen, wie zum Beispiel Erstellen eines Reanimationskonzeptes, Einweisung der Mitarbeiter bezüglich der neuen Ausstattung etc. |
| 9.00 bis 13.00 Uhr: | Diese Zeit steht in der Regel für Gespräche mit externen Besuchern, wie zum Beispiel Vertretern, zur Verfügung, des Weiteren bietet sich dieser Zeitraum für Bewerbungsgespräche sowie diverse Besprechungen und Büroarbeit an, häufig werden Telefonate geführt: Ansprechpartner bei Firmen, Behörden, anderen Krankenhäusern etc. sind hier gut zu erreichen. |

13.00 bis 14.00 Uhr: Diese Zeit steht für Mitarbeitergespräche zur Verfügung, da sowohl die Spätschicht als auch die Frühschicht anwesend ist.

14.00 bis 16.00 Uhr: In diesen Zeitraum fallen häufig berufsgruppenüberschneidende Besprechungen, da das Routineprogramm der Ärzte gegen 14 Uhr weitgehend abgeschlossen ist.

Geprägt ist mein derzeitiger Arbeitstag primär von zwei über die dargestellten Routinetätigkeiten hinausgehenden Aufgaben:
- mitverantwortliche Leitung für die Zusammenlegung der internistischen und chirurgischen Intensivstation
- mitverantwortliche Planung der neuen Intensiv-/Intermediadecare-Station.

An der unmittelbaren Patientenversorgung bin ich nur sehr eingeschränkt beteiligt. Im Rahmen der Personalentwicklung und Mitarbeiterführung ist es mein Ziel, bei der ausschließlich auf die Intensivstation bezogenen administrativen Arbeit die Stellvertreter umfassend zu beteiligen, um Zeitressourcen zum Beispiel für die Planung des Neubaus zu gewinnen.»

**Was fordert Sie in Ihrem Tätigkeitsbereich ganz besonders heraus?**

«Hier fallen mir spontan drei Bereiche ein:

1. Mitarbeiterführung: Das Team besteht aus zirka 60 Personen zuzüglich des ärztlichen Personals, das für die Versorgung Schwerstkranker zuständig ist. Diese Behandlungsaufgabe ist mit einer enormen psychischen Belastung verbunden, die darüber hinaus im Dreischichtbetrieb erfolgt. Die Mitarbeiter benötigen entsprechende Erholungsphasen, die mit dem Betriebsziel, eine möglichst lückenlose Patientenbetreuung unter ökonomischem Personaleinsatz, in Einklang zu bringen sind. Hier gilt es, durch Aushandlungsprozesse zwischen allen Beteiligten den verschiedenen Bedürfnissen gerecht zu werden. Dies gelingt unter anderem durch eine sorgfältige Stärken-Schwächen-Analyse und das Herausarbeiten der Arbeitsschwerpunkte, in welchen der Mitarbeiter besondere Fähigkeiten hat. Durch eine entsprechende Aufgabenverteilung können Belastungsspitzen vermieden werden. In Anbetracht der Teamgröße und Aufgaben nehme ich am ehesten die Rolle eines Coaches wahr.

2. Qualitätsverbesserung: Zu erwähnen ist hier vor allem die Einführung und Weiterentwicklung neuer pflegerischer und medizinischer Behandlungsmethoden. Ich versuche, unter meinen Mitarbeitern ein Bewusstsein zu schaffen, dass das Unternehmen Krankenhaus ein Dienstleister gegen-

über dem Patienten und dessen Angehörigen ist, die ein Recht auf eine sehr gute pflegerische und psychische Betreuung haben.
3. Strategisches Denken: Hier geht es um die Frage, was ich heute tun muss, um morgen noch handlungsfähig zu sein. Dazu ein banales Beispiel: Zur Arbeitsentlastung habe ich Einmalbeatmungssysteme eingeführt. Hiermit entfällt die zeitaufwändige Aufbereitung. Die somit frei werdenden Personalressourcen können in der Pflege eingesetzt werden. Spannung versprechen alle drei Bereiche.»

Sie haben sich während Ihres beruflichen Werdegangs intensiv weitergebildet. Wie haben Sie Familie und berufliche Qualifizierung miteinander in Einklang bringen können?

«Eine gewisse Übung bestand ja schon darin, dass meine Frau und ich uns immer irgendwie weiterqualifizierten. Darüber hinaus sind es drei Punkte, die diese Belastung erträglich machen:

1. Gemeinsamer Entschluss: Vor allem die Entscheidung zum Studium wurde zusammen getroffen. Vor dem Studium wurden sowohl die zeitlichen wie auch die finanziellen Anforderungen analysiert, soweit dies möglich war. Anschließend wurde unter Berücksichtigung aller damit verbundenen Konsequenzen die Entscheidung gefällt. Dies war in Extremsituationen wichtig, wenn Projekte oder Referate am Wochenende vorbereitet werden mussten, auch weil der Partner allein durch sein Verständnis wertvolle Unterstützung lieferte.
2. Kommunikation und Transparenz: Belastungen können und werden bei uns offen ausgesprochen. Gleiches gilt auch für die Erwartungen und Bedürfnisse beider Partner und das Erarbeiten von Kompromissen, wobei ich zugeben muss, dass mir meine Ehefrau auf Grund meiner Doppelbelastung viele Aufgaben abgenommen hat.
3. Qualität anstatt Quantität: Gegenüber den Kindern war die Entscheidung schwieriger zu vertreten, hier galt es, bei der Zeiteinteilung den Akzent auf Qualität statt Quantität zu legen. Ein abendliches einstündiges Gesellschaftsspiel war effektiver als mehrere Stunden gemeinsames Fernsehen. Interessant ist, dass ich während des Studiums mit modernen Unterrichtsmethoden, wie sie meine Kinder jetzt auch lernen, konfrontiert wurde und so mit ihnen zusammen lernen konnte. Mein Verständnis für die Gefühle meiner Kinder bei Misserfolgen wurde größer, und zum Teil beobachtete man an sich selbst fast infantile Verhaltensmuster, wenn man sich bei der Zensurenvergabe ungerecht behandelt fühlte. Die Spiegelwirkung der eigenen Kinder hatte dann wieder etwas Erheiterndes. Für die Kinder war es aber auch spannend und mit Neugier verbunden, dass ihr

Papa auch in die Schule geht. Nach zirka einem Jahr hatte sich so etwas wie Normalität eingestellt.»

Zu welchem Zeitpunkt haben Sie sich bewusst dafür entschieden, genau diesen Karriereweg einzuschlagen?
«Zwischen dem dreißigsten und vierzigsten Lebensjahr wurde deutlich, dass es schwer ist, über Jahrzehnte hinweg auf einer Intensivstation unmittelbar und ausschließlich am Patientenbett zu arbeiten. Es gab für mich zwei Möglichkeiten: das Studium zum Pflegepädagogen oder zum Pflegemanager. Nach eingehender Beratung mit meinem Vorgesetzten und Analyse der Studieninhalte entschied ich mich für den zuletzt genannten Studiengang.»

Was waren die Schlüsselelemente, die Sie in Ihrer Entscheidung bestärkten?
«Vier Aspekte waren hier relevant:
1. Freude an der Arbeit mit Menschen, sowohl bezogen auf die Versorgung von Kranken als auch die Führung von Mitarbeitern.
2. Freude am analytischen und strategischen Denken.
3. Fähigkeit zu Planung und Organisation.
4. Bestätigung von anderen Personen (Kirche, Ehefrau, Kollegen).»

Wollten Sie schon immer diese Position bekleiden?
«Ich wollte schon immer verantwortlich tätig sein. Zu Leitungsaufgaben wurde ich, wie viele andere in dieser Position, von außen angestoßen.»

Was empfehlen Sie denjenigen, die zukünftig eine ähnliche Position bekleiden wollen?
«1. Kompromissfähigkeit mit dem eigenen Perfektionismus finden. Immer wieder gilt es, nach Lösungen zu suchen. Nicht immer lassen sich die eigenen Vorstellungen und Ziele zu 100 Prozent in die Praxis umsetzen. Viele Prozesse erfordern Geduld.
2. Auch als Leitungskraft Teamplayer bleiben. Sie haben ein Team, das aus Menschen mit den unterschiedlichsten Fähigkeiten besteht. Es gilt, Wege und Möglichkeiten zu finden, die Kreativität und das Wissen der Mitarbeiter in die Gestaltung von Arbeitsabläufen und -prozessen einzubinden.
3. Neben den Herausforderungen der Arbeit muss es ein Umfeld geben, in dem man sich erholen kann. Wo man seine Gedanke in die Ferne schweifen lassen kann und neue Energie tankt.
4. Ein eigenes Wertegefühl entwickeln. Sich auf einer Intensivstation täglich mit den Grenzen menschlichen Daseins konfrontiert zu sehen, erfordert ein eigenes Wertegefühl, das man zum Beispiel in seinem Glauben an Gott finden kann.

Ich bin der Meinung, dass es gerade für Führungspersönlichkeiten unbedingt notwendig ist, in seinem Handeln eine Leitlinie, einen Codex zu besitzen, auf den ich mich in kritischen Situationen verlassen kann.»

Was für fachliche und überfachliche Fähigkeiten beziehungsweise Schlüsselqualifikationen benötigt jemand, der eine ähnliche Position bekleiden möchte?

«Die fachlichen Qualifikationen lassen sich relativ leicht bestimmen. Hierzu gehört selbstverständlich eine Krankenpflegeausbildung und sinnvollerweise auch eine Weiterbildung zum Fachkrankenpfleger für Anästhesie und Intensivmedizin. Besonders hilfreich ist auch ein erfolgreich absolvierter Stationsleitungslehrgang. Die Liste der notwendigen Schlüsselqualifikationen ist ausgesprochen komplex. Zu den wichtigsten überfachlichen Fähigkeiten zählen Kommunikations-, Konflikt- und Kompromissfähigkeit. Menschenkenntnis, Teamfähigkeit und Flexibilität sind ebenfalls wichtig. Nicht vergessen werden darf die Bereitschaft zur Übernahme von Verantwortung.»

Welchen Rat geben Sie BerufseinsteigerInnen?

«1. Geduld haben. Viele Dinge erledigen sich von selbst. Für echte Veränderungsprozesse, die tatsächlich ein anderes Nachher produzieren, braucht man Geduld.
2. Sich Zeit nehmen zum Beobachten. Wachsamkeit und eine optimierte Wahrnehmung helfen dabei, die richtigen Entscheidungen zu treffen.
3. Mut fassen, eingeschlagene Wege zu verlassen. Abseits der üblichen Wege, der Betriebsroutine und eingefahrener Rituale befinden sich häufig die Lösungen.»

Wie sehen Sie die kurz-, mittel- und langfristigen Berufsaussichten in Ihrem Bereich?

«Auf allen drei Zeitachsen sehe ich speziell für den gesamten Akutbereich vor allem im unteren Management gute Berufsaussichten. Gerade auf Stationsleitungsebene werden durch die Einführung der DRGs in der nächsten Zeit Personen beschäftigt werden müssen, die in der Lage sind, Arbeitsabläufe zu straffen, durch die Einführung eines Qualitätsmanagementsystems therapeutische Prozeduren zu standardisieren und die finanziellen Ressourcen ökonomisch einzusetzen.

Das mittlere Management, die Abteilungsleiterebene, wird im Zuge von Lean-Management zukünftig abgebaut. Die Hierarchie des Krankenhauses der Zukunft wird damit sehr schlank sein. Unter der Pflegedienstleitungsebene wird es eine breite Stationsleitungsebene mit entsprechender Kompetenz- und Verantwortungsausstattung geben. Eine besonders gute Qualifizierung, zum Beispiel durch eine Pflegemanagementstudium, ist hier erforderlich. Insgesamt nehmen die Studiengänge inflationär zu, sodass neben den klassischen Arbeitsfeldern in der Leitung eines Krankenhauses, Altenpflegeheimes oder ambulanten Pflegedienstes auch andere Betätigungsmöglichkeiten erschlossen werden. Hier denke ich insbesondere an Tätigkeiten auf Verbandsebene oder in einer Unternehmensberatung.»

Gibt es in Ihrem Tätigkeitsbereich bestimmte Trends?
«Es gibt zurzeit den Trend, durch immer ausgefeiltere Technik und den Einsatz modernster Behandlungsmethoden auch das bisher nicht Mögliche möglich zu machen. Dieser Zugewinn an medizinischem Nutzen ist jedoch mit einem enormen finanziellen Aufwand verbunden, sodass immer häufiger über die Grenzen der Intensivmedizin diskutiert wird. Straffung der Arbeitsabläufe, eine zunehmende Verdichtung medizinischer Leistungen in immer kürzeren Liegezeiten ist die Konsequenz. Ein weiterer Trend besteht in einer qualitativen und quantitativen Erweiterung der Aufgaben des Einzelnen durch Personalreduzierung. Diese schweren Belastungsverstärkungen bei gleichzeitiger Ressourcenreduzierung erschweren die Aushandlungsprozesse mit den Mitarbeitern, lassen weniger Spielraum für Personalentwicklungsprozesse und beschränken den Aufbau beziehungsorientierter Pflege. Ein klarer Trend geht dahin, bisher öffentlich geführte Häuser in die Hände von privatwirtschaftlich geführten Krankenhausverbänden zu geben. Wie sich dies auf die pflegerische Versorgung auswirkt, bleibt abzuwarten.»

Würden Sie sich noch einmal für diesen Karriereweg entscheiden?
«Für das Pflegemanagementstudium würde ich mich noch einmal entscheiden, da auf diese Weise das Handwerkszeug zur kompetenten Leitung einer Station geliefert wird. Darüber hinaus bietet es Wissensinhalte, durch die neue Betätigungsfelder erschlossen werden können. Es ist jedoch sehr vielfältig und breit angelegt, sodass man das für die an das Studium anschließende Beschäftigung notwendige Spezialwissen erwerben muss.»

### 3.2.3 Interview mit einem Pflegedirektor

In Krankenhäusern gehört die Pflegedirektion der höchsten Hierarchieebene an. Sie ist vielfach gleichberechtigtes Mitglied im Krankenhausdirektorium bzw. in der Krankenhausbetriebsleitung bzw. -geschäftsführung neben ärztlicher Direktion und Verwaltungsdirektion. Ihr unterstellt sind alle im Pflegebereich und in pflegerischen Funktionen tätigen Personen. Golombek und Roßbauer (1998) sowie Häseler (2001) zufolge lassen sich folgende Aufgaben- und Verantwortungsbereiche definieren:

- **Planung, Organisation und Kontrolle.** Dies betrifft alle der leitenden Pflegefachkraft unterstellten Bereiche. Im Einzelnen stellt sie unter anderem sicher, dass jede/r MitarbeiterIn im Pflegedienst entsprechend der Qualifikation und den Kenntnissen eingesetzt wird. Hierzu dienen unter anderem Arbeitsablaufplanungen sowie Arbeitsplatz- und Stellenbeschreibungen. Des Weiteren entscheidet sie über das Pflegsystem und die Arbeitsmethoden im Pflegebereich und trägt die Verantwortung für die Qualität. Auch führt und kontrolliert sie Personalstatistiken und überwacht damit zum Beispiel die Arbeitsausfallzeiten.

- **Führung des Personals.** Hierunter lässt sich zunächst die Überwachung tarif- und arbeitsrechtlicher Bestimmungen subsumieren. Bei der Auswahl geeigneter BewerberInnen sowie bei Kündigungen hat sie Mitentscheidungsrecht. Verantwortung trägt sie auch für die Personalentwicklung. Von ihr selbst wird eigene intensive Fort- und Weiterbildung verlangt.

- **Mitwirkung in der Betriebsführung.** Die Förderung der Kooperation unter den einzelnen Diensten im Krankenhaus sowie mit den PatientInnen und Angehörigen ist eine weitere wichtige Aufgabe, die eine leitende Pflegefachkraft zu erfüllen hat. Sie ist beteiligt an der Sicherstellung einer wirtschaftlichen Betriebsführung, an allen den Pflegebereich berührenden strukturellen und organisatorischen Änderungen oder Neuerungen, und sie nimmt an Pflegesatzverhandlungen teil.

- **Weitere Aufgaben.** Auch die Teilnahme an Sitzungen übergeordneter Gremien fällt in den Bereich einer leitenden Pflegefachkraft. Personalanwerbung und Öffentlichkeitsarbeit werden ebenfalls von ihr verlangt. Zum Teil erteilt sie fachbezogenen Unterricht an angegliederten Pflegeschulen.

### Michael Buse – Pflegedirektor

Michael Buse leitet seit 1996 den Pflegedienst der St. Elisabeth Krankenhaus GmbH. Als Mitglied der Geschäftsführung des Hauses hat er eine besonders große Verantwortung zu tragen.

Herr Buses Arbeitgeber ist die St. Elisabeth Krankenhaus GmbH in Recklinghausen mit insgesamt 580 Beschäftigten. Es handelt sich um ein Krankenhaus der Akut-, Grund- und Regelversorgung in den Bereichen Onkologie/Hämatologie, Palliativmedizin, Geriatrie, Neurologie/Stroke Unit, Kardiologie, Innere Medizin, Radiologie, Anästhesie/Intensivmedizin, Chirurgie, Orthopädie, HNO und Zahnmedizin. Als Nebenbetriebe gehören diesem Unternehmen Kurzzeit- und Tagespflege, Betreutes Wohnen, Hospiz sowie Palliative Care an.

> **Zur Person**
>
> Michael Buse
> Jahrgang 1955, verheiratet, zwei Kinder, Krankenpfleger, Fachkrankenpfleger Psychiatrie sowie Anästhesie und Intensivpflege, Lehrer für Pflegeberufe, Kursleiter Palliative Care, Diplom-Pflegewirt (FH), Diplom-Pflegepädagoge (FH)
>
> Beruflicher Werdegang:
>
> 1973:          Ausbildung zum Krankenpflegehelfer
> 1973 bis 1979: Tätigkeit in Krankenhäusern der Grund- und Regelversorgung in der Inneren Medizin, Chirurgie und Onkologie als Krankenpflegehelfer
> 1979 bis 1980: Ausbildung zum Krankenpfleger
> 1980 bis 1985: Tätigkeit in einem Krankenhaus in der Psychiatrie als Pflegefachkraft (Psychiatrie) und Schichtleitung
> 1986 bis 1993: Tätigkeit in einer Universitätsklinik sowie einem Krankenhaus der Maximalversorgung auf Intensivstationen als Pflegefachkraft (Psychiatrie) und Abteilungsleitung
> 1993 bis 1996: Tätigkeit in einem Krankenhaus der Grund- und Regelversorgung als stellvertretender Verwaltungsdirektor und stellvertretender Pflegedirektor
> seit 1996:     Tätigkeit in der St. Elisabeth Krankenhaus GmbH in Recklinghausen als Pflegedirektor
> seit 2000:     Lehrbeauftragter der Universität Wien.
>
> Ausgewählte Weiterbildungen:
>
> 1976:          Hygieneausbildung
> 1980:          Weiterbildung zum Fachkrankenpfleger Psychiatrie
> 1986:          Weiterbildung zum Fachkrankenpfleger Anästhesie und Intensivpflege
> 1989:          Weiterbildung zum Lehrer für Pflegeberufe
> 1991 bis 1995: Studium zum Diplom-Pflegewirt (FH)
> 2001:          Kursleitung Palliative Care.

Herr Buse, welche drei zentralen Aspekte charakterisieren Ihr derzeitiges Aufgabenfeld?

«Ganz aktuell ist die Einführung und Umsetzung der DRGs sowie aller damit zusammenhängender Maßnahmen. Meine drei zentralen Aufgaben als Pflegedirektor sind:
1. Führung und Leitung des Pflege- und Funktionsdienstes sowie des Wirtschaftsdienstes.
2. Gewährleistung der Wirtschaftlichkeit, Effektivität und Effizienz des Pflege- und Funktionsdienstes sowie des Wirtschaftsdienstes.
3. Qualitätssicherung.»

**Wie sieht Ihr typischer Arbeitstag aus?**

«Jeder Arbeitstag beinhaltet typische Elemente, in welcher Reihenfolge diese auftauchen, lässt sich jedoch an keinem strikten Zeitplan festmachen. Ich führe täglich zahlreiche Gespräche mit meinen Mitarbeitern der einzelnen Stationen. Hierzu zählen Einzel- und Teamgespräche. Bewerbungsgespräche und Beurteilungsgespräche finden ebenfalls täglich statt. Ebenso habe ich Kritikgespräche und Fördergespräche zu führen. In Bezug auf die anderen im Krankenhaus beschäftigten Personen sind beispielsweise immer wieder Zielgespräche auf der Chefarztebene und Gespräche mit der Verwaltung zu führen. Bei dem zuletzt genannten Kontakt geht es in vielen Fällen um Fragen des Einkaufs. Hierzu bewege ich mich im Krankenhaus auf den einzelnen Stationen beziehungsweise Funktionsabteilungen. In meinem Büro bin ich meist zur Mittagszeit anzutreffen, hier nutze ich dann die Zeit zur Erledigung zahlreicher administrativer Aufgaben sowie zur Konzeptentwicklung und zum Projektmanagement. Meine Mitarbeit beziehungsweise Projektleitung in bestimmten Projektgruppen findet an unterschiedlichen Orten statt. Mit Bezug auf die tägliche Arbeitszeit ist zu berücksichtigen, dass der Arbeitstag nie zu einer bestimmten Uhrzeit endet. Einige Aufgaben müssen zum Teil auch noch in den Abendstunden oder am Wochenende bearbeitet werden.»

**Was fordert Sie in Ihrem Tätigkeitsbereich ganz besonders heraus?**

«Da gibt es eine Menge interessanter Aufgaben, welchen ich mich regelmäßig stelle. Die Gesundheitsförderung, neue Entgeltvorgaben (DRG), Reorganisation und Organisationsentwicklung, Vernetzung stationärer und ambulanter Dienstleister und die Personalentwicklung sind Aufgaben, die mich besonders reizen.»

**Sie haben sich während Ihres beruflichen Werdegangs intensiv weitergebildet. Wie haben Sie Familie und berufliche Qualifizierung miteinander in Einklang bringen können?**

«Es gab zu jeder Zeit meiner Karriere klare Absprachen mit meiner Familie. Die Festlegung von Zeitkorridoren gewährleistete Phasen, in denen ich dann auch nur meiner Familie zur Verfügung stand.»

**Zu welchem Zeitpunkt haben Sie sich bewusst dafür entschieden, genau diesen Karriereweg einzuschlagen?**

«1986 habe ich mich dazu entschlossen, diesen Karriereweg zu beschreiten. Sehr schnell habe ich danach meine weitere berufliche Qualifizierung geplant und bereits 1991 mit dem Studium zum Diplom-Pflegewirt (FH) begonnen. Ich erkannte früh, dass diese Qualifizierung für meine spätere Tätigkeit als Pflegedirektor eine unabdingbare Voraussetzung sein würde.»

**Was waren die Schlüsselelemente, die Sie in Ihrer Entscheidung bestärkten?**
«Zwei Aspekte fallen mir hierzu ad hoc ein:
1. Die Notwendigkeit der Reorganisation der Kliniken.
2. Die bereits erkennbaren Professionalisierungstendenzen in der Krankenpflege.»

**Was empfehlen Sie denjenigen, die zukünftig eine ähnliche Position bekleiden wollen?**
«Meine klare Empfehlung an dieser Stelle ist die, dass Interessierte ein spezielles Managemententwicklungsprogramm durchlaufen sollten. Ausgangspunkt sollte hier sicherlich ein erfolgreich abgeschlossenes Pflegemanagementstudium sein. Des Weiteren sollten bereits auf der unteren und mittleren Hierarchieebene ausgeprägte Leitungserfahrungen gesammelt worden sein. Anschließend erscheint ein Trainee-Programm sinnvoll, am besten in unterschiedlichen Einrichtungen eines Verbundes.»

**Was für fachliche und überfachliche Fähigkeiten beziehungsweise Schlüsselqualifikationen benötigt jemand, der eine ähnliche Position bekleiden möchte?**
«Die Anforderungen sind ausgesprochen vielfältig, sie stellen sich wie folgt dar:
- Fachliche und funktionale Kompetenz:
  – Methodenkompetenz
  – konzeptionelle Fähigkeiten
  – planerische Fähigkeiten
  – Zielorientierung
  – Markt- und Kundenorientierung
  – Selbstständigkeit
  – Analysefähigkeit
  – Verhandlungsgeschick.
- Führungskompetenz:
  – Orientierung durch Ziele
  – Entscheidungsfähigkeit
  – unternehmerisches Denken und Handeln
  – Fähigkeit, Veränderungen einleiten und umsetzen zu können
  – Fähigkeit und Bereitschaft zum ganzheitlichen Denken und Handeln
  – Potenziale bei Mitarbeitern erkennen und nutzen können.
- Schlüsselqualifikationen:
  – Flexibilität
  – Initiative
  – Beziehungsfähigkeit
  – Kooperationsvermögen
  – Teamfähigkeit.»

**Welchen Rat geben Sie BerufseinsteigerInnen?**
«Einige Tipps lassen sich ja aus dem zuvor Gesagten bereits ableiten. Die konsequente und zielgerichtete Nutzung von Weiterbildungsmöglichkeiten und das Absolvieren eines geeigneten Studiengangs sind sicherlich erfolgsentscheidend. Während des Studiums empfehle ich, nicht zuletzt auf Grund der zunehmenden Europäisierung, ausgeprägte Auslandserfahrungen zu sammeln.»

**Wie sehen Sie die kurz-, mittel- und langfristigen Berufsaussichten in Ihrem Bereich?**
«Kurz-, mittel- und langfristig ist ganz klar ein hoher Bedarf an erfahrenen und gut qualifizierten Führungskräften zu erkennen. Hierbei werden vor allem die Führungskräfte gefragt sein, bei denen neben den fachlichen Voraussetzungen auch die Persönlichkeit einer solchen Tätigkeit entspricht.»

**Gibt es in Ihrem Tätigkeitsbereich bestimmte Trends?**
«Das Gesundheitswesen befindet sich in einer Umstrukturierung, und die bietet zahlreiche neue Tätigkeitsfelder. Ich will nicht von einem Trend sprechen, aber für gut qualifizierte Führungskräfte aus dem Krankenhaus kommen heute zunehmend auch andere Tätigkeiten in Frage, etwa im Bereich Qualitätsmanagement, in der Organisationsberatung oder im Rahmen einer Tätigkeit beim Medizinischen Dienst der Krankenkassen.»

**Würden Sie sich noch einmal für diesen Karriereweg entscheiden?**
«Ja, das würde ich auf jeden Fall noch einmal tun. Ich habe eine Herausforderung gefunden, der ich mich täglich gerne stelle.»

### 3.2.4 Interview mit einem Lehrer für Pflegeberufe

Die Aufgaben als LehrerIn für Pflegeberufe an einer Krankenpflegeschule liegen selbstverständlich primär in der Ausbildung der SchülerInnen. Hierbei sind vor allem die Vorgaben des Krankenpflegegesetzes und der Ausbildungs- und Prüfungsverordnung zu berücksichtigen. Ziel ist eine praxisnahe und patientenorientierte Ausbildung. Golombek und Rossbauer (1998) sehen in Bezug auf diese Tätigkeit unterschiedliche Aufgabenfelder:

- **Aufgaben, die auf die Auszubildenden bezogen sind.** Hierzu zählt zum Beispiel die Beratung der Auszubildenden vor und während der Ausbildung. Des Weiteren werden Lernziele und Tätigkeitskataloge erstellt, die Einsatzplanung der SchülerInnen wird vorgenommen, die Prüfungen werden organisiert, und es wird natürlich Unterricht erteilt. Weitere Aufgaben betreffen die Kontrolle der Arbeitsausführung während der praktischen Einsätze und die Berücksichtigung von Hygiene-, Unfallverhütungs- und Strahlenschutzvorschriften sowie weiterer Aspekte.

- **Aufgaben, die auf die PatientInnen bezogen sind.** Hier kommt vor allem die Aufsichtspflicht gegenüber den SchülerInnen zum Tragen. Auch die Aufgaben im Bereich der Qualitätssicherung kommen letztendlich den PatientInnen zugute.
- **Aufgaben, die auf die KollegInnen bezogen sind.** Die Teilnahme an Konferenzen unter den FachkollegInnen sowie die regelmäßige Abstimmung mit den PraxisanleiterInnen und MentorInnen spielen ebenfalls eine bedeutende Rolle. Bedacht werden sollten jedoch auch Aufgaben in der Zusammenarbeit mit ÄrztInnen und dem Verwaltungspersonal.
- **Aufgaben, die auf den Klinikbetrieb und die Organisation der Krankenpflegeschule bezogen sind.** Hierzu zählt die bereits kurz erwähnte Arbeit im Rahmen der Lehrplangestaltung. Des Weiteren ist die Mitwirkung als FachprüferIn als regelmäßige und wichtige Aufgabe zu erwähnen. Die Autoren verweisen jedoch auch auf Aufgaben im Bereich der Akquisition von DozentInnen sowie organisatorische und administrative Aufgaben. Die Verpflichtung zu eigener Fort- und Weiterbildung sollte in diesem Beschäftigungsfeld selbstverständlich sein.

**Eckhard Schemmer – Lehrer für Pflegeberufe**
Eckhard Schemmer ist seit 1999 Lehrer für Pflegeberufe und stellvertretender Schulleiter an der Krankenpflegeschule am St. Josef Hospital in Oberhausen. Er ist verantwortlich für die qualifizierte Ausbildung der SchülerInnen und muss dementsprechend dafür sorgen, dass er selbst immer auf dem aktuellen Wissensstand ist.

Herr Schemmers derzeitiger Arbeitgeber ist die staatlich anerkannte Krankenpflegeschule am St. Josef Hospital. Die Einrichtung befindet sich in Trägerschaft der St. Marien Kirchengemeinde in Oberhausen Mitte. Das Personal der Pflegeschule setzt sich aus zwei Lehrkräften in Vollzeit, einer Lehrkraft in Teilzeit (50 Prozent) und einer Sekretärin in Teilzeit (50 Prozent) zusammen. Kernaufgabe ist die Ausbildung von KrankenpflegeschülerInnen. Die Krankenpflegeschule bietet derzeit 45 Ausbildungsplätze an.

Herr Schemmer, welche drei zentralen Aspekte charakterisieren Ihr derzeitiges Aufgabenfeld?
«1. Selbstständiges Entwickeln von Unterrichtssequenzen.
2. Praxisbeobachtung, Einzelfallarbeit (Integration von Unterrichtsfächern an einem Fall), Beurteilung professioneller Kompetenzen, konstruktives Feed-back.

3. Projektarbeiten in der Qualitätssicherung der Krankenpflegeschule und der Klinik.»

**Wie sieht Ihr typischer Arbeitstag aus?**
«7.00 bis 7.30 Uhr: Dienstbeginn (an Praxisanleitungstagen Dienstbeginn um 6.00 Uhr)
7.30 bis 9.00 Uhr: Unterricht
9.00 bis 9.30 Uhr: Frühstückspause
9.30 bis 11.00 Uhr: Unterricht
11.00 bis 12.00 Uhr: Unterrichtsvorbereitung
12.00 bis 13.00 Uhr: Zeit für Praxisgespräche auf den Stationen
13.00 bis 14.00 Uhr: Teilnahme an Projektgruppen (Praxisanleitung – Pflegeplanung)
14.00 bis 14.30 Uhr: Unterrichtsvorbereitung
14.30 bis 16.00 Uhr: Unterricht
circa 16.30 Uhr: Dienstschluss.»

**Was fordert Sie in Ihrem Tätigkeitsbereich ganz besonders heraus?**
«Die Vermittlung von Wissen zwischen dem Lernort Praxis und dem Lernort Schule ist ausgesprochen spannend. In vielen Situationen erfordert dies viel Überzeugungsarbeit.»

---

**Zur Person**

Eckhard Schemmer
Jahrgang 1966, ledig, keine Kinder, Krankenpfleger, Praxisanleiter, Diplom-Pflegewissenschaftler (FH)

Beruflicher Werdegang:
1986 bis 1991: Zivildienst in einem städtischen Altenheim
1988 bis 1991: Ausbildung zum Krankenpfleger
1991 bis 1998: Tätigkeit als Pflegefachkraft und Praxisanleiter (1996–1998) im St. Josef Hospital in Oberhausen auf einer interdisziplinären Station Neurologie und Psychiatrie
seit 1999: Tätigkeit an der Krankenpflegeschule am St. Josef Hospital in Oberhausen als Lehrer für Pflegeberufe und stellvertretende Leitung der Krankenpflegeschule (seit 2000).

Ausgewählte Weiterbildungen:
1994: Weiterbildung zum Praxisanleiter
1996 bis 2000: Studium zum Diplom-Pflegewissenschaftler (FH) an der Katholischen Fachhochschule Köln.

Zu welchem Zeitpunkt haben Sie sich bewusst dafür entschieden, genau diesen Karriereweg einzuschlagen?

«Während meiner Tätigkeit als Praxisanleiter entdeckte ich zunehmend Spaß an der Zusammenarbeit mit Pflegeschülern. An einer qualifizierten Ausbildung war mir bereits zu diesem Zeitpunkt gelegen. Eine Ausweitung der Beschäftigung in diesem Bereich führte dann unweigerlich zur Übernahme von Unterrichtsaufgaben an einer Krankenpflegeschule. Von Anfang an geplant war mein Karriereweg also nicht.»

Was waren die Schlüsselelemente, die Sie in Ihrer Entscheidung bestärkten?

«Unterschiedliche Personen bestärkten mich mit ihrem Feed-back. Zu erwähnen sind hier natürlich die Schüler, meine Mentorin an der Krankenpflegeschule und auch meine Kollegen auf den einzelnen Stationen.»

Was empfehlen Sie denjenigen, die zukünftig eine ähnliche Position bekleiden wollen?

«Zwischen Pflegeausbildung und Studium mindestens zwei Jahre Berufserfahrung mit einer Klientel, bei der von einem hohen Pflegebedarf auszugehen ist. Die Vermittlung von Pflege am Lernort Schule wird in Zukunft immer weiter vom Lernort Praxis entfernt sein. Dies übrigens sowohl räumlich, durch die Einrichtung von Zentralschulen, als auch inhaltlich, durch die Entwicklung der Pflegewissenschaft auf der einen und den Auswirkungen der Gesundheitspolitik am Lernort Praxis auf der anderen Seite. Als Lehrer für Pflegeberufe mit dem Auftrag, Pflege transparent zu machen, muss man sich an beiden Lernorten gut auskennen und grundsätzlich Verständnis für die Probleme der Praxis haben, aber auch deren Potenzial zur Entwicklung in Pflege und Anleitung kennen. Während der Tätigkeit in der Pflege sollten Interessierte sich nach Möglichkeit an Projekten der Organisationsentwicklung beteiligen. Ein Hochschulstudium ist nach meiner Meinung der Ausbildung an Akademien vorzuziehen. Die Gründe hierfür sind vielfältig. Neben der guten Infrastruktur (gut ausgestattete Bibliotheken etc.) wird hier vor allem das selbstständige Arbeiten gefördert, was einer Tätigkeit im Rahmen der Lehre an einer Pflegeschule grundsätzlich zugute kommt.»

Was für fachliche und überfachliche Fähigkeiten beziehungsweise Schlüsselqualifikationen benötigt jemand, der eine ähnliche Position bekleiden möchte?

«Die Qualifikationen lassen sich am besten in folgende Bereiche einteilen:
1. pflegefachliches Wissen: ausgeprägtes Fachwissen in den für die Pflegeausbildung relevanten Fächern; es werden in Unterricht- und Praxis-

begleitungssituationen immer wieder Fragen und Probleme aus allen Bereichen auftauchen
2. pflegepädagogisches Wissen: Fähigkeit zur Unterrichtsplanung, -durchführung und -evaluation, Grundlagen und Methoden schülerzentrierter Arbeitsformen, da diese mittel- und langfristig durch die zu erwartende Umstrukturierung der Pflegeausbildung immer wichtiger werden, Kompetenz zur Curriculumentwicklung
3. pflegewissenschaftliches Wissen: Grundkompetenz in qualitativer und quantitativer Sozialforschung, neueste pflegewissenschaftliche Erkenntnisse
4. Schlüsselqualifikationen: Teamfähigkeit, Flexibilität, diplomatische Kompetenz, Selbstständigkeit, Verantwortungsbewusstsein».

Wie sehen Sie die kurz-, mittel- und langfristigen Berufsaussichten in Ihrem Bereich?

«Kurzfristig sind die Berufsaussichten schlecht zu beurteilen. Abzuwarten bleibt die Neuregelung der Finanzierung der Krankenpflegeschulen. Insbesondere in den vergangenen fünf Jahren wurden bereits zahlreiche Krankenpflegeschulen geschlossen. Mittel- und langfristig wird vor allem der Bedarf an gut qualifizierten Pflegekräften und damit einhergehend auch der Bedarf an gut ausgebildeten Lehrern für Pflegeberufe allerdings steigen. An neu entstehenden großen Zentralschulen sind die Berufsaussichten für diese günstig.»

Gibt es in Ihrem Tätigkeitsbereich bestimmte Trends?

«Die Einrichtung von Zentral- oder Verbundschulen ist ein bereits erwähnter Trend, der sich heute abzeichnet. Damit wird auch die Vereinheitlichung der Pflegeausbildung einhergehen. In dieser wird wiederum verstärkt auf die ambulante Pflege Bezug genommen, um dem Trend von der stationären in die ambulante Pflege zu folgen.»

Würden Sie sich noch einmal für diesen Karriereweg entscheiden?

«Ja, ich habe ein für mich ausgesprochen spannendes und täglich herausforderndes Arbeitsfeld gefunden.»

## 3.2.5 Interview mit dem Geschäftsführer eines Berufsverbandes

Im Vordergrund der Aufgaben des Geschäftsführers eines Berufsverbandes stehen vor allem Managementaufgaben, das Mitwirken in Ausschüssen und Gremien und die Repräsentation des Verbandes nach außen. Hier wird Berufspolitik betrieben.

**Franz Wagner – Geschäftsführer**
Franz Wagner ist seit dem Jahr 2000 Bundesgeschäftsführer des DBfK e.V. in Berlin. Auf seinem bisherigen Berufsweg hat er vielfältige Erfahrungen sammeln können, die ihm bei seiner derzeitigen Tätigkeit zugute kommen. Franz Wagner weiß, wovon er spricht, wenn es gilt, die Interessen der Pflegekräfte national und international zu vertreten.

> **Zur Person**
>
> Franz Wagner
>
> Jahrgang 1957, ledig, keine Kinder, Krankenpfleger, Fachkrankenpfleger für Innere Medizin und Intensivpflege, STL, Lehrer für Pflegeberufe, MScN
>
> Beruflicher Werdegang:
> - 1976 bis 1979: Ausbildung zum Krankenpfleger
> - 1979: Tätigkeit als Pflegefachkraft im Bezirkskrankenhaus Regensburg in der Psychiatrie
> - 1979 bis 1987: Tätigkeit als Pflegefachkraft im Klinikum Nürnberg auf einer Intensivstation
> - 1987 bis 1988: Tätigkeit an der Berufsfachschule für Krankenpflege am Klinikum Nürnberg als Unterrichtsassistent
> - 1990 bis 2000: Tätigkeit im Schulzentrum für Pflegeberufe in Nürnberg als Lehrer für Pflegeberufe, stellvertretender Schulleiter, Mitarbeiter in der Stabsstelle für Qualitätssicherung (1992–2000), Pflegewissenschaftler und Institutsleiter des Pflegewissenschaftlichen Instituts (1998–2000)
> - seit 2000: Tätigkeit beim DBfK e.V. in Berlin als Bundesgeschäftsführer.
>
> Ausgewählte Weiterbildungen:
> - 1981 bis 1983: Weiterbildung zum Fachkrankenpfleger für Innere Medizin und Intensivpflege
> - 1983: Weiterbildung zur Stationsleitung
> - 1988 bis 1990: Weiterbildung zum Lehrer für Pflegeberufe
> - 1996 bis 1997: Master-Studium Pflege und Gesundheitswissenschaften.

Herr Wagners Arbeitgeber, der Deutsche Berufsverband für Pflegeberufe e.V. (DBfK), ist ein klassischer Berufsverband, der Krankenschwestern/Kinderkrankenschwestern und Altenpflegerinnen bzw. -pfleger zu seinen Mitgliedern zählt. Sitz der Bundesgeschäftsstelle ist Berlin. Der Verband beschäftigt insgesamt (mit allen Geschäftsstellen in den Ländern) etwa 60 MitarbeiterInnen. Kernaufgaben sind die Vertretung der Interessen der Mitglieder. Auch Beratung und diverse Serviceangebote können Mitglieder in Anspruch nehmen. Die Weiterentwicklung der Pflege durch Bildung, Forschung etc. sowie die Mitwirkung bei der Gesundheitsgesetzgebung durch Information und Lobbyarbeit sind weitere wichtige Aufgaben. Übergeordnetes Ziel ist die Verbesserung der pflegerischen Versorgung der Bevölkerung durch eine professionalisierte Pflege. Der DBfK ist deutscher Repräsentant in allen wichtigen internationalen Pflegeberufsorganisationen (International Council of Nurses ICN, Standing Committee of Nurses in the EU, WHO-Forum Pflege und Hebammenwesen, Workgroup of European Nurse Researchers/WENR und fast alle internationale Spezialistenorganisationen wie EONS, EORNA, ESGENA etc.). In Deutschland ist der DBfK Gründungsmitglied der Bundeskonferenz der Pflegeorganisationen (Kooperation mit der ADS), des Deutschen Bildungsrates für Pflegeberufe und des Deutschen Pflegerates. Der Verband gibt eine eigene Zeitschrift heraus («Pflege Aktuell») und unterhält mehrere eigene Bildungseinrichtungen, wie zum Beispiel die Bayerische Pflegeakademie. Er verfügt mit dem Agnes Karll Institut für Pflegeforschung über die älteste Einrichtung dieser Art in Deutschland. Der DBfK ist als weltweit einziger Pflegeberufsverband ein WHO-Kollaborationszentrum. Franz Wagner führt damit die Geschäfte einer ausgesprochen interessanten und aktiven Organisation.

Herr Wagner, nennen Sie bitte drei zentrale Aspekte, die Ihr derzeitiges Aufgabenfeld charakterisieren.
«1. Kommunizieren und Vernetzen
2. politische Argumentation nach innen (zu Mitgliedern) und außen (z. B. zur Politik) vertreten
3. Meinungen bilden und beeinflussen.»

Was zeichnet Ihren typischen Arbeitstag aus?
«Es gibt zwei typische Szenarien:
1. Mein Tag im Büro: Hier steht die Koordination der Leistungen und Aufgaben des Verbandes im Mittelpunkt, es fallen betriebswirtschaftliche Aufgaben (Personalfragen, Abstimmungen mit der Buchhaltung, Gespräche mit Vermietern, Dienstleistern etc.) an, Koordinierungsaufgaben (Absprachen mit Vorstand, Landesverbänden, Teambesprechungen, Abgleichung mit dem Sekretariat, Vorbereitung von Sitzungen) sind zu übernehmen, strategische Aufgaben (Prioritätensetzung, Zielerreichungs-

kontrolle etc.) kennzeichnen ebenfalls den Tag im Büro, hinzu kommen politische Aufgaben (Verfassung von Stellungnahmen, Gespräche mit Politikern oder anderen Lobbyisten, Mitwirkung bei Arbeitsgruppen, Expertengruppen), Mitgliederbetreuung (Beratung am Telefon, Verfassen von Artikeln oder Editorials für die eigene Zeitschrift, Mitwirkung in Expertengruppen) und Information/Austausch/Kontaktpflege (per Telefon). Typisch an diesen Tagen ist vor allem, dass es kein festes Muster gibt, dass nur wenige Dinge für solche Tage sich planen lassen, dass alle gleichzeitig etwas wollen.
2. Die Wahrnehmung von Außenterminen: Die meist langwierige Reisezeit nutze ich, um die Berge von Papier zu lesen, die täglich anfallen, bei den Terminen handelt es sich um Vorträge, Podiumsdiskussionen, Gremienarbeit, Vertretungen für den Verband, bilaterale Gespräche mit Regierungsstellen, anderen Verbänden, Industrie etc. Alle diese Termine erfordern eine gute Vorbereitung und Nacharbeit. Ein wesentlicher Nebeneffekt solcher Termine ist das so genannte Networking, die Pflege bestehender oder der Aufbau neuer Kontakte.»

Erinnern Sie sich an außergewöhnliche Aufgaben in Ihrem Tätigkeitsbereich?
«Zu den außergewöhnlichen Aufgaben gehören die Auslandstermine (zum Beispiel als Mitglied des Vorstands des ICN). Vordergründig ist dies verbunden mit Reisen, häufig an Orte, wo andere Urlaub machen. Leider gibt es kaum eine Chance, bei solchen Terminen mehr als den Flughafen, das Hotel und abends ein Restaurant zu sehen. Wichtig an diesen Aufgaben ist der Austausch auf der internationalen Ebene. Aus den Erfahrungen und Ideen anderer zu lernen ist eine große Chance. Die Möglichkeit, eigene Standpunkte mit jemandem außerhalb des eigenen Systems zu diskutieren, ist eine unschätzbare Ressource. Auch die Möglichkeit, Menschen aus anderen Ländern und Kulturen kennen zu lernen, ist ein Geschenk.»

Was fordert Sie in Ihrem Tätigkeitsbereich ganz besonders heraus?
«Der Spagat zwischen Realität und politischer Forderung, die Langfristigkeit der Entwicklungen, tausend Dinge gleichzeitig zu jonglieren, zunehmend Gesichter mit Namen und Institutionen zu verbinden.»

Zu welchem Zeitpunkt haben Sie sich bewusst dafür entschieden, genau diesen Karriereweg einzuschlagen?
«Es gab zu einem relativ frühen Zeitpunkt, bei der Überlegung für das Masterstudium, also etwa 1994, ein Motiv, mit dem Studienabschluss auch einmal hauptamtlich in die Berufspolitik einzusteigen. Die Entscheidung selbst

fiel im Laufe des Bewerbungsverfahrens und war verbunden mit der Entscheidung, zum damaligen Zeitpunkt nicht zu promovieren.»

Was waren die Schlüsselelemente, die Sie in Ihrer Entscheidung bestärkten?
«Die Einzigartigkeit der Aufgabe, die Möglichkeit, Einfluss zu nehmen, ein großer Gestaltungsfreiraum, die Herausforderung.»

Was empfehlen Sie denjenigen, die zukünftig eine ähnliche Position bekleiden wollen?
«Wer sich dafür interessiert, sollte sich bereits vorher politisch engagiert haben.»

Was für fachliche und überfachliche Fähigkeiten beziehungsweise Schlüsselqualifikationen benötigt jemand, der eine ähnliche Position bekleiden möchte?
«Kompetenz im Fachgebiet, das man vertritt, einen guten Überblick über das Feld, das heißt über politische Strukturen und Verbandsstrukturen, Kompetenz im betriebswirtschaftlichen Bereich, Kommunikationsfähigkeit, analytisches und strategisches Denkvermögen, die Fähigkeit, Prioritäten zu setzen, persönliche Ausstrahlung, Durchsetzungsfähigkeit, Frustrationstoleranz und Geduld.»

Welchen Rat geben Sie BerufseinsteigerInnen?
«Verschaffen Sie sich einen guten Überblick über das Berufsfeld, engagieren Sie sich ehrenamtlich in einem Verband, machen Sie ein Praktikum in einer Verbandsgeschäftsstelle. Unter diesen Voraussetzungen hat man gute Chancen, auch hauptberuflich in einem Verband tätig zu werden. Insgesamt sind Stellen in diesem Bereich jedoch ausgesprochen rar gesät.»

Gibt es in Ihrem Tätigkeitsbereich bestimmte Trends?
«Im Moment ist es vor allem der Trend, Lobbyismus und Korporatismus gesellschaftlich zu diskreditieren. Es findet eine immer stärkere Ausdifferenzierung von Spezialinteressen und -bereichen bei gleichzeitigem Trend zur Bildung von Dachorganisationen statt. Die Bereitschaft, Mitglied in einem Verband zu werden oder sich ehrenamtlich zu engagieren, sinkt weiter. Damit stellt sich natürlich die Frage nach der Bezahlbarkeit der Leistungen von Verbänden und deren Mitarbeitern.»

Würden Sie sich noch einmal für diesen Karriereweg entscheiden?
«Ja, jede einzelne Station meiner Karriere hat mich geprägt und die Voraussetzung für eine kompetente Aufgabenerfüllung in meinem derzeitigen Arbeitsbereich geschaffen.»

## 3.2.6 Interview mit einer wissenschaftlichen Mitarbeiterin

Forschung und Lehre sind die Hauptkennzeichen in diesem Beschäftigungsfeld. Während an den Universitäten der Anteil der Forschung und die Ausbildung der StudentInnen hinsichtlich entsprechender Aufgaben in diesem Bereich einen besonders großen Stellenwert genießt, geht es an den Fachhochschulen mehr um den Aspekt der Lehre und die praxisnahe Ausbildung.

**Angelika Abt-Zegelin – wissenschaftliche Mitarbeiterin und Lehrbeauftragte**
Angelika Abt-Zegelin ist seit 1996 Mitarbeiterin in Lehre und Forschung am Pflegewissenschaftlichen Institut der Universität Witten-Herdecke. Sie ist dort unter anderem für die Entwicklung der Studiengänge und die Gestaltung der Lehre verantwortlich. Lehr- und Beratungstätigkeiten, Forschung und Implementierung, intensive Medien-, Gremien- und Expertentätigkeiten, Kongressvorträge und Publikationen kennzeichnen ihr Arbeitsfeld.

Ihr Arbeitgeber ist die Private Universität Witten-Herdecke, die eine private Initiative aus Wissenschaft und Wirtschaft ist und mit der das Ziel verfolgt wird, in Ausbildung, Forschung und Hochschulorganisation Besonderes zu leisten. Sie orientiert ihre Arbeit an internationalen Spitzenleistungen. Wie in Ländern mit einer langen Tradition nichtstaatlicher Hochschulen will die Universität Witten-Herdecke die öffentliche und wissenschaftliche Diskussion in Deutschland mit ihren Beiträgen bereichern. Die Universität Witten-Herdecke wurde 1982 als erste deutsche Privatuniversität staatlich anerkannt. Mit vier Mitarbeitern begann der Aufbau der Hochschule. Heute studieren mehr als 1000 Studierende in den Bereichen Medizin, Zahnmedizin, Musiktherapie, Wirtschaftswissenschaften, Naturwissenschaften und Pflegewissenschaft. Weitere Studiengänge befinden sich in der Aufbauphase. Angelika Abt-Zegelin ist am Institut für Pflegewissenschaften beschäftigt.

**Frau Abt-Zegelin, welche drei zentralen Aspekte charakterisieren Ihr derzeitiges Aufgabenfeld?**
«1. Gestaltungsfreiraum
2. neue Entwicklungen anstoßen
3. Einfluss nehmen können (wissenschaftliche Fundierung von Pflege).»

**Wie sieht Ihr typischer Arbeitstag aus?**
«Einen typischen Arbeitstag zu beschreiben ist schwierig. Es gibt keinen Tag wie den anderen, besonders während das Semester läuft. Wiederkehrende Elemente sind Folgende (die Angaben zur Uhrzeit sind Circaangaben):
8.30 Uhr: Arbeitsbeginn: E-Mails und Post bearbeiten, Kopien erstellen, Literatur besorgen

> **Zur Person**
>
> Angelika Abt-Zegelin
> Jahrgang 1952, verheiratet, eine erwachsene Tochter, Krankenschwester, Erziehungwissenschaftlerin
>
> Beruflicher Werdegang:
> 1969 bis 1972: Ausbildung zur Krankenschwester
> 1972 bis 1974: Tätigkeit als Krankenschwester auf einer chirurgischen Intensivstation
> 1974 bis 1992: Tätigkeit als Lehrerin an der Krankenpflegeschule der Städtischen Kliniken Dortmund
> 1992 bis 1993: Aufbau der innerbetrieblichen Fortbildung an den Städtischen Kliniken Dortmund
> 1993 bis 1996: Dozentin am Bildungszentrum Essen (DBfK)
> seit 1996: Mitarbeiterin in Lehre und Forschung am Institut für Pflegewissenschaft an der Universität Witten-Herdecke, Lehraufträge an verschiedenen Fachhochschulen.
>
> Beirats- und Expertentätigkeiten:
> - zahlreiche berufspolitische Aufgaben (Auswahl): langjähriges Vorstandsmitglied LV DBfK, AG Pflegeforschung, AG Ausbildung, Mitglied im Deutschen Bildungsrat für Pflegeberufe, AG Wissenschaft, Mitglied der Zukunftswerkstatt Pflegeausbildung der Robert-Bosch-Stiftung (Pflege neu denken), Expertin in der Gruppe «Nationaler Standard Dekubitusprophylaxe»
> - Mitarbeit in verschiedenen ministeriellen Kommissionen (z. B. AG Curriculum NRW): z. Zt. im programmbegleitenden Ausschuss Demenz (MASQT, NRW), Mitglied im wissenschaftlichen Beirat des Verlages Hans Huber, Bern.
>
> Ausgewählte Qualifikationen:
> 1980 bis 1981: Weiterbildung zur Unterrichtsschwester
> 1981 bis 1993: Studium der Erziehungswissenschaften an der Fern-Uni Hagen
> 1992 bis 1993: Weiterbildung zur Kursleiterin Basale Stimulation®
> zurzeit nebenberufliche Promotion zum Thema Bettlägerigkeit Stipendiatin der Robert-Bosch-Stiftung.

9.00 bis 12.00 Uhr: Lehrveranstaltungen zu verschiedenen Themen
12.00 bis 14.00 Uhr: Telefonate, Erstellen von Projektskizzen, Austausch mit Kollegen etc.
14.00 bis 16.00 Uhr: Gespräche mit Studierenden über Praktika, Abschlussarbeiten, Studienberatung etc.
ab circa 16.30 Uhr: Arbeitsgruppensitzungen mit Studierenden oder in Gremien, sonstige Besprechungen etc.

Etwa zwei Mal in der Woche habe ich halbtägige Außentermine, um Projekte zu betreuen (derzeit zum Beispiel: Pflegedokumentation auf einer chirurgischen Station in Lüdenscheid, Aufbau eines Patienteninformationszentrums in Lippstadt, Epilepsie-Edukationsprojekt in Herne etc.). Etwa alle zwei Wochen habe ich irgendwo in Deutschland einen Seminar- oder Vortragstag oder sitze in einem übergeordneten Gremium (Bildungsrat, wissenschaftlicher Beirat, Verband, Ministerien usw.).

Lesearbeiten und Formulierung anspruchsvoller Texte (etwa Anträge) sind nur zuhause möglich, dazu ist es im Institut zu unruhig, ebenso erledige ich die Beurteilung studentischer Qualifikationsarbeiten und Klausuren abends oder am Wochenende.»

Erinnern Sie sich an außergewöhnliche Aufgaben in Ihrem Tätigkeitsbereich?
«Ja, daran kann ich mich gut erinnern. Hierzu gehörten die ersten gutachterlichen Tätigkeiten bei Pflegebedürftigen im Rahmen der Sozialversicherung, Gespräche mit Politikern über die Situation in der Pflege und Fact-Finding-Missions, um für unsere Studierenden sinnvolle Auslandsprojekte zu finden, zum Beispiel in Ghana oder Nepal.»

Was fordert Sie in Ihrem Tätigkeitsbereich ganz besonders heraus?
«Die Vielfalt unter einen Hut zu bringen.»

Zu welchem Zeitpunkt haben Sie sich bewusst dafür entschieden, genau diesen Karriereweg einzuschlagen?
«Es war keine bewusste Entscheidung, es ist langsam so gewachsen.»

Was waren die Schlüsselelemente, die Sie in Ihrer Entscheidung bestärkten?
«Mir war es immer wichtig, neutral Einfluss nehmen zu können, um die Situation von Pflegebedürftigen und auch von Pflegenden verbessern zu können. Ich habe selbst immer wieder die Nutzerseite kennen gelernt (Krankheit/Tod der Eltern, des Ehemannes, der Schwiegereltern, auch meine Tochter ist nicht gesund). Beeinflusst hat mich sicherlich auch meine Mutter, die als Krankenschwester und allein erziehende Mutter über 15 Jahre lang als Dauernachtwache unter schweren Bedingungen gearbeitet hat.»

Wollten Sie diese Position schon immer bekleiden?
«Klar war, dass ich eine lehrende Tätigkeit ausüben wollte. Auch als Lehrerin an der Krankenpflegeschule bin ich sehr zufrieden gewesen. Allerdings habe ich schon seit Mitte der 80er-Jahre aktiv für die Akademisierung (Professionalisierung) in der Pflege gekämpft. Der Schritt an die Hochschule war dann irgendwann die logische Konsequenz.»

Was empfehlen Sie denjenigen, die zukünftig eine ähnliche Position bekleiden wollen?
«Diese sollten sich umsehen, Praktika machen, nach Drittmittelstellen Ausschau halten und verschiedenste Erfahrungen sammeln. Der Kontakt zur Pflegepraxis sollte dabei jedoch nie verloren gehen.»

Was für fachliche und überfachliche Fähigkeiten beziehungsweise Schlüsselqualifikationen benötigt jemand, der eine ähnliche Position bekleiden möchte?
«Durchhaltevermögen, Frustrationstoleranz, überdurchschnittlichen Arbeitseinsatz und Freude am Beruf, analytische Fähigkeiten und jede Menge Sozialkompetenz. Nicht vergessen werden darf dabei der notwendige Ausgleich durch Hobbys. Man sollte sich auch einmal eine Auszeit nehmen und auf ein zufrieden stellendes Privatleben Wert legen.»

Wie sehen Sie die kurz-, mittel- und langfristigen Berufsaussichten in Ihrem Bereich?
«Kurzfristig sind die Hochschulstellen weitestgehend belegt, leider überall auch mit Personen ohne jeden pflegerischen Hintergrund. Mittel- und langfristig wird sich die Pflegewissenschaft breiter etablieren und ihre Nützlichkeit unter Beweis stellen. Dadurch werden vor allem auch neue Stellen außerhalb der Hochschulen entstehen.»

Gibt es in Ihrem Tätigkeitsbereich bestimmte Trends?
«Ganz sicher. Ein entscheidender Trend für mein Arbeitsgebiet ist die Forderung nach gesichertem Wissen, datengestützten Entscheidungen etc., Dinge die in anderen Bereichen schon lange selbstverständlich sind.»

Würden Sie sich noch einmal für diesen Karriereweg entscheiden?
«Ja!»

## 3.2.7 Interview mit einer Hochschullehrerin

Forschung und Lehre sind auch die Hauptkennzeichen des Aufgabenfeldes einer Hochschullehrerin. Im Vergleich zum Mittelbau der wissenschaftlichen MitarbeiterInnen bieten diese beiden Felder hier jedoch mehr Eigenständigkeit. Die im Grundgesetz verankerte «Freiheit von Forschung und Lehre» macht dies möglich.

**Prof. Dr. Regina Lorenz-Krause –
Professorin im Bereich Pflegewissenschaft und -forschung**
Frau Dr. Lorenz-Krause ist seit 1994 Professorin an der Fachhochschule Münster. Hier ist sie primär für die qualifizierte Ausbildung der StudentInnen verantwort-

> **Zur Person**
>
> Regina Lorenz-Krause
> Jahrgang 1956, verheiratet, zwei Kinder, Krankenschwester,
> Diplom-Sozialwissenschaftlerin, Dr. phil., Professorin
>
> Beruflicher Werdegang:
> 1974 bis 1976: Ausbildung zur Krankenpflegehelferin und Tätigkeit als Krankenpflegehelferin
> 1976 bis 1979: Ausbildung zur Krankenpflegerin am Henriettenstift, Hannover
> 1980 bis 1984: Arbeit als Tutorin in der Medizinsoziologie und als wissenschaftliche Hilfskraft
> 1983 bis 1986: Tätigkeit als Krankenpflegerin
> 1986 bis 1988: Gründung des Instituts für sozialwissenschaftliche Forschung und Empirie in Hamburg, Vorstandsarbeit und Projektbetreuung, Tätigkeit als Dozentin an einer Krankenpflegeschule
> 1988 bis 1989: Mitarbeit in einem EDV-Projekt für Frauen bei der pädagogischen Zentrale des DGB in Düsseldorf und Frankfurt
> 1988 bis 1990: Lehraufträge beim Deutschen Berufsverband für Krankenpflege und beratende Tätigkeit in unterschiedlichen Projekten im Gesundheitswesen
> 1990: Leitung und Durchführung eines Projektes im Gemeinschaftskrankenhaus Herdecke
> 1992 bis 1993: wissenschaftliche Mitarbeiterin bei der Prognos AG
> seit 1994: Professorin für Pflegewissenschaft und -forschung an der Fachhochschule Münster, Mitwirkung bei der Gründung des Fachbereichs Pflege und der Einrichtung der Studiengänge Pflegemanagement und -pädagogik
> 1999: Gründung der Forschungsgruppe «Pflege und Gesundheit», 1. Vorsitz
> 2000: Forschungssemester in den USA (Forschungsschwerpunkte: Gesundheitssysteme und Frauengesundheitsforschung)
> seit 2001: Lehrauftrag am Institut für Pflegewissenschaft an der Universität Witten-Herdecke.
>
> Ausgewählte Weiterbildungen:
> 1979 bis 1985: Studium der Sozialwissenschaften in Hamburg mit der Fächerkombination: Soziologie, Pädagogik, Psychologie und Volkswirtschaftslehre
> 1989 bis 1992: Dissertation (Promotionsprüfung 1993).

lich. Allerdings beschäftigt sie sich auch zu fast 40 Prozent mit der Erforschung unterschiedlicher Themen der Pflegewissenschaften und Gesundheitsversorgung. Dies ist für eine Tätigkeit an Fachhochschulen jedoch eher untypisch, da in diesen Positionen in der Regel eine Lehrverpflichtung von 18 Semesterwochenstunden besteht. Durch zusätzliche Mitarbeit in Forschungsgremien sowie Forschungs- und Beratungsaktivitäten im gesundheitspolitischen Kontext und schließlich durch den Wunsch nach aktiver Umgestaltung des Gesundheitssystems ist der Forschungs- und Beratungsbereich bei ihr umfangreicher geworden.

Frau Professor Lorenz-Krause, wie sieht Ihr typischer Arbeitstag aus?
«Forschung, Lehre und alle damit zusammenhängenden administrativen sowie weiteren Aufgaben kennzeichnen meine Arbeitstage. Das Verhältnis von Forschung und Lehre ist bei mir durch viel Projektarbeit 40 zu 60 Prozent. Der für die Tätigkeit an einer Fachhochschule hohe Anteil von 40 Prozent für Forschungsarbeit resultiert aus meiner Tätigkeit in unterschiedlichen Forschungs- und Entwicklungskommissionen. Außerdem zeige ich gerade an diesem Bereich großes Interesse. Nicht vergessen werden dürfen die zahlreichen Konferenzen im Fachbereich und Gremienarbeit an der Hochschule sowie Außentermine, die ich wahrzunehmen habe.»

Wollten Sie diese Position schon immer bekleiden?
«Nein, es gab auch andere berufliche Zielvorstellungen. Eine Karriere an der Fachhochschule machte jedoch irgendwann Sinn.»

Wie haben Sie Familie und berufliche Qualifizierung miteinander in Einklang bringen können?
«Mein Mann hat mich immer intensiv unterstützt. Tagesmutter und Großmutter standen ebenfalls zur Seite. Frühzeitig haben wir eine gute Struktur geschaffen, um unsere beiden Karrieren und die Familienplanung in Einklang bringen zu können.»

Würden Sie sich noch einmal für diesen Karriereweg entscheiden?
«Ja!»

### 3.2.8 Interview mit einem MDK-Gutachter

Die Feststellung der Pflegebedürftigkeit sowie die Durchführung von Qualitätsprüfungen und das anschließende Erstellen von entsprechenden Berichten charakterisieren das Aufgabenfeld eines MDK-Gutachters.

**Frank Schlerfer – Gutachter**
Frank Schlerfer ist seit 1998 Pflegefachkraft beim MDK Nordrhein. Er kümmert sich um die oben genannten Aufgaben. Wie vielfältig sein Aufgabengebiet ist und was ihn besonders herausfordert, hat er im folgenden Interview beschrieben.

> **Zur Person**
>
> Frank Schlerfer
> Jahrgang 1966, ledig, keine Kinder, Krankenpfleger, TQM-Auditor
>
> Beruflicher Werdegang:
> 1987 bis 1988: Ausbildung zum Krankenpflegehelfer
> 1988 bis 1989: Krankenpflegehelfer im Städtischen Altenheim Düsseldorf-Benrath
> 1989 bis 1990: Zivildienst im Städtischen Krankenhaus Düsseldorf-Benrath
> 1990 bis 1993: Ausbildung zum Krankenpfleger
> 1993 bis 1994: Krankenpfleger im St. Josefs Krankenhaus Hilden
> 1994 bis 1997: stellvertretender Stationsleiter im St. Josefs Krankenhaus Hilden
> 1997: stellvertretender Pflegedienstleiter eines ambulanten Pflegedienstes
> 1998 bis 1999: Pflegefachkraft beim MDK Nordrhein
> seit 1999: Pflegefachkraft mit höherwertigen Aufgaben beim MDK Nordrhein.
>
> Ausgewählte Weiterbildungen:
> 1996 bis 1997: Lehrgang zur Leitung einer Pflege- oder Funktionseinheit
> 2000 bis 2001: Zertifizierung zum TQM-Auditor.

Herr Schlerfers Arbeitgeber ist der Medizinische Dienst der Krankenversicherung Nordrhein, eine Körperschaft des öffentlichen Rechts. Trägerorganisationen sind die Kranken- und Pflegekassen, die den MDK über eine jährliche Umlage pro Kassenmitglied finanzieren. Der MDK, der im Auftrag der Kranken- und Pflegekassen aktiv wird, sieht seine Rolle als medizinischer Sachverständiger, der die Kranken- und Pflegekassen sowie deren Versicherte neutral und interessenfrei berät. Im Rahmen der Einführung der Pflegeversicherung begann der MDK das vorhandene Gutachterteam um die Profession der Pflegefachkräfte zu erweitern. Aktuell sind hier circa 120 Pflegefachkräfte beschäftigt, deren Tätigkeitsschwerpunkte in der Begutachtung nach § 18 SGB XI (Verfahren zur Feststellung der Pflegebedürftigkeit) sowie in der Durchführung von Qualitätsprüfungen in ambulanten und stationären Pflegeeinrichtungen nach § 114 SGB XI liegen.

Herr Schlerfer, welche drei zentralen Aspekte charakterisieren Ihr derzeitiges Aufgabenfeld?
«1. Fachlichkeit
2. Verantwortung
3. soziale Kompetenz.»

Wie sieht Ihr typischer Arbeitstag aus?
«Einen typischen Arbeitstag gibt es zum Glück derzeit nicht, da ich mit vielfältigen Aufgaben betraut bin. Beispielhaft kann ich aber die Durchfüh-

rung einer Qualitätsprüfung beschreiben, da dies ein Tätigkeitsschwerpunkt ist. Qualitätsprüfungen werden aktuell beim MDK Nordrhein durch ein Team von zwei Pflegefachkräften durchgeführt, die speziell für diese Aufgaben ausgebildet wurden. Es wird eine parallele Arbeitsweise angewendet, das heißt, eine Pflegefachkraft bearbeitet mit den Einrichtungsvertretern einen standardisierten Fragenkatalog, während die andere Pflegefachkraft den Besuch der Versicherten zur Beurteilung der Versorgungsqualität durchführt. Im Verlauf des Tages erfolgt mehrmals ein Austausch unter den Pflegefachkräften, da beide Bereiche nicht getrennt voneinander betrachtet werden können. Zum Ende des Tages werden in einem Abschlussgespräch den Einrichtungsvertretern die ersten Ergebnisse zur Standortbestimmung präsentiert. In den folgenden beiden Tagen wird ein Prüfbericht erstellt, der differenziert die Ergebnisse der Qualitätsprüfung enthält. Bestandteil dieses Berichtes ist auch ein Maßnahmenkatalog zur Beseitigung der festgestellten Mängel. Die Erstellung dieses Prüfberichtes erfolgt aktuell mittels eines speziellen EDV-Programms, welches eine einheitliche Struktur der Prüfberichte gewährleistet.»

Erinnern Sie sich an außergewöhnliche Aufgaben in Ihrem Tätigkeitsbereich?
«Zu den besonderen Aufgaben zählt aus meiner Sicht die Beratung von Pflegeeinrichtungen in Fragen der Qualitätssicherung. Insbesondere in Einrichtungen, die sich noch nicht mit dem Thema Qualitätssicherung auseinander gesetzt haben, stellte sich diese Aufgabe als besonders schwierig heraus. Grundvoraussetzung für die Implementierung eines Qualitätssicherungssystems ist die Schaffung eines Bewusstseins in der Einrichtung, dass Qualität kein besonderer Luxus ist, sondern Grundvoraussetzung für langfristige Geschäftserfolge. In vielen Einrichtungen ist dieser Grundgedanke noch nicht vorhanden, sondern muss erst noch erweckt werden. In solchen Fällen ist ein sehr sensibles Vorgehen gefragt, damit der Qualitätsgedanke Einzug in das Unternehmen finden kann und nicht nur eine Fassade aufgebaut wird.»

Was fordert Sie in Ihrem Tätigkeitsbereich ganz besonders heraus?
«Die Mischung aus fachlicher und persönlicher Kompetenz, die von mir gefordert wird, ist für mich täglich eine neue Herausforderung. Aus meiner Sicht geht es in meinem Tätigkeitsbereich nicht nur um die Beurteilung von Pflege aus pflegefachlicher Sicht. Entscheidend ist, mit den Gesprächspartnern eine Ebene zu finden, damit Verbesserungsvorschläge auch akzeptiert werden können. Auch wenn ich primär als Qualitätsprüfer in eine Einrichtung komme, möchte ich der Einrichtung als Berater zur Seite stehen. Insofern hat meine Tätigkeit Auswirkungen auf die pflegerische Versorgung der Kunden und ist nicht nur eine Bewertung der Ergebnisse.»

Zu welchem Zeitpunkt haben Sie sich bewusst dafür entschieden, genau diesen Karriereweg einzuschlagen?

«Die Rahmenbedingungen in der aktiven Pflege waren für mich nicht mehr zu vertreten. Insbesondere als Führungskraft bin ich oft an Grenzen gestoßen, da ich die Unternehmenspolitik meiner Arbeitgeber nicht mehr vertreten konnte. Deshalb habe ich nach Alternativen gesucht, die ich beim MDK gefunden habe. Entscheidend war für mich die Tatsache, dass ich bei dieser Tätigkeit meine langjährige Erfahrung im Bereich der Pflege verwerten kann.»

Was waren die Schlüsselelemente, die Sie in Ihrer Entscheidung bestärkten?

«Die Möglichkeit, weiterhin Einfluss auf den Bereich der Pflege zu nehmen, ist für mich von großer Bedeutung. In meinem Aufgabengebiet wird viel Fachwissen, aber auch Erfahrung verlangt. Ohne die speziellen Abläufe in den verschiedenen Bereichen der Pflege zu kennen, kann man auch keine praxisnahen und realistischen Vorschläge machen. Die Akzeptanz der Pflegeeinrichtungen und der jeweiligen Gesprächspartner haben mich bestärkt, diesen Weg weiter zu beschreiten.»

Wollten Sie diese Position schon immer bekleiden?

«In früheren Jahren konnte ich mir nie vorstellen, aus der Praxis herauszugehen. Die Auseinandersetzung mit dem Tätigkeitsgebiet beim MDK erfolgte eigentlich eher aus der Not heraus, kurzfristig eine Alternative zu finden. Nach kurzer Eingewöhnungsphase konnte ich mich aber sehr schnell mit der Position eines Gutachters identifizieren.»

Was empfehlen Sie denjenigen, die zukünftig eine ähnliche Position bekleiden wollen?

«Ein genaues Hinterfragen der Beweggründe ist zwingend erforderlich. Die gutachterliche Tätigkeit ist keine Notlösung, sondern muss mit der ganzen Persönlichkeit getragen werden. Mann muss sich klar sein, dass häufig nicht die eigene Meinung relevant ist, sondern es erfolgt ein Abgleich mit definierten Kriterien. Die Neutralität des Gutachters steht an oberster Stelle. Das bedeutet, dass man sich selbst oft zurücknehmen muss, um eine Entscheidung glaubwürdig zu vertreten. Eine Hospitation in diesem Bereich ist sicherlich sinnvoll.»

Was für fachliche und überfachliche Fähigkeiten beziehungsweise Schlüsselqualifikationen benötigt jemand, der eine ähnliche Position bekleiden möchte?

«Umfassende Erfahrung und Fachwissen in den verschiedenen Bereichen der Pflege, insbesondere im Bereich der stationären und ambulanten Altenpflege, aber auch Krankenhauserfahrung. Weiterhin persönliche und soziale Kompetenz sowie spezielle kommunikative Fähigkeiten. Vor allem die Gesprächsführung in Konfliktsituationen muss sicher und sensibel sein.»

Wie sehen Sie die kurz-, mittel- und langfristigen Berufsaussichten in Ihrem Bereich?
«Kurzfristig: Die gutachterliche Beurteilung von Pflege wird im Gesundheitswesen weiterhin eine große Rolle einnehmen.
Mittelfristig: Es werden sich immer mehr private Anbieter auf dem Markt etablieren.
Langfristig: Die Einrichtungen werden eigenverantwortlich die Qualität sichern und dies auch transparent machen können.»

Gibt es in Ihrem Tätigkeitsbereich bestimmte Trends?
«Zurzeit wandern viele erfahrene Pflegefachkräfte des MDK ab, um für Pflegeeinrichtungen oder Träger tätig zu werden. Die Erfahrung und Kompetenz einer Pflegefachkraft beim MDK wird mittlerweile sehr geschätzt. Auch ich werde dieses Jahr zu einem privaten Betreiber von Pflegeeinrichtungen wechseln, um dort als Qualitätsmanager tätig zu werden.»

Würden Sie sich noch einmal für diesen Karriereweg entscheiden?
«Auf jeden Fall! Während meiner Tätigkeit beim MDK konnte ich umfangreiche Erfahrungen sammeln, die mir nun zukünftig von Nutzen sein werden. Allein der Einblick in die berufspolitischen Geschehnisse war äußerst interessant. Auch die umfangreichen Kontakte, die man knüpfen konnte, machen sich heute noch bezahlt. Insgesamt habe ich durch meine Tätigkeit beim MDK ein Aufgabengebiet kennen gelernt, dass vielen Kollegen in der direkten Pflege eine Perspektive geben könnte.»

### 3.2.9 Interview mit einem Lektor

Konzeption der Bucherscheinungen, Autorensuche und -betreuung, Redaktion der Manuskripte, Projektmanagement und administrative Aufgaben kennzeichnen das Tätigkeitsfeld eines Lektors. Bei den Buchverlagen sind entsprechende Stellen ausgesprochen rar, weitere Stellen existieren bei Zeitschriftenverlagen.

**Jürgen Georg – Lektor**
Jürgen Georg ist seit 1999 als Lektor für die Programmplanung und -entwicklung im Bereich Pflege im Hans Huber Verlag in Bern verantwortlich. Zuvor baute er das Pflegeprogramm des Verlages Ullstein Medical in Wiesbaden auf.

> **Zur Person**
>
> Jürgen Georg
> Jahrgang 1964, verheiratet, Krankenpfleger, Lehrer für Pflegeberufe, MScN (c), Lektor
>
> Beruflicher Werdegang:
> 1983 bis 1986: Ausbildung zum Krankenpfleger
> 1986 bis 1989: Zivildienst und Krankenpfleger im Gemeinschaftskrankenhaus Herdecke
> 1990: Krankenpfleger für das Komitee Cap Anamur im Projekt Yambio, Südsudan
> 1992: Lehrer für Pflegeberufe an der Agnes-Karll-Schule in Frankfurt am Main
> 1992 bis 1993: nebenamtlicher Dozent im Centre for Communication, Frankfurt am Main
> seit 1992: nebenamtlicher Dozent an weiteren Bildungseinrichtungen
> 1992 bis 1995: Lehrer für Kranken- und Altenpflege im Fortbildungszentrum für Gesundheitsberufe (bfw) in Frankfurt am Main
> 1995 bis 1998: Gründungsmitglied und Publication Officer für die Europäische Vereinigung für gemeinsame Pflegediagnosen, -interventionen und -ergebnisse (ACENDIO)
> 1994 bis 1999: Lektor bzw. Cheflektor (ab 1996) beim Verlag Ullstein Medical im Fachbereich Pflege.
> seit 1999: Lektor beim Verlag Hans Huber im Fachbereich Pflege und Gesundheit.
>
> Ausgewählte Weiterbildungen:
> 1990 bis 1992: Weiterbildung zum Lehrer für Pflegeberufe am Berufsfortbildungswerk (bfw) in Frankfurt am Main
> 1993 bis 1999: Studium für Lehrpersonen im Gesundheitswesen (LGW) an der Universität Osnabrück
> seit 1999: Fernstudium «Master of Science in Nursing» am Royal College of Nursing in London.

Sein Arbeitgeber, der Verlag Hans Huber, ist ein international anerkannter Fachverlag für Medizin, Pflege, Psychiatrie und Psychologie. Seine Produkte sind stets auf der Höhe der sich rasch wandelnden Bedürfnisse von Studium, Forschung, Praxis und Ausbildung. Die Verlagsproduktion umfasst Lehrbücher, Leitfäden, Forschungsmonographien, Buchreihen, Zeitschriften und Tests. Jährlich erscheinen über 140 neue Bücher, wovon etwa 50 auf die Pflege entfallen, bisher sind weit über 3000 Werke verlegt worden. Um länder- und kontinentübergreifenden Ansprüchen in jeder Beziehung zu genügen, wurde schon früh begonnen, ein englisches Programm aufzubauen. Heute werden die Autoren englischsprachiger Werke in Seattle, Toronto und für den europäischen Raum in Göttingen und Bern betreut.

Herr Georg, welche drei zentrale Aspekte charakterisieren Ihr derzeitiges Aufgabenfeld?

«1. Die genaue Beobachtung des Pflegemarktes, das frühzeitige Erkennen von nationale und internationalen Trends, die Übersetzung dieser Entwicklungen in leserorientierte Pflegefach- und Lehrbücher.
2. Die Planung von Buchprojekten, angefangen bei der Entwicklung von Buchideen, über die Akquisition und Betreuung von Autoren/Übersetzern und Bearbeitern, das Redigieren von Buchmanuskripten, die Projektkalkulation und und Vertrags-/Lizenzverhandlungen, die Entwicklung von Marketingstrategien inkl. Titelfindung, Erstellen von Texten und Abbildungskonzeptionen für Werbung, Marketing und Herstellung sowie das Produktmanagement auch nach dem Erscheinen der Titel.
3. Programmentwicklung und -planung, Praktikantenakquisition und -betreuung sowie die Außendarstellung des Verlages auf Messen, Kongressen und eigenen Fortbildungsangeboten».

Wie sieht ihr typischer Arbeitstag aus?

«Arbeitsbeginn um 8.30 Uhr mit Sichtung der Post und Mails. Absprachen mit Autoren, Bearbeitern, Übersetzern, Herstellung und Lektoratskollegen über die aktuellen Projektstände mit Planung des weiteren Vorgehens. Je nach anfallenden Tätigkeiten und Dringlichkeiten: Agieren in den Rollen als Marktbeobachter, Akquisiteur, Redakteur, Projektmanager, Texter, Praktikumsbetreuer, Programmplaner oder Seminarleiter. Dienstende gegen 18.30 Uhr.»

Erinnern Sie sich an außergewöhnliche Aufgaben in Ihrem Tätigkeitsbereich?

«Zu den außergewöhnlichen Aufgaben gehörten sicherlich die gemeinsame Herausgabe des PflegeLexikons mit Michael Frowein in einem Zeitraum von 9 Monaten von der Konzeption bis zur Publikation, die Redaktion der neuen Auflage von Doenges: Pflegediagnosen und Maßnahmen, bei der die deutsche Ausgabe 2002 auf der US-Auflage des gleichen Jahres beruhte, und der ‹ganzheitliche› Umgang mit manchen Autoren, bei dem neben Projektmanagementfähigkeiten auch Qualitäten als Krisenmanager, Karriereberater, Networker, Presseagent und manchmal auch guter Freund gefragt sind.»

Was fordert Sie in Ihrem Tätigkeitsbereich ganz besonders heraus?

«Menschen für die Idee zu begeistern, ein Buch zu schreiben und das dann auch tatsächlich zu verwirklichen. Aus dem internationalen ‹Heuhaufen› der etwa 4000 Pflegebücher und den rund 800 Neuerscheinungen alljährlich die herauszufiltern, die zur Entwicklung des Pflegewissens im deutschsprachigen Raum beitragen und für den Verlag ökonomisch erfolgversprechend sind.

Die Vielzahl der Pflegepublikation so aufeinander abzustimmen, dass ein Pflegegesamtprogramm entsteht, das sowohl die Lesebedürfnisse von Auszubildenden, wie auch von Pflegepraktikern und -studenten befriedigt.»

**Zu welchem Zeitpunkt haben Sie sich bewusst dafür entschieden, genau diesen Karriereweg einzuschlagen?**
«Neben meiner Lehrtätigkeit im Berufsfortbildungswerk im Jahre 1993/94 hatte mich das ‹Entzücken über Bücherrücken› in Kontakt mit dem Verlag Ullstein Mosby kommen lassen, der zu dieser Zeit noch ein Joint Venture des weltgrößten Pflegebuchverlages Mosby mit dem Axel Springer Verlag darstellte. Dieser suchte eine Pflegeperson, die für sie – neben dem Medizin- und Physiotherapieprogramm – ein Pflegeprogramm aufbauen sollte. Ich hatte zu diesem Zeitpunkt keine Ahnung was ein Lektor macht, hatte aber sehr konkrete Vorstellungen darüber, welche (Buch)Themen in der Pflege bedeutsam waren und durch die beginnende Akademisierung sein würden. Diese Arbeit entwickelte alsbald eine solche Dynamik, dass ich mir überlegen musste, in welchem Bereich ich meinen Schwerpunkt legen sollte. Ich entschied mich für die Verlagstätigkeit, biete aber nach wie vor 10 bis 15 Seminare zu meinen ‹Steckenpferdthemen› (Pflegediagnosen, Critical Pathways und Wickel) pro Jahr an, da ich immer noch gerne unterrichte.»

**Was waren die Schlüsselelemente, die Sie in Ihrer Entscheidung bestärkten?**
«Die Vielfalt der Aufgaben eines Lektors und der Eindruck, all die in meinen ‹Wanderjahren› gesammelten Erfahrungen und Talente umsetzen zu können und einen kleinen Beitrag zur Entwicklung der Pflege leisten zu können. Außerdem ein guter Rat meiner damaligen Kollegin Christina Pötter, die mich in meiner Entscheidung bestärkte, zukünftig im Verlag zu arbeiten, obwohl sie dadurch einen guten Mitarbeiter verlieren würde. Und schließlich die Möglichkeit, durch den Umzug des Verlages von Berlin nach Wiesbaden weiter mit meiner Freundin und späteren Ehefrau zusammenleben zu können.»

**Wollten Sie schon immer diese Position bekleiden?**
«Nein, ich wollte nach meiner Ausbildung gerne einmal in der Entwicklungshilfe oder Humanitären Zusammenarbeit tätig sein und Pflegelehrer werden, was mir auch später gelang. Die Möglichkeit als Pflegender in einem Buchverlag zu arbeiten eröffnete sich erst Anfang der 90er Jahre, als die Verlage entdeckten, dass es für eine Zielgruppe von 800 000 Pflegende mehr als nur Juchli und Beske geben musste. Da hieß es zugreifen.»

**Was empfehlen Sie denjenigen, die zukünftig eine ähnliche Position bekleiden wollen?**

«Eine Pflegeausbildung und ein Pflegestudium zu absolvieren, möglichst breit gefächerte Erfahrungen in verschiedenen Praxisfeldern sammeln. Die eigene Schreibfähigkeiten entwickeln durch die Mitarbeit in Schülerredaktionen, das Verfassen kleiner Fachartikel, Rezensionen oder anderer ‹Schreibereien›. Lehrerfahrungen zu sammeln, ein Netzwerk professioneller Beziehungen aufzubauen und ein Praktikum oder Volontariat in einem Verlag zu absolvieren.»

**Wie haben Sie Familie und berufliche Qualifizierung miteinander in Einklang bringen können?**

«Durch die große Unterstützung, Toleranz und den Rückhalt meiner Frau und das regelmäßige Abtauchen in pflegeferne Welten.»

**Was für fachliche und überfachliche Fähigkeiten beziehungsweise Schlüsselqualifikationen benötigt jemand, der eine ähnliche Position bekleiden möchte?**

«Dazu gehört sicher eine ganze Palette von Kenntnissen und Fertigkeiten:
- breites Pflege- und Allgemeinwissen
- gutes Timing – zur rechten Zeit am rechten Ort zu sein
- Literacy – sehr gute Schreib- und Lesefähigkeiten, Freude am Schreiben und Texten und eine ‹bibliophile Ader›
- die Fähigkeit, ‹the big picture› von einer Sache wahrzunehmen, sprich komplexe Zusammenhänge und Muster erkennen können und diese wiederum für Pflegepraktiker verständlich ‹übersetzen› zu können oder in ein Buchprogramm umsetzen zu können
- Fremdsprachenkenntnisse, zumindest gute bis sehr gute Englischkenntnisse
- gute Visualisierungs- und Präsentationsfähigkeiten
- Networking – Aufbau und Pflege von professionellen Beziehungsnetzen (Autorenpool)
- Begeisterungsfähigkeit gegenüber Autoren und Mitarbeitern
- Querdenken und über den Tellerrand blicken können
- Flexibilität und Kreativität
- große Belastbarkeit und hoher Arbeitseinsatz
- Zukunftsorientiert denken – Visionen entwickeln können, sprich gleichzeitig mit dem Kopf in den Wolken stecken und mit beiden Beinen auf der Erde stehen zu können
- ‹Informationsjunkie› – schnell und umfassend Informationen sammeln und zuordnen und verarbeiten können

- Trendscouting – einen guten Riecher für Trends und Themen entwickeln, über die in zwei Jahren möglichst viele Fachleute etwas nachlesen möchten
- Durchsetzungsvermögen in interdisziplinären Teams
- der Wille und die Fähigkeit fachfremden Personen (Verlegern, Herstellern, Vertriebsleuten, Buchhändlern) immer wieder aufs Neue zu erklären, was Pflege ist und welche Bücher Pflegende benötigen
- Team- und Kommunikationsfähigkeit
- Zeit- und Projektmanagement.»

**Wie sehen Sie die kurz-, mittel- und langfristigen Berufsaussichten in Ihrem Bereich?**

«Kurzfristig – die Zahl der Verlage mit Pflegebuchprogrammen ist mit etwa 16 sehr begrenzt. Bei einer durchschnittlichen Zahl von 1 bis 3 Mitarbeitern im jeweiligen Lektorat reden wir von knapp 50 Stellen im deutschsprachigen Raum. Die Zahl der Verlage wird zukünftig weiter abnehmen, wenngleich das Tempo der Verlagskonzentration etwas abgenommen hat. Stellen für Lektoren mit Programmverantwortung sind noch rarer.

Mittelfristig – neben einer großen Expertise in bestimmten Pflegefachbereichen sind Generalisten mehr gefragt, die sich schnell in neue Fachgebiete einarbeiten können. Reine Spezialisten à la ‹ich mache nur Intensivpflege› laufen Gefahr überflüssig zu werden, wenn ihr Fachbereich ausreichend mit Büchern bedient wurde. Außer einer Festanstellung kann eine freie Lektorentätigkeit interessant sein, die auch für eine berufliche Tätigkeit in einem anderen Bereich noch Raum lässt.

Langfristig sollte wer sich für eine Medientätigkeit interessiert nicht nur in «Pflege» und «Buchkategorien» denken, sondern alle Gesundheitsberufe und Medienformen im Blick haben. Daneben kann ein pflegerischer Hintergrund auch im Sachbuchbereich sehr hilfreich sein. Generell gibt es noch viel zu wenig Medienprofis in der Pflege, die sich aufs Journalistische und Redaktionelle verstehen und komplexe Inhalte verständlich aufbereiten können.»

**Gibt es in Ihrem Tätigkeitsbereich bestimmte Trends?**

- «Der Pflegebuchbereich ist zum Verteilungsmarkt geworden, mit nur noch wenigen weißen Feldern, aber breiten Differenzierungsmöglichkeiten und Diversifizierungsmöglichkeiten.
- Demographie paradox: Die Zahl der Pflegebedürftigen wächst, aber die Zahl der sie pflegenden schrumpft. Deswegen werden Laienpflegende und andere Versorgungsformen immer wichtiger und entsprechende Literatur

- neue Berufsrollen und Tätigkeitsfelder verlangen nach neuen Büchern (Case Managerin, Pflegeassistentin, Beraterin, Coach, Controller, Lernbegleiter etc.)
- mit der Differenzierung wächst die Unübersichtlichkeit und es werden Buchscouts und -brooker nötig, die für das Gros der Pflegenden den Bücherdschungel lichten und evtl. auch testen (‹Stiftung Pflegebuchtest›)
- Die Pflegebücher werden ‹fetter› (Lehrbücher) und schlanker (Kompaktbücher) zugleich
- alle Gesundheitsberufe werden zukünftig weiterhin Gesundheitsprobleme erkennen, benennen und zielorientiert behandeln (Diagnosen – Interventionen – Ergebnisse) müssen, aber das nicht nur in medizinischen Kategorien
- neben dem Kochen des eigenen Pflegesüppchens wird es zukünftig noch stärker auf Interdisziplinarität und Kooperation aber auch Konfrontation ankommen
- spätestens seit dem 11. September wird das Thema ‹Sicherheit› auch von Gesundheitsberufen anders als mit Hygiene und Unfallverhütung beantwortet werden müssen; Stichworte aus den USA (Risk Management, Security/Safety advisors, Desaster Management)
- der Trend Inhalte mit Forschungsergebnissen zu belegen und «evidence based» zu machen wird sich verstärken
- Pflege ist gut beraten ihren Fokus nicht ausschließlich auf das Individuum auszurichten, sondern auch auch auf Familien und ‹Communities›
- Pflege professionalisiert (Studiengänge) und deprofessionalisiert sich gleichermaßen (Pflegeassistenten, Technicians, Service Workers, Fachangestellte Gesundheitswesen); Pflege braucht daher bessere, komplexere aber auch radikal einfachere und buntere, visuellere Bücher (zum Beispiel Pflegeassistenz)
- die Fachsprachenentwicklung geht weiter und schlägt sich in Fachwörterbüchern, -lexika, Dictionaries und Klassifikationen nieder
- Small ist beautifull – Miniaturisierungstrends in der Pflegeliteratur (‹Kompakt/pocket›-Bücher)
- im Zuge der DRG-Einführung werden die Themen Critical pathways, Disease Management, Case-Management und Patientenedukation an Bedeutung gewinnen
- die Technik schafft neue Themen (Internet für Pflegende, Pflegeinformatik, Genetik, Minimal Invasive Chirurgie, IVF, Hospital at Home, Transplantation, Nanotechnik, Telemedizin) und Probleme

- High tech und High touch (Basale Stimulation®, Beziehungspflege, Rhythmische Einreibungen) bleiben gleichermaßen bedeutsam
- Pflege bleibt ‹Face-to-Face› (Beziehungsarbeit, Caring) und ‹Body-to-Body› (Körperarbeit, neue Körpertherapien)
- Pflegeprobleme werden zunehmend von Pflegediagnosen, -phänomenen und Konzepten abgelöst; Neben den Begriffen ist der Prozess der Diagnostizierens (Diagnostic reasoning, Treatment Decision Making) noch zu wenig verstanden
- Patienten kommen in Pflegebüchern immer häufiger direkt zu Wort (Fallbeispiele, Patients Voice, SHG) und Pflegende werden in der Rolle als Fürsprecher/Anwalt gefragt
- Pflegende brauchen mehr Bücher zu einzelnen Pflegephänomenen (Schmerz, Verwirrtheit, Dekubitus…)
- Think big (Pflegeklassifikationen) Think small (Nursing minimum data set)
- eine neue Wunscheigenschaft von Pflegenden. Der über sich selbst und seine Arbeit nachdenkende und sich auf sich selbst zurückbeziehende Pflegende (Reflective Practitioner); die neue Wunderwaffe zum Brückenschlagen über die Theorie-Praxis-Lücke
- look for the cheese – Welche Pflegeprobleme kosten das meiste Geld in der Versorgung (z. B. Stürze, Dekubitus)?
- zwei Pole am Ende der Versorgungskontinuums werden mehr thematisiert: Gesundheitsförderung, -beratung und palliative Versorgung
- Möglicherweise schwinden mit DRGs die Fachgrenzen… wird ‹Med-Surgical Nursing› bedeutsamer?
- Komplementäres wird weiterhin hoch im Kurs stehen (Basale Stimulation®, Kinästhetik, Validation, Aromatherapie, Reflexzonentherapie etc.)
- Infektionskrankheiten wurden uns weiterhin beschäftigen (Resistenzen, neue Epi-, Pandemien, schafft von daher die Infektionslehrebücher nicht ab…)
- in der Altenpflege werden gerontopsychiatrische Kenntnisse immer wichtiger
- Selbstpflege der Pflegenden: Flow statt Burnout
- Pflegeinformatik etabliert sich als Buchthema
- KKK geht! – Immer mehr Kalender, Cartoons und Krimis für Pflegende.»

Würden Sie sich noch einmal für diesen Karriereweg entscheiden?
«Ja. Ich könnte mir aber auch vorstellen wie mein Vater oder einige gute Freunde, etwas mit Holz zu machen als Schreiner, Holzbildhauer oder Schnitzer, warten wir mal die nächste Reinkarnationsstufe ab (hihi).»

## 3.2.10 Interview mit einem Bildungsreferenten

Die konzeptionelle Gestaltung und Durchführung von Bildungsmaßnahmen steht im Mittelpunkt des Aufgabengebietes eines Bildungsreferenten. Die Akquisition und Beratung von TeilnehmerInnen bzw. KundInnen ist ein weiterer Schwerpunkt der Arbeit bei einem Bildungsträger.

**Thorsten Pilz – Bildungsreferent**
Thorsten Pilz ist seit 2001 als Bildungsreferent beim medi Bildungszentrum OBiG® in Essen tätig. Auf seinem bisherigen Berufsweg hat er vielfältige Erfahrungen sammeln können, die ihm bei seiner derzeitigen Tätigkeit zu Gute kommen. Thorsten Pilz trägt dazu bei, dass in der Pflege den zukünftigen Anforderungen begegnet werden kann.

---

**Zur Person**

Thorsten Pilz
Jahrgang 1968, ledig, keine Kinder, Krankenpfleger, Diplom-Pflegemanager (FH), QMB-TÜV, Qualitätsassessor nach E.F.Q.M.

Beruflicher Werdegang:
- 1989 bis 1993: Dienst bei der Bundeswehr am Standort Borken als Sanitätsunteroffizier und stellvertretender Leiter des Sanitätsbereichs; Ausbildung zum Krankenpflegehelfer
- 1993 bis 1996: Ausbildung zum Krankenpfleger
- 1996 bis 1997: Tätigkeit als Krankenpfleger im Knappschafts-Krankenhaus Recklinghausen in einer neurologisch-neurochirurgischen und einer dermatologischen Abteilung
- 1997 bis 2001: Teilzeittätigkeit als Krankenpfleger in der Nachtwache im St. Franziskus-Hospital in Münster in einer allgemeinchirurgischen Abteilung
- 1999 bis 2001: Gründungsmitglied der gemeinnützigen «Forschungsgruppe Pflege und Gesundheit e. V., Münster» und Vorstandsarbeit als Schatzmeister
- seit 2000: Gestaltung und Umsetzung diverser Projekte im Gesundheitswesen («Einarbeitung neuer Mitarbeiter», «Reorganisation von Leistungserbringung und Arbeitszeiten», «Rolle von Pflegenden in der Rheumatologie»)
- seit 2001: Tätigkeit am medi Bildungszentrum OBiG® als Bildungsreferent.

Ausgewählte Weiterbildungen:
- 1997 bis 2001: Studium Pflegemanagement an der FH Münster
- 2001: Ausbildung zum Qualitätsmanagementbeauftragten (QMB-TÜV)
- 2001: Ausbildung zum Qualitätsassessor nach E.F.Q.M.

Der Arbeitgeber von Herrn Pilz, das medi Bildungszentrum OBiG®, ist eine bundesweit in den Bereichen Bildung und Beratung von MitarbeiterInnen im Gesundheitswesen tätige Organisation. Als primäre Zielgruppe ist das Kranken-, Kinderkranken- und Altenpflegepersonal ambulanter sowie stationärer Einrichtungen anzusehen. Traditioneller Sitz des Bildungszentrums ist die Essener City. Hier sind insgesamt fünf MitarbeiterInnen mit den Ausrichtungen Produktmanagement, Bildungsreferat sowie Organisation und Administration beschäftigt. Das Unternehmen wurde Mitte der 90er-Jahre vom DBfK-Landesverband NRW mit dem Auftrag zur Organisationsberatung und Bildung im Gesundheitswesen gegründet. Mit Beginn des Jahres 2000 hat der Geschäftsbereich Hospital des Medizinprodukteherstellers medi Bayreuth die Trägerschaft übernommen. Das zentrale Betätigungsfeld des medi Bildungszentrums OBiG® liegt in der Durchführung von Fort- und Weiterbildungsmaßnahmen verschiedenster Formate, die häufig auch als Inhouse-Schulungen gemäß den individuellen Wünschen des Kunden konzipiert und organisiert werden. Auch die Gestaltung unterschiedlicher Events für und die Beratung von Organisationen und Einrichtungen im Gesundheitswesen gehören zu Tätigkeitsfeldern der OBiG®.

Herr Pilz, nennen Sie bitte drei zentrale Aspekte, die Ihr derzeitiges Aufgabenfeld charakterisieren.

«1. Entwicklung, Konzeption, Organisation, Durchführung sowie Nachbereitung von (innovativen) Fort- und Weiterbildungsmaßnahmen
2. Betreuung und Akquisition von Teilnehmern, Referenten und Interessenten beziehungsweise Kunden
3. Umsetzung von Marketingstrategien beziehungsweise Teilnahme an Messen und Fachtagungen.»

Was zeichnet Ihren typischen Arbeitstag aus?

«Der typische Arbeitstag im eigentlichen Sinne existiert für einen Bildungsreferenten der OBiG nicht. Dazu ist der Aufgabenbereich zu weit gesteckt, und reine Routinearbeiten sind eher die Seltenheit. Das primäre Tätigkeitsfeld besteht darin, individuelle Lösungen für individuelle Probleme zu entwickeln. Problemstellungen ergeben sich hauptsächlich aus den gesetzlichen Rahmenbedingungen der Konzeption neuer Lehrgänge sowie aus akut auftretenden Fragestellungen laufender Seminare. Dies wiederum bringt eine gesunde Mischung an Aktion und Reaktion in die täglichen Arbeitsabläufe.»

Erinnern Sie sich an außergewöhnliche Aufgaben in Ihrem Tätigkeitsbereich?

«Die außergewöhnlichste Aufgabe während meiner bisherigen Zeit bei der OBiG war es, den Internetauftritt des Unternehmens neu zu gestalten – und dies ohne vorherige HTML-Kenntnisse und ohne tiefer gehendes Wissen über Content-Management-Systeme. Ziel war, innerhalb kürzester Zeit das umfassende Angebot unserer Organisation vollständig online zur Verfügung zu stellen. Wie auf unserer Homepage http://www.obig.de ersichtlich, ist es trotzdem gelungen, innerhalb eines Monats eine mit Informationen zu unseren Lehrgängen gefüllte Seite zu erstellen.

Doch ich bin mir sicher, dass auch in der Zukunft immer wieder besonders spannende Aufgaben auf unser Team zukommen werden, welche unseren gesamten psychischen wie physischen Einsatz verlangen.»

### Was fordert Sie in Ihrem Tätigkeitsbereich ganz besonders heraus?

«Die besondere Herausforderung dieser Stelle besteht in der Vielfältigkeit der zu erledigenden Aufgaben. Kein Tag verläuft wie der andere, und selbst die immer wiederkehrenden Arbeiten, wie beispielsweise die Begutachtung angefertigter Projektarbeiten, variieren in ihrer Ausgestaltung dermaßen, dass die Gefahr, in einen ‹Alltagstrott› zu verfallen, gleich Null ist. Der permanente Einsatz der eigenen Kreativität wird unabdingbar gefordert und resultiert folglich in dem Idealziel einer jeden Berufstätigkeit – der Selbstverwirklichung des Stelleninhabers.»

### Zu welchem Zeitpunkt haben Sie sich bewusst dafür entschieden, genau diesen Karriereweg einzuschlagen?

«Genau genommen hat sich der meiner Meinung nach sehr stringente und konsequente Werdegang mehr zwangsläufig entwickelt, als dass ich diesen komplett vor- und durchgeplant hätte. Mit der Tätigkeit als Krankenpflegehelfer fiel der Entschluss, auf diese aufzubauen und die dreijährige Ausbildung zum Krankenpfleger zu absolvieren. Bereits während der Ausbildung bemerkte ich einige, meines Erachtens unhaltbare Missstände im Pflegebereich. Daher entschloss ich mich sehr früh zu einem pflegewissenschaftlichen Studium im Bereich Pflegemanagement, um später in Positionen gelangen zu können, aus denen heraus die Möglichkeit besteht, zur Professionalisierung der Pflege beizutragen.»

### Was waren die Schlüsselelemente, die Sie in Ihrer Entscheidung bestärkten?

«Vor allem wissenschaftlich überholte oder unlogische Riten und Rituale in der Pflege bekräftigten meinen Willen, Veränderungen herbeizuführen. Auch Phrasen wie ‹das war schon immer so und das wird auch immer so bleiben› sollten aus dem Sprachgebrauch verschwinden und durch eine Offenheit Innovationen gegenüber ersetzt werden.»

**Wollten Sie diese Position schon immer bekleiden?**
«Eine gewisse Affinität zur Lehrtätigkeit war bereits zu Beginn meines Berufslebens festzustellen. Bereits während meiner Zeit im Sanitätsdienst der Bundeswehr habe ich sehr gerne Unterricht in erster Hilfe und verwandten Themengebieten abgehalten. Auch im Rahmen von Workshops während meiner Studienzeit habe ich die Anwendung von verschiedenen Moderations- und Präsentationsmethoden erproben können. Somit war die Entscheidung, das Stellenangebot des Bildungszentrums OBiG anzunehmen, eine logische Konsequenz, zumal hier auch die Option besteht, Handlungskompetenzen zu vermitteln und zu verbreiten.»

**Was empfehlen Sie denjenigen, die zukünftig eine ähnliche Position bekleiden wollen?**
«Auf jeden Fall Grundvoraussetzung für eine solche Tätigkeit sind Kreativität und Flexibilität. Jeder Interessent sollte sich wie bei jeder anderen Stelle natürlich auch fragen, ob er diese tatsächlich ständig in seinem Beruf einsetzen will oder ob er routinierte Abläufe bevorzugt. Letztere finden sich nämlich in dieser Position nur allzu selten.»

**Was für fachliche und überfachliche Fähigkeiten beziehungsweise Schlüsselqualifikationen benötigt jemand, der eine ähnliche Position bekleiden möchte?**
«Fähigkeiten, die man sich im Laufe der Jahre auf dem Weg zu einer solchen Tätigkeit aneignen sollte, sind:
- umfangreiches Allgemeinwissen, das heißt Grundkenntnisse in allen relevanten Bezugswissenschaften
- übergreifende pflegerische Fachkenntnisse
- Unterrichtserfahrung
- Kenntnisse im Projektmanagement
- kommunikative Fähigkeiten
- Beratungskompetenz
- Wissen über Qualitätsmanagement
- konzeptionelles organisatorisches Talent
- Beherrschung der EDV
- ausgeprägte Handlungskompetenz auf allen Ebenen (Fach-, Human-, Sozial- und Methodenkompetenz)
- Flexibilität
- Darstellungs- und Durchsetzungsvermögen
- Belastbarkeit
- Teamfähigkeit
- die Fähigkeit und Bereitschaft, selbstständig und wissenschaftlich zu arbeiten, denn Literaturstudien nehmen einen sehr großen Teil der Konzeptionierung von Bildungsmaßnahmen ein.»

Welchen Rat geben Sie BerufseinsteigerInnen?

«Das Wissen von Anfang an permanent ‹up-to-date› halten. Dies ist für mich einer der wichtigsten Grundsätze im Bereich Bildung. Nur so können relativ sicher die jeweils neuesten Trends erfasst und die daraus resultierenden Maßnahmen konzipiert werden.»

Gibt es in Ihrem Tätigkeitsbereich bestimmte Trends?

«Im Bereich der Bildungsmaßnahmen im Gesundheitswesen wird sich der Trend mit Sicherheit weiter anhaltend in Richtung der Inhouse-Veranstaltungen verschieben. Dies hat gute Gründe, die von der erhöhten Individualität des Seminars über dessen Effizienz und Effektivität bis hin zur Kosteneinsparung reichen. Auch die Entwicklung neuer, den rasant verändernden Rahmenbedingungen angepasster Lehrgänge in immer kürzeren Zeitabständen wird von zunehmender Bedeutung sein. Neben den zeitlosen ‹Klassikern› wie beispielsweise der Basalen Stimulation® werden die Produktlebenszyklen von Bildungsmaßnahmen allgemein wie speziell im Gesundheitswesen zunehmend kürzer.»

Würden Sie sich noch einmal für diesen Karriereweg entscheiden?

«Ganz bestimmt. So gerne ich in der Pflege am Patientenbett gearbeitet habe, so gerne arbeite ich jetzt in der Fort- und Weiterbildung meiner Kollegen weiter, in der Hoffnung, einen winzig kleinen Beitrag zur Professionalisierung des einzelnen Teilnehmers und eventuell des gesamten Berufsstandes leisten zu können.»

## 3.2.11 Interview mit einem Produktmanager

«Was macht ein Produktmanager im Gesundheitswesen?», wird man sich an dieser Stelle unter Umständen fragen. Verstehen wir Bildung als ein Produkt im weitesten Sinne, so wird deutlich, dass es selbstverständlich auch Produktmanager im Gesundheitswesen gibt. Bildung planen, konzeptionieren und umsetzen, das sind die Themen eines Produktmanagers im Bereich Fort- und Weiterbildung, zum Teil mit der zusätzlichen Aufgabe, ein Unternehmen oder einen Unternehmenszweig zu leiten. Damit verbirgt sich viel Verantwortung hinter dem, was ein Produktmanager zu erledigen hat.

**Frank Hildmann – Produktmanager**

Moderne Berufsbezeichnungen für moderne Aufgaben – Frank Hildmann ist Produktmanager beim medi Bildungszentrum OBiG® in Essen. Er erledigt die oben beschriebenen Aufgaben und wird täglich mit weiteren Herausforderungen konfrontiert.

> **Zur Person**
>
> Frank Hildmann
> Jahrgang 1964, verheiratet, zwei Kinder, Krankenpfleger, Lehrer für Pflegeberufe
>
> Beruflicher Werdegang:
> 1983 bis 1986: Krankenpflegeausbildung an der Westfälischen Klinik für Psychiatrie und Psychotherapie in Münster
> 1986 bis 1990: Krankenpfleger und Mentor, unter anderem im Behindertenbereich und in der Gerontopsychiatrie (unterbrochen durch Wehrdienst von 1987 bis 1988)
> 1991 bis 1996: Lehrer für Pflegeberufe und stellvertretender Schulleiter an der Schule für Krankenpflege und Kinderkrankenpflege am Evangelischen Krankenhaus Hamm
> 1997 bis 2000: Programmleiter des Instituts für Gesundheitspflege am Evangelischen Krankenhaus Hamm (Fortbildung, Gesundheitserziehung und -beratung, betriebliche Gesundheitsvorsorge)
> 2000 bis 2001: Stabsstelle der Pflegedirektion am Evangelischen Krankenhaus Hamm (Projektleitung und -steuerung interdisziplinärer Projekte im Krankenhaus und in der angeschlossenen Klinik für Kinder- und Jugendmedizin)
> seit 2001: Produktmanager des medi Bildungszentrums OBiG® (verantwortlich für die Konzeption von Fort- und Weiterbildungsangeboten, Aufbauqualifizierungen sowie Beratungsleistungen, Marketing und Öffentlichkeitsarbeit, Vertrieb des bundesweiten Bildungsangebotes für Krankenhäuser, Alten- und Pflegeheime sowie für ambulante Pflegedienste).
>
> Ausgewählte Weiterbildungen:
> 1990 bis 1991: Weiterbildung zum Lehrer für Pflegeberufe bei den Stuttgarter Seminaren für Kranken- und Altenpflege
> 1997: Weiterbildung Projektmanagement bei der IHK Dortmund
> seit 1990: regelmäßig Teilnahme an Fortbildungen und Kongressen zu den Themengebieten Qualitätsmanagement, Berufspolitik, Recht und aktuelle Pflege.

Der Arbeitgeber von Herrn Hildmann ist ebenfalls das medi Bildungszentrum OBiG®, eine bundesweit in den Bereichen Bildung und Beratung von Einrichtungen und MitarbeiterInnen im Gesundheitswesen tätige Organisation (vgl. Kap. 3.2.10).

Herr Hildmann, welche drei zentralen Aspekte charakterisieren Ihr derzeitiges Aufgabenfeld?

«1. Veränderung gestalten

2. persönliche Kontakte
3. Reisetätigkeit.»

**Wie sieht Ihr typischer Arbeitstag aus?**
«Grundsätzlich muss ich zwischen einem Arbeitstag im Büro und einem Arbeitstag im Rahmen meiner Reisetätigkeit unterscheiden. Der Tag im Büro beginnt in der Regel um 8.30 Uhr mit einer 30minütigen Frühbesprechung, in der Aktuelles erörtert und die erforderlichen Absprachen mit den Mitarbeiterinnen und Mitarbeitern getroffen werden. Die Erledigung der Tagespost mit allen erforderlichen ‹To do's› nimmt zirka eine Stunde in Anspruch. Je nach Vorplanung stehen für den Rest des Tages Telefonate, Fachliteratur- und Internetrecherchen oder konzeptionelle Tätigkeiten im Zusammenhang mit neuen Bildungsangeboten auf dem Programm. Typisch an dieser Arbeitsphase sind häufige Unterbrechungen durch Anrufe von Kunden oder Referenten. Flexibilität und Offenheit gegenüber dem Gesprächspartner sind da besonders gefordert, um die individuellen Beratungswünsche möglichst optimal erfüllen zu können. In der Regel verbinde ich solche Telefonate mit der Vereinbarung konkreter Besuchstermine vor Ort, da Einzelheiten sehr viel besser im persönlichen Gespräch geklärt werden können. Hier gilt es dann, eine vernünftige Tourenplanung zu realisieren, die ein verträgliches Maß an Fahrzeit mit der Zeit vereinbart, die ich mit dem Kunden verbringe.

Während es typisch für einen Bürotag ist, dass man eigentlich nie richtig fertig ist mit seinen Aufgaben, sind die Reisetage schon im Vorfeld konkret strukturiert und geplant: Anreise zum Termin, Wahrnehmen des Termins, Weiterreise zum nächsten Termin, Wahrnehmen des Termins, Anfahrt zum Hotel, Nachbearbeitung der Gespräche, aktueller Blick in die Mailbox und Bearbeitung konkreter Anfragen, und vielleicht ergibt sich sogar noch die Zeit zur Besichtigung der Orte und Städte, an denen man gerade verweilt. Das klappt jedoch nur selten.»

**Erinnern Sie sich an außergewöhnliche Aufgaben in Ihrem Tätigkeitsbereich?**
«Als bundesweit tätige Bildungseinrichtung, die im Rahmen ihres Weiterbildungsangebotes die landesunterschiedlichen Weiterbildungsregelungen berücksichtigen muss, stellen sich immer wieder neue Herausforderungen, wenn es darum geht, Bildungskonzepte zu entwickeln, die marktgerecht aufbereitet die Nachfrage von Weiterbildungsteilnehmern aus allen Bundesländern zu decken in der Lage sind. Hier zeigt sich meines Erachtens auch ein Teil der Misere in der Pflege als Profession. Derzeit scheint es noch nicht möglich, eine einheitliche Sicht der Dinge zu entwickeln und zu vertreten. Es bedarf hier weiterer Anstrengungen seitens der Berufsverbände, der Gewerk-

schaften und der Politik, eine gemeinsame Haltung und Sprache der Pflege zu entwickeln, die es letztlich auch uns als Bildungseinrichtung erleichtern würde, die Professionalisierung des Berufes weiterzuführen und zu begleiten.»

**Was fordert Sie in Ihrem Tätigkeitsbereich ganz besonders heraus?**
«Das Leitmotiv des medi Bildungszentrums OBiG, ‹Bildung neu denken›, beschreibt am ehesten die Herausforderungen, denen wir uns als Team täglich stellen. Es geht darum, den Bereich der Fort- und Weiterbildung in der Pflege in Kooperation mit unseren Kunden einrichtungsspezifisch anzupassen und in Personalentwicklungskonzepte zu integrieren. Aufgabe ist es, nicht nur die unternehmerischen Ziele eines Einrichtungsleiters im Altenheim oder eines für Personalentwicklung Verantwortlichen im Krankenhaus umzusetzen, sondern diese Ziele auch für die Altenpflegerin oder die Krankenschwester vor Ort in nachvollziehbare Konzepte beruflicher Qualifizierung zu übersetzen. Denn nur dort, wo der oder die in der pflegerischen Praxis Stehende Fortbildung als persönliche Bereicherung empfindet und erkennt, dass das im Seminar vermittelte Wissen etwas mit seinem beziehungsweise ihrem täglichen Berufsleben zu tun hat, wächst die Bereitschaft zu Veränderung und persönlicher Entwicklung. Es geht häufig um nicht mehr (aber auch nicht weniger) als das Aufbrechen von persönlichen Routinen und Ritualen der pflegerischen Praxis, die Gegenstand aktueller Bildungsprozesse sind. Und wer die Schwierigkeiten verhaltenstherapeutischer Ansätze kennt, der weiß, wie herausfordernd und langwierig ein solcher vergleichbarer Prozess ist.»

**Zu welchem Zeitpunkt haben Sie sich bewusst dafür entschieden, genau diesen Karriereweg einzuschlagen?**
«Von der pflegerischen Grundausbildung in die Fort- und Weiterbildung zu wechseln – und damit zur Zielgruppe der examinierten Pflegepersonen – war eine Entscheidung, die wesentlich durch meine Erfahrungen im Zusammenhang mit der oft zitierten Theorie-Praxis-Diskrepanz verursacht wurde. Der Unterschied zwischen dem, was in der Berufsausbildung zur Vorbereitung auf das Examen vermittelt werden muss und den tatsächlich in der Pflegepraxis angewandten Methoden wurde und wird zunehmend größer, was letztlich das Ausbildungsziel nach § 4 KrPflG zunehmend in Frage stellt. Hier zu intervenieren und dazu beizutragen, die Qualität der Pflege innerhalb eines Krankenhauses weiterzuentwickeln, war eine Herausforderung, der ich mich gerne stellen wollte, zunächst auf der innerbetrieblichen Ebene eines Akutkrankenhauses und später dann im bundesweiten Rahmen des medi Bildungszentrums OBiG mit seinen Zielgruppen Krankenhaus, Altenpflegeheim und ambulanter Pflegedienst.»

Was waren die Schlüsselelemente, die Sie in Ihrer Entscheidung bestärkten?

«Zum einen sicherlich die positiven Rückmeldungen von Seminarteilnehmern, die mich vor allem zu Beginn meiner Fortbildungstätigkeit ermutigten, weiterzumachen. Darüber hinaus habe ich während der inhaltlichen Vorbereitung auf Fortbildungsveranstaltungen zum Thema Qualitätsmanagement über die Auseinandersetzung mit dem Qualitätsbegriff auch für mich selbst eine neue Definition des Lehr-Lern-Verhältnisses gefunden, die mir in ihrer Anwendung noch einmal deutlich gemacht hat, dass ich als Moderator von Qualifizierungsprozessen einen befriedigenden Beitrag leisten kann zur persönlichen Entwicklung von Seminarteilnehmern und natürlich auch von mir selbst.»

Wollten Sie diese Position schon immer bekleiden?

«Mein Berufswunsch war immer der des Lehrers, ursprünglich der eines Gymnasiallehrers für die Fächerkombination Biologie und Sport in der Sekundarstufe II. Diese Fächerkombination war jedoch während meiner Oberstufenzeit Anfang der 80er-Jahre nicht unbedingt die erfolgversprechendste, bereitete das Studium perspektivisch doch eher auf die studierte Arbeitslosigkeit denn auf eine konkrete Lehrtätigkeit im Schuldienst des Landes NRW vor. Um mein Ziel eines Lehrberufes doch noch zu erreichen, suchte ich während der Vorbereitung auf das Abitur eine entsprechende Alternative und fand diese in der des Lehrers für Pflegeberufe. Hier sah ich am ehesten meine Ansprüche verwirklicht, mit Menschen zusammenzuarbeiten und die dazu notwendigen Grundlagen über den Weg der Krankenpflegeausbildung, einer zweijährigen Berufspraxis und der anschließenden Weiterbildung auch zu erlernen. Ein Studiengang Pflegepädagogik war zum damaligen Zeitpunkt ja noch nicht etabliert. Ich empfand diesen Weg auch nicht als minderwertige Alternative zum Studium, wenngleich ich in meinem Abiturjahrgang überwiegend auf Skepsis gestoßen bin, dass ich den Weg einer klassischen Berufsausbildung mit anschließender Aufstiegsqualifizierung gehen wollte.»

Was empfehlen Sie denjenigen, die zukünftig eine ähnliche Position bekleiden wollen?

«Ohne ein grundsätzliches Interesse an der Arbeit mit Menschen wird man in diesem Beruf wohl nicht zufrieden und erfolgreich sein. Es gilt zu klären, warum man sich für diese Tätigkeit entschieden hat und welche persönlichen Ziele damit verfolgt werden. Pflegen ist eine Tätigkeit, die mit Kopf, Herz und Hand erfolgen muss. Anders ausgedrückt bedeutet Pflege, immer sensibel zu sein für die Dinge, die wesentlich sind. Was ich für meine eigene berufliche Entwicklung immer als wesentlich empfunden habe, war, was ich in der direkten Begegnung mit den Menschen lernen konnte, zum Beispiel in der intensiven persönlichen Beziehung zu psychisch kranken oder sterbenden Menschen oder auch in der alltäglichen Begegnung mit Angehörigen, Patienten, Auszubildenden oder Kollegen. Gegebenes immer wieder zu hinterfragen und nicht bedingungslos hinzunehmen sowie den Willen nach aktiver Beteiligung an Entwicklungen halte ich für eine Grundeinstellung, die hilfreich ist, um seine Ziele zu erreichen. Das impliziert natürlich auch, einer sich entwickelnden Routine immer mit Vorsicht zu begegnen.»

Was für fachliche und überfachliche Fähigkeiten beziehungsweise Schlüsselqualifikationen benötigt jemand, der eine ähnliche Position bekleiden möchte?
«Um mit einer Auflistung von Schlüsselqualifikationen niemanden zu verschrecken und da ich mehr Personen ermutigen möchte, in diesem Bereich tätig zu werden, sei an dieser Stelle nur der Rat gegeben, sich rege zu qualifizieren, ohne dabei jedoch den Kontakt zur eigentlichen pflegerischen Tätigkeit zu verlieren.»

Wie sehen Sie die kurz-, mittel- und langfristigen Berufsaussichten in Ihrem Bereich?
«Die Bereiche Organisationsberatung und Qualifizierung im Gesundheitswesen sind eindeutig Wachstumsmärkte. Diese werden zum einen bestimmt durch die immer rasanter werdende Entwicklung im Bereich der Medizin und der Medizintechnik sowie der Erkenntnisse aus Pflegeforschung und Pflegewissenschaft. Zum anderen gilt es, die sich ständig ändernden gesundheitspolitischen Rahmenbedingungen zu berücksichtigen und Einrichtungen des Gesundheitswesens bei ihren Anpassungsaufgaben zu unterstützen. Da der Beratungsbedarf also deutlich steigt, gleichzeitig aber die Möglichkeiten der Finanzierung solcher Leistungen zur Suche nach neuen und kreativen Lösungswegen auffordert, beurteile ich die Berufsaussichten in den von OBiG betreuten Segmenten Organisationsberatung und Bildung kurz-, mittel- und langfristig durchaus positiv.»

Gibt es in Ihrem Tätigkeitsbereich bestimmte Trends?
«Medizin und Pflege zwischen Ethik und Wirtschaftlichkeit halte ich für die größte Herausforderung der Zukunft. Vor allem für die Pflege halte ich eine aktivere Beteiligung an der aktuellen Ethikdiskussion für unabdingbar, um den zukünftigen Anforderungen gerecht zu werden. Entscheidend für den Erfolg dieser Auseinandersetzung wird sein, ob es gelingt, die berufsständischen Barrieren zwischen Medizin und Pflege endlich aufzubrechen und

gemeinsam nach Lösungen zu suchen. Erste zaghafte Ansätze in dieser Richtung müssen und werden zukünftig weiter ausgebaut werden. Hier sehe ich auch einen Auftrag an meine Bildungsarbeit.»

Würden Sie sich noch einmal für diesen Karriereweg entscheiden?
«Ich habe es nie bereut, diesen Weg eingeschlagen zu haben und vermisse in meiner jetzigen Tätigkeit nichts. Daher bin ich überzeugt, dass es die richtige Entscheidung gewesen ist.»

## 3.2.12 Interview mit dem Leiter einer Kranken- und Kinderkrankenpflegeschule

Führen und Leiten sind die zentralen Themen der Leitung einer Pflegeschule. Motivation der MitarbeiterInnen und Gestaltung der pflegerischen Ausbildung in Theorie und Praxis nach gesetzlichen Grundlagen sowie Entwicklung neuer Unterrichtsformen und pflegerischer Fähigkeiten und Fertigkeiten gemäß der rapiden Entwicklung im Gesundheitswesen beschäftigen SchulleiterInnen. Viele Schulen bieten neben den grundständigen Ausbildungen auch zahlreiche Weiterbildungen an. Presse- und Öffentlichkeitsarbeit, TeilnehmerInnenakquisition und Networking sind weitere wichtige Aufgaben.

**Jürgen Osterbrink (Ph. D.) –**
**Leiter einer Kranken- und Kinderkrankenpflegeschule**
Dr. Jürgen Osterbrink ist seit 1993 budgetführender Leiter des Schulzentrums für Krankenpflegeberufe am Klinikum Nürnberg. Sein bisheriger facettenreicher beruflicher Werdegang verpflichtete ihn zu unterschiedlichen herausfordernden Aufgaben im In- und Ausland.

Wie an der Kurzbeschreibung seines Werdegangs erkennbar, hat Dr. Jürgen Osterbrink zwei Arbeitsstätten, die an dieser Stelle kurz charakterisiert werden.

**1. Schulzentrum des Klinikums Nürnberg mit 530 Ausbildungsplätzen.** Das Klinikum Nürnberg ist das größte kommunale Krankenhaus Europas. An zwei Standorten im Klinikum Nord und im Klinikum Süd mit mehr als 2 400 Betten werden pro Jahr mehr als 80 000 PatientInnen auf circa 100 Stationen behandelt. Dabei bleiben die PatientInnen im Durchschnitt nur noch neuneinhalb Tage im Klinikum. Ein ausgeklügeltes System vor- und nachstationärer Behandlungen, der Pflegeüberleitung und der Nachsorge hilft, den eigentlichen stationären Aufenthalt möglichst kurz zu halten. Durch enge Zusammenarbeit mit niedergelassenen ÄrztInnen werden Doppeluntersuchungen verhindert. Das Klinikum Nürnberg als Krankenhaus der maximalen Leistungsstufe bietet fast alle Behand-

## Zur Person

Jürgen Osterbrink
Jahrgang 1961, verheiratet, zwei Kinder, Krankenpfleger, RGN, Ph.D., MN (HP), CCN, NA

Beruflicher Werdegang:
1979 bis 1982: Ausbildung zum Krankenpfleger (Münster)
1982 bis 1984: Tätigkeit als Krankenpfleger im St. Franziskus-Hospital, Münster
1984 bis 1986: Tätigkeit als Fachkrankenpfleger in der Klinik und Poliklinik für Anästhesiologie und operative Intensivmedizin der Westfälischen Wilhelms-Universität, Münster
1987: Tätigkeit als leitender Fachkrankenpfleger für Anästhesie und Intensivpflege sowie Unterrichtender in der IBF an der Clinique St. Joseph, Wiltz, Luxemburg
1988: Entwicklungshilfetätigkeit mit Médecins sans frontières im Adigrat Hospital, Äthiopien
1989 bis 1993: Tätigkeit als Fachkrankenpfleger für Anästhesie und Intensivpflege, Durchführung von Forschungsprojekten, Lehrtätigkeit an der Klinik und Poliklinik für Anästhesiologie und operative Intensivmedizin der Westfälischen Wilhelms-Universität, Münster
seit 1993: budgetführender Leiter des Schulzentrums für Krankenpflegeberufe am Klinikum Nürnberg
seit 1994: Lehrbeauftragter unterschiedlicher Universitäten, Durchführung unterschiedlicher Forschungsprojekte, Mitglied des wissenschaftlichen Beirats ausgewählter Verlage
seit 2001: außerordentlicher Professor an der Florida International University, Miami, USA
seit 2002: «Principal Editor» des Bereichs «Nursing» des Journals «The Scientific World», USA.

Ausgewählte Weiterbildungen:
1984 bis 1986: Weiterbildung zum Fachkrankenpfleger für Anästhesie und Intensivpflege, Münster
1989: Registrierung als (Fach-)Krankenpfleger in England und in den USA
1989 bis 1992: Studium der Pflegewissenschaften an der University of Glasgow, Schottland, Abschluss: Master of Nursing
1993 bis 1997: berufsbegleitende Promotion zum Ph. D. (Gesundheits- und Pflegewissenschaften) an der Katholischen Universität Leuven, Belgien
2001: Ausbildung zum EFQM-Assessor.

lungsmöglichkeiten auf engstem Raum und im Klinikum Süd sogar unter einem Dach. Die ÄrztInnen des Klinikums sind zum größten Teil voll ausgebildete FachärztInnen und verfügen zum Teil über mehrere parallele Facharztqualifikationen. Die MitarbeiterInnen in der Krankenpflege sind alle dreijährig ausgebildet und examiniert. In den jeweiligen Fachbereichen, wie zum Beispiel der Anästhesie, der

Intensivmedizin oder im Operationssaal, verfügen sie über besonders umfangreiche zusätzliche Weiterbildungen. In Forschung und Technik kooperiert das Klinikum Nürnberg mit starken Partnern aus der Industrie, wie Braun, Philips oder Siemens. Im Klinikum Nord mit seinen in pavillonbauweise errichteten Kliniken entsteht das neue Zentrum für die operierenden Kliniken mit 450 Betten, das im Jahr 2003 eröffnet werden wird. Am Schulzentrum für Krankenpflegeberufe sind 570 Auszubildende untergebracht, die von 46 hauptberuflichen und 120 nebenberufliche Lehrkräften ausgebildet werden.

**2. Florida International University, Miami.** Die Florida International University wurde 1965 gegründet und verfügt heute über 16 Fachbereiche, darunter auch Pflegewissenschaft. Mehr als 32 000 Studierende werden von 1250 ProfessorInnen und DozentInnen ausgebildet. Ein besonderer Schwerpunkt der Universität ist neben der evaluierten Lehre die ständige Weiterentwicklung interdisziplinärer Forschung.

Herr Dr. Osterbrink, welche drei zentralen Aspekte charakterisieren Ihr derzeitiges Aufgabenfeld?
«1. Gestaltung der pflegerischen Ausbildung in Theorie und Praxis analog der gesetzlichen Grundlagen sowie Entwicklung neuer Unterrichtsformen und pflegerischer Fähigkeiten und Fertigkeiten gemäß der rapiden Entwicklung im Gesundheitswesen
2. Führung und Leitung bei ständiger Motivation des pädagogischen ‹think tanks›
3. Verknüpfung von Theorie und Praxis durch mono- und interdisziplinäre nationale und internationale Forschung.»

Wie sieht Ihr typischer Arbeitstag aus?
«In der Regel beginnt der Arbeitstag um 7.20 Uhr mit der Sekretariatsbesprechung. Anschließend wird mit den jeweiligen Klassenleitern der Unterrichtstag besprochen. Im Schulzentrum für Krankenpflegeberufe wird bei 19 Klassen à 28 Schülern ein Mischsystem zwischen Unterrichtstag und Blocksystem durchgeführt. Daher sind die meisten Klassen jeweils einmal pro Woche in der Schule anzutreffen. Leistungen der Schüler in Theorie und Praxis werden reflektiert, eventuell notwendige Gespräche vereinbart. Anschließend findet in der Regel Unterricht zu pflegetheoretischen und/ oder -praktischen Themen statt. Am Nachmittag finden oftmals Stations-, Pflegedienstleitungs- oder Projektbesprechungen statt. Am späten Nachmittag bis zirka 18.30 Uhr wird die Tagespost erledigt und der nächste Tag vorbereitet.»

**Was fordert Sie in Ihrem Tätigkeitsbereich ganz besonders heraus?**

«Einerseits die Förderung von Schülerinnen und Schülern, um die Gestaltung der pflegerischen Persönlichkeit während der Ausbildung zu begleiten. Andererseits die Aufnahme von gesundheitspolitischen Trends (die hohe Bedeutung der pflegerischen Überleitung, Einrichtung von Clinical Pathways, neue Vergütungssysteme und deren Relevanz für Pflege usw.) und deren direkte Berücksichtigung im Rahmen der Ausbildung. Hierbei ist engste Zusammenarbeit zwischen der pflegerischen Praxis sowie dem Pflegemanagement und der ausbildenden Einheit eine unabdingbare Voraussetzung.»

**Zu welchem Zeitpunkt haben Sie sich bewusst dafür entschieden, genau diesen Karriereweg einzuschlagen? Was waren die Schlüsselelemente, die Sie in Ihrer Entscheidung bestärkten?**

«Während meiner Tätigkeit in Äthiopien habe ich für einige Zeit mit einem amerikanischen Kollegen, der kurz vorher ein Masters Degree an der Catholic University in Washington DC abgeschlossen hatte, zusammengearbeitet. Seine besondere Verknüpfung von Theorie und Praxis haben mich sehr beeindruckt. Ein Studium der Pflege war zu dieser Zeit in Deutschland nicht möglich, sodass Alternativen gesucht werden mussten. Einige Monate nach der Rückkehr aus Äthiopien war der Studienplatz in Glasgow gesichert. Während des Studiums, das im angloamerikanischen Ausland wie auch in Belgien und den Niederlanden ausschließlich von Professoren begleitet wird, die auch über eine pflegerische Ausbildung verfügen und in dieser Profession tätig sind, wurden die Zusammenhänge, die der Kollege aufzeigte, immer deutlicher. Somit suchte ich eine Tätigkeit, die sowohl praktische als auch theoretische Tätigkeit verknüpfen kann und Möglichkeiten zur interdisziplinären Forschung bietet.»

**Wie haben Sie Familie und berufliche Qualifizierung miteinander in Einklang bringen können?**

«Klingt vielleicht etwas pathetisch: Durch die intensive Unterstützung und das nie versiegende Verständnis meiner Frau und der Kinder wurde mir vieles erleichtert. Aber es sind immer auch die kleinen Alltagszufälle, zum Beispiel während des Studiums in Glasgow und in Leuven, die persönlichen Kontakte, die Freunde, die Impulse geben, aber auf der anderen Seite auch kritisch hinterfragen. Die Summe der Erfahrung ist hierbei die eigentliche Erleichterung, aber natürlich auch die grundsätzlich positive persönliche Einstellung.»

Was empfehlen Sie denjenigen, die zukünftig eine ähnliche Position bekleiden wollen?

«Zunächst eine grundständige pflegerische Ausbildung an einer Schule, die auch international ausgerichtet ist, und ein bis zwei Jahre pflegepraktische Tätigkeit in unterschiedlichen Fachrichtungen. Anschließend sollte ein pflegerisches Studium mit entsprechenden Schwerpunkten unter kritischer Begutachtung des Studienortes durchgeführt werden. Neben dem Studium ist eine praktische Tätigkeit von Vorteil. Grundsätzlich gilt, den Mut nicht zu verlieren und den gewünschten Weg konsequent zu verfolgen, damit Visionen in Aktionen münden.»

Was für fachliche und überfachliche Fähigkeiten beziehungsweise Schlüsselqualifikationen benötigt jemand, der eine ähnliche Position bekleiden möchte?

«Neben der pflegerischen Ausbildung und den unterschiedlichen Schwerpunkten sind die kommunikativen und teamorientierten Fertigkeiten und Fähigkeiten unerlässliche Grundvoraussetzungen.»

Wie sehen Sie die kurz-, mittel- und langfristigen Berufsaussichten in Ihrem Bereich?

«Kurz-, mittel- und langfristig sehr gut. Auf Grund der Tatsache, dass die Bevölkerung immer älter wird und an Vielfacherkrankungen leidet, wird Pflege ein immer wichtiger werdender Zweig der Vorsorgungskette. Da Patienten das Krankenhaus immer schneller verlassen («die blutige Verlegung»), werden mittel- und langfristig mehr Pflegende mit unterschiedlichen Schwerpunkten sowohl im Krankenhaus als auch im Rahmen der anschließenden Betreuung gefragt sein, als dies heute der Fall ist. Aus diesem Grunde werden an den Orten, wo Pflege stattfindet, immer mehr Pflegende mit unterschiedlichsten Qualifikationen und Schwerpunkten benötigt.»

Würden Sie sich noch einmal für diesen Karriereweg entscheiden?

«Immer und immer wieder.»

### 3.2.13 Interview mit einem Vertriebsmitarbeiter

Auch bei Medizinprodukteherstellern warten auf Pflegekräfte spannende Tätigkeitsfelder. Der Vertrieb der Produkte stellt dabei nur einen Bereich dar, in dem bereits seit vielen Jahren Pflegekräfte zu finden sind. Eine fundierte Ausbildung in der Pflege qualifiziert für diese Aufgabe. Grundlegendes Verständnis von Medizinprodukten sowie der Struktur der Kunden sind Voraussetzungen für eine erfolgreiche Bewältigung der anfallenden Aufgaben – Verkäuferpersönlichkeiten sind hier erfolgreich.

## Manfred Borowski – Mitarbeiter im Vertrieb

Manfred Borowski ist seit fünf Jahren bei Fresenius Kabi beschäftigt. Der außerklinische Vertrieb von Produkten im Geschäftsbereich enterale Ernährung und Medizinprodukte einschließlich Akquisition und KundInnenbetreuung sowie Betreuung eines Teams von freien MitarbeiterInnen kennzeichnen seinen Arbeitstag. Sein Büro hat er zuhause.

### Zur Person

Manfred Borowski
Jahrgang 1961, zwei Kinder, Krankenpfleger, Praxisanleiter

Beruflicher Werdegang:
  1978 bis 1981: Ausbildung zum Krankenpfleger
  1981 bis 1995: Tätigkeit als Krankenpfleger, Zivildienst
  1995: Außendiensttätigkeit im Medizinproduktebereich
  1996 bis 1997: Tätigkeit als Krankenpfleger
  seit Ende 1997: außerklinischer Vertrieb von Produkten im Bereich enterale Ernährung und Medizinprodukte:
    – Kundenbetreuung und Akquisition in Altenheimen, Pflegediensten, Krankenhäusern, Apotheken, im Sanitätsfachhandel, bei niedergelassenen Ärzten und bei Krankenkassen
    – 2 Jahre Mitglied der firmeninternen Marketing-Arbeitsgemeinschaft (Abstimmung von Kunden- und Firmeninteressen)
    – Betreuung eines Teams von freien MitarbeiterInnen im Vertrieb
    – Durchführung von Schulungen, Fortbildungen, Unterricht in Pflegeschulen
  seit Jan. 2002: nach Durchlaufen eines Prüfungsverfahrens (Assessment-Center) Ernennung zur Teamleitung einer Gruppe von AußendienstmitarbeiterInnen mit Umsatz- und Budgetverantwortung.

Ausgewählte Weiterbildungen:
  1991 bis 1992: Ausbildung zum Praxisanleiter
  1993: Kinästhetik-Grundkurs
  1998: Grundausbildung bei der Fresenius Kabi
    fortlaufende Schulungen (PC, SAP, Fachschulungen etc.); diverse Verkaufs-, Präsentations-, Rhetorik- und Zeitmanagementseminare.

Fresenius ist ein weltweit tätiger Gesundheitskonzern mit Produkten und Dienstleistungen für die Dialyse, das Krankenhaus und die ambulante medizinische Versorgung von PatientInnen. Zum Fresenius-Konzern gehören vier Unternehmensbereiche, die weltweit eigenverantwortlich wirtschaften und handeln: Fresenius Medical Care, Fresenius Kabi, Fresenius ProServe und Fresenius HemoCare. Rund um den Globus sind circa 60 000 MitarbeiterInnen für Fresenius tätig, davon ein großer Teil in den USA. Die Fresenius Medical Care AG ist der weltweit führende Anbieter von Dialyseprodukten und -dienstleistungen zur lebensnotwendigen medizinischen Versorgung von Patienten mit chronischem Nierenversagen. Fresenius Kabi ist Europas führendes Unternehmen im Bereich Ernährungs- und Infusionstherapien. Außerdem bietet das Unternehmen Servicekonzepte für die ambulante Gesundheitsversorgung an und ist auf ambulante Therapien spezialisiert. Fresenius ProServe ist die auf internationale Dienstleistungen rund um das Gesundheitswesen und seine Einrichtungen spezialisierte Unternehmensgruppe im Fresenius-Konzern. Fresenius HemoCare ist ein in Europa führender Anbieter im Bereich der Blutbehandlung und Infusionstechnologie. Eine Kernkompetenz liegt in innovativen Adsorberverfahren.

Herr Borowski, welche drei zentralen Aspekte charakterisieren Ihr derzeitiges Aufgabenfeld?

«1. Weitgehend selbstverantwortliches Arbeitsfeld
2. Einbringen eigener Ideen und Vorstellungen
3. Kommunikation als Hauptinstrument der Arbeit.»

Wie sieht Ihr typischer Arbeitstag aus?

«Der Arbeitstag hat folgende Elemente:
- morgens in aller Regel eine halbe bis zwei Stunden Büroarbeit: Terminabsprachen, Klärung von Problemen bei Patientenversorgungen (Gespräche mit Krankenkassen), Veranstaltungsorganisation (Messen, Tagungen, Fortbildungen etc.), Umsatzeinsicht (Analyse) via Online-SAP-Zugriff
- Gespräche mit Außendienstkollegen zur Klärung aktueller Teambelange
- Besuche von Kunden, terminiert oder im Rahmen von aktuellen Gegebenheiten
- Abarbeitung von Aufgaben, die sich aus den Besuchen ergeben, zum Beispiel Marketinganfragen, Literaturrecherchen
- Bearbeitung von bis zu 20 telefonischen Anfragen einschließlich zum Beispiel Organisation von Patientenversorgungen im außerklinischen Bereich nach Klinikentlassung, Kundenanfragen, Anfragen aus der Zentrale zu abrechnungstechnischen Dingen, Kassenanfragen etc.
- Durchführung von Schulungen und Fortbildungen bei Pflegediensten, in Altenheimen, Kranken- und Altenpflegeschulen
- zum Abschluss des Arbeitstages erfolgt die Bearbeitung von Post und E-Mails.»

Was fordert Sie in Ihrem Tätigkeitsbereich ganz besonders heraus?

«Durch die große Selbstverantwortung ist die Eigen- und Teammotivation, gerade in schwierigen Zeiten, ein zentrales Thema. Auch die Mitgestaltung von Strukturen (keine starren Hierarchien) fordert mich ganz besonders heraus.»

Zu welchem Zeitpunkt haben Sie sich bewusst dafür entschieden, genau diesen Karriereweg einzuschlagen? Was waren die Schlüsselelemente, die Sie in Ihrer Entscheidung bestärkten?

«Zu einem Zeitpunkt, als mir bewusst wurde, dass meine Möglichkeiten in der Pflege sehr begrenzt waren. Die begrenzten, vom individuellen Engagement unabhängigen Verdienstmöglichkeiten bestärkten mich. Mit der Bezahlung in Abhängigkeit von dem Alter und nicht der Leistung wollte ich nicht mehr konform gehen.»

Wie haben Sie Familie und berufliche Qualifizierung miteinander in Einklang bringen können?

«Meine Lebensgefährtin war in die Entscheidungsfindung von Anfang an integriert. Durch relativ flexible Arbeitszeiten meinerseits und die Halbtagsbeschäftigung meiner Lebensgefährtin, der es beruflich möglich ist, ihre Dienste zu einem großen Teil auf meine beruflichen Bedingungen (Fortbildungen, Tagungen etc.) planerisch anzupassen, bin ich in der Lage, die ‹Familienorganisation› etwas mitzugestalten. Hinzu kommt, dass sich mein Büro innerhalb der Wohnung befindet. Meinen Tagesablauf plane ich so, dass ich meistens für unsere beiden Kinder morgens bis zu ihrem Schulgang da bin. Mein Arbeitstag fängt normalerweise um 7.30 Uhr an. Die Zeit zwischen 19.00 Uhr und 21.00 Uhr gehört nach Möglichkeit der Familie. Im Gegensatz zur Krankenpflege habe ich den klaren Vorteil, an erheblich mehr Wochenenden frei zu haben.»

Was für fachliche und überfachliche Fähigkeiten beziehungsweise Schlüsselqualifikationen benötigt jemand, der eine ähnliche Position bekleiden möchte?

«Fachlich wird ein guter Background aus der Pflege und Medizin gefordert, um optimal vernetzen zu können. Eine wichtige überfachliche Fähigkeit ist die, sich immer wieder auf neue Situationen einstellen zu können. Die Position in dieser Branche muss vom Dienstleistungsgedanken getragen sein. Man benötigt die Fähigkeit, Verkäufer sein zu können.»

Wie sehen Sie die kurz-, mittel- und langfristigen Berufsaussichten in Ihrem Bereich?

«Kurz-, mittel- und langfristig gut bis sehr gut – abhängig von den Marktgegebenheiten.»

Würden Sie sich noch einmal für diesen Karriereweg entscheiden?

«Ja.»

## 3.3 Interviews aus der Praxis – Arbeiten als Selbstständige/r

Nicht zuletzt durch die Einführung der Pflegeversicherung und durch die auch zukünftig fortschreitende Stärkung des ambulanten Sektors hat Selbstständigkeit in der Pflege in den vergangenen zehn Jahren einen Boom erfahren.

Was spricht für eine Tätigkeit als Selbstständige/r? «Endlich sein eigener Chef sein», davon träumen viele, die sich selbstständig machen. Entscheidungs- und Handlungskompetenz ohne Einschränkungen, das scheint interessant. Auch die Verdienstmöglichkeiten locken viele in die Selbstständigkeit. Das finanzielle Risiko, eine etwaige Haftung sogar mit dem Privatvermögen, wird dabei in Kauf genommen.

Wer selbstständig tätig werden will, sollte dies sehr gut vorbereiten und planen. Formale Voraussetzungen und Genehmigungen müssen geprüft, die Rechtsform gewählt, Pflichten und Rechte gelernt, Finanzierungspläne erstellt, Wissen über Steuern und Abgaben sowie Arbeits- und Vertragsrecht erworben und Versicherungen abgeschlossen werden.

Auch persönliche Voraussetzungen dürfen nicht außer Acht gelassen werden, da Unternehmenskrisen meist menschliche Krisen sind. Der nachfolgende Fragenkatalog (s. Kasten) soll eine Orientierungshilfe für eine selbstständige Tätigkeit sein. Objektive und ehrliche Partner können bei der Beantwortung der Fragen helfen, sich nicht an den persönlichen Besonderheiten vorbeizumogeln. Der größte Teil der Fragen sollte mit «Ja» beantwortet werden, wenn man seine Selbstständigkeit auf einem sicheren persönlichen Fundament aufbauen will.

### 3.3.1 Interview mit dem Inhaber eines Pflegedienstes

InhaberInnen eines Pflegedienstes sind verpflichtet, die Geschäfte des Unternehmens gemäß der Rechtsform sowie entsprechenden Regelungen über die Rechte und Pflichten im Einzelnen zu führen. In Abhängigkeit davon sowie von der Größe des Unternehmens ist er bzw. sie mit Planung, Organisation, Personaleinsatz, Führung und Kontrolle beschäftigt (vgl. Koontz/O´Donnel, 1955).

**Martin Hilbolt – Inhaber eines Pflegedienstes**
Martin Hilbolt ist Geschäftsinhaber und «innovativer Kopf» des Pflegedienstes Med Mobil. «Heute schon an morgen denken und zukünftigen Forderungen rechtzeitig begegnen» – durch dieses Motto lässt sich sein Handeln kennzeichnen. Er sorgt bereits seit 1994 für eine stetige Weiterentwicklung und organisches Wachstum seines Unternehmens.

> **Fragen zur persönlichen Eignung für eine Selbstständigkeit**
> - Können Sie sich mit sorgfältig überlegten Ideen gut durchsetzen?
> - Übernehmen Sie gern Verantwortung?
> - Sind Sie bereit, Risiken einzugehen?
> - Behalten Sie auch bei schnell wechselnden Situationen einen klaren Kopf?
> - Liegt es Ihnen, zu verhandeln, zu argumentieren und andere von einer guten Sache zu überzeugen?
> - Gelingt es Ihnen relativ leicht, das Vertrauen anderer Menschen zu gewinnen und es sich zu erhalten?
> - Arbeiten Sie gern an einer Aufgabe – engagiert, ohne Scheu vor Mühe und Zeitaufwand?
> - Bringen Sie für eine Aufgabe genügend Ausdauer auf und besitzen eine gute geistige und körperliche Konstitution – und bestätigt das auch Ihr Arzt?
> - Können Sie auch unter Stress gut arbeiten, sich konzentrieren und überlegt handeln?
> - Handeln Sie stets schnell und zügig?
> - Sind Sie bei Entwicklungen und Chancen, die in der Luft liegen, den anderen oft einen Schritt voraus?
> - Haben Sie schon mehrfach bewiesen, dass Sie auch bei mehreren gleichzeitig auftretenden Problemen die Übersicht behalten und Prioritäten setzen können?
> - Liegt es Ihnen, innovativ zu sein, neue Wege zu gehen und Ihre Ideen konsequent umzusetzen?
>
> (Quelle: Maess/Misteli/Günther, 1999: 3)

Martin Hilbolt ist selbstständig als Geschäftsinhaber des Pflegedienstes Med Mobil in Recklinghausen tätig. Er beschäftigt 50 MitarbeiterInnen, die aus unterschiedlichen Bereichen der Alten- und Krankenpflege stammen. Er ist verantwortlich für das strategische Geschäft des Pflegedienstes, dessen Einzugsgebiet sich über den gesamten Kreis Recklinghausen erstreckt, wobei angrenzende Gebiete einbezogen werden. Das Leistungsspektrum des Unternehmens umfasst die häusliche Krankenpflege und damit verbundene Dienstleistungsbereiche. Weitere Schwerpunkte seiner Arbeit sind die spezielle Softwareentwicklung sowie die Beratung anderer Unternehmen in der ambulanten Pflege. Darüber hinaus ist er Vorsitzender der IPP e. V. in Recklinghausen, einer Arbeitsgemeinschaft privater ambulanter Pflegedienste. Sein Pflegedienst ist der größte Anbieter privater Pflegedienstleistungen in Recklinghausen. Der Pflegedienst ist in Anlehnung an die DIN EN ISO 9000 ff. zertifiziert. Im Jahre 1998 wurde das von ihm entwickelte Kritikmanagementsystem mit dem Qualitätspreis des Landes Nordrhein-Westfalen prämiert. Das so genannte KMS dient der lückenlosen Offenlegung geäußerter Kritik und der Wünsche der pflegebedürftigen Personen, die als oberste Prio-

> **Zur Person**
>
> Martin Hilbolt
>
> Jahrgang 1967, verheiratet, vier Kinder, Krankenpfleger, PDL
>
> Beruflicher Werdegang:
>
> | | |
> |---|---|
> | 1985 bis 1988: | Ausbildung zum Krankenpfleger |
> | 1988 bis 1989: | Krankenpfleger auf der Intensivstation im Elisabeth Krankenhaus Dorsten |
> | 1989 bis 1991: | Krankenpfleger in der Lungenfachabteilung, Kardiologie, Aids-Forschung in den Unikliniken Köln |
> | 1989 bis 1991: | Assistenz der Geschäftsleitung eines Unternehmens |
> | 1991 bis 1992: | Krankenpfleger im Altenheim Klarenbachwerke Köln |
> | 1992 bis 1993: | Krankenpfleger im Pflegedienst Flockert in Köln |
> | 1992 bis 1994: | freiberuflicher Krankenpfleger des Pflegedienstes Harry Dietz in Köln |
> | seit 1994: | Inhaber des Pflegedienstes Med Mobil in Recklinghausen. |
>
> Ausgewählte Weiterbildungen:
> 1992 bis 1995: Studium der Humanmedizin und Betriebswirtschaft
>
> 2000 bis 2001: Fortbildung Pflegemanagement.

rität die Grundlage für einen ausgefeilten Tourenplan bilden. Med Mobil gehört zu den wenigen Unternehmen, die auf diese Weise für einen hervorragenden Beitrag zur Qualitätssicherung geehrt wurden.

Herr Hyilbolt, welche drei zentralen Aspekte charakterisieren Ihr derzeitiges Aufgabenfeld?
  «1. Organisieren, Planen, Leiten
  2. Koordinieren
  3. Kontrollieren, Prüfen.»

Wie sieht Ihr typischer Arbeitstag aus?
  «Es gibt immer wiederkehrende Elemente an einzelnen Tagen, wobei es keine festgelegte Reihenfolge und auch keine immer wiederkehrenden Zeiträume gibt. Im Einzelnen handelt es sich um:
  - Informationen beziehungsweise Nachrichten auswerten und bearbeiten (Nachrichtensystem Intranet, E-Mail, Fax, Post, Aktivitätenliste, Terminkalender etc.)
  - Außentermine bei Kunden und Geschäftspartnern planen und wahrnehmen

- Mitarbeitergespräche führen im Sinne des KMS
- interne Fortbildungen planen und begleiten
- Strategiegespräche mit verschiedenen Abteilungen führen (Qualitätssicherung, kaufmännische Abteilung, Geschäftsleitung Pflege, Teamkoordinatoren)
- Controllingaufgaben durch MIS (Management-Informations-Service)
- Vorstellungsgespräche führen
- Marketingstrategien entwickeln und umsetzen
- Projektarbeiten in verschiedenen Arbeitsgruppen begleiten und kontrollieren (z. B. Verbesserung des Dokumentenmanagementsystems, MDE – Mobile Datenerfassung, Kooperation mit Philips Telemedizin, Mitarbeiterakquisition etc.).

Ein flexibles und vernünftiges Zeitmanagement ist jeden Tag gefragt. Langweilig wird es nie!»

**Was fordert Sie in Ihrem Tätigkeitsbereich ganz besonders heraus?**
«Dies sind die innovativen Konzepte, die wir entwickeln, testen und umsetzen. Ich denke da zum Beispiel an unser Kritikmanagementsystem und dessen Umsetzung im Rahmen der Tourenplanung sowie an unsere Form der mobilen Datenerfassung und zahlreiche weitere Konzepte, die mich immer wieder neu herausfordern.»

**Zu welchem Zeitpunkt haben Sie sich bewusst dafür entschieden, genau diesen Karriereweg einzuschlagen? Was waren die Schlüsselelemente, die Sie in Ihrer Entscheidung bestärkten?**
«Während des Medizinstudiums und meiner Tätigkeit in ambulanten Pflegediensten wurde ich häufig mit der unzureichenden Umsetzung technischer Innovationen und einem besonders starren Arbeitsumfeld konfrontiert. Ich wollte es besser machen als andere Arbeitgeber.»

**Wollten Sie diese Position schon immer bekleiden?**
«Nein, wenn ich jedoch die einzelnen Stationen meines Werdegangs betrachte, so wird deutlich, dass die Gesamtheit der Erfahrungen gute Voraussetzungen für diese Tätigkeit mit sich brachte.»

**Was empfehlen Sie denjenigen, die zukünftig eine ähnliche Position bekleiden wollen?**
«Fördern Sie Kreativität, Ausdauer, Empathie, Zeitmanagement und ein Bewusstsein für problematische Entwicklungen im Gesundheitswesen.»

Was für fachliche und überfachliche Fähigkeiten beziehungsweise Schlüsselqualifikationen benötigt jemand, der eine ähnliche Position bekleiden möchte?

«Wer einen Pflegedienst leiten will, der sollte mindestens fünf Jahre Berufserfahrung in mehreren Bereichen der Krankenpflege gesammelt haben. Fundiertes betriebswirtschaftliches Wissen, strategisches Denken, Durchsetzungsvermögen, Selbstbewusstsein, die Fähigkeit, zu motivieren und vielfältige Sozial- und Geschäftskontakte knüpfen zu können, Offenheit für Neues und Ideenreichtum sowie fundiertes EDV-Wissen und die Fähigkeit, Rückschläge als Motivatoren zu nutzen, sind wichtige Voraussetzungen für den Erfolg.»

Wie sehen Sie die kurz-, mittel- und langfristigen Berufsaussichten in Ihrem Bereich?

«Kurz-, mittel- und langfristig sehe ich gute bis sehr gute Berufsaussichten in meinem Bereich. Die Stärkung des ambulanten Sektors leistet hier einen großen Beitrag, hinzu kommt die demographische Entwicklung. Im Jahre 2020 werden vierzig Prozent der Deutschen über sechzig Jahre alt sein.»

Gibt es in Ihrem Tätigkeitsbereich bestimmte Trends?

«Diese lassen sich folgendermaßen zusammenfassen:
- Betriebswirtschaftliche Aspekte werden immer wichtiger.
- Auf Grund der demographischen Entwicklung werden die Wachstumsaussichten zunehmend positiver.
- Die Reglementierung durch Gesetzgeber und Kostenträger wird weiter zunehmen.
- Ohne EDV-Einsatz sind die vielfältigen Aufgabengebiete nicht planbar beziehungsweise messbar und zu bewältigen.»

Würden Sie sich noch einmal für diesen Karriereweg entscheiden?

«Ja!»

## 3.3.2 Interview mit der Inhaberin eines Instituts für Sachverständigentätigkeiten in der Pflege

Das «Pflege-Qualitätssicherungsgesetz» (PQsG) vom 1.1.2002 fordert, dass alle ambulanten und stationären Pflegeeinrichtungen ab dem 1.1.2004 so genannte «Leistungs- und Qualitätsnachweise» (kurz LQN) erbringen müssen. Die LQN sind ab 1.1.2004 Voraussetzung für Vergütungsvereinbarungen. Sie werden von unabhängigen Sachverständigen oder Prüfstellen ausgestellt, vorausgesetzt, sie sind als unabhängige Prüfstelle gemäß § 118 SGB XI durch die Spitzenverbände der Pflegekassen zugelassen worden.

### Christa Büker – Geschäftsinhaberin und Institutsleiterin

Christa Büker ist als Geschäftsinhaberin und Institutsleiterin der INSAP GbR für die oben genannten Aufgaben verantwortlich. Hier und im Rahmen ihrer weiteren Aufgaben ergeben sich täglich spannende Aspekte.

---

**Zur Person**

Christa Büker
Jahrgang 1960, verheiratet, Krankenschwester, PDL, QMB (TÜV), Diplom-Pflegemanagerin (FH)

Beruflicher Werdegang:
    1977 bis 1980: Ausbildung zur Krankenschwester
    1980 bis 1984: Dreifaltigkeitshospital Lippstadt, Tätigkeit als Krankenschwester
    1984 bis 1989: Kurklinik Wiesengrund Bad Sassendorf, Tätigkeit als Stationsschwester
    1989 bis 1990: Antonius-Altenheim Soest, Tätigkeit als Krankenschwester
    1990 bis 1991: private Pflegetätigkeit
    1992 bis 1996: häusliche Krankenpflege Sprenger Lippstadt, Tätigkeit als Pflegedienstleitung
    seit 1996: freiberuflich tätig
    seit 1999: Tätigkeit als Sachverständige für Sozialgerichte in Streitfällen der Pflegeversicherung
    seit 2001: Lehrauftrag an der Fernfachhochschule Hamburg im Studiengang Pflegemanagement für das Fach Pflegewissenschaft.

Ausgewählte Weiterbildungen:
    1993 bis 1994: Absolvierung der Qualifikationsmaßnahme zur PDL in der Altenpflege
    1996 bis 2000: Studium Pflegemanagement (FH Münster)
    2000: Ausbildung zur Qualitätsmanagementbeauftragten (QMB-TÜV)
    seit 2001: Studium Gesundheitswissenschaften (Universität Bielefeld).

---

Frau Büker ist selbstständig tätig als Dozentin für verschiedene Weiterbildungseinrichtungen in der Pflege und Institutsleiterin der INSAP GbR (Institut für Sachverständigentätigkeiten in der Pflege) mit Sitz in Lippstadt. Als unabhängiges Institut erstellt sie pflegefachliche Gutachten für Sozialgerichte und Privatpersonen, führt Beratungen und nach Zulassung als unabhängige Prüfstelle gemäß § 118 Sozialgesetzbuch XI (Pflegeversicherung) Prüfungen zur Erteilung von Leistungs- und Qualitätsnachweisen (LQN) für stationäre und ambulante Einrichtungen der Pflege durch. Fachliche und unternehmerische Beratung sowie Qualitätsentwicklung und Zertifizierung sind weitere Leistungen, die die INSAP GbR erbringt.

**Frau Büker, welche drei zentrale Aspekte charakterisieren Ihr derzeitiges Aufgabenfeld?**
«1. Dozententätigkeit
2. Sachverständigentätigkeit
3. Beratungstätigkeit.»

**Wie sieht Ihr typischer Arbeitstag aus?**
«Jeder Tag hat andere Aufgaben, und dies ist gerade das Reizvolle an meiner Tätigkeit. Zwei bis drei Tage in der Woche gehe ich Dozententätigkeiten nach, die ebenfalls sehr unterschiedlicher Art sind. Ich unterrichte Pflegedienstleitungen und Stationsleitungen, die sich in der Ausbildung befinden, führe freie Seminare durch zu den verschiedensten Pflegethemen (z. B. Pflegevisite, Beschwerdemanagement, Qualitätssicherung, Dienstplangestaltung, Pflegeleitbild, Pflegetheorien), unterrichte an der Fernfachhochschule Hamburg im Studienzentrum Gütersloh. Ein Tag kann auch so aussehen, dass ich ein Pflegegutachten zu erstellen habe, welches mit gründlichem Aktenstudium, Absolvierung eines Hausbesuches beim Kläger und Verfassung des Gutachtens einhergeht. Des Weiteren führe ich Beratungstätigkeiten in ambulanten Pflegediensten durch, zum Beispiel zur Errichtung eines Qualitätsmanagementsystems zur Vorbereitung auf die MDK-Prüfung. Das gesamte Tätigkeitsfeld ist abwechslungsreich. Das Aufgabenspektrum ist sehr breit und vielfältig.»

**Was fordert Sie in Ihrem Tätigkeitsbereich ganz besonders heraus?**
«Eine Herausforderung ist die Notwendigkeit, ständig auf dem aktuellen Stand in der Pflege zu sein, den Überblick über neue gesetzliche Regelungen zu behalten sowie wissenschaftliche Diskurse zu verfolgen. Eine Herausforderung bedeutet es auch, sich als Dozentin immer wieder auf die unterschiedlichen Teilnehmer und ihre Erwartungen an eine Fortbildung einzustellen.»

**Zu welchem Zeitpunkt haben Sie sich bewusst dafür entschieden, genau diesen Karriereweg einzuschlagen? Was waren die Schlüsselelemente, die Sie in Ihrer Entscheidung bestärkten?**
«Die Entscheidung für diesen Weg fiel mit Beginn des Pflegemanagementstudiums. Ein wesentlicher Entscheidungsfaktor war die Aussicht auf eine eigenverantwortliche Gestaltung der Arbeit und eigenständige Einteilung der Zeit.»

**Wollten Sie diese Position schon immer bekleiden?**
«Nein. In den ersten Jahren nach dem Krankenpflegeexamen habe ich derartige Pläne überhaupt noch nicht erwogen. Ein pflegebezogenes Studium war zu dieser Zeit in Deutschland noch nicht möglich, und die Qualifikationsmöglichkeiten waren begrenzt. Erst durch meine Tätigkeit als Pflegedienstleiterin ist mir die Notwendigkeit einer Weiterqualifizierung bewusst geworden. Mit großem Interesse habe ich dann die allmähliche Einrichtung pflegebezogener Studiengänge in Deutschland verfolgt und mich nach langen Überlegungen dazu entschlossen, diese Chance für die Pflege und für mich persönlich zu nutzen.»

**Was empfehlen Sie denjenigen, die zukünftig eine ähnliche Position bekleiden wollen?**
«Ich empfehle jedem, sich genaue Gedanken über seine Neigungen und Ziele zu machen. Man muss zudem eine realistische Einschätzung seiner Möglichkeiten vornehmen: Wie sieht es aus mit der Unterstützung durch die Familie? Kann ich mir ein finanzielles Risiko erlauben oder nicht? Welche zeitlichen Ressourcen habe ich?»

**Was für fachliche und überfachliche Fähigkeiten beziehungsweise Schlüsselqualifikationen benötigt jemand, der eine ähnliche Position bekleiden möchte?**
«Die Absolvierung eines pflegebezogenen Studiums halte ich für sehr wesentlich. Nur durch eine zunehmende Akademisierung hat die Pflege zudem eine Chance, gleichberechtigt neben den anderen Gesundheitsprofessionen zu stehen. Neben dieser fachlichen Qualifikation benötigt man die Bereitschaft und Fähigkeit zum ständigen, lebenslangen Lernen sowie ein hohes Maß an Flexibilität und Ausdauer.»

**Wie sehen Sie die kurz-, mittel- und langfristigen Berufsaussichten in Ihrem Bereich?**
«Kurz-, mittel- und langfristig sehe ich gute Berufsaussichten in meinem Bereich. Die demographische Entwicklung erfordert zwingend und unverzüglich eine weitere Professionalisierung der Pflege in allen Bereichen.»

**Würden Sie sich noch einmal für diesen Karriereweg entscheiden?**
«Ja, jederzeit.»

## 3.4 Zusammenfassung

Auf dem Arbeitsmarkt der Pflege herrscht seit einiger Zeit ein enormer Aufwind. Die Anforderungen an die Arbeit in allen Bereichen der Pflege steigen. Um auf diesem Wachstumsmarkt zu bestehen, ist es für die/den Einzelne/n unerlässlich geworden, sich konsequent weiterzubilden. Hier steht den Interessierten inzwischen eine nahezu unglaubliche Vielfalt an Qualifizierungsmöglichkeiten zur Verfügung. Differenzierungen in unterschiedlichen Tätigkeitsbereichen innerhalb und außerhalb der eigentlichen pflegerischen Arbeit sind zu finden. Diese Vielfalt und Differenzierung bietet zahlreiche Chancen. Pflege geht heute weit über das hinaus, was man sich zunächst darunter vorstellt. Der Bildungsmarkt in der Pflege gebietet jedoch auch Achtsamkeit auf Grund seiner Unübersichtlichkeit. Inhalte, Umfang und vor allem Qualität von Qualifizierungen unterscheiden sich häufig signifikant voneinander.

Hinzu kommen zahlreiche Studiengänge in der Studienlandschaft Pflege, deren Konzepte den steigenden Anforderungen an die Arbeit in der Pflege angepasst sind. Nicht nur aus diesem Grund lohnt es sich, diese Möglichkeit der beruflichen und persönlichen Weiterentwicklung zu betrachten und diese Herausforderung anzunehmen. Dabei hat jede/r Interessierte die Gelegenheit, aus einer Vielzahl von Studienformen die geeignete auszuwählen.

# 4 Möglichkeiten der Finanzierung und Förderung

*Geld ist der sechste Sinn; der
Mensch muss ihn haben – denn
ohne ihn kann er die anderen
fünf nicht voll ausnützen.*

William Somerset Maugham

Wer studiert oder sich anderweitig weiterbildet, muss sein Leben in vielen Bereichen umstrukturieren. So ist die Absolvierung eines Studiums oder einer Weiterbildungsmaßnahme unter anderem mit Einschränkungen auf Seiten der Arbeitszeit verbunden. Selbst bei den Fernstudiengängen wird meist empfohlen, die wöchentliche Arbeitszeit zu reduzieren. Dies erhöht die Wahrscheinlichkeit einer erfolgreichen Beendigung des Studiums maßgeblich und sichert dabei noch ausreichend Freizeit, um sich von dem Stress zu erholen. Die Konsequenz sind finanzielle Einbußen.

**Abbildung 4-1:** Marion und erschreckende Zahlen auf dem Konto (gezeichnet von M. Splietker, 2002)

Wer seinen Vollzeitjob gegen einen Teilzeitjob eintauscht, muss mit weniger Geld auskommen. Wer seinen Job ganz niederlegt, um sich vollends auf das Studium und das StudentInnenleben zu konzentrieren, muss nach völlig neuen Wegen der Finanzierung suchen. Die Gesamtfinanzierung setzt sich bei vielen StudentInnen aus mehreren Bausteinen zusammen. Im Folgenden werden unterschiedliche Finanzierungsbausteine vorgestellt und diskutiert. Interessierte LeserInnen können sich hier ihr eigenes Finanzierungsmodell zusammenstellen.

# 4.1 Quelle 1 – Private Finanzierung

«Selbstständig das Studium finanzieren» – unter diesem Motto stehen die nachfolgend beschriebenen Maßnahmen.

## 4.1.1 Die Suche nach Ersparnispotenzialen

Wie bereits erwähnt, bringt die Entscheidung für ein Studium oder eine Weiterbildung finanzielle Einbußen unterschiedlicher Höhe mit sich. Bisher anfallende Kosten sollten aus diesem Grund auf mögliche Ersparnispotenziale hin untersucht werden. Dabei gibt es verschiedenste Möglichkeiten, die eigenen Ausgaben zu reduzieren. Kreativität ist gefragt, Anregungen und Ideen hierzu werden im Folgenden gegeben.

Eine erste Maßnahme könnte zum Beispiel sein, das Auto häufiger auf dem Parkplatz stehen zu lassen und auf öffentliche Verkehrsmittel oder aufs Fahrrad umzusteigen. In vielen Hochschulorten kann man mit dem Semesterticket kostenlos mit Bus und Bahn fahren. Mitunter ist es sogar möglich, das Auto ganz abzuschaffen. In Erwägung ziehen kann man auch, in eine kleinere Wohnung zu ziehen oder vielleicht eine Wohngemeinschaft mit anderen StudentInnen zu gründen. Auch StudentInnenwohnheime bieten günstige Wohngelegenheiten. Die Lebenshaltungskosten können des Weiteren dadurch reduziert werden, dass über günstigere Einkaufsmöglichkeiten nachgedacht wird. Dies betrifft zum Beispiel Lebensmittel und andere Waren, die regelmäßig eingekauft werden. Die Häufigkeit der Restaurantbesuche kann ebenfalls reduziert werden. Das gemeinsame Kochen und Abendessen zu Hause kann ebenso romantisch sein wie der Besuch beim «Italiener um die Ecke». Auch ob man wirklich ein Handy benötigt, sollte kritisch geprüft werden. Noch vor einigen Jahren kamen wir mit einem Telefon und einem Anrufbeantworter zu Hause aus. Heute meinen wir, überall und zu jeder Zeit erreichbar sein zu müssen. Wer sein Handy nicht abgeben möchte, sollte zumindest den günstigsten Tarif recherchieren. Besondere StudentInnentarife gibt es bei fast allen Anbietern. Und was ist mit der Dauer der Telefonate? Auch die kann selbstverständlich reduziert werden. Beim Festnetz ist mittlerweile ebenfalls ein Umstieg auf günstigere Anbieter möglich, ebenso bei der Stromversorgung. Hier sollte auch aus Umweltschutzgründen darüber nachgedacht werden, ob Geräte wie zum Beispiel der Fernseher in Abwesenheit im Standby-Modus verharren müssen oder nicht besser ausgeschaltet werden können, was Kosten spart.

Besonders hohe Kosten während des Studiums oder einer Weiterbildungsmaßnahme verursachen die notwendigen Studienmaterialien, wie zum Beispiel Bücher und der mittlerweile unabdingbare Computer. Hier gibt es die Möglichkeit, am «schwarzen Brett» der Universität oder Fachhochschule nach gebrauchten Büchern und Computern zu suchen. Nicht von allen Büchern ist die neueste und ungebrauchte Auflage erforderlich. Neben der Suche am «schwarzen Brett» bietet sich hierzu auch die StudentInnenzeitung an, wo mitunter kostenlos eine Suchannonce aufgegeben werden kann.

Im Juli 2001 wurden das Rabattgesetz und die Zugabeverordnung offiziell abgeschafft, was die Möglichkeit des freien Handelns mit sich bringt. Sicherlich lohnt es nicht, in den Geschäften der großen Lebensmittelketten mit dem Kassierer zu feilschen. In Möbelfachgeschäften, Autohäusern oder Elektrogeschäften kann das Handeln jedoch durchaus zu einem Preisnachlass oder einer kostenlosen Warenzugabe führen. Es ist weiterhin sinnvoll, auf die zahlreichen Sonderaktionen der verschiedenen Händler zu achten. Auch Internetauktionen sollten in Erwägung gezogen werden. Ebay (http://www.ebay.de) erfreut sich zunehmender Beliebtheit.

Weitere Ersparnispotenziale lassen sich leicht herausfinden. Individualität und Einfallsreichtum sind hier gefragt (**Tab. 4-1**).

**Tabelle 4-1:** Preise im Vergleich

| Gegenstand/Leistung | Preisbeispiel (Euro) | Günstigste Alternative (Euro) |
|---|---|---|
| Entwicklung von Fotos (Preis pro Bild) | 0,27 | 0,15 |
| 1 Liter Milch | 0,59 | 0,42 |
| 1 Liter Coca Cola Light | 0,99 | 0,79 |
| 500 g Roggenmischbrot | 2,25 | 1,88 |
| Eintrittskarte fürs Kino | 8,00 | 4,50 |
| ätherische Öle, 5er-Set | 12,50 | 2,49 |
| Frottierbadetuch | 12,95 | 7,59 |
| Bio-Filz-Cloqs | 25,90 | 7,99 |
| Alu-Pfanne mit Glasdeckel | 27,99 | 9,99 |
| Nackenstützkissen | 28,90 | 14,99 |
| Wachs-Wetterjacke | 110,00 | 45,99 |
| Drucker-Kopierer-Scanner | 229,00 | 139,00 |
| Wohnwagen | 15 234,00 | 12 975,00 |

Tipp: Preisvergleiche für Elektrogeräte unter http://www.guenstiger.de

## 4.1.2 Vergünstigungen als StudentIn

Der StudentInnenstatus bringt eine Reihe finanzieller Vergünstigungen mit sich. So bieten zum Beispiel mit Beginn des ersten Semesters zahlreiche Kneipen und andere Läden den neuen StudentInnen verbilligte Getränke, Speisen und sonstige Begrüßungscocktails an. Gegen Vorlage des Studienausweises gibt es auch für StudentInnen der höheren Semester fortlaufend Vergünstigungen, nämlich:
- das Anrecht auf ein Zimmer im Wohnheim, was geringere Mietkosten mit sich bringt als ein privates Zimmer
- die kostenlose Nutzung der PC-Pools und Bibliotheken in den Hochschulen
- kostengünstiges, subventioniertes Essen in Mensen und Cafeterien der Hochschulen
- studentische Tarife bei Bus- und Bahnfahrten, auch außerhalb des Gültigkeitsbereichs des Semestertickets
- ermäßigte Eintrittspreise für Theater, Konzerte und Museen
- geringe Gebühren für die Nutzung der hochschuleigenen Sportanlagen
- kostenfreie Kontoführung bei vielen Kreditinstituten
- vergünstigte Zeitschriftenabonnements
- Befreiung von Rundfunk- und Fernsehgebühren
- Sozialtarif für den Telefonanschluss.

Weitere Vergünstigungen werden die findigen StudentInnen und ihre KommilitonInnen im ersten Semester schnell finden (Herrmann/Verse-Herrmann, 1999).

## 4.1.3 Sich Geld leihen

Die bzw. der eine oder andere Studierende hat das Studium auch mit finanzieller Unterstützung durch die Familie erfolgreich beenden können. Ein zinsfreies Darlehen gewähren mitunter Großeltern, Eltern und andere Verwandte. Auch Freunde und Bekannte unterstützen eventuell, vor allem, wenn nur noch eine kurze Zeit zu überbrücken ist. Hierbei ist wichtig, dass ein Rückzahlplan vertraglich vereinbart wird. Auf diese Weise können Probleme im Falle einer Veränderung der Beziehung zueinander schon im Vorfeld ausgeschlossen werden.

## 4.1.4 Notdarlehen

Ein Notdarlehen bietet sich in der Abschlussphase des Studiums oder während der Doktorarbeit an, wenn zum Beispiel die Förderungshöchstdauer des BAföG erreicht wurde. Ein solches Darlehen wird von den StudentInnenwerken oder der studentischen Darlehenskasse in zinsloser oder geringfügig verzinster Form gewährt. Handelt es sich um einen höheren Geldbetrag, sind häufig Bürgen erforderlich, die über ein festes Einkommen verfügen. Auch wird eine Bescheinigung über einen bisher erfolgreichen Studienverlauf sowie den wahrscheinlich termingerechten Studienabschluss benötigt, die von einer Lehrkraft des entsprechenden Fachbereichs ausgestellt sein sollte. Das Darlehen muss kurze Zeit nach Beendigung des Studiums in Monatsraten von etwa 100 Euro zurückgezahlt werden. Nach ähnlichen Kriterien kann ein Unterstützungsdarlehen für Studierende, die unverschuldet in Notfallsituationen geraten sind und ihr Studium sonst nicht fortführen können, gewährt werden. Die monatlichen Beträge entsprechen den BAföG-Sätzen und dürfen nur für Studienkosten und Lebensunterhaltskosten verwendet werden (Herrmann/Verse-Herrmann, 1999).

## 4.1.5 Bankkredite

Ein Studium durch einen Bankkredit zu finanzieren, ist in Deutschland nicht möglich. Unter Umständen lässt das Kreditinstitut über kleinere Beträge mit sich reden, jedoch sind die Raten und Zinsen wesentlich höher als bei einer staatlichen Finanzierung.

**Abbildung 4-2:** Marion auf dem Weg zum BAföG-Amt (gezeichnet von Marcus Splietker, 2002)

## 4.2 Quelle 2 – Staatliche Unterstützung

Selbstständig ist die Finanzierung eines Studiums in vielen Fällen nur schwer möglich. Staatliche Unterstützung hilft in diesem Fall weiter, vorausgesetzt, dass man sich durch den Dschungel an Bestimmungen und Voraussetzungen hindurchgekämpft hat.

### 4.2.1 BAföG

Die allgemein bekannteste Art der Studienfinanzierung durch den Staat ist nach dem so genannten BAföG (Bundesausbildungsförderungsgesetz) möglich. Die jeweiligen Beträge werden von dem StudentInnenwerk des entsprechenden Hochschulortes ausgezahlt. «Mit dem BAföG wird unter bestimmten Umständen Studierenden, deren Eltern oder Ehepartner bestimmte Einkommensgrenzen nicht überschreiten, eine finanzielle Unterstützung gewährt» (Herrmann/Verse-Herrmann, 1999: 8).

Grundsätzlich haben alle deutschen Studierenden, die an einer deutschen Hochschule eingeschrieben sind, Anspruch auf diese Art der Unterstützung, wenn sie bei der Erstantragstellung nicht älter als 29 Jahre sind (Schindler, 1995). Finanziert wird jedoch durch diese Maßnahme nur die gesetzlich festgeschriebene Regelstudienzeit des jeweiligen Studienganges. Auch müssen bestimmte Vorgaben während des Studiums erfüllt werden. Wer sein Vordiplom nicht innerhalb der von der Prüfungsordnung vorgeschriebenen Zeit vorweisen kann, erhält so lange keine Unterstützung, bis die entsprechende Bescheinigung dem Amt für Ausbildungsförderung vorliegt. Die Finanzierung eines Auslandsaufenthaltes zu Studienzwecken kann ebenfalls durch BAföG unterstützt werden, wenn Studienleistungen, die dort erbracht werden, auf das heimatliche Studium angerechnet werden können. Auch durch die Prüfungsordnung vorgeschriebene Praktika, die im Ausland absolviert werden, können durch Zuschüsse vom Amt für Ausbildungsförderung subventioniert werden. Es gibt zwei verschiedene Formen des BAföG, nämlich das elternabhängige sowie das elternunabhängige, wobei letzteres bei Studierenden greift, die schon mindestens sechs Jahre erwerbstätig waren. Die Zeit der Lehre wird in diesem Fall angerechnet. Zur genauen Berechnung werden hierbei nur Angaben über die finanzielle Situation des Antragsstellers und seines Ehepartners verwendet. Das elternabhängige BAföG wird dagegen anhand der Vermögens- und Einkommenssituation der Eltern berechnet.

Ob das BAföG jedoch tatsächlich greift und wenn ja, in welcher Höhe, hängt von einer Menge weiterer Faktoren ab. Nicht nur die Einkommens- und Vermögenssituation, sondern auch der Wohnort während des Studiums, die Höhe der Miete, die Größe der Familie usw. spielen eine Rolle bei der Berechnung

(Schindler, 1995). Insgesamt sind Berechnungen des BAföG sehr komplex und durch nicht wenige Ausnahmeregelungen gekennzeichnet. Die Chance auf diese Unterstützung ist generell bei niedrigem Einkommen größer als bei hohem Einkommen. Der derzeitige Höchstsatz liegt inklusive aller möglichen Zuschläge bei 585 Euro (Stand: 2002).

Auch was die Rückzahlung dieses so genannten Darlehens betrifft, gilt es einige Besonderheiten zu berücksichtigen. Grundsätzlich ist es jedoch so, dass die Hälfte der Unterstützungsgelder gemäß BAföG als zinsloses Darlehen gewährt wird, das in einem bestimmten Zeitraum zurückgezahlt werden muss, wenn die Absolventin über ein ausreichendes Einkommen verfügt.

Abschließend sei angemerkt, dass es sinnvoll ist, den BAföG-Antrag möglichst schon vor Beginn des Studiums einzureichen, da von der Antragstellung bis zur Bewilligung in der Regel einige Wochen vergehen können. BAföG wird nämlich nicht rückwirkend gezahlt, sondern erst vom Tag der Antragstellung an.

Beantragt wird die Unterstützung gemäß BAföG bei den zuständigen Ämtern, die sich in jeder Hochschulstadt befinden. Zum Teil haben die Ämter ihren Sitz sogar im Verwaltungsgebäude der Universität oder Fachhochschule.

Detaillierte Informationen zu dieser Form der Finanzierung sind auf den BAföG-Internet-Seiten des Bundesministeriums für Bildung und Forschung zu finden (http://www.das-neue-bafoeg.de). Auf dieser Seite befindet sich auch ein Online-BAföG-Rechner, ebenso wie auf der Internet-Seite http://www.bafoeg-rechner.de. Für Fragen steht auch eine gebührenfreie Hotline unter (0800) 2236341 zur Verfügung.

### 4.2.2 Meister-BAföG

Grundsätzlich gelten für das Meister-BAföG ähnliche Regelungen und Vorgaben wie für das BAföG (vgl. Kap. 4.2.1). Mit dem Aufstiegsfortbildungsförderungsgesetz (AFBG) wird jedoch mehr das Ziel verfolgt, die berufliche Aufstiegsfortbildung finanziell zu unterstützen und Existenzgründungen zu erleichtern. Das Gesetz ist ein umfassendes Förderinstrument für die berufliche Fortbildung – grundsätzlich in allen Berufsbereichen, einschließlich der Gesundheits- und Pflegeberufe, unabhängig davon, in welcher Form sie durchgeführt wird, sei es Vollzeit, Teilzeit, mediengestützt oder als Fernunterricht. Das Meister-BAföG unterstützt die Erweiterung und den Ausbau beruflicher Qualifizierungen.

Der bzw. die AntragstellerIn darf allerdings noch nicht über eine berufliche Qualifikation verfügen, die dem angestrebten Fortbildungsabschluss mindestens gleichwertig ist. Eine Altersgrenze gibt es für diese Form der Unterstützung gemäß BAföG nicht. Das Meister-BAföG greift bei HandwerkerInnen, Fachkräften, die sich auf einen Fortbildungsabschluss zu Handwerks- oder IndustriemeisterInnen, TechnikerInnen, Fachkaufleuten, FachkrankenpflegerInnen, Betriebsinformatikerinnen, ProgrammiererInnen, BetriebswirtInnen oder einer vergleichbaren Qualifikation vorbereiten und die über eine nach dem Berufsbildungsgesetz (BBiG) oder der Handwerksordnung (HwO) anerkannte, abgeschlossene Erstausbildung oder einen vergleichbaren Berufsabschluss verfügen.

Die Dauer der Förderung richtet sich nach der Dauer der Fortbildungsmaßnahme, wobei Vollzeitmaßnahmen längstens 24 Monate und Teilzeitmaßnahmen höchstens 48 Monate gefördert werden. Es gibt natürlich Sonderregelungen, die greifen, wenn die Form der Fortbildung nicht eindeutig ersichtlich ist.

Der derzeitige Höchstsatz liegt inklusive aller möglichen Zuschläge bei 614 Euro für Alleinstehende ohne Kind (Stand: 2002). Der Satz erhöht sich jedoch um Einiges, wenn eine Antragstellerin Kinder hat und verheiratet ist.

Informationen über das so genannte Meister-BAföG erhalten Sie auf der Internet-Seite http://www.meister-bafoeg.de oder unter der Hotline (0800) 6223634.

### 4.2.3 Bildungskredit

Ziele des Bildungskredits sind die Sicherung und Beschleunigung der Ausbildung oder die Finanzierung eines außergewöhnlichen, nicht durch das Bundesausbil-

**Abbildung 4-3:** Marion vor einer Flut von Anträgen (gezeichnet von M. Splietker, 2002)

dungsförderungsgesetz (BAföG) getragenen Aufwands, um die Ausbildung zu verkürzen bzw. deren Abbruch auf Grund fehlender finanzieller Mittel zu vermeiden. Die Förderung erfolgt unabhängig vom Vermögen und Einkommen des Antragstellers und seiner Eltern, wobei der Kredit maximal bis zur Vollendung des 36. Lebensjahres gewährt wird.

Innerhalb eines Ausbildungsabschnittes können bis zu 7 200 Euro bewilligt werden.

Wenn der Besuch einer ausländischen Ausbildungsstätte dem einer inländischen gleichwertig ist, kann der Kredit auch hier greifen. Weiterhin ist es möglich, diese Unterstützung bei in- und ausländischen Praktika zu erhalten.

Der Kreditantrag ist an das Bundesverwaltungsamt zu richten, wo geprüft wird, ob die Voraussetzungen für die Gewährung eines Bildungskredits vorliegen. Gegebenenfalls wird dann ein Bewilligungsbescheid und eine Bürgschaft (Bundesgarantie) erteilt. Dieser Bescheid enthält ein verbindliches Vertragsangebot der Deutschen Ausgleichsbank. Den Abschluss des Kreditvertrags, die Auszahlung der Raten und die Rückforderung übernimmt die Deutsche Ausgleichsbank. Wird die Bundesgarantie in Anspruch genommen, erfolgt die Rückforderung durch das Bundesverwaltungsamt.

> Weitere Auskünfte über den Bezug des Bildungskredits erteilt die Bildungskredithotline unter der Rufnummer (0188) 83 58-44 92. Informationen erhält man auch auf der Seite http://www.bva.bund.de.

### 4.2.4 Weitere Unterstützungsmöglichkeiten

**Wohngeld**
Normalerweise erhalten Studierende, die unter das BAföG fallen, kein Wohngeld, weil das BAföG bereits einen Mietzuschuss enthält. Studierende, denen auf Grund ihrer Einkommensverhältnisse kein BAföG zusteht, erhalten in der Regel auch kein Wohngeld. Es gibt jedoch einige Ausnahmen, wenn nämlich das BAföG nicht in Frage kommt, weil:
- die Förderungshöchstdauer überschritten wurde
- der Studiengang ohne bedeutenden Grund gewechselt wurde und deshalb kein BAföG mehr gewährt wird
- das Studium ohne wichtigen Grund unterbrochen wurde und das BAföG nicht mehr greift
- die Ausbildung entsprechend den BAföG-Richtlinien als nicht förderungswürdig gilt
- die erforderliche Leistungsbescheinigung über den Erwerb des Vordiploms nicht erbracht wurde und somit die BAföG-Förderung nicht greift

- die Altersgrenze für BAföG beim Studienbeginn überschritten war
- man als ausländische/r Studierende/r die Bedingungen für BAföG nicht erfüllt (Herrmann/Verse-Herrmann 1999).

All diese Ausnahmeregelungen setzen jedoch einen eigenen Haushalt voraus. Weitere Informationen sind bei der zuständigen Wohngeldstelle der Stadt erhältlich.

**Arbeitslosenunterstützung**
Grundsätzlich haben Studierende keinen Anspruch auf Arbeitslosenunterstützung, da sie dem Arbeitsmarkt nicht oder nur geringfügig zur Verfügung stehen. Studierende im Hauptstudium, deren Studium nur eine untergeordnete Rolle spielt, stellen jedoch eine Ausnahme dar. Eine untergeordnete Rolle spielt das Studium, wenn es weniger als elf Wochenstunden an Lehrveranstaltungen umfasst und eine Arbeitsaufnahme beabsichtigt wird. Voraussetzung ist aber auch, dass man in den letzten drei Jahren mindestens 360 Kalendertage beitragspflichtig beschäftigt gewesen ist. Ähnlich sieht die Regelung in Bezug auf die Unterstützung durch Arbeitslosenhilfe aus. Hier muss man allerdings nur mindestens 150 Kalendertage mit mindestens 18 Stunden pro Woche beitragspflichtig gearbeitet haben. Weitere Sonderregelungen existieren (Herrmann/Verse-Herrmann, 1999). Die Höhe der Arbeitslosenunterstützung richtet sich übrigens nach dem zuletzt erzielten Gehalt. Etwa zwei Drittel beträgt sie bei der Arbeitslosenunterstützung, maximal jedoch eine festgelegte Obergrenze. Hinzu kommt, dass der Bezug von Unterstützung dieser Art abhängig von der Dauer der vorherigen Beschäftigung zeitlich begrenzt ist.

**Unterstützung gemäß Bundesversorgungsgesetz**
Für Waisen und Kinder von Kriegsbeschädigten, die Rente oder Waisenbeihilfe nach dem Bundesversorgungsgesetz erhalten, besteht die Möglichkeit, Erziehungsbeihilfe während des Studiums zu erhalten. Erziehungsbeihilfe wird gezahlt, wenn durch Einkommen und Vermögen der bzw. des Studierenden oder Erziehungsberechtigten der Lebensunterhalt und die Studienkosten nicht getragen werden können. Im Regelfall wird diese Rente nur bis zum 27. Lebensjahr gewährt. Auch bei dieser Form der Unterstützung während eines Studiums muss dessen ordnungsgemäßer Verlauf nachgewiesen werden (Herrmann/Verse-Herrmann, 1999). Nähere Informationen erteilen die zuständigen Stellen.

**Sozialhilfe**
Grundsätzlich erhalten Studierende keine Sozialhilfe, weil diese Form der Unterstützung nicht die Aufgabe erfüllt, ein Studium zu finanzieren. Weiterhin müssen Sozialhilfeempfänger dem Arbeitsmarkt zur Verfügung stehen, und das ist bei

Studierenden nicht der Fall. Es gibt jedoch auch hier Ausnahmeregelungen, die greifen, wenn:
- eine finanzielle Notsituation während des Examens besteht und keine Unterstützung gemäß BAföG gewährt wird
- eine besonders kostenaufwändige Ernährung erforderlich ist
- Kinder allein erzogen werden
- eine Behinderung vorliegt.

Bei einer Schwangerschaft gibt es Möglichkeiten der Sozialhilfe, nach der Geburt können dann andere staatliche Leistungen, wie Mutterschaftsgeld und Erziehungsgeld, beantragt werden (Herrmann/Verse-Herrmann, 1999). Genauere und spezifische Informationen sind bei den örtlichen Sozialämtern zu erhalten.

## 4.3 Quelle 3 – Stipendien

Für die Förderung Studierender in allen wissenschaftlichen Studiengängen wird eine große Anzahl unterschiedlicher Stipendien angeboten. Ein Stipendium ist eine Geldbeihilfe für Studierende. Der Höchstförderbetrag entspricht dem Höchstsatz des BAföG, nur müssen von einem Stipendium nicht 50 Prozent nach Beendigung des Studiums zurückgezahlt werden. Es gibt auch Stipendien in Form von Büchergeld oder der Förderung eines Internetzugangs mit allen anfallenden Internetkosten sowie weiteren Unterstützungen. In Deutschland helfen zum Beispiel die Begabtenförderungswerke, die Stipendien an geeignete Studierende vergeben (Schindler, 1995). Die Begabtenförderungswerke erhalten ihre Mittel aus staatlichen Zuschüssen, entscheiden aber selbstständig, nach welchen Kriterien sie Stipendien vergeben. Alle Begabtenförderungswerke legen Wert darauf, dass Studierende gefördert werden, die an deren Arbeit interessiert sind und sich aktiv daran beteiligen. Der Besuch einführender und weiterführender Seminare, die aktive Beteiligung an der Bildungsarbeit sowie ein generelles Zugehörigkeitsgefühl zur jeweiligen Stiftung wird erwartet.

Studienstipendien und Zuschüsse von privaten Stiftungen in Deutschland stellen ebenfalls eine gute Unterstützung dar. Im Gegensatz zu den zuvor beschriebenen Begabtenförderungswerken haben die privaten Stiftungen nicht so große finanzielle Mittel, und es ist sehr unwahrscheinlich, dass ein komplettes Studium finanziert werden kann. Wahrscheinlicher sind einmalige Förderungsbeträge oder die Gewährung von zinslosen Krediten. Vergeben werden die Stipendien privater Stiftungen:
- allgemein an Studierende
- an Studierende einzelner Fächer
- an Studierende einzelner Hochschulorte oder Hochschulen
- an Personen, die in einer bestimmten Stadt geboren sind oder dort seit längerem leben
- für das Studium von Firmenangehörigen oder ihren Kindern
- für Studierende mit bestimmten Berufszielen
- für Studierende, deren Eltern einer bestimmten Berufsgruppe angehören
- für einzelne sachlich oder zeitlich befristete Vorhaben, wie zum Beispiel die Anfertigung der Diplomarbeit (Herrmann/Verse-Herrmann, 1999).

Gute Leistungen im Studium erhöhen die Chance auf ein Stipendium, auch wenn gute Noten nicht das wichtigste Kriterium für die Vergabe darstellen. Für ein Stipendium kann sich grundsätzlich jede/r Studierende bewerben, zumindest bei den Stiftungen, die eine Eigenbewerbung akzeptieren. Es gibt auch Stiftungen, die ihre Zuschüsse nur den Studierenden gewähren, die von einer Hochschullehrkraft bzw. -leitung vorgeschlagen oder empfohlen wurden.

Neben den zahlreichen Studienstiftungen gibt es die «Stiftung Begabtenförderungswerk berufliche Bildung». Durch diese Stiftung werden begabte junge Fachkräfte in ihrer Weiterbildung gefördert. Auch besonders erfolgreiche AbsolventInnen der bundesgesetzlich geregelten Fachberufe im Gesundheitswesen können in die Begabtenförderung aufgenommen werden.

Alles in allem sind Stipendien eine gute Möglichkeit, um ein Studium oder eine Weiterbildungsmaßnahme wenigstens teilweise zu finanzieren. Das Engagement und die Leistungen, die von den verschiedenen Stiftungen erwartet werden, kommen auch der bzw. dem Geförderten selbst zugute. Genauere Informationen zur Bewerbung oder den Zielgruppen von Stiftungen können bei den einzelnen Stiftungen angefordert werden. Eine Liste mit Stiftungen der Begabtenförderungswerke, die besonders für Pflegekräfte interessant sind, befindet sich im Anhang (vgl. Kap. 7.8 und 7.9).

> Eine Übersicht sämtlicher Stiftungen gibt der Bundesverband Deutscher Stiftungen im so genannten Stiftungsindex, der im Internet unter http://www.stiftungsindex.de zu finden ist.

Wichtige Informationen über zwei der großen Stiftungen sind den folgenden Interviews mit jeweils einem Mitarbeiter zu entnehmen. Zum einen geht es um berufliche Bildung und Stipendien, zum anderen um Studienstipendien.

### 4.3.1 Interview mit einem Mitarbeiter der Stiftung Begabtenförderung

Luis Romilio Picado arbeitet bei der «Stiftung Begabtenförderung berufliche Bildung» (SBB). Er ist Krankenpfleger, Lehrer für Pflegeberufe und Autor des Buches «Innerbetriebliche Fortbildung in der Pflege» (Verlag Hans Huber, 2001). Weiterhin hat er Ausbildungen in Shiatsu und Akupressur sowie in Focusing absolviert. Seit Juli 1999 ist er als Bereichsleiter im Begabtenförderungswerk für den Bereich der Gesundheitsfachberufe tätig.

**Herr Picado, welche Aufgaben haben Sie bei der Stiftung Begabtenförderung?**
«Ich bin in der SBB für den Förderbereich ‹Gesundheitsfachberufe› verantwortlich. Die Absolventen der Gesundheitsfachberufe haben erst seit Juli 1999 Zugang zu dem Förderprogramm, welches seit 1991 existiert. Mit dem Motto ‹Karriere mit Lehre› werden seitdem Absolventen der kaufmännischen, handwerklichen und der freien Berufe gefördert. Aufgabenschwerpunkte sind:

- Entscheidung über die Aufnahmen von Stipendiaten
- abschließende Bearbeitung von Förderanträgen
- Weiterbildungsberatung
- Öffentlichkeitsarbeit
- Haushalt Gesundheitsfachberufe.

Neben der eigentlichen Verwaltungstätigkeit sind Karriereberatung, Perspektivenentwicklung und die Erstellung von konkreten Umsetzungsplänen sehr interessante Arbeitsgebiete. Durch vielfältige Kontakte, vorwiegend telefonisch, mit Interessenten, Bewerbern, Stipendiaten, Institutionen der Aus- und Weiterbildung, Berufsverbänden und der (Fach-)Presse erhält man viele verschiedene Eindrücke aus dem Gesundheitswesen.»

Welche Zielgruppe wird von der Stiftung Begabtenförderung gefördert?
«Nur vorab: Studenten an Hochschulen und Hochschulabsolventen können nicht von uns gefördert werden. Hier verweise ich auf die zahlreichen Studienstiftungen. Wir fördern junge Leute, die einen der 16 bundesgesetzlich geregelten Fachberufe im Gesundheitswesen absolviert haben. Hierzu gehören Krankenschwestern, Kinderkrankenschwestern und Hebammen, MTAs und PTAs sowie die therapeutischen Berufe Ergo- und Physiotherapie und Logopädie. Darüber hinaus fördern wir Rettungsassistenten, Orthoptisten, Masseure und medizinische Bademeister.»

Welche Voraussetzungen sollte eine Bewerberin oder ein Bewerber für ein Stipendium mitbringen?
«Die jungen Berufsabsolventen müssen ihre Abschlussprüfung mit besser als ‹gut› (Mindestvoraussetzung 1,9 oder besser) bestanden haben, oder sie können ihre Qualifizierung durch einen begründeten Vorschlag des Arbeitgebers nachweisen. Auf Grund der hohen Bewerberzahlen im Bereich der Physiotherapie und Ergotherapie ist die Mindestvoraussetzung auf besser als 1,4 gesenkt worden.

Bei Aufnahme in das Programm dürfen die Bewerber noch keine 25 Jahre alt sein. Anrechnungszeiten wie FSJ, Grundwehr- oder Zivildienst und Erziehungsurlaub können bis zu zwei Jahren geltend gemacht werden. Seit Januar 2002 können wir auch den Besuch beruflicher Vollzeitschulen anrechnen, sodass bis zu zwei Jahren der Ausbildungszeit berücksichtigt werden können. Durch die Anrechnungszeiten kann ein Stipendiat also durchaus 25 oder 26 Jahre sein, wenn er in das Programm aufgenommen wird.»

Wie lange und wie hoch wird gefördert?
«Die Förderung dauert bis zu drei Jahren, nämlich das Aufnahmejahr und die beiden Folgejahre. Die Stiftung zahlt Zuschüsse von jährlich 1 800 Euro

für die Finanzierung berufsbegleitender Weiterbildung. In drei Jahren können insgesamt bis zu 5400 Euro beantragt werden. Es ist ein Eigenanteil an den Kosten von 20 Prozent, höchstens jedoch 120 Euro pro Förderjahr zu tragen. Die finanziellen Mittel werden vom Bundesministerium für Bildung und Forschung bereitgestellt.»

Was wird gefördert?
«Durch Zuschüsse zu den Kosten werden anspruchsvolle fachbezogene und berufsübergreifende Weiterbildungsmaßnahmen gefördert. Aber auch anspruchsvolle Maßnahmen, die der Entwicklung allgemeiner beruflicher oder sozialer Kompetenzen oder der Persönlichkeitsbildung dienen, sind förderfähig. Die Stipendiatinnen und Stipendiaten wählen ihre Maßnahmen selbst aus, über die Förderfähigkeit entscheiden wir als zuständige Stelle.»

Wie schätzen Sie allgemein die Chancen auf ein Stipendium ein?
«Hier ist es sehr schwierig, eine Prognose für die Zukunft abzugeben. Wir wissen noch nicht, wie sich das Bewerberverhalten in den einzelnen Berufen entwickeln wird. Im Bereich der Physiotherapie und Ergotherapie mussten wir die Messlatte höher legen, da diese beiden Berufsgruppen mehr als 65 Prozent aller Bewerber ausmachen. Die größte Absolventengruppe, die Krankenpflege, meldet sich im Verhältnis dazu eher zurückhaltend. Im Jahre 2001 und 2002 konnten wir immerhin an fast 90 Prozent der Bewerber aus der Krankenpflege ein Stipendium vergeben. Insgesamt können wir pro Jahr zirka 300 junge Menschen aus 16 Berufen in unser Förderprogramm aufnehmen.»

## 4.3.2 Interview mit einem Referenten im Cusanuswerk

Dr. Stefan Raueiser ist Referent im Cusanuswerk in Bonn. Das Cusanuswerk gehört zu den Begabtenförderungswerken in Deutschland. Es ist eine Einrichtung der katholischen Kirche, vergibt staatliche Fördermittel und stellt besonders begabten katholischen StudentInnen aller Fachrichtungen während ihres Studiums und ihrer Promotion Stipendien zur Verfügung. Es fördert seine StipendiatInnen zum einen durch ein finanzielles Stipendium, zum anderen in Form eines umfangreichen Bildungsprogramms. Es möchte seine StipendiatInnen in ihrem Verantwortungswillen stärken und dazu befähigen, Dialoge zwischen Wissenschaft und Glauben, Gesellschaft und Kirche anzustoßen.

Herr Doktor Raueiser, welche Aufgaben haben Sie bei der Stiftung Cusanuswerk?
«Als einer von sechs Referentinnen und Referenten im Cusanuswerk betreue ich die Bereiche Öffentlichkeitsarbeit, Fachhochschulauswahl sowie Studium und Beruf.»

Welche Zielgruppe wird von der Stiftung Cusanuswerk gefördert?

«Das Cusanuswerk ist eine Einrichtung der katholischen Kirche und vergibt staatliche Fördermittel an Studierende aller Fachrichtungen während des Studiums und der Promotion.

Von daher fördern wir deutsche und EU-europäische Studierende katholischer Konfession an allen Universitäten, Fach- und Kunsthochschulen, die ihr Studium mit hohem intellektuellem Einsatz und schöpferischer Fantasie betreiben, die um ihre Begabung wissen, diese annehmen, ausbilden und gesellschaftlich wirksam machen wollen.»

Welche Voraussetzungen sollte eine Bewerberin oder ein Bewerber für solch ein Stipendium mitbringen?

«Für unsere Auswahl entscheidend sind drei Bereiche: deutlich überdurchschnittliche Studienleistungen (die fachliche Begabung), Engagement und Persönlichkeit (der Wille zur Übernahme von Verantwortung) sowie die Bereitschaft, die Auseinandersetzung mit der Botschaft des Evangeliums aufzunehmen und fortzuführen (den Glaubensweg als Christ aktiv zu gestalten). Von daher bitten wir unsere Bewerberinnen und Bewerber während der Auswahlverfahren um Gutachten von Seiten der Hochschullehre sowie der Hochschulpastorale und laden sie zu einem persönlichen Gespräch (Kolloquium) mit einem Mitglied der Geschäftsstelle ein.»

Wie sieht die Förderung aus, und welchen Zeitraum umfasst sie?

«Bewerben können sich nur solche Studierende, die zu Beginn des Auswahlverfahrens (an Universitäten der 1. Oktober, an Fachhochschulen zusätzlich der 1. April eines jeden Jahres) noch mindestens fünf Semester Regelstudienzeit vor sich haben, damit sie nach erfolgreichem Abschluss des Auswahlprozesses mindestens zwei Jahre gefördert werden können. Die Förderung durch das Cusanuswerk umfasst dabei stets die materielle wie die ideelle Seite: Zum einen ermöglichen wir unseren Stipendiatinnen und Stipendiaten ein finanziell einigermaßen gesichertes Studium durch Zahlung eines monatlichen Stipendiums, das in der Grundförderung in der Höhe abhängig vom Elterneinkommen, in der Graduiertenförderung elternunabhängig ist, mit Büchergeld, Forschungskostenpauschale, Auslands- und Familienzuschlägen etc. Zum anderen bieten wir den Cusanerinnen und Cusanern ein attraktives Bildungsprogramm, das intellektuelle Aspekte mit kreativen Anregungen und geistlichen Impulsen verbindet.

Herzstück cusanischer Förderung sind daher unsere vierzehntägigen Ferienakademien, auf denen einem interdisziplinär zusammengesetzten Stipendiatenkreis die Möglichkeit geboten wird, über ein Thema aus Natur- oder Geisteswissenschaften, Politik oder Kunst zu diskutieren und verschiedene

Facetten wissenschaftlicher, gesellschaftlicher und kirchlicher Meinungsbildung kennen zu lernen. Daneben organisieren die Studierenden selbst Fachschaftstagungen, die aktuelle Entwicklungen in den jeweiligen wissenschaftlichen Disziplinen aufgreifen, erhalten die Möglichkeit zu Auslandsaufenthalten und Auslandsakademien, zur Teilnahme an Besinnungstagen und Exerzitien, Workshops und Ausstellungen...»

**Wie schätzen Sie allgemein die Chancen auf ein Stipendium ein?**
«Alle Bewerberinnen und Bewerber, die die formalen Zulassungskriterien für unsere Auswahl erfüllen, erhalten die Möglichkeit zur Teilnahme an dem für sie vorgesehenen Bewerbungsverfahren – Auswahlgremien für Studierende an Universitäten, Fachhochschulen und Kunstakademien sowie Graduiertenauswahl. Die Aufnahmequote schwankt in aller Regel zwischen 20 und 30 Prozent – mit anderen Worten: Jede fünfte bis dritte Bewerbung ist erfolgreich.»

**Welche Studienstiftungen können Sie Studierenden im Pflegebereich empfehlen?**
«Unter den Bewerbungen aus Fachhochschulen sind überdurchschnittlich viele Bewerberinnen und Bewerber aus den so genannten sozialen Berufen. Das liegt zum einen daran, dass viele Studierende mit pflegerischer Erfahrung zu einem erfolgreichen Studienabschluss gerade die Fähigkeiten brauchen, die auch in unseren Auswahlverfahren eine Rolle spielen – etwa hohe soziale Kompetenz –, zum anderen ist das ‹Ethos der Pflege› in vielen Fällen auch religiös motiviert. Von daher freuen wir uns im Cusanuswerk über das rege Interesse von Studierenden im Pflegebereich.»

**Haben Sie einen Rat für Studierende, die sich um ein Stipendium bemühen wollen?**
«Natürlich bleiben – das Cusanuswerk sucht keine begabten Selbstdarsteller, sondern Menschen, die mit Leistung wie Persönlichkeit überzeugen. Wer sich dem Concours hochmotivierter und begabter junger Studierender stellen möchte, ist herzlich eingeladen, die Bewerbung möglichst frühzeitig loszuschicken!»

## 4.4 Quelle 4 – Unterstützung durch den Arbeitgeber

Auch der jeweilige Arbeitgeber kann zumindest für eine Teilfinanzierung des Studiums in Frage kommen. Voraussetzung ist hier in vielen Fällen eine bereits länger bestehende Bindung der Arbeitnehmerin bzw. des Arbeitnehmers an das Unternehmen. Des Weiteren wird vorausgesetzt, dass ein Studiengang oder eine Qualifizierung gewährt wird, die auch für das Unternehmen interessant erscheint. Unternehmen nutzen häufig den Aspekt, dass der Studierende das neu erworbene Wissen mit in seine Tätigkeit einfließen lässt. Besondere Programme, wie zum Beispiel «Job Rotation», machen die Unterstützung einer Arbeitnehmerin beziehungsweise eines Arbeitnehmers für Unternehmen auch unter betriebs- und personalwirtschaftlichen Aspekten besonders interessant. Jobrotation bietet eine Chance für Betriebe, Beschäftigte und Arbeit Suchende. Wie bereits dargestellt, stellen komplexe Technologien, Marktveränderungen und Kundenorientierung immer neue und höhere Anforderungen an ArbeitnehmerInnen in der Pflege. Berufliche Weiterbildung der Beschäftigten ist deshalb wesentlicher Bestandteil einer modernen Unternehmensführung und unabdingbare Voraussetzung für zukünftige Wettbewerbsfähigkeit. Schulung und Weiterbildung des Personals bedeuten aber auch Abwesenheitszeiten, die das Tagesgeschäft beeinträchtigen können – ein Hemmnis, das vor allem in kleinen und mittleren Unternehmen der Weiterbildung entgegensteht. In diesem Fall hilft «Job Rotation» mit professioneller Beratung, finanzieller Beteiligung an den Weiterbildungskosten und der Vermittlung von Arbeit Suchenden, die in der Weiterbildungsphase als Stellvertretungen eingesetzt werden.

Die Vorteile in Kürze: Job Rotation...
- übernimmt die Hälfte der Qualifizierungskosten
- steigert die Wettbewerbsfähigkeit des Unternehmens
- sichert kostenlos den reibungslosen Betriebsablauf während der Weiterbildung
- hilft Unternehmen, neue MitarbeiterInnen kennen zu lernen
- finanziert professionelle Beratung bei der betrieblichen Weiterbildungsplanung
- erweitert berufliche Kompetenz und sichert Arbeitsplätze
- verschafft Arbeit Suchenden den Zugang zu den Betrieben
- sichert den Anschluss an die aktuellen Entwicklungen und Erfordernisse des Arbeitsmarktes.

In Nordrhein-Westfalen ist «Job Rotation» eine Initiative des Arbeitsministeriums des Landes Nordrhein-Westfalen und des Landesarbeitsamtes NRW. Auch in anderen Bundesländern gibt es mittlerweile Projekte dieser Art. Die Finanzierung erfolgt durch das jeweilige Land, die Bundesanstalt für Arbeit und die Europäische Union.

> «Job Rotation NRW» wird koordiniert durch die Gesellschaft für innovative Beschäftigungsförderung mbH, Im Blankenfeld 4, D-46238 Bottrop. Weitere Informationen finden sich auch im Internet unter http://www.jobrotation.nrw.de sowie unter der Hotline: (0180) 3 100113.

Auch unabhängig von diesem Projekt ist eine Unterstützung durch den Arbeitgeber denkbar. Häufig werden zinsfreie Arbeitgeberdarlehen zur Verfügung gestellt. In Einzelfällen werden Bildungsmaßnahmen auch bezuschusst, oder die Kosten werden sogar vollständig übernommen. Mit diesen Leistungen ist im Gegenzug meist eine Verpflichtung zu mehrjähriger Tätigkeit in dem jeweiligen Unternehmen verbunden, was dazu führen sollte, dass die Einwilligung in eine solche Unterstützung gut überlegt werden will.

## 4.5 Zusammenfassung

Wer sich weiterbilden will, muss Zeit und Geld investieren. Die Suche nach Ersparnispotenzialen im Alltag, die Nutzung von Erspartem, die Suche nach Unterstützung durch den Arbeitgeber und die Inanspruchnahme staatlicher Unterstützung sind nur einige wichtige Bausteine des persönlichen Finanzierungsplans. Rechtzeitig sollten erste Überlegungen zur Finanzierung angestellt werden. Ein Studium in der Pflege umfasst in der Regel acht Semester, die überbrückt werden müssen. Ein solider Finanzplan ist das Fundament einer erfolgreichen Qualifizierung. Keinesfalls sollte man den Fehler begehen und die gesamte Freizeit zu Gunsten der Qualifizierung opfern. Dies führt im Laufe der Zeit nur zu großer Unzufriedenheit mit der Situation und mitunter zum Abbruch der Qualifizierung.

# 5 Entscheidung für die Zukunft

*Es ist besser, unvollkommene
Entscheidungen zu treffen, als
ständig nach vollkommenen
Entscheidungen zu suchen, die
es niemals geben wird.*

*Charles de Gaulle*

Für eine bewusste Karriereplanung und -gestaltung ist eine differenzierte Analyse der Angebote und Möglichkeiten zur unabdingbaren Voraussetzung geworden. Vielfalt bietet Chancen, erschwert allerdings auch die Entscheidung. Erfolgreich sind diejenigen, die ihre Karriere nicht dem Zufall überlassen.

Neben den fachlichen Voraussetzungen müssen vor allem auch persönliche Aspekte in eine Entscheidung einfließen. Neigungen und Interessen sollten ausreichend Berücksichtigung finden, denn nur wer sich in seinem Beruf und mit seinen Aufgaben wohl fühlt, wird Höchstleistungen vollbringen können. Natürlich dürfen auch die Berufsaussichten in einzelnen Bereichen nicht außer Acht gelassen werden. Einige Tätigkeitsfelder erfordern eine so genannte Nischenstrategie. Voraussetzungen für den Erfolg sind hier eine hundertprozentige Überzeugung und viel Engagement für eine bestimmte Aufgabe.

Eine endgültige Entscheidung basiert schließlich auf zahlreichen Elementen, die zu einem Urteil summiert werden. In diesem Kapitel hat die interessierte Leserin bzw. der interessierte Leser die Möglichkeit, der eigenen Entscheidung einen Schritt näher zu kommen. Dabei muss jedoch angemerkt werden, dass am Ende der Bearbeitung der Aufgaben in diesem Kapitel keine endgültige Entscheidung für einen bestimmten Karriereweg und eine bestimmte Tätigkeit stehen muss. Hierzu wäre mitunter der Einsatz wissenschaftlich überprüfter Instrumente und eine eingehende Analyse der persönlichen Voraussetzungen anlässlich einer Karriereberatung notwendig. Die Entscheidung für ein bestimmtes Tätigkeitsfeld auf der Grundlage eines Neigungs- und Interessentests mit spielerischem Charakter, die Befragung einer Person, die einen gut kennt, der Visionencheck auf der Basis von NLP und die Berücksichtigung weiterer Entscheidungskriterien bereiten jedoch eine Entscheidung sehr gut vor und stellen damit ein gutes Hilfsmittel dar.

## 5.1 Orientierung

Vor der Entscheidung für eine Karriere und eine bestimmte Tätigkeit sollte eine grundlegende Orientierung stehen. Damit kann die Entscheidung auf ein sicheres Fundament gestellt werden. Nur wer einen Überblick über die vielfältigen Chancen und Möglichkeiten in der Pflege gewonnen hat, kann eine geeignete Wahl für einen Bereich treffen, ohne sich später darüber zu ärgern, wichtige Möglichkeiten unberücksichtigt gelassen zu haben.

Eine grundlegende Orientierung bieten die umfangreichen Kapitel 2 und 3. Diese kann in verschiedenen, sinnvoll aufeinander aufbauenden Schritten erfolgen.

### 5.1.1 Schritt 1 – Orientierung über Arbeitsmärkte

Eine erste Orientierung sollte über den Arbeitsmarkt Pflege erfolgen. In diesem Zusammenhang sollte man sich die grundsätzliche Frage nach einer Beschäftigung in der stationären oder ambulanten Versorgung stellen. Orientierungshilfen bieten kurze Beschreibungen einzelner Einrichtungsarten. Neben Altenheimen, Krankenhäusern und ambulanten Pflegediensten werden auch Einrichtungen der Tages- und Kurzzeitpflege charakterisiert. Auch die besondere Hospizarbeit findet Berücksichtigung. Alternative Arbeitsfelder, unter anderem im Bereich Lehre und Forschung, werden ebenfalls berücksichtigt.

> **Wie orientiere ich mich richtig?**
>
> Nehmen Sie sich ein wenig Zeit, und suchen Sie sich einen ruhigen und gemütlichen Platz. Nehmen Sie sich ein Getränk und dieses Buch mit. Wenn Sie eine bequeme Sitzposition gefunden haben, lesen Sie sich die Beschreibungen in Kapitel 2 durch. Überlegen Sie, ob Sie sich eine Tätigkeit in dem jeweiligen Bereich wirklich vorstellen können. Bleiben Sie mit Ihren Gedanken jeweils ein paar Minuten in den einzelnen Bereichen, bevor Sie sich mit dem nächsten Tätigkeitsbereich auseinander setzen. Entscheiden Sie, welcher Bereich Ihnen am ehesten zusagt.

Reichen die kurzen Beschreibungen in diesem Ratgeber nicht aus, um ein Bild von einer Tätigkeit in diesem Bereich zu gewinnen, so kann man zum Beispiel die enormen Möglichkeiten des Internet nutzen, um sich auf diese Weise weiter zu informieren. Bei der Eingabe des jeweiligen Stichworts kommt man unter anderem über die Suchmaschine http://www.google.de zu zahlreichen Informationen. Auch diese Möglichkeit sollte genutzt werden, um sich ein Bild über eine Beschäftigung in einem ausgewählten Bereich zu verschaffen. Eine ausgesprochen praxisnahe Darstellung der Arbeit in unterschiedlichen Bereichen liefern darüber hinaus die Interviews in Kapitel 3. Die Leserin bzw. der Leser sollte hier die interessierenden Tätigkeitsfelder auswählen und sich auch über die Darstellungen in dem Interview orientieren.

### 5.1.2 Schritt 2 – Orientierung über eine Tätigkeit im Ausland

Nach einer allgemeinen Darstellung des Arbeitsmarktes Pflege wird der Hauptaugenmerk in Kapitel 2 vor allem auf Beschäftigungsmöglichkeiten im europäischen Ausland gerichtet. Kurze Beschreibungen der Besonderheiten von «Land und Leuten» in den einzelnen Ländern helfen dabei, ein Gefühl für das Leben in einem anderen Land zu gewinnen, für das bei weitem nicht jeder geeignet ist.

> **Wie orientiere ich mich richtig?**
>
> Nehmen Sie sich ein wenig Zeit, und suchen Sie sich einen ruhigen und gemütlichen Platz. Nehmen Sie sich ein Getränk und dieses Buch mit. Wenn Sie eine bequeme Sitzposition gefunden haben, dann lesen Sie sich die Beschreibungen in Kapitel 2 durch. Überlegen Sie, ob Sie sich eine Tätigkeit im europäischen Ausland wirklich vorstellen können. Bleiben Sie mit Ihren Gedanken jeweils ein paar Minuten bei den einzelnen Länderbeschreibungen, bevor Sie sich mit der nächsten aus Ihrer Perspektive interessanten auseinander setzen. Machen Sie mitunter eine kleine Reise durch Europa, und wandern Sie anhand der Beschreibungen und unter Berücksichtigung Ihrer Assoziationen von Land zu Land.

Weitere Informationen zu einzelnen Ländern bekommt man ebenfalls über das Internet. Sicher hilft jedoch auch der eine oder andere Reiseführer weiter, der sich noch zu Hause im Bücherregal befindet. Gespräche mit Freunden und Bekannten, die einzelne Länder bereits besucht haben, können ebenfalls entscheidend weiterhelfen. Die mit einer Abwanderung ins Ausland verbundenen Konsequenzen werden in einem Gespräch mit Freunden und Bekannten ganz besonders bewusst (vgl. Kap. 2).

### 5.1.3 Schritt 3 – Orientierung über unterschiedliche Qualifizierungen

Die ausführliche Darstellung der akademischen und nichtakademischen Qualifizierungsmöglichkeiten dient der weiteren Orientierung. Persönliche und fachliche Voraussetzungen für einzelne Qualifizierungen können hier kritisch geprüft werden. Vor- und Nachteile der akademischen und nichtakademischen Ausbildung können einander gegenübergestellt werden. Der Umfang sowie weitere Kennzeichen einzelner Qualifizierungen lassen sich ebenfalls berücksichtigen.

> **Wie orientiere ich mich richtig?**
>
> Nehmen Sie sich ein wenig Zeit, und suchen Sie sich einen ruhigen und gemütlichen Platz. Nehmen Sie sich ein Getränk und dieses Buch mit. Wenn Sie eine bequeme Sitzposition gefunden haben, lesen Sie sich die Beschreibungen in Kapitel 3 durch. Überlegen Sie, welche Qualifizierung Ihren Neigungen und Interessen entspricht. Welcher Tätigkeit wollen Sie zukünftig nachkommen?

Interviews mit PraktikerInnen aus der Pflege, die unterschiedliche Qualifizierungen haben, tragen auch hier zur Orientierung bei. Vor der Wahl eines Qualifizierungsträgers oder einer bestimmten Universität oder Fachhochschule stehen jedoch weitere Überlegungen an (vgl. Kap. 3).

Eine gute Orientierung benötigt auf jeden Fall ausreichend Zeit. Man stößt auf zahlreiche Informationen, die verarbeitet, sortiert, gespeichert werden müssen. Kreative Arbeitsmethoden tragen dazu bei, Entscheidungen zu finden. Unter anderem die vor circa 25 Jahren von dem britischen Lernforscher Tony Buzan entwickelte Technik des Mind-Mapping ist ein geeignetes Hilfsmittel im Rahmen der Orientierung (Buzan/Buzan, 2002; Kirckhoff, 1994). Mind-Mapping aktiviert Denken, das beide Hemisphären nutzt und ganzheitlich stattfindet. Es ist logisch und fantasiebetont zugleich. Es regt sämtliche Kapazitäten des Gedächtnisses an und führt zu regelrechten Feuerwerken unserer Gedanken. Ein Mind-Map enthält auf geringer Fläche eine dichte Komplexität an Inhalten, Fakten oder Ideen. Gearbeitet wird mit Schlüsselbegriffen bzw. Assoziationsworten oder -bildern. Sie sind so passend gewählt, dass sich in oder hinter ihnen ein weiterer Komplex von Assoziationen versteckt. Mit Hilfe dieser Schlüsselbegriffe (Wortanker) oder auch Bilderkürzel (Bildanker) werden mit Leichtigkeit riesige Datenmengen memoriert, wiederholt oder kumuliert. Das Abfassen der eigenen Botschaft wird einfach präzise, die Unabhängigkeit von technischen Memomedien macht frei und selbstbewusst, wobei sich ein weiterer Vorsprung automatisch einstellt: Kreative Ideenprozesse werden durch Mind-Mapping gefördert und beschleunigt. Die Orientierung kann systematisch erfolgen.

## Mind-Mapping – eine Arbeitsmethode zur Orientierung

Benötigte Hilfsmittel
- Papier (ohne Linien, Karos)
- Bleistift und Buntstifte oder Filzstifte
- trockene oder feuchte Leuchtmarker.

Beim Mind-Mapping gibt es einige Regeln zu beachten, unter deren Einhaltung sich das kreative Potenzial in Ihnen besonders gut entfalten kann.

Das Papier
- Legen Sie das Blatt quer; Querformate kommen dem natürlichen Format Ihrer Augen entgegen.
- Schreiben Sie das Hauptthema «Orientierung» in die Mitte, finden Sie dafür ein Symbol, eine Zeichnung, ein Bild, mit dessen Hilfe Sie auf einen Blick erkennen, worum es geht.
- Drehen Sie das Blatt beim Schreiben nicht, um einen besseren Überblick zu behalten.

Die Äste
- Zeichnen Sie von der Mitte aus zuerst stärkere Äste, Hauptpunkte werden dadurch hervorgehoben.
- Halten Sie weitere Gedanken, die die Hauptpunkte differenzieren, auf Zweigen fest.
- Schwerpunkte können ebenfalls durch die Strichstärke hervorgehoben werden.
- Zwischen den Linien sollten keine Lücken sein, Ihr Gehirn braucht sonst zusätzliche Energie, um Äste und Zweige zusammenhängend zu speichern.

Die Farben
- Farben können Themen betonen.
- Fast alle Menschen unseres Kulturkreises verbinden mit Farben ähnliche Gefühle.
- Verschiedene Bereiche unterscheiden Sie mit Farben prägnanter.
- Abgearbeitete Äste können Sie färben.
- Markieren Sie wiederkehrende Vorgänge einheitlich.
- Farben eignen sich auch, um die Dringlichkeit eines Hauptgedankens zu betonen.

Die Bilder
- Kombinieren Sie Wörter mit Bildern oder Symbolen, die den kürzesten Weg ins Gehirn finden und helfen, die Aufmerksamkeit zu fokussieren und über Begriffe nachzudenken.
- Verwenden Sie verständliche Symbole, verwenden Sie Legenden für Ihre Symbole oder Bilder.

Die Wörter
- Verwenden Sie Schlüsselwörter, dadurch wird das Assoziationspotenzial Ihres Gehirns perfekt unterstützt. Wenn Sie sich den Hauptbegriff einprägen, fallen Ihnen beim nächsten Mal, wenn Sie Ihr Mind-Map betrachten, ganz automatisch die nächsten Begriffe ein.
- Schreiben Sie nur wenige Worte auf die Linien, Schlüsselwörter mit «Aha-Effekt» eröffnen Ihnen Tür und Tor zu anderen Wörtern und Gedanken.
- Nutzen Sie die vorgegebenen Textstrukturen für Schlüsselwörter.
- Blockbuchstaben erleichtern das schnelle Lesen.
- Passen Sie die Linienlänge der Wortlänge an.
- Schreiben Sie lesbar, halten Sie den einmal gewählten Kantenwinkel ein, und drehen Sie den Stift beim Schreiben nicht.
- Halten Sie Ober- und Unterlängen beim Schreiben kurz, verwenden Sie Groß- und Kleinbuchstaben.
- Schreiben Sie eng aneinander, unnötige Zwischenräume müssen Sie mitspeichern.

Und zum Schluss
- Themen, die miteinander in Beziehung stehen, können durch Hinweispfeile verbunden werden.
- Ergänzungen sind jederzeit möglich, überall ist noch ein Plätzchen frei, um eine Idee, einen Gedanken zu ergänzen.
- Eine Nummerierung zum Schluss hilft Ihnen, Ihre Äste wieder in die richtige Reihenfolge zu bringen.

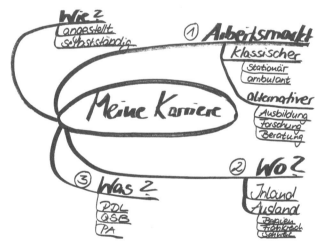

**Abbildung 5-1:** Marions Mind-Map (gezeichnet von Stephanie Geise, 2002)

Liegt nun eine gute Orientierung vor, sollte man sich einer Entscheidung nähern.

## 5.2 Die Entscheidung

Auf der Grundlage eines Neigungs- und Interessentests kann nun eine erste Entscheidung gefällt werden. Weitere Elemente aus dem Bereich des NLP tragen zur Überprüfung der Entscheidung bei.

Angemerkt sei jedoch, dass es sich hier nur um eine erste Anregung mit mehr spielerischem Charakter handelt. Wissenschaftlich überprüfte, also reliable, valide und objektive Instrumente kommen hierbei nicht zum Einsatz. Wer sich dafür interessiert, sollte sich an den Autor wenden.

### 5.2.1 Test der Neigungen und Interessen

Neigungen und Interessen sollten im Rahmen der Karriereplanung keinesfalls außer Acht gelassen werden. Der Erfolg hängt – wie bereits erwähnt – entscheidend davon ab, wie weit man sich mit seinen Aufgaben identifiziert, und dies ist bei entsprechenden Neigungen und Interessen am wahrscheinlichsten. Zufriedenheit mit der aktuellen Tätigkeit lässt auch große Herausforderungen und Belastungen relativ leicht überwinden. Vor allem aus psychohygienischer Perspektive erscheint dies sinnvoll (Loffing, 2001b, 2001c).

Der Test in **Abbildung 5-2** bietet auf tiefenpsychologischer Grundlage eine oberflächliche Möglichkeit zur Analyse individueller Motive sowie der Beziehung zu einzelnen Interessensbereichen.

| Ich habe Interesse an … | kein Interesse −2 | wenig Interesse −1 | Interesse +1 | großes Interesse +2 |
|---|---|---|---|---|
| 1) …der effizienten Führung von MitarbeiterInnen. | ☐ | ☒ | ☐ | ☐ |
| 2) …einer Spezialisierung in der Pflege. | ☐ | ☐ | ☐ | ☒ |
| 3) …Analyse, Organisation, Konzeption. | ☐ | ☐ | ☒ | ☐ |
| 4) …der Präsentation vor Publikum. | ☒ | ☐ | ☐ | ☐ |
| 5) …der Weitergabe von Wissen. | ☐ | ☐ | ☐ | ☒ |
| 6) …Entwicklung und Verkauf neuer Konzepte und Ideen. | ☐ | ☒ | ☐ | ☐ |
| 7) …direkter Angehörigen- und Patientenarbeit. | ☐ | ☐ | ☐ | ☒ |
| 8) …ständig neuen Herausforderungen. | ☐ | ☐ | ☒ | ☐ |
| 9) …über die Pflege hinausgehenden / übergreifenden Wissensinhalten. | ☐ | ☐ | ☐ | ☒ |
| 10) …der Übernahme pädagogischer Aufgaben und Verantwortung. | ☐ | ☒ | ☐ | ☐ |
| 11) …der praktischen Umsetzung neuester pflegespezifischer Erkenntnisse. | ☐ | ☐ | ☐ | ☒ |
| 12) …der Arbeit im Pflegeteam. | ☐ | ☐ | ☐ | ☒ |
| 13) …der Übernahme von Verantwortung für weitreichende Entscheidungen, die auch andere betreffen. | ☐ | ☐ | ☒ | ☐ |
| 14) …der Ausbildung junger Menschen. | ☐ | ☐ | ☒ | ☐ |
| 15) …der kontinuierlichen und raschen Weiterentwicklung meines eigenen Wissens. | ☐ | ☐ | ☐ | ☒ |
| 16) …der Unterstützung / Beratung fremder Unternehmen. | ☒ | ☐ | ☐ | ☐ |
| 17) …einer Arbeit, die mir ausreichend Nähe zum Patienten bietet. | ☐ | ☐ | ☐ | ☒ |
| 18) …der Balance, die eigene Meinung durchzusetzen und Meinungen anderer zu akzeptieren. | ☐ | ☐ | ☐ | ☒ |
| 19) …einer Tätigkeit an unterschiedlichen Standorten unter wechselnden Arbeitsbedingungen. | ☒ | ☐ | ☐ | ☐ |
| 20) …der Übernahme von Verantwortung für ein Budget. | ☒ | ☐ | ☐ | ☐ |

**Abbildung 5-2:** Neigungs- und Interessentest (gestaltet von Christian Loffing, 2002)

## Durchführung

In Abbildung 5-2 finden Sie insgesamt 20 Items aufgeführt, bei denen es inhaltlich um Aufgaben in unterschiedlichen Bereichen der Pflege geht. Beurteilen Sie bitte jeweils Ihr Interesse an den einzelnen Bereichen auf der vierstufigen Skala.

## Auswertung

Ihre Aufgabe besteht nun darin, die jeweiligen Summen für die Fragen zu ermitteln, die zu einer der folgenden Kategorien gehören:
- Management, Fragen: 1, 3, 13, 18, 10
- Pflege, Fragen: 2, 7, 11, 12, 17
- Lehre, Fragen: 4, 5, 10, 14, 15
- Beratung, Fragen: 6, 8, 9, 16, 19.

Anschließend übertragen Sie das Ergebnis bitte in **Abbildung 5-3**. Maximal +10 Punkte und minimal –10 Punkte können hier erreicht werden.

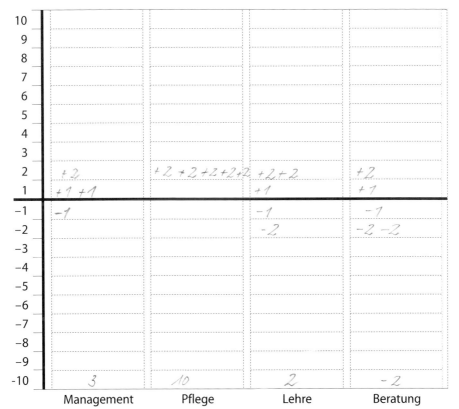

**Abbildung 5-3:** Auswertung (gestaltet von Christian Loffing)

Die Höhe in den jeweiligen Bereichen gibt Aufschluss über Ihre Neigungen und Interessen. Je höher das Ergebnis, desto größer ist Ihr Interesse an einem Bereich. An den Aufgaben, die in den negativen Bereich fallen, haben Sie kein Interesse. Dabei ist zu berücksichtigen, dass eine niedrige Ausprägung oder ein negativer Wert nicht automatisch bedeutet, dass man für einen Bereich überhaupt nicht geeignet ist. Es handelt sich lediglich um tendenzielle Aussagen, die zum weiteren Nachdenken anregen sollten.

### 5.2.2 Weitere Entscheidungen

Weitere wichtige Entscheidungen stehen in unmittelbarem Zusammenhang mit der Wahl einer Tätigkeit in den Bereichen Management, Pflege, Lehre oder Beratung usw. So stellt sich zum Beispiel häufig die Frage, ob der Tätigkeit im Rahmen einer selbstständigen Beschäftigung oder auf der Grundlage eines Angestelltenverhältnisses nachgekommen werden soll (vgl. Kap. 3.2 und 3.3). Wichtig ist auch die Entscheidung für ein Studium oder eine berufsbegleitende Qualifizierung. Nicht für jede Tätigkeit ist es heute zwingend notwendig, ein Fachhochschulstudium zu absolvieren. Vor allem sollte der Fokus hier noch einmal auf die für bestimmte Tätigkeiten unabdingbaren Qualifikationen gerichtet werden. Die Beschreibung einzelner Karrieren lässt Rückschlüsse auf den zuletzt genannten Aspekt zu (vgl. Kap. 3).

Auch die Berufsaussichten dürfen nicht außer Acht gelassen werden. Diese scheinen allerdings in allen Bereichen ausgesprochen positiv zu sein. Deutschland wird alt, das heißt, im Jahr 2020 werden etwa 40 Prozent der Deutschen über 60 Jahre alt sein. Die Gesundheits- und Pflegebranche wird davon profitieren. Die Zahl der in diesem Bereich beschäftigten Personen wird steigen. Das Wirtschaftsforschungsinstitut Prognos rechnet mit 400 000 neuen Jobs, die bis zum Jahr 2020 entstehen sollen. Beste Aussichten in allen Bereichen der Pflege!

## 5.3 Überprüfung

Wo wird man in fünf oder zehn Jahren stehen? Was wird man erreicht haben? Welche Tätigkeit wird man ausführen? Wie wird man sich mit dem, was man getan bzw. erreicht hat, fühlen? Diese und weitere Fragen beschäftigen diejenigen, die ihre Karriere nicht dem Zufall überlassen, sondern bewusst planen. Gerade die zuletzt genannte Frage zu den Gefühlen, die mit einer Vision einhergehen, sollte rechtzeitig beantwortet werden. NLP bietet hier gute Möglichkeiten, um eine Vision zu erleben und dabei zu prüfen.

> **Visionencheck**
>
> Nehmen Sie sich eine halbe Stunde Zeit, und suchen Sie sich ein ruhiges Plätzchen, an dem Sie sich wohl fühlen. Versorgen Sie sich vorab noch mit einem Getränk, und nehmen Sie das zuvor von Ihnen erstellte Mind-Map zu Ihrer Karriere mit. Setzen Sie sich hin, und lehnen Sie sich zurück. Schauen Sie noch einmal auf Ihr Mind-Map und den dort charakterisierten und von Ihnen favorisierten Karriereweg. Schließen Sie die Augen, und stellen Sie sich vor, was Sie in fünf Jahren erreicht haben werden. Werden Sie Ihr Studium bereits beendet haben? Haben Sie eine Qualifizierung absolviert? Welche Funktion üben Sie aus? Wie ist das Verhältnis zu MitarbeiterInnen und KollegInnen? Was empfindet Ihre Familie? Machen Sie sich die Situation in fünf Jahren ganz bewusst. Vielleicht können Sie sogar einen kleinen Spaziergang durch die Einrichtung machen, in der Sie dann beschäftigt sein werden. Schauen Sie sich alles gut an, und prüfen Sie, wie Sie sich damit fühlen. Entspricht dies Ihren Wünschen und Vorstellungen? Sind Sie glücklich mit dem, was Sie erreicht haben? Wenn Sie wollen, können Sie Ihre Reise fortsetzen. Versuchen Sie sich vorzustellen, wo Sie in etwa zehn Jahren stehen. Machen Sie sich ein klares Bild von dem, was Sie bis dahin erreicht haben wollen, und erleben Sie auch hier, wie Sie selbst und Ihre Umwelt sich damit fühlen. Lassen Sie sich auch hier ausreichend Zeit, damit die Vorstellungen und Bilder klar werden und somit einen wichtigen Beitrag zur Entscheidungsfindung leisten. Beenden Sie die Übung, wenn Sie genug erfahren haben. Nehmen Sie sich anschließend noch ein paar Minuten Zeit, um Ihr Mind-Map mit den neuen Erfahrungen zu ergänzen.

Es stellt sich die Frage, ob der geplante Karriereweg auch nach dieser Übung noch der vermeintlich geeignetste ist oder ob Sie weitere Wege in Ihren Gedanken beschreiten und auch hier einen Visionencheck durchführen. Blinder Aktionismus ist nicht gefragt. Orientieren und Entscheiden mit Hilfe dieses Ratgebers beschreibt vor allem eine ergebnis- und handlungsorientierte Vorgehensweise, die auf einer sicheren Entscheidungsgrundlage beruht.

## 5.4 Zusammenfassung

Orientieren und Entscheiden, das sind die zentralen Themen im Rahmen des fünften Kapitels. Die Arbeits- und Qualifizierungsmöglichkeiten in der Pflege sind in den vergangenen Jahren derart vielfältig geworden, dass eine systematische und ausführliche Orientierung notwendig geworden ist. Karrieren müssen detailliert geplant werden, wenn man keine Zeit verlieren will, wenn man nicht in der einen oder anderen Sackgasse landen will. Viele Karrieren erfordern es, dass bestimmte Qualifizierungen und Erfahrungen erworben werden, die allesamt aufeinander aufbauen und die Person sinnvoll weiterentwickeln. Geprüft werden will jedoch auch, wo man sich selbst gut fühlt. Nicht für jeden ist eine Managementkarriere interessant; neben der Hauptverkehrsader «Führungskraft in der Pflege» gibt es zahlreiche Alternativen. Dabei darf jedoch auch nicht vergessen werden, dass sich an eine Orientierung auch irgendwann eine Entscheidung anschließen muss. Liegen alle Informationen für eine Entscheidung vor, dann sollte diese auch fallen. Ein letzter Check hilft, die rationale Entscheidung auch emotional nachzuspüren. Im Mittelpunkt steht hierbei die Frage, wie man sich mit der vermeintlich richtigen Entscheidung für einen bestimmten Karriereweg in fünf oder zehn Jahren fühlen wird.

# Arbeitssuche – Das Ende der Gemütlichkeit

*Und doch ist der Anfang von etwas
seit je dazu geeignet, zu verführen
wie nichts sonst. Er ist das Versprechen
schlechthin und der Trost gegen das
Abgestandene, das es nicht bleiben muss.*

*Ernst Bloch*

Wer seine Karriere plant, bewirbt sich rechtzeitig bei den Unternehmen, die für die eigene Karriere vermeintlich förderlich sind. Aufstiegschancen, Personalentwicklungsmaßnahmen, übertragene Verantwortung und zahlreiche weitere Indikatoren werden bei der Wahl des Wunschunternehmens berücksichtigt. Gegeneinander aufgewogen und miteinander verglichen werden die Chancen, die einzelne Unternehmen bieten, vorausgesetzt, es stehen mehrere Unternehmen zur Auswahl, in denen entsprechende Stellen vakant sind. Die heute notwendigen Bemühungen der BewerberInnen – ausgehend von dem Wunsch, eine neue Stelle zu finden bis hin zum Unterschreiben des Arbeitsvertrages – sind bei mehr als 4 Millionen Arbeitslosen im Jahre 2002 zum Teil enorm. Stellenanzeigen werden akribisch analysiert, zu den Unternehmen wird über das Internet recherchiert, individuelle Bewerbungen werden verfasst usw. Im Durchschnitt müssen heutzutage 90 Bewerbungen verschickt werden, bevor es zu einer Anstellung kommt. Wird eine Stelle in einer überregionalen Zeitung ausgeschrieben, so gehen nicht selten mehr als 100 Bewerbungen ein. Wer bei den Personalverantwortlichen auffallen will und sich von den zahlreichen anderen BewerberInnen abheben möchte, muss seine Bewerbungsunterlagen korrekt, aussagekräftig und individuell gestalten. Die Bewerbungsunterlagen sind vergleichbar mit einem Werbeprospekt in eigener Angelegenheit, mit dem eine erste Hürde genommen werden muss. Vorstellungsgespräch, Assessment-Center etc. können weitere Hürden sein, die auf dem Weg zu einer neuen Stelle zu nehmen sind und sowohl dem Unternehmen als auch der Bewerberin bzw. dem Bewerber die Möglichkeit bieten, kritisch zu prüfen, ob man zueinander passt.

Kürze und Prägnanz liegen auch diesem Kapitel zu Grunde. Neben den Hilfsmitteln zur Identifikation eines geeigneten Arbeitgebers sowie zum Erstellen geeigneter Bewerbungsunterlagen findet sich im Anhang auch ein Lebenslauf, der in Anlehnung an die Empfehlungen der EU-Kommission entwickelt wurde (vgl. Kap. 7.10). Mit den Tipps in diesem Kapitel sollen die Chancen einer Einladung zum Vorstellungsgespräch signifikant erhöht werden.

## 6.1 Stellensuche

Wo finde ich ein geeignetes Stellenangebot? Diese Frage steht im Mittelpunkt des ersten Abschnitts. Neben ausgewählten Quellen für Stellen in der Pflege werden Tipps zur systematischen Analyse von Stellenangeboten gegeben. Auch eine Möglichkeit, wie ein wenig zeitaufwändiger regelmäßiger Überblick über offene Stellen gewonnen werden kann, wird beschrieben.

Grundvoraussetzung für das Finden einer adäquaten Stelle ist natürlich der frühzeitige und rechtzeitige Beginn der Suchbemühungen. Nur auf diese Weise kann sicher gewährleistet werden, dass auch die Stelle gefunden wird, die herausfordernd ist, Zufriedenheit beschert, Entwicklungsmöglichkeiten bietet und für die weitere Karriere den besten Ausgangspunkt darstellt. Frühzeitig gilt es dementsprechend auch, die eigene Zufriedenheit mit der aktuellen Situation zu analysieren bzw. Vorzeichen einer anstehenden Entlassung zu erkennen. Wer seine Karriere geplant hat, weiß, wann es notwendig wird, nach einer neuen Stelle zu suchen. Bedacht werden sollte, dass man sich aus einem bestehenden Arbeitsverhältnis heraus bedeutend besser bewerben kann als aus der Arbeitslosigkeit heraus. In dieser Situation fällt es viel leichter, Stellenangebote auszuschlagen, die nicht zu 100 Prozent den eigenen Wünschen entsprechen. In diesem Zusammenhang sollte auch über die Frage der Verschwiegenheit hinsichtlich eines geplanten Stellenwechsels diskutiert werden, die zwar im Allgemeinen vorzufinden ist, aber bei einem guten Verhältnis zur eigenen Führungskraft nicht notwendig ist. «Meine Kündigung muss ich bis zum 31.8. eingereicht haben, wenn ich dann meine Überstunden abfeiere und meinen Urlaub nehme, muss ich nur noch zwei Tage arbeiten...», kalkulieren viele, die ein neues Angebot haben und ihre Stelle wechseln wollen. Ein Ausstieg mit «fadem Nachgeschmack» ist in diesem Fall vorprogrammiert. Der flüchtigen Mitarbeiterin bzw. dem Mitarbeiter wird dann aus unternehmerischer Sicht Verantwortungslosigkeit vorgeworfen. Dabei kann eine Führungskraft auch zur besten BeraterIn oder zum besten Coach bezüglich der eigenen Karriere werden. Vorausgesetzt, man spricht mit ihr bzw. ihm rechtzeitig über eine geplante Veränderung. Wer selbst Karriere gemacht hat, wird auch Verständnis für die Ambitionen anderer Karrierewilliger haben und ihnen mit Tipps und Anregungen zur Seite stehen.

### 6.1.1 Stellenanzeigen, Stellenbörsen und andere Quellen

Die Quellen für interessante Stellen in der Pflege sind heute ausgesprochen vielfältig. Angefangen bei den Stadtanzeigern (primär Stellen auf der unteren Hierarchieebene) und der regionalen Presse bis hin zur überregionalen Presse (Angebote für Fach- und Führungskräfte) werden Stellen offeriert. In regelmäßigen Abständen gibt es in der Presse Sonderveröffentlichungen zu Stellen in bestimmten Branchen. Angekündigt wird dies bereits Monate im Voraus. Besonders gute Quellen sind auch die Fachzeitschriften in der Pflege (s. Kasten), in denen zum Teil wöchentlich bzw. monatlich vakante Stellen ausgeschrieben werden. Diese bieten im Vergleich zur allgemeinen regionalen und überregionalen Presse den Vorteil, dass hier ausschließlich Stellenangebote in der Pflege oder im Gesundheitswesen zu finden sind. Hier kann von einer hohen Angebotsdichte gesprochen werden, wobei die Stellenangebote bundesweit verteilt sind.

> **Ausgewählte Fachzeitschriften mit regelmäßigen Stellenangeboten in der Pflege**
>
> - Häusliche Pflege, Vincentz Verlag, Hannover: erscheint monatlich
> - Die Pflegezeitschrift, Kohlhammer Verlag, Stuttgart: erscheint monatlich
> - Altenpflege, Vincentz Verlag, Hannover: erscheint monatlich
> - Pflegen ambulant, Bibliomed-Medizinische Verlagsgesellschaft mbH, Melsungen: erscheint zweimonatlich
> - Heim + Pflege, Urban Fischer Verlag, München: erscheint monatlich
> - Heilberufe, Urban Vogel Verlag, München: erscheint monatlich
> - Forum Sozialstation, Tintenfass Verlag, Bonn: erscheint zweimonatlich
> - Dr. med. Mabuse, Mabuse Verlag, Frankfurt am Main: erscheint zweimonatlich
> - Care Konkret, Vincentz Verlag, Hannover: erscheint wöchentlich
> - krankenhaus umschau, Baumann Verlag, Kulmbach: erscheint monatlich
> - Die Schwester – Der Pfleger, Bibliomed-Medizinische Verlagsgesellschaft mbH, Melsungen: erscheint monatlich
>
> Diese Liste erhebt keinen Anspruch auf Vollständigkeit. In der Pflege existieren zahlreiche weitere Zeitschriften, in denen man fündig werden kann.

Im Zeitalter der elektronischen Datenverarbeitung dürfen auch die Internetstellenbörsen, von denen es derzeit circa 1600 gibt, nicht außer Acht gelassen werden. Spätestens seit 1997 spielt die Nutzung des Internets auch in Deutschland eine enorm wichtige Rolle. Sowohl für Unternehmen als auch für Stellen Suchende entwickelte sich das Internet zu einem neuen Medium für den Personalmarkt. So haben Stellen suchende SurferInnen die Möglichkeit, per Mausklick zügig und unkompliziert interessante Stellenangebote zu entdecken. Bei einigen Firmen wird die Abwicklung des kompletten Prozesses der Stellensuche erheblich vereinfacht und beschleunigt – angefangen von den Stellenausschreibungen und dem Eingang bzw. der Beurteilung von Bewerbungen bis hin zur ersten Kontaktauf-

**Abbildung 6-1:** Marion bei der Suche nach
Stellen in der Zeitung (gezeichnet von Marcus Splietker, 2002)

nahme. Elektronische Jobbörsen spielen eine entscheidende Rolle, um auf dem Personalmarkt Jobangebote und Jobnachfrage miteinander zu verbinden. Betrachtet man die Entwicklung der letzten Jahre, so ist festzustellen, dass sich der Online-Arbeitsmarkt rasanter und erfolgreicher als erwartet entwickelt hat. Fast täglich neue Pressemitteilungen über innovative Services, Rekorde bei den Benutzerzahlen und Expansion in aller Herren Länder zeigen, dass der Markt der Jobbörsen im Internet boomt. Die Stellensuche im Internet bietet ungeahnte Möglichkeiten. Unabhängig von Tag und Zeit kann man nach Stellenangeboten suchen. Viele Jobbörsen bieten auch die Möglichkeit, einen so genannten Jobservice einzurichten. Hierüber ist es möglich, in der Regel einmal pro Woche über neue Stellenanzeigen informiert zu werden, die dem eigenen Profil entsprechen. Dazu muss zuvor nach vorgegebenen Kriterien ein persönliches Profil erstellt werden. Wichtige Angaben zum zukünftigen Arbeitgeber (Art, Standort etc.) können ebenfalls gemacht werden. Dies ist unabhängig davon, ob bei einer der großen Jobbörsen wie http://www.monster.de mit circa 1 Million Stellenanzeigen oder bei einer der speziellen Jobbörsen, wie beispielsweise der des DRK, gesucht wird. Allerdings unterscheiden sich die elektronischen Stellenmärkte hinsichtlich Professionalität, Service, Effizienz, Marktbreite, Funktionsumfang sowie Angebotsmerkmalen erheblich. Im folgenden Kasten werden einige große bzw. spezielle Jobbörsen genannt, die allesamt Angebote für Pflegekräfte ausweisen.

**240** 6 Arbeitssuche – Das Ende der Gemütlichkeit

**Abbildung 6-2:** Marion bei der Suche nach Stellen im Internet (gezeichnet von Marcus Splietker, 2002)

### Internetstellenbörsen mit regelmäßigen Stellenangeboten in der Pflege

Die Großen:
- http://www.monster.de
- http://www.jobpilot.de
- http://www.stellenanzeigen.de
- http://www.jobs.de
- http://www.berufsstart.de
- http://www.arbeitsamt.de

Die Speziellen:
- http://www.stellen-online.de
- http://www.medizinische-berufe.de
- http://www.drk.de/stellenboerse
- http://www.job-sozial.de
- http://www.jobsozial.de
- http://www.stellenannoncen.de
- http://www.stellenanzeigenseite.de
- http://www.health-job.net
- http://www.jobware.de
- http://www.vincentz.net

Diese Liste erhebt keinen Anspruch auf Vollständigkeit. Im Internet existieren zahlreiche weitere Jobbörsen, und ihre Zahl nimmt zu.

Hilfreich bei der Suche nach einer neuen Stelle ist vor allem ein großes Netzwerk an Kontakten, das man sich über Jahre aufbauen kann. Bekannte, ehemalige KollegInnen und/oder Mitglieder eines Gremiums, Ausschusses usw. erfahren mitunter, dass eine bestimmte Stelle vakant ist, noch bevor eine Anzeige geschaltet wird. Ein kurzer Anruf, eine E-Mail liefert mitunter den entscheidenden Tipp.

Über die Tages- und Fachpresse kann man etwas über geplante Umstrukturierungen in Einrichtungen erfahren. Die bzw. der analytisch denkende Pflegende erkennt hier rechtzeitig, dass mit dem Wandel einhergehend eventuell eine neue Stelle eingerichtet werden muss. In diesem Fall kann sich eine Initiativbewerbung lohnen. Noch bevor die Stelle ausgeschrieben wird, hat man dann bereits den Werbeprospekt in eigener Angelegenheit platziert.

## 6.1.2 Systematische Analyse aktueller Angebote

Das Lesen von Stellenanzeigen ist keine Kunst. Wer eine Stellenanzeige aufmerksam liest, sie sorgfältig untersucht und interpretiert, kann viel über das Unternehmen, über das, was von der Bewerberin erwartet wird, aber auch über wichtige Inhalte für das Bewerbungsanschreiben und mögliche Schwerpunkte des Bewerbungsgesprächs erfahren. Wer Stellenanzeigen richtig analysiert und schnell erkennt, ob das Unternehmen zu einem passt, spart sich eine Menge Zeit und vor allem eine Vielzahl überflüssiger Bewerbungen.

Eine Stellenanzeige weist normalerweise fünf Inhaltspunkte auf, die im Ausschreibungstext erwähnt werden (vgl. Abb. 1-1):

1. Wer ist das Unternehmen? Aussagen über das Unternehmen:
   – Trägerschaft
   – Größe
   – Standort
   – Philosophie etc.

2. Welchen Job hat das Unternehmen anzubieten? Aussagen über die freie Stelle:
   – Bezeichnung
   – Aufgaben
   – Datum, ab wann die Stelle zu besetzen ist
   – Vollzeit/Teilzeit etc.

3. Wen sucht das Unternehmen? Aussagen über die Anforderungen an die BewerberInnen:
   – Qualifikationen
   – Soft-Skills
   – Umzugsbereitschaft etc.

4. Was wird dem bzw. der StelleninhaberIn geboten? Aussagen über das Angebot:
   - Gehalt und Sozialleistungen
   - Entscheidungsfreiheit, Verantwortung etc.

5. Wie soll sich beworben werden? Aussagen über die gewünschten Bewerbungsunterlagen:
   - vollständige Bewerbungsunterlagen
   - Kurzbewerbung
   - Online-Bewerbung etc.

Neben einem frühzeitigen Beginn der Suche sollte die ehrliche Prüfung der Passung im Vordergrund der systematischen Analyse aktueller Angebote stehen. Wenig Sinn hat es, sich auf eine Stelle zu bewerben, deren Anforderungsprofil man augenscheinlich nicht erfüllt. Dies hat den Vorteil, dass das eigene Selbstwertgefühl geschützt wird, denn die Anzahl der Absagen sinkt mit der erfolgreichen Vorauswahl passender Stellen.

Häufig wird in Stellenanzeigen eine Ansprechpartnerin oder ein Ansprechpartner genannt, die bei Fragen unter einer bestimmten Rufnummer kontaktiert werden können. Dabei sollte beachtet werden, dass es sich hierbei nicht immer automatisch auch um die Person handelt, an die die Bewerbung gerichtet sein soll. Der Autor empfiehlt grundsätzlich, noch vor dem Versenden der Bewerbungsunterlagen mit dem Unternehmen Kontakt aufzunehmen. Auf diese Weise kann bereits im Vorfeld entschieden werden, ob sich eine Bewerbung lohnt. «Erscheinungsdatum plus fünf Tage» heißt die Formel für den optimalen Zeitpunkt, an dem die Bewerberin bzw. der Bewerber auf eine Stellenanzeige reagieren sollte.

**Abbildung 6-3:** Marion bei der Analyse von Stellenanzeigen (gezeichnet von Marcus Splietker, 2002)

**So analysieren Sie Stellenanzeigen richtig und sparen Zeit und Kosten**

1. **Lesen Sie genau, welche Anforderungskriterien relevant sind.** Es macht keinen Sinn, sich auf eine Stelle zu bewerben, wenn Sie von acht geforderten Kriterien nur drei erfüllen können! Die Unternehmen erwarten die geforderten Fähigkeiten ja bereits zu Beginn der Tätigkeit und nicht erst in einigen Monaten. Ihre etwaige Bereitschaft, sich alle notwendigen Kenntnisse anzueignen, reicht daher im Rennen um den ersten Platz meist nicht aus!

2. **Vergleichen Sie die Anforderungskriterien mit Ihrer eigenen Persönlichkeitsstruktur.** Markieren Sie die Anforderungskriterien, damit Sie sie deutlich vor Augen haben. Unterteilen Sie sie in fachliche und persönliche Aspekte. Nehmen Sie drei verschiedenfarbige Stifte zum Lesen von Stellenanzeigen. Mit Grün unterstreichen Sie jene Anforderungen, die Sie selbst zu 100 Prozent erfüllen können. Mit Rot markieren Sie jene Anforderungen, denen Sie eher nicht gewachsen sind oder die Ihnen ganz einfach nicht zusagen. Mit Blau schließlich sollen Unsicherheiten und Unklarheiten, das heißt Fragen, die Sie eventuell in einem Anruf klären können, markiert werden. Angebote, in denen Rot überwiegt, können Sie gleich von der Liste nehmen. Prüfen Sie dann kritisch, ob Sie sich auf Grund Ihrer Neigungen in der geschilderten Aufgabe wohl fühlen können. Eine Tätigkeit, die Ihrer Persönlichkeitsstruktur nicht entspricht, wird Sie auf Dauer nicht glücklich machen und Sie auch in Ihrer Leistungsfähigkeit beeinträchtigen.

3. **Bewerben Sie sich nur, wenn Ihr Profil und die Anforderungen zusammenpassen.** Sind Sie sicher, dass Sie zu dem geschilderten Unternehmen und der Stelle passen? Wenn ja, dann können Sie sich an die Arbeit machen und Ihre Unterlagen speziell für diese Firma zusammenstellen! Konzentrieren Sie sich mit Ihren Bemühungen auf diese Bewerbung. «Klasse statt Masse» zählt in diesem Zusammenhang.

### 6.1.3 Regelmäßiger Überblick über freie Stellen

Einen ganz besonderen Service bieten bestimmte Karriereberatungen und Jobagenturen an. Hier kann für eine geringe Gebühr ein kontinuierlicher Überblick über vakante Stellen gewonnen werden. Diese Dienstleistung baut auf einer eingehenden Analyse der Wunschposition auf, die nach entsprechenden Angeboten regional begrenzt, bundesweit oder international sowie je nach Wunsch auf bestimmte Einrichtungen beschränkt gesucht wird. Unmittelbar nach Erscheinen werden regionale und überregionale Zeitungen sowie Fachzeitschriften und Internetstellenbörsen nach geeigneten Stellenangeboten durchforstet. Die Kundin bzw. der Kunde bekommt im Anschluss daran eine Liste der entsprechenden Stellenangebote. Auf diese Weise gewinnt man regelmäßig einen Überblick über mitunter alle interessanten vakanten Positionen, für die über Stellenanzeigen nach geeigneten KandidatInnen gesucht wird.

Zunehmend setzen auch Unternehmen im Gesundheitswesen bei der Besetzung von Stellen auf die Unterstützung von Personalberatungen, die eine weitere wichtige Quelle für vakante Positionen darstellen. Bewerbungen können in der Regel auch blind an einzelne Beratungen geschickt werden, mit der Bitte, sie in einer entsprechenden Datei aufzunehmen. Eine Datenbank wirft dort bei einer entsprechenden Anfrage an die Personalberatung die passenden KandidatInnen aus. Diese werden informiert und können ihr Interesse jeweils prüfen. Ist man in einer solchen Datenbank gespeichert, erhält man also regelmäßig Angebote, die kritisch geprüft werden können. Der eigene Marktwert kann auf diese Weise gut getestet werden.

Auch beim Arbeitsamt können entsprechende Suchangebote anonym ins Netz gesetzt werden. Das Arbeitsamt informiert dann die Arbeit Suchenden über die Anfragen einzelner Unternehmen.

Auch bei den zuvor erwähnten Stellenbörsen im Internet können zumeist zeitlich unbegrenzt Stellengesuche anonym und entgeltfrei aufgenommen werden – eine weitere sichere Quelle, um über vakante Stellen kontinuierlich informiert zu werden.

### 6.1.4 Zeitmanagement im Bewerbungsverfahren

Wer in sechs Monaten einen Stellenwechsel plant, sollte schon heute mit der Suche eines potenziellen neuen Arbeitgebers beginnen. So bleibt die Chance gewahrt, erstens einen fließenden Übergang vorzunehmen und zweitens zwischen mehreren Unternehmen und Positionen wählen zu können. Die Entscheidung wird damit für die beste Alternative und nicht das notwendige Übel fallen.

Verbindliche Regeln für den Zeitraum, nach dem ein Stellenwechsel sinnvoll ist, gibt es nicht. Zu vielfältig sind im Einzelnen die Gründe, die für oder gegen einen Wechsel sprechen. Ungünstig ist es jedoch, als so genannter «Job-Hopper» von einem Arbeitgeber zum nächsten zu hüpfen. Jährliche Stellenwechsel sprechen nicht wirklich für Beständigkeit und gut geleistete Arbeit. Etwas bewegen kann man in diesem Zeitraum ebenfalls nicht, wenn man bedenkt, dass man die Zeit der Einarbeitung, die Urlaubszeit und die Phase, in der man mit seinen Gedanken schon in dem neuen Unternehmen war, abziehen muss. Wer nach dem Ende seines Studiums jedoch 20 Jahre lang in der gleichen Einrichtung verharrt, kann als «Betriebsblinder» bezeichnet werden. Auch dies ist nicht zwingend förderlich für die eigene Karriere. Analysiert man die in Kapitel 3 ausführlich beschriebenen Karrieren, so wird deutlich, dass mit der Verwirklichung einer Karriere in der Regel mehrere Stellenwechsel einhergehen. Insbesondere wenn man sich in der Hierarchie verändern möchte, ist dies zum Teil ohne Wechsel des Arbeitgebers nicht möglich. Bekleidet man eine Stelle, so ist hier, wie bereits erwähnt, eine

**Abbildung 6-4:** Marion auf der Station (gezeichnet von Marcus Splietker, 2002)

gewisse Beständigkeit erforderlich. In der Anfangsphase der Karriere bedeutet dies, dass eine Stelle in der Regel drei bis fünf Jahre bekleidet werden sollte. Danach kann bzw. sollte ein Wechsel stattfinden, um weitere Erfahrungen zu sammeln und einen Aufstieg zu gewährleisten. Zu achten ist bei den Wechseln darauf, dass sich ein roter Faden im Sinne einer kontinuierlichen Weiterentwicklung im Lebenslauf erkennen lässt. Kleinere Seitensprünge sind jedoch nicht weiter tragisch, in bestimmten Fällen sogar sinnvoll. Wer eigentlich auf eine Karriere in der Hierarchie gesetzt hat, zwischenzeitlich jedoch hauptberuflich als GutachterIn beim MDK tätig gewesen ist, hat schließlich auch in diesem Bereich wichtige Erfahrungen gesammelt, die zum Beispiel für eine Tätigkeit als Pflegedienstleitung wichtig sein können. Im weiterem Verlauf der Karriere, nach den ersten beiden Wechseln im Anschluss an das Studium, werden die einzelnen Stellen für einen längeren Zeitraum bekleidet. Auch mit dem 45. oder 50. Lebensjahr ist zwar noch ein Stellenwechsel möglich, sollte dann jedoch der Letzte sein.

| **Die Karriere von Marion** | |
|---|---|
| Geburtsjahr: | 1970 |
| Schulabschluss: | 1990 Allg. Hochschulreife |
| Krankenpflegeausbildung: | 1990 bis 1993<br>Ausbildung an der Krankenpflegeschule des Uni-Klinikums |
| Tätigkeit als Krankenpflegerin: | 1993 bis 1996<br>Tätigkeit auf einer Intensivstation |
| Qualifizierung: | 1995 bis 1997<br>Weiterbildung zur Fachkrankenpflegerin Anästhesie und Intensivpflege |
| Tätigkeit als Stationsleitung: | 1996 bis 1998<br>Tätigkeit als stellv. Stationsleitung<br>1998 bis heute<br>Tätigkeit als Stationsleitung |
| Studium: | 2000 bis voraussichtlich 2004<br>berufsbegleitendes Pflegemanagementstudium |
| Berufsziele: | weiterer Aufstieg in der Hierarchie nach Abschluss des Studiums, Tätigkeit als stellv. Pflegedienstleitung und später als Pflegedienstleitung |

**Analyse des Lebenslaufs**
- Positionsanalyse: kontinuierlicher Aufstieg in der Hierarchie; begleitende sinnvolle Qualifizierungen; realistische Berufsziele
- Lückenanalyse: keine Lücken, die auf Arbeitslosigkeit oder Sonstiges schließen lassen

## 6.2 Die Bewerbung – Ihre Visitenkarte

Eine schriftliche Bewerbung muss auf den ersten Blick überzeugen oder, wie es ein amerikanischer Manager einmal formulierte: «You never get a second chance to make a first impression». Wer sein Ziel erreichen möchte, zu einem Vorstellungsgespräch eingeladen zu werden, muss bereits mit seiner Bewerbungsmappe die Aufmerksamkeit der zuständigen Personalverantwortlichen auf sich ziehen. Die Bewerbungsmappe ist eine Visitenkarte, die eine Menge Informationen über die Bewerberin bzw. den Bewerber preisgibt. Bewirbt man sich mit seinen persönlichen Unterlagen in einem Unternehmen, so verschaffen sich Personalverantwortliche darüber einen ersten Eindruck. Dieser ist entscheidend für die weiteren Stufen im Bewerbungsverfahren. Von 50 eingegangenen Bewerbungen werden in der Regel höchstens sieben KandidatInnen in die engere Auswahl genommen. Die anderen BewerberInnen fallen direkt durch das Raster, und ihre Bewerbungsunterlagen werden mit einem netten Brief zurückgesandt. Ein augenscheinliches Fehlen wichtiger Qualifikationen und vor allem auch formale und inhaltliche Mängel prägen hier mitunter bereits entscheidend den ersten Eindruck. Zerknitterte Unterlagen, fehlerhafte und wenig individuelle Anschreiben sowie wenig aussagekräftige Lebensläufe machen den größten Teil der in Unternehmen eingehenden Bewerbungen aus. Wie viel mangelnde Sorgfalt bei der Erstellung der Bewerbungsunterlagen wirklich über die Persönlichkeit der Bewerberin bzw. des Bewerbers aussagt, ist an dieser Stelle jedoch schwer zu entscheiden. Von einer überzeugten Bewerbung kann in diesem Fall allerdings nicht gesprochen werden. Auch die Anmutung einer Massenbewerbung, die den Schluss zulässt, dass die Bewerberin bzw. der Bewerber irgendeinen Job haben will, schreckt viele Personalverantwortliche ab. Auch in diesem Fall fällt man direkt durch das Raster. Um einen geeigneten Job zu finden, müssen heute nicht zwingend 100 Bewerbungen geschrieben werden. Entscheidend ist die zuvor bereits beschriebene detaillierte Analyse der Angebote und WunscharbeitgeberInnen. Eine gehörige Portion Selbstreflexion gehört ebenfalls dazu, wenn man nicht auch 100 Bewerbungen zurückgeschickt bekommen möchte. Ehrlichkeit mit sich selbst und den eigenen Fähigkeiten sowie dem eigenen Leistungsvermögen sind hier gefragt.

In diesem Abschnitt werden wichtige Tipps zur Gestaltung der vollständigen Bewerbungsunterlagen für eine Bewerbung in einer Einrichtung im Gesundheitswesen gegeben. Unter Berücksichtigung einer zunehmenden Anzahl von Bewerbungen in der Europäischen Union wird nicht ausschließlich die typisch deutsche Gestaltung des Lebenslaufs zu Grunde gelegt, sondern ein EU-Lebenslauf beschrieben, der von der EU-Kommission gemeinsam mit den Mitgliedsstaaten und Sozialpartnern ausgearbeitet wurde.

Der EU-Lebenslauf unterscheidet sich vor allem in drei Punkten vom typischen deutschen Gegenstück:
- Es wird kein Foto beigelegt oder angeheftet. Warum das Hinzufügen eines Fotos dennoch sinnvoll sein kann, wird an entsprechender Stelle diskutiert.
- Die Gliederung erfolgt umgekehrt chronologisch (last job first bzw. top-down). Dies entspricht der Wichtigkeit der Informationen aus der Sicht des bzw. der Personalverantwortlichen und erspart unnötiges Suchen.
- Es wird wesentlich detaillierter auf Soft-Skills und Schlüsselqualifikationen bzw. Kernkompetenzen eingegangen. Diese sind für den Erfolg im Beruf ausgesprochen wichtig. An diesen Kriterien wird häufig festgemacht, wer im Bewerbungsverfahren die besseren Karten hat.

Unterschiedliche Gestaltungsformen des Lebenslaufs sind denkbar, ein Vorschlag findet sich im Anhang (vgl. Kap. 7.10).

### 6.2.1 Zur Notwendigkeit der individuellen und passenden Gestaltung

Wenn eine interessante Stellenanzeige in einer Pflegefachzeitschrift ausgeschrieben wird, dann ist in der Regel damit zu rechnen, dass zahlreiche Bewerbungen eingehen werden. Für die Bewerberin bzw. den Bewerber bedeutet dies, dass Individualität gefragt ist, damit die eigene Bewerbung auffällt und nicht unter den anderen Bewerbungen untergeht. Die geforderte Individualität und auffallende Gestaltung kennt jedoch auch Grenzen.
Die Bewerbung sollte sich von anderen Bewerbungen abheben. Gestalterisch sowie durch die Wahl des Bewerbungshefters und nicht zuletzt auf Grund des Inhalts kann dies gewährleistet werden. Dabei sollte sich jedoch ein einheitliches Design vom Anschreiben über den Lebenslauf bis hin zum Qualifikationsprofil durchziehen. Dies erreicht man durch Verwenden einheitlicher Schriftarten und -größen. Gängig sind die Schriftarten «Arial» und «Times New Roman», aber auch «Tahoma» erweckt noch einen seriösen Eindruck. «Courier» wirkt dagegen sehr altmodisch und wird heutzutage eher nicht mehr benutzt. Gängige und gut lesbare Schriftgrößen sind 11 und 12 pt, bedeutend kleiner sollte die Schrift nicht sein. Für Überschriften kann die Schriftgröße 14 pt verwendet werden. Ein weiteres gängiges Gestaltungsmerkmal ist das Fettschreiben der Überschriften und besonders relevanten Aspekte. Trotz der Forderung nach Individualität sollte dies auf jeden Fall Berücksichtigung finden. Ständig variierende Schriftarten und Schriftgrößen können den Text zwar auffallend machen, wirken jedoch eher unprofessionell. Durch eine farbige Gestaltung kann die Bewerbung zum Blickfang

> **Kurzgeschichte einer auffallenden und individuellen, aber nicht passenden Bewerbung**
>
> Es war einmal eine Bewerberin, die sich zur Weihnachtszeit auf eine Stellenanzeige bewarb. Individualität und Kreativität zeichneten sie und ihre Bewerbungsmappe aus. Niemand konnte wirklich sagen, wie lange die Bewerberin zum Erstellen der Bewerbungsunterlagen benötigt hatte. Klar war, dass es sich auf keinen Fall um eine Massenbewerbung handelte. Eine Bewerbung, die wie ein Weihnachtskalender gestaltet war, erregte in dem Unternehmen großes Aufsehen, und mit Achtung begutachtete man die vollständigen Unterlagen. Man könnte meinen, dass die Bewerberin damit zumindest zu einem Vorstellungsgespräch eingeladen wurde, dies war jedoch nicht der Fall. Was war passiert? Trotz passender Qualifikationen zeugte die Bewerbung von zu viel Kreativität für ein zu konservatives Unternehmen.
>
> Und die Moral von der Geschicht': Entscheidend ist nicht nur, wie auffällig man die Bewerbung gestaltet, sondern auch, wohin man sie schickt und wie die Gestaltung dort aufgefasst wird.

werden. Bunt sollte sie jedoch eher nicht aussehen. Auch die Auswahl der richtigen Bewerbungsmappe und des passenden Deckblatts kann den Blick der Betrachterin bzw. des Betrachters in Personalverantwortung mitunter den entscheidenden Augenblick länger auf der eigenen Bewerbung halten. Sogar das Foto oder ein passendes Zitat können zum Erfolg führen. Individualität meint darüber hinaus die inhaltliche Darstellung. Inwiefern schafft es die Bewerberin bzw. der Bewerber, eigene Qualifikationen darzustellen und besonders relevante Aspekte zu betonen und auf diese Weise von sich zu überzeugen? Ganz entscheidend ist in diesem Zusammenhang das Bewerbungsanschreiben. Ist dies wirklich individuell, oder mutet es nach einem Massenbewerbungsschreiben an? AnsprechpartnerInnen sollten vorab recherchiert und direkt angesprochen werden. Im Anschreiben wird nicht der Lebenslauf vorweggenommen, sondern auf die Gründe für die Bewerbung und die Passung zwischen den eigenen Qualifikationen und der Anforderungen der Stelle sowie auf die persönlichen Ziele bei dem neuen Arbeitgeber eingegangen. Das Anschreiben sollte Lust zum Weiterlesen machen.

Handlungsleitend im Rahmen der Erstellung der gesamten Bewerbungsunterlagen sollte die so genannte AIDA-Formel sein (Hesse/Schrader, 2001; Moser, 1990). Diese Formel entstammt der Werbepsychologie und umschreibt, wie Aufmerksamkeit erzeugt werden kann. Die einzelnen Buchstaben der Formel stehen für:
- **A**ttention (Aufmerksamkeit erzeugen)
- **I**nterest (Interesse wecken)
- **D**esire (Wunsch auslösen, zum Vorstellungsgespräch einzuladen)
- **A**ction (Aktivität im Sinne von Einladung zum Vorstellungsgespräch auslösen).

Gerade unter Berücksichtigung der Vielzahl schlecht aufbereiteter, fehlerhafter Massenbewerbungen hat man durchaus gute Chancen, sich selbst positiv abzuheben, wenn die zuvor genannten Aspekte ausreichend Berücksichtigung finden.

Eine Übereinstimmung der geforderten Qualifikationen mit den eigenen Fähigkeiten darf im Rahmen der Bewerbung allerdings nie außer Acht gelassen werden. Decken sich die geforderten persönlichen und fachlichen Anforderungen nicht zu mindestens 75 Prozent mit dem eigenen Profil, sollte auf eine Bewerbung verzichtet werden. Was nutzt eine kurzfristige Einstellung, beispielsweise als Heimleiterin und stellvertretende Geschäftsführerin, wenn man auf Grund mangelnder Kompetenzen bereits nach einem halben Jahr wieder entlassen wird? Ähnliches gilt für die Soft-Skills: Wird eine Fachkraft mit Durchsetzungsvermögen, starker Persönlichkeit und Verhandlungsgeschick gesucht, sollte man sich nicht bewerben, wenn man diese Fähigkeiten bislang in keiner Aufgabe unter Beweis stellen konnte und nicht über sie verfügt.

> Im Anhang findet sich ein Beispiel vollständiger und individuell gestalteter Bewerbungsunterlagen (vgl. Kap. 7.10). Weitere Tipps und Bewerbungsbeispiele, die die Tür zu einem Vorstellungsgespräch öffnen, bieten unter anderem Hesse/Schrader (2001), Manekeller/Schonewald (1997) oder Faber (2001).

### 6.2.2 Gestaltung des Bewerbungsanschreibens

Der Bewerberin bzw. dem Bewerber stehen zehn bis maximal 14 Sätze auf nicht mehr als einer Seite zur Verfügung, um auf die eigene Person aufmerksam zu machen. Handlungsleitend für die Erstellung des Anschreibens sollten folgende Fragen sein:
- Warum bewerbe ich mich auf diese Stelle?
- Inwiefern liegt eine Übereinstimmung zwischen meinem Profil und der Stelle vor?
- Was will ich bewegen?

Beim Verfassen des Anschreibens bedarf es guter journalistischer Fertigkeiten, um mit dem ersten Satz neugierig zu machen, zu fesseln und zum Weiterlesen zu animieren. Alles wirklich Substanzielle folgt im Hauptteil des Anschreibens. Im Abschlusssatz sollte man schließlich nicht in Plattheiten abgleiten, sondern noch einmal auf sich und das Anliegen aufmerksam machen. Das Anschreiben muss eine Einladung für die nachfolgenden Unterlagen darstellen.

Das Bewerbungsanschreiben sollte der typischen Briefform entsprechen. Entweder hat man eine Kopfzeile mit Namen, Adresse und Telefon formatiert, oder man notiert diese Angaben links oben in der Ecke. Darunter lässt man vier Zeilen frei und notiert die Adresse des Unternehmens, in dem man sich bewirbt, möglichst mit Angabe des Ansprechpartners. Wieder vier Zeilen darunter erscheint die Bezugszeile. Hieraus sollte hervorgehen, ob es sich um eine Initiativbewerbung oder aber um eine Bewerbung auf eine Stellenanzeige handelt. Das Datum der Anzeige sowie die Zeitung sollten zunächst genannt werden. In der Zeile darunter wird ein etwaiges Stichwort bzw. die ausgeschrieben Stelle oder eine Kennziffer angeführt. Zwei Zeilen darunter erfolgt schließlich die direkte Anrede (zum Beispiel «Sehr geehrter Herr Müller,...»), eine Zeile darunter wiederum der erste Satz als Fortsetzung der Anrede («...Bezug nehmend auf unser interessantes Telefonat vom 18.7.2002 lasse ich Ihnen heute meine vollständigen Bewerbungsunterlagen zukommen.»). Absätze werden mit jeweils einer weiteren Leerzeile gekennzeichnet. Nach dem Abschlusssatz folgt die Formel der Verabschiedung («Mit freundlichem Gruß») und darunter die Unterschrift. «Ob Sie zum Abschluss mit königsblauer Tinte unterschreiben oder nicht, steht Ihnen frei. Wir jedenfalls empfehlen es.» schreiben die Bewerbungsprofis Hesse und Schrader (2001: 104). Dieser Meinung schließt sich der Autor dieses Karriereratgebers an. Eventuell kann man abschließend noch ein freundliches Postskriptum (PS) verfassen. Hier kann ein Aspekt berührt werden, der einen zusätzlichen Pluspunkt bringt. In Untersuchungen konnte festgestellt werden, dass auf einer Briefseite das Postskriptum die größte Beachtung findet. Auch weiß man, dass die zuerst und die zuletzt genannten Aspekte besonders gut im Gedächtnis bleiben (*primary effect* und *recency effect*).

> **Analyse des Anschreibens durch Personalverantwortliche**
>
> Dem Anschreiben der Bewerberin bzw. des Bewerbers widmet man sich in der Regel zuerst, jedoch nicht länger als eine Minute. Dabei wird auf Fehlerhaftigkeit, Bezug zur Stelle, interessante Gestaltung und weitere Aspekte hin analysiert, und das Ergebnis kann schlimmstenfalls bereits zur Absage führen.

### 6.2.3 Gestaltung des Deckblatts

Es macht Sinn, die Betrachterin bzw. den Betrachter der Bewerbungsunterlagen nicht sofort mit dem Lebenslauf zu konfrontieren, sondern zunächst mit einem Deckblatt auf sich aufmerksam zu machen. Schon das Deckblatt sollte Interesse wecken und zum Umblättern einladen. Typische Elemente des Deckblatts sind vor allem persönliche Angaben zum Namen, zur Anschrift und zum Telefon sowie ein Bewerbungsfoto, das nach den Empfehlungen der EU-Kommission jedoch nicht zwingend in die Bewerbungsunterlagen gehört. Entscheidet man sich für ein Foto, sollte eins hinzugefügt werden, das von einem professionellen Fotografen angefertigt wurde. Nehmen Sie keinesfalls ein Automatenfoto. Unter Berücksichtigung des Journalistenmottos «Bild schlägt Text» wird deutlich, wie die Wirkung eines Fotos grundsätzlich zu beurteilen ist. Ein professioneller Fotograf schafft es mit dem Bewerbungsfoto nicht nur, das äußere Erscheinungsbild der Person in einem besonders guten Licht darzustellen, sondern auch, Aufmerksamkeit zu erzeugen und sogar bestimmte Soft-Skills zum Ausdruck zu bringen. Auf diese Weise kann sich das Bewerbungsfoto in die Übereinstimmung der anderen Elemente der Bewerbung auf die vakante Stelle einreihen. Empfohlen wird ein Schwarz-Weiß-Foto, da es zurückhaltender und interessanter wirkt. Auch digitale oder gescannte Fotos sind erlaubt, vorausgesetzt, dass beim Ausdruck hochwertiges Papier verwendet wird. Bei dem Foto sollte auf eine der Position angemessene und einwandfreie Kleidung geachtet werden. Auch das Lächeln auf dem Foto wird heute noch verlangt. Besondere Aufmerksamkeit kann durch angeschnittene Fotos erzeugt werden (ein Teil des Kopfes erscheint hierbei nicht auf dem Foto) oder auch durch Ganzkörperfotos, hierauf sollte der Fotograf ebenso angesprochen werden wie auch auf die Stelle, auf die man sich bewirbt, und die Kennzeichen des Unternehmens (eher konservativ, modern etc.). Ein einleitendes Zitat, wenn es denn authentisch für die eigene Person ist, die Nennung der Stelle, für die man sich interessiert und die Nennung des Unternehmens sind ebenfalls relativ häufig auf einem Deckblatt vorzufinden. Möglich ist es auch, bereits an dieser Stelle auf das zu verweisen, was sich hinter dem Deckblatt alles verbirgt. Eine linksbündige Darstellung ist ebenso möglich wie auch eine rechtsbündige oder mittige Gestaltung. Das sich über die Bewerbung erstreckende Layout sollte auf dem Deckblatt zumindest in Form von einzelnen Elementen auffindbar sein.

> **Analyse des Deckblatts durch Personalverantwortliche**
>
> Das Foto stellt hierbei den zentralen Analyseaspekt dar. Bewusst bzw. unbewusst wird hier Sympathie oder Antipathie wahrgenommen. Von dem Foto wird auf persönliche Kompetenzen geschlossen. Ein sehr starker positiver oder negativer Eindruck von einer Person kann bereits hier geprägt werden. Auch die weiteren Angaben hinterlassen Eindruck. Wirkt das Zitat steif und abgelesen, oder könnte es zur Persönlichkeit der Bewerberin bzw. des Bewerbers passen? Wirkt die Gestaltung strukturiert, so kann auch dies zu einem Rückschluss auf die Person führen. Ergänzt wird dieses Urteil durch die ersten Erkenntnisse aus der Analyse des Bewerbungsanschreibens.

### 6.2.4 Gestaltung des Lebenslaufs

Beim Lebenslauf handelt es sich um das Kernstück der Bewerbungsunterlagen. Hier wird vor allem der bisherige berufliche Werdegang skizziert. Berichtet wird hier über Ausbildung, Studium, berufliche Stationen, bisher geleistete Tätigkeiten und Verantwortungsbereiche sowie absolvierte Weiterbildungen, Interessenschwerpunkte, Hobbys, soziales Engagement und Schlüsselqualifikationen. Auch Referenzen können hier angegeben werden. Kürze, Prägnanz und Übersichtlichkeit sind entscheidende Gestaltungsmerkmale, die jedoch nicht zu Lasten der inhaltlichen Aussagefähigkeit gehen sollten. Angaben werden stichwortartig und nach einem leicht nachvollziehbaren, einheitlichen System gemacht. Aufzählungszeichen bei der Angabe mehrerer Punkte erhöhen ebenfalls die Lesbarkeit.

Inhaltlich kennzeichnen den Lebenslauf bestimmte Kategorien, die in vielen Fällen auch als Überschriften zu finden sind und den Lebenslauf sinnvoll unterteilen.

*Persönliche Daten* (Name, Anschrift, Telefon einschließlich Mobilfunknummer und Fax, E-Mail, Nationalität, Konfession, Geburtsdatum und -ort, Familienstand und Kinder) werden einleitend genannt. Dabei verzichtet man auf Angaben zu den Eltern (Name und Beruf) sowie zu etwaigen Geschwistern (Anzahl, Namen und Beruf). Eignungsdiagnostisch lassen sich an diesen Angaben nur wenige und vor allem ungesicherte Erkenntnisse über eine Bewerberin bzw. einen Bewerber ableiten.

Der *berufliche Werdegang* (Name des Arbeitgebers und Ort der Beschäftigung, Nennung der Tätigkeit oder Position, Beschreibung der Hauptaufgaben und Erfolge) findet anschließend Berücksichtigung. Er ist das zentrale Element des Lebenslaufs. Umgekehrt chronologisch sollten die genannten Angaben gemacht werden – man beginnt also mit dem aktuellen Beschäftigungsverhältnis, und rückwärts chronologisch werden dann die weiteren bisherigen Tätigkeiten und Beschäftigungsverhältnisse einschließlich des Zeitraums der Beschäftigung genannt. Bezüglich der Angabe des Zeitraums hat sich durchgesetzt, Monats- und Jahresangaben zu machen (z. B. 02/1990 – 08/1998). Auf genaue Tagesangaben wird verzichtet. Besteht aktuell noch ein Beschäftigungsverhältnis, so gibt man an, dass man zum Beispiel seit 02/1990 in einem bestimmten Unternehmen tätig ist. Haben sich einzelne Positionen oder Aufgabengebiete während der Tätigkeit für einen Arbeitgeber geändert, so wird auch dies rückwärts chronologisch angegeben.

Sehr übersichtlich und gut lesbar wird die Bewerbung, wenn die Angaben des Zeitraums auf der linken Seite eines zweispaltigen Lebenslaufs gemacht werden. Die weiteren Beschreibungen können in der rechten Spalte untergebracht werden. Alternativ kann jedoch auch nur die rechte Spalte benutzt werden. Hier wird dann einleitend mit dem Zeitraum des Beschäftigungsverhältnisses begonnen. Die Positionen können dadurch betont werden, dass sie fett gedruckt werden. Die Angaben zum beruflichen Werdegang werden bereits unmittelbar nach den persönlichen Daten genannt, da sie die für viele ArbeitgeberInnen wichtigsten Angaben darstellen.

Angaben zu *Studium, Weiterbildungen, beruflicher Ausbildung und Schulbildung* folgen im nächsten Abschnitt des Lebenslaufs. Dieser Aspekt charakterisiert die Wissensgrundlagen und Kompetenzen, die sich eine Bewerberin bzw. ein Bewerber im Laufe der Jahre geschaffen hat. Auch hier beginnt man mit der Darstellung des aktuellen Abschlusses bzw. Abschnitts der Ausbildung und gibt dann rückwärts chronologisch die weiteren bisherigen Abschlüsse und Ausbildungen einschließlich des Zeitraums an. Für die Gestaltung sowie die Angabe der Zeiträume gelten die zuvor gemachten Angaben. Bei der Schulbildung wird in der Regel auf die Nennung der Grundschule verzichtet. Genannt wird die zuletzt besuchte Schule bzw. die Schule, in der der höchste Schulabschluss erreicht wurde. Auch dieser wird an entsprechender Stelle erwähnt. Verzichtet wird auf die Nennung der Berufsschule, da diese zentraler Bestandteil der Ausbildung ist. Etwaige Benotungen sollten genannt werden, wenn sie besonders gut sind. Um keine unnötigen Spekulationen aufzuwerfen, sollten Noten jedoch entweder überall erwähnt werden oder aber vollständig weggelassen werden. Die Nennung bearbeiteter Projekte im Rahmen des Studiums sowie die Angabe des Themas der Diplomarbeit sind sinnvoll.

Unter Berücksichtigung der Empfehlungen der EU-Kommission wird anschließend in der Kategorie *besondere Fähigkeiten und Kernkompetenzen* im Vergleich zum typischen deutschen Gegenstück wesentlich detaillierter auf Soft-Skills und Schlüsselqualifikationen bzw. Kernkompetenzen eingegangen. Alle wichtigen Fähigkeiten und Kenntnisse werden hier genannt, die im Laufe der bisherigen Karriere erworben wurden, auch ohne Zertifikat. Angegeben wird auch, wo und wie diese erworben wurden. Für eine Bewerbung im Ausland ist zunächst die Nennung der Muttersprache entscheidend. Andere Sprachen werden ebenfalls genannt, die schriftlichen und mündlichen Kenntnisse werden bewertet. Dies erfolgt in der Regel nach dem Muster «sehr gut», «gut», «Grundkenntnisse» sowie durch die Nennung von Ergebnissen in Sprachkursen (zum Beispiel Angabe des TOEFEL-Ergebnisses). Beschrieben wird auch die Sozialkompetenz, näher erläutert durch das Leben und Arbeiten mit anderen Menschen, insbesondere in einem multikulturellen Kontext, in Positionen, wo Kommunikation essenziell ist oder in Situationen, wo Teamarbeit zählt (z.B. beim Sport). Organisationskompetenz kann durch die Koordination und Anleitung von Menschen, Projekten und Budgets dargestellt werden. Dies betrifft den Arbeitsplatz, ehrenamtliche Tätigkeiten, Hobbys und weitere Tätigkeiten zuhause. Die Beschreibung der technischen Kenntnisse bezieht sich auf den Umgang mit dem Computer, besonderen Ausrüstungen oder besonderen Maschinen. Auch künstlerische Fertigkeiten sollten erwähnt werden (Musik, Literatur, Malen etc.). Unter sonstigen Kenntnissen werden schließlich alle noch nicht erwähnten Fähigkeiten und Fertigkeiten zusammengefasst. Angaben zu Führerscheinen und einem etwaig vorhandenen Fahrzeug dürfen nicht fehlen.

Unter der Kategorie *zusätzliche Informationen* werden schließlich weitere Informationen genannt, die im Rahmen des Bewerbungsverfahrens wichtig sein könnten, so zum Beispiel Referenzen und Kontaktpersonen. Einen besonders positiven Eindruck hinterlässt die Bewerbung, wenn eine ehemalige Führungskraft als Fürsprecher genannt werden kann. Der Loyalität der eigenen Person gegenüber sollte man sich bei ihr natürlich sicher sein. Auch sollte rechtzeitig mit ihr geklärt werden, dass sie als Referenz genannt wird und ob sie grundsätzlich damit einverstanden ist, dass Fragen an sie herangetragen werden. Eine Abstimmung der Antworten auf potenzielle Fragen sollte ebenfalls rechtzeitig vorgenommen werden. Nahe Verwandte und Freunde sind als Referenzen übrigens inakzeptabel. Auch wer im Pflegedienst der Mutter gearbeitet hat, sollte dies auf Grund der besonderen familiären Beziehung eher nicht als Referenz nennen.

Die *Anlagen* werden abschließend aufgeführt, und zwar in der Reihenfolge, in der sie der Bewerbung beigefügt werden. Geachtet werden sollte auf eine sinnvolle Sortierung. Zum Beispiel werden zunächst die Kopien der Arbeitszeugnisse umgekehrt chronologisch eingeheftet, es folgen die Kopien der Diplom-Urkunde sowie des Ausbildungs- und des Schulzeugnisses. Einfache Kopien reichen hier in der Regel aus. Beglaubigte Kopien werden eher selten verlangt.

Der Lebenslauf wird unterschrieben und mit dem aktuellen Datum versehen, das in der amerikanischen Schreibweise angeführt wird (z. B. 2002-08-25). Meist werden Ort und Datum an der linken Seite notiert, die Unterschrift erfolgt mit königsblauer Tinte in der rechten Spalte.

Mehr als zwei Seiten sollte der Lebenslauf nicht umfassen. Um diesen Seitenumfang nicht zu überschreiten, ist an einzelnen Stellen eine Auswahl bestimmter Aspekte notwendig. Gestaltungsleitend sollten auch hier die Anforderungen der Stelle sein. So können bei den Weiterbildungen vor allem diejenigen hervorgehoben werden, die für die angestrebte Stelle entscheidend sind. Auf Halbtagesseminare und Seminare zu nicht mehr aktuellen Themen kann verzichtet werden, oder aber diese werden sinnvoll zusammengefasst. Wer heute in seinem Lebenslauf über hervorragende EDV-Kenntnisse berichtet, sollte darauf verzichten, das 1995 besuchte VHS-Seminar «Windows 95 für Einsteiger» zu erwähnen, insbesondere dann, wenn es sich um das einzige Zertifikat handelt, das EDV-Kenntnisse belegt. Aktuelles Wissen wird hierüber nicht bescheinigt. Der einzige Rückschluss, der hieraus gezogen werden kann, ist der, dass die Bewerberin bzw. der Bewerber sich bereits 1995 mit dem Thema EDV beschäftigt hat. Sinnvoller erscheint es in diesem Fall, die EDV-Kenntnisse an der entsprechenden Stelle im Lebenslauf etwas genauer zu charakterisieren, mitunter auch ohne Nachweis. Die Fähigkeiten im Umgang mit einzelner, zum Teil speziellerer und tätigkeitsbezogener Software sollte bewertet werden. Auch hier hat sich die Bewertung «sehr gut», «gut», «Grundkenntnisse» bewährt. Die parallele Nennung einzelner Aufgabengebiete kann die Kenntnisse glaubwürdiger erscheinen lassen und belegt Anwendungserfahrung. Eventuell finden sich auch in den Arbeitszeugnissen entsprechende Hinweise, die im Lebenslauf an geeigneter Stelle zusammengefasst werden. Eine sehr gute Möglichkeit zum Nachweis allgemeiner EDV-Kenntnisse stellt auch der ECDL® dar. Hier kann über ein autorisiertes Unternehmen oder im Selbsttest der Kenntnisstand mit wenig Aufwand regelmäßig geprüft und im Lebenslauf durch die Angabe des Wissensstandes verdeutlicht werden. Für andere besondere Kenntnisse gilt das Gleiche, das zuvor für den EDV-Bereich beschrieben wurde.

Bezüglich des Layouts existieren mehrere Möglichkeiten. Denkbar wäre eine schlichte Variante, bei der ausschließlich die Überschriften durch Fettdruck oder Unterstreichung hervorgehoben sind. Etwas ansprechender ist mitunter die Variante, bei der zusätzlich durch eine durchgezogene Linie zwischen den Angaben in der linken und rechten Spalte optisch getrennt wird. Die Überschriften können jedoch auch dadurch hervorgehoben werden, dass sie in einem grauen Balken notiert werden. Horizontale und vertikale Linien stellen eine weitere Gestaltungsvariante dar. Authentizität und Passung sind auch hierbei wichtige Aspekte. Beim Layout sollte man sich wieder die Frage stellen, ob es der eigenen Persönlichkeit entspricht und zur Kultur des potenziellen neuen Arbeitgebers passt.

Für die Aufbereitung des Lebenslaufs ist vor allem wichtig, dass die aus der Sicht der Personalverantwortlichen wichtigen Aspekte hervorgehoben werden. Beim Erstellen der Bewerbungsunterlagen ist ein Perspektivenwechsel hilfreich und notwendig. Erst wenn man versucht, die aus der Sicht des Unternehmens wichtigen Aspekte abzuleiten, kann man auch für sich eine Entscheidung treffen, ob die Stelle wirklich den eigenen Wünschen und Vorstellungen entspricht.

### Analyse des Lebenslaufs durch Personalverantwortliche

**Persönliche Daten.** Eine erste Entscheidung über die weitere Analyse der Bewerbungsunterlagen wird hier getroffen. Wichtige Fragen sind folgende:

- Entspricht das Geschlecht unseren Vorstellungen? Hierbei werden in der Regel die Dynamik und die Personalstruktur eines Unternehmens zu Grunde gelegt.
- Entspricht der Wohnort unseren Vorstellungen? Bei vielen ArbeitgeberInnen wird insbesondere bei der Auswahl von Führungskräften geprüft, ob der Lebensmittelpunkt bzw. der kulturelle Mittelpunkt der richtige ist, d. h. dem Unternehmensstandort entspricht.
- Ist die Kandidatin bzw. der Kandidat ledig, geschieden oder verheiratet? Hat er/sie Kinder? Hier werden Aspekte hinsichtlich der zeitlichen Flexibilität, Verantwortung gegenüber der Familie etc. abgeleitet.
- Entspricht die Konfession unseren Vorstellungen? Auch in Zeiten der Ökumene wird bei vielen Trägern darauf geachtet, dass die gewünschte Konfession vorliegt. Ein Engagement im kirchlichen Bereich, dokumentiert über ein Gemeindezeugnis, kann hier entscheidend sein.

**Beruflicher Werdegang.** Positionsanalyse: Ergebnis der Positionsanalyse sind Erkenntnisse über die berufliche Entwicklung einer Bewerberin bzw. eines Bewerbers. Die Kontinuität des beruflichen Aufstiegs oder aber ein «Auf und Ab» sind hier ebenso abzulesen wie das so genannte Job-Hopping, das heißt der kurzfristige Wechsel von ArbeitgeberInnen. Um hier keine falschen Schlüsse zuzulassen, können durchaus die Gründe für einen Stellenwechsel angegeben werden. Die Angaben zum Konkurs des Unternehmens oder zu einem betriebsbedingten Stellenabbau verhindern vorzeitige falsche Rückschlüsse im Rahmen der Analyse der Bewerbungsunterlagen. Auch bei anderen Gründen währt Ehrlichkeit am längsten, wobei der Kündigungsgrund «Differenzen mit dem ehemaligen Chef» schöner als «Suche nach neuer Herausforderung» beschrieben werden kann. Geforderte Kenntnisse können im Rahmen der Positionsanalyse sehr gut identifiziert werden, vorausgesetzt, dass die Bewerbungsunterlagen vollständig sind.

Lückenanalyse: Lücken, die auf Arbeitslosigkeit, Familienpause, Selbstfindung etc. schließen lassen, werden hier deutlich und entscheiden mit über die Einladung zu einem Vorstellungsgespräch bzw. eine Ablehnung.

**Studium, Weiterbildungen, berufliche Ausbildung, Schulbildung.** Liegen die unabdingbar notwendigen Abschlüsse vor? Eine Einladung hängt vor allem auch davon ab, ob die unabdingbar notwendigen Abschlüsse vorliegen. Nicht jedes Unternehmen ist dazu bereit, wichtige Abschlüsse nachzuschulen. Bei der Suche nach einer geeigneten Kandidatin werden wichtige Qualifikationen in der Regel vorausgesetzt.

**Besondere Fähigkeiten und Kernkompetenzen.** Besonders hier lässt sich bereits etwas über das soziale Engagement und die Persönlichkeit der Kandidatin bzw. des Kandidaten ableiten – wobei die Joggerin nicht unbedingt eine Einzelgängerin und der Volleyballspieler ein teamfähiger neuer Mitarbeiter sein muss.

Vereint werden die einzelnen Ergebnisse der Analyse schließlich zu einem Gesamturteil. Einige Aspekte sind dabei unabdingbare Voraussetzung, während andere weniger wichtig erscheinen. Um welche Aspekte es sich dabei handelt, liegt im Ermessen der zukünftigen Arbeitgeberin bzw. des zukünftigen Arbeitgebers und in den Besonderheiten der vakanten Stelle.

## 6.2.5 Gestaltung der so genannten Dritten Seite

Auch mit dieser Seite wird das Ziel verfolgt, Aufmerksamkeit zu erzeugen. Das Layout entspricht dem der bisher charakterisierten Unterlagen. Nur kurz widmet man sich dem Bewerbungsanschreiben im Rahmen der ersten Analyse nach Eingang der Bewerbungsunterlagen. Anschließend beginnt man, die Bewerbungsmappe durchzublättern und macht sich auf die Suche nach den wichtigen Details. Mit der Überschrift «Was mir wichtig ist...», «Meine Motivation...», «Warum ich?», «Ich über mich...» oder der Überschrift «Was Sie noch über mich wissen sollten...» wird gezielt die Aufmerksamkeit der/des Betrachtenden angezogen – eine gute Möglichkeit, um Pluspunkte im Auswahlverfahren zu sammeln! Aufmerksam gelesen und zur Kenntnis genommen wird dieser Text sicherlich, wenn er einen guten Aufmacher trägt. Wesentliche Kennzeichen der eigenen Person, Publikationen, Arbeitsschwerpunkte oder Projekte etc. können hier dargestellt werden, wenn sie für die zu besetzende Stelle relevant sind. Entscheidend ist, dass diese Seite, die zusätzlich oder alternativ verwendet werden kann, die entscheidenden Argumente für eine Anstellung transportiert. Die Gestaltung der Dritten Seite kann auch in Form eines Qualifikationsprofils erfolgen, wenn nur ein ausgesprochen kurzer und prägnanter Lebenslauf erstellt wird. Hiermit wird dem Aspekt Rechnung getragen, dass PersonalentscheiderInnen häufig unter Zeitdruck stehen. Bei den Bewerbungsunterlagen besteht damit die Gefahr, dass die wirklich wesentlichen Aspekte für die zu besetzende Stelle untergehen können. Dies kann zum einen dadurch vermieden werden, dass, wie bereits zuvor beschrieben, die wesentlichen Aspekte im Lebenslauf hervorgehoben und genauer beschrieben werden oder aber eben ein separates Qualifikationsprofil erstellt wird. Dies umfasst meist eine Seite. Wird eine Pflegedienstleiterin für ein Altenheim gesucht, so sollte im Qualifikationsprofil auf die Kompetenzen eingegangen werden, die für eben diese Stelle qualifizieren. Die Nennung einer erfolgreich absolvierten Weiterbildung zur Pflegedienstleitung, bisheriger Aufgaben als Pflegedienstleitung sowie weitere relevante Kompetenzen werden auf dieser Seite charakterisiert. Eine aufwändige Suche nach diesen ansonsten weit verstreuten Informationen im Lebenslauf, die von den Personalverantwortlichen meist nicht vorgenommen wird, entfällt dadurch, und dies erhöht die Chancen einer Einladung zum Vorstellungsgespräch.

> **Analyse der so genannten Dritten Seite durch Personalverantwortliche**
>
> Hier können Pluspunkte gesammelt werden, da die wenigsten BewerberInnen sich über die Gestaltung einer solchen Seite Gedanken machen. Vor allem inhaltlich wird diese Seite bewertet. Wie überzeugend wirkt die Bewerberin bzw. der Bewerber? Genügen die hier zusammengefassten Qualifikationen den Anforderungen? Diese sowie weitere Fragen werden hier in der Regel gestellt und hoffentlich positiv beantwortet.

## 6.2.6 Anlagen

Die Anlagen befinden sich im Anhang der Bewerbung. Eine sinnvolle Unterteilung nach Arbeitszeugnissen, Weiterbildungsbescheinigungen und Unterlagen, die die schulische und berufliche Ausbildung dokumentieren, ist mit zunehmender Anzahl der Dokumente sinnvoll. Die wichtigsten Unterlagen werden dabei nach oben geheftet. Unmittelbar nach dem Abschluss eines Studiums kann die

Diplom-Urkunde das Dokument sein, was dementsprechend als Erstes erscheint. Wichtige Arbeitszeugnisse können jedoch ebenfalls an erster Stelle stehen. Das Abschlusszeugnis der Schule wird auf jeden Fall als Letztes beigefügt. Grundsätzlich gilt, dass vor allem Bescheinigungen beigefügt werden, die in unmittelbarem Zusammenhang mit der Bewerbung stehen. Auf Vollständigkeit der Unterlagen ist zu achten, vor allem bei den Arbeitszeugnissen, um nicht Gefahr zu laufen, dass das Fehlen eines Arbeitszeugnisses oder das Einreichen eines Zwischenzeugnisses eines alten Arbeitgebers als bewusstes Vorenthalten interpretiert werden kann.

### Analyse der Anlagen durch Personalverantwortliche

Entgegen der Vorstellung, Anlagen seien ein unwichtiges Anhängsel, können Personalverantwortliche hier wichtige, mitunter sogar die entscheidenden Erkenntnisse über die Bewerberin bzw. den Bewerber ableiten.

**Arbeitszeugnisse** sind wichtig und werden häufig begutachtet, spätestens wenn man in die engere Auswahl gekommen ist. Grundlage der Analyse stellen unter anderem Formulierungen aus dem so genannten Zeugnis-Code dar. In Anbetracht dessen, dass ehemaligen ArbeitnehmerInnen ungeachtet ihrer Leistungen die berufliche Zukunft nicht verbaut werden darf, nutzen Personalverantwortliche häufig einen solchen Code, um verschlüsselte Informationen weiterzugeben. Dies wäre eine sichere Methode, wenn man davon ausgehen könnte, dass der Zeugnis-Code allgemeinverbindlich ist und von der Vielzahl der Personalverantortlichen aktiv und gezielt genutzt würde. Dies ist jedoch nicht der Fall. Was bei der Analyse der Zeugnisse sinnvoll erscheint, ist weniger die ausschließliche Betrachtung des Stempels als ein Element des Zeugnis-Codes – ein schiefer Stempel soll die gemachte positive Beurteilung in Frage stellen –, sondern mehr der inhaltliche Gesamteindruck des Zeugnisses. Bei der Analyse der eigenen Arbeitszeugnisse sollte auf jeden Fall ExpertInnenrat eingeholt werden. ExpertInnen sind FachanwältInnen für Arbeitsrecht sowie Karriere- und PersonalberaterInnen.

**Diplom-, Ausbildungs- und Schulzeugnisse.** Die Noten und beim Diplom-Zeugnis auch das Thema der Diplomarbeit sind hier entscheidend. Personalverantwortliche leiten an dieser Stelle Aspekte der Aufnahmefähigkeit, des Lernwillens und -vermögens sowie natürlich der Fachkenntnisse ab. Ein nur befriedigender oder ausreichender Durchschnitt in einem Pflegemanagement-Studiengang bescheinigt bei Weitem keine herausragenden Leistungen.

**Sonstige Zertifikate.** Bei Weiterbildungen wird neben dem Umfang häufig auch begutachtet, bei welchem Träger eine Maßnahme besucht wurde. Hier macht es einen Unterschied, ob ein QM-Lehrgang bei der DGQ oder einem kleinen, in diesem Bereich eher unerfahrenen Träger besucht wurde. Dies gilt selbstverständlich auch für umfangreiche Weiterbildungen, zum Beispiel zur Pflegedienstleitung. Einen Unterschied macht es auch, ob eine wirkliche Abschlussprüfung erfolgte oder ein Kolloquium absolviert wurde, bei dem lediglich die physische Anwesenheit entscheidend war.

## 6.2.7 Wahl der richtigen Bewerbungsmaterialien

Nicht nur der Inhalt und die Gestaltung sollten überzeugen, sondern auch das verwendete Material. Mit billigem Kopierpapier und einem einfachen Klipphefter ist die eigene Bewerbung «eine unter vielen anderen», die unter den zahlreichen Einsendungen untergeht.

**Papier**
Bei Papier gibt es eine große Auswahl. Es unterscheidet sich in Farbe, Gewicht und Wert. Etwas schwereres (schwerer als 80 Gramm) und festeres Papier oder Papier mit Wasserzeichen bietet sich an. Bezüglich der Farbe sollte reinweißes oder leicht getöntes bzw. marmoriertes Papier verwendet werden. Dies gilt vor allem für selbst erstellte Unterlagen (Anschreiben, Lebenslauf, Qualifikationsprofil etc.). Die Zeugniskopien sollten keine schwarzen Ränder aufweisen, können aber auf normalem Kopierpapier angefertigt werden. Für eine sinnvolle Unterteilung der Bewerbung bietet es sich an, zum Beispiel 120 Gramm schweres Papier zur Unterteilung zu benutzen. Dieses könnte zusätzlich mit der Nennung der sich dahinter befindenden Zeugnisse, Weiterbildungen etc. versehen werden.

**Bewerbungsmappe**
Durable 2600, eine spezielle Bewerbungsmappe in Rot, Grün, Gelb, Blau oder einer anderen Farbe – diese Frage stellt sich hier. Eine spezielle Bewerbungsmappe zeugt auf jeden Fall von wirklicher Bewerbungsmotivation, ist aber auch teurer als ein normaler Klipphefter. Die Notwendigkeit der genauen Auswahl der Unternehmen, bei denen man sich bewirbt, wird auch an dieser Stelle deutlich. Beachtet werden sollte vor allem auch die Praktikabilität einzelner Hefter im Rahmen der Analyse der Bewerbungsunterlagen. Klipphefter haben den Nachteil, dass die umgeschlagenen Seiten immer mit einer Hand fest gehalten werden müssen und die Inhalte auf der linken Seite meist im Schatten der umgeschlagenen Seiten verschwinden. Ein Ausheften der Unterlagen erfolgt bei der kurzen Analyse durch die personalverantwortliche Person eher nicht. Vorteilhaft ist dagegen eine Bewerbung, die mit einer Ring- oder Leimbindung versehen ist. Diese kann man problemlos vor sich liegend umblättern. Vorteil spezieller Bewerbungsmappen ist, dass man sie meist einmal zur linken und einmal zur rechten Seite aufschlagen kann. Damit liegt je nach Sortierung der Lebenslauf unmittelbar neben den Anlagen. Eine Verbindung zwischen einzelnen Stationen im Lebenslauf und entsprechenden Arbeitszeugnissen, Weiterbildungsbescheinigungen etc. kann auf diese Weise gut vorgenommen werden.

**Umschlag**
Bei der Wahl des Umschlags liegt es nahe, dass mindestens das Format 229 mal 324 Millimeter gewählt werden muss, damit die Unterlagen im Format DIN A4 in den Umschlag passen. Meist wird hier ein reinweißer Umschlag mit oder ohne Sichtfenster genommen. Bei einem Sichtfenster muss bereits bei der Formatierung des Anschreibens darauf geachtet werden, dass die Anschrift des Unternehmens genau in das Sichtfenster passt. Nutzt man einen Umschlag ohne Sichtfenster, sollte die Adresse des Unternehmens auf eine Klebeetikette gedruckt werden, die dann wiederum auf den Umschlag geklebt wird. Nicht vergessen werden sollte der Absender. Auf die handschriftliche Beschriftung sollte verzichtet werden.

**Grundsätzliches**
Grundsätzlich sollte dafür gesorgt werden, dass der Ausdruck der Bewerbungsunterlagen in hoher Druckqualität erfolgt. Wer an dieser Stelle sparen will, tut dies am falschen Ende. Auf einen guten Laser- oder Tintenstrahldruck sollte auf jeden Fall Wert gelegt werden. Bei zuletzt genanntem sollte selbstverständlich darauf geachtet werden, dass die Tinte nicht verschmiert.

> **Analyse der Materialien durch Personalverantwortliche**
>
> Die kompletten Bewerbungsunterlagen und damit auch die verwendeten Materialien stellen bereits eine erste Arbeitsprobe dar, die sehr genau begutachtet wird. Sorgfalt ist ein Kriterium, das bei der Analyse der Unterlagen berücksichtigt wird. Insbesondere an den verwendeten Materialien kann man darüber hinaus erkennen, wie viel die ausgeschriebene Stelle der Bewerberin bzw. dem Bewerber wirklich wert ist.

## 6.3 Das Vorstellungsgespräch

Auswahl- oder Einstellungsgespräche sind nach der Analyse der Bewerbungsunterlagen die verbreitetste Methode der Personalauswahl (Schuler, 1996). In Anbetracht dessen, dass das Interview der erste Kontakt der vielleicht neuen Mitarbeiterin zu einem Unternehmen ist, sollte das Gespräch gut vorbereitet werden. Wer zu einem Vorstellungsgespräch eingeladen wird, kann aufatmen: Die erste Hürde ist genommen. Jetzt kommt es darauf an, sich optimal auf das Gespräch vorzubereiten. «Übung macht den Meister»; wer die Vorstellungssituation in Gedanken schon einmal durchgespielt hat, wird im Ernstfall nicht so leicht aus der Fassung zu bringen sein. Auch wenn jedes Bewerbungsgespräch anders verläuft, gibt es dennoch wesentliche Punkte, die für diese Situation typisch sind und damit auch trainiert werden können. Der Schlüssel zum Erfolg liegt darin, sich in die Rolle des potenziellen Arbeitgebers hineinzuversetzen. Persönlichkeit, Leistungsmotivation und Kompetenz werden vorrangig im Vorstellungsgespräch überprüft. Worauf Personalverantwortliche im Gespräch sonst noch Wert legen und besonders achten, wird in diesem Abschnitt erläutert.

**Abbildung 6-5:** Marion beim Vorstellungsgespräch (gezeichnet von M.Splietker, 2002)

## 6.3.1 Die Vorbereitung – Grundlage erfolgreicher Vorstellungsgespräche

Zu einem Vorstellungsgespräch erhält man meist eine schriftliche Einladung. Öffnet man den Briefkasten, so wartet dort ein kleiner Umschlag des Unternehmens – dies lässt aufatmen. Große Umschläge sprechen ja eher dafür, dass die Bewerbungsunterlagen mitsamt einer Absage zurückgeschickt wurden. Wenn man eine schriftliche Einladung erhält, empfiehlt es sich, den Termin kurz unter der angegebenen Telefonnummer zu bestätigen. Zum Teil wird man jedoch auch telefonisch benachrichtigt. In diesem Fall kann sofort geprüft werden, ob der Termin des Vorstellungsgesprächs bestätigt werden kann. Viele Unternehmen führen noch vor der Einladung zu einem Vorstellungsgespräch telefonische Vorabgespräche, auch hierüber wird man rechtzeitig in Kenntnis gesetzt. Ist dies der Fall, sollte man dafür auf jeden Fall ausreichend Zeit einplanen, damit man das Gespräch nicht abbrechen muss. Ein Zettel und Stift sollten selbstverständlich sein, um sich etwaige Notizen machen zu können. Für eine ruhige Umgebung sollte gesorgt werden. Häufig werden in einem Vorabgespräch weitere wichtige Fragen geklärt, beispielweise zur Motivation, gerade in diesem Unternehmen arbeiten zu wollen oder zum bisherigen Werdegang. Darauf sollte man sich ebenso gezielt vorbereiten wie auf das nachfolgende Vorstellungsgespräch.

Die Vorbereitung kann insgesamt drei Elemente beinhalten, die allesamt ausreichend Berücksichtigung erfahren müssen.

**Vorbereitung des Gesprächs**

Ausgangspunkt der Vorbereitung auf das Gespräch ist die Stellenanzeige. Diese sollte man auf jeden Fall im Hinterkopf haben. Einzelne eher spärliche Informationen sollten sukzessiv ergänzt werden. Zahlreiche Unternehmen im Gesundheitswesen verfügen bereits über eine eigene Internetpräsenz. Hier erfährt man in der Regel alles Notwendige über das Unternehmen, seine Aufbauorganisation, seine Dienstleistungen, die Philosophie etc. Auch in Broschüren über das Unternehmen wird man fündig. Diese kann man sich von den meisten Einrichtungen zusenden lassen. Befragen kann man auch ehemalige KollegInnen und Bekannte, die die Einrichtung mitunter kennen. Hat man schließlich die wichtigsten Information zu dem Unternehmen und den dortigen Persönlichkeiten zusammengetragen, kann man sich auf den konkreten Gesprächsverlauf und zumindest einige der häufig vorkommenden Fragen vorbereiten.

Bei der Beantwortung aller Fragen sollte berücksichtigt werden, dass jeweils eine bestimmte Absicht dahinter steht. Niemand stellt im Vorstellungsgespräch Fragen, mit denen keine bestimmte Intention verfolgt wird. Die Antworten sollten entsprechend wohl überlegt, aber dennoch rechzeitig gegeben werden.

### Die 10 wichtigsten Arbeitgeber-Fragen in Ihrem Vorstellungsgespräch und was hinter ihnen steckt

1. Erzählen Sie uns etwas über sich. Hierbei handelt es sich um einen ersten Persönlichkeits-Check.
2. Warum bewerben Sie sich für diese Position? Hierbei handelt es sich um einen Motivations-Check.
3. Warum sind Sie für uns die richtige Kandidatin? Geprüft werden soll mit dieser Frage die Fähigkeit zur Selbsteinschätzung.
4. Was erwarten Sie für sich/von uns/dem Job? Der Motivations-Check wird mit dieser Frage fortgesetzt.
5. Was sind Ihre Stärken/Schwächen? Auch hier steht der Test zur Selbsteinschätzung im Mittelpunkt.
6. Was möchten Sie in 3/5/10 Jahren erreicht haben? Die Überprüfung von Leistungsbereitschaft und Motivation wird mit dieser Frage vorgenommen.
7. Warum machen Sie das, was Sie machen (Beruf/Position/Aufgabe)? «Planung vs. Zufall» ist das sich hinter dieser Frage verbergende Kriterium.
8. Wo liegen Ihre Arbeitsschwerpunkte? Mit dieser Frage rückt eine Überprüfung der Kompetenz in den Fokus der Personalverantwortlichen.
9. Was machen Sie, wenn Sie nicht arbeiten? Kennen lernen wollen die Personalverantwortlichen die Bewerberin bei dieser Frage. Ein genaues Bild wollen sie sich verschaffen.
10. Welche Fragen haben Sie an uns? Mit dieser Frage wird getestet, ob man sich wirklich für die Stelle interessiert.

(Quelle: Hesse/Schrader, 1999: 5)

### Tipp

Überlegen Sie sich bereits im Vorfeld geeignete Antworten. Sprechen Sie diese auch mit Bekannten durch, und analysieren Sie die Antworten aus der Perspektive der Personalverantwortlichen.

Nicht außer Acht gelassen werden sollten die eigenen Fragen an das Unternehmen. Es macht einen positiven, da interessierten Eindruck, wenn die Bewerberin bzw. der Bewerber auch von sich aus einige Fragen an die zukünftige Position und den zukünftigen Arbeitgeber hat. Schließlich prüfen beide Parteien, ob sie eine tragfähige Koalition miteinander eingehen können.

### Sich selbst vorbereiten

Es soll schon BewerberInnen gegeben haben, die ihren eigenen Lebenslauf im Vorstellungsgespräch nicht mehr reproduzieren konnten. Dies sollte mit einer guten Vorbereitung nicht geschehen. Einen so genannten Black-out kann man

> **Entspannen per Fingerdruck**
>
> Führen Sie Ihre Hände zusammen, sodass sich nur die Kuppen der kleinen Finger und der Zeigefinger berühren **(Abb. 6-6)**. Üben Sie einen angenehmen Druck aus. Sehr schnell werden Sie feststellen, dass aus der flachen Stressatmung eine tiefe und angenehme Bauchatmung wird. Nach einigen wenigen Atemzügen können Sie – nahezu unmerklich für Ihre Mitmenschen – den Druck wieder lösen.
>
>
>
> **Abbildung 6-6:** Entspannen per Fingerdruck (gezeichnet von Marcus Splietker, 2002)

vermeiden, indem man rechtzeitig für Ruhe und Gelassenheit sorgt und sich in die richtige Stimmung versetzt. Die hierfür geeigneten Möglichkeiten der Entspannung sind ausgesprochen vielfältig. An dieser Stelle sei eingehender nur auf drei Methoden verwiesen, die vor allem für die besondere Situation des Vorstellungsgesprächs geeignet erscheinen. Ihre Anwendung empfiehlt sich insbesondere in der Phase unmittelbar vor Beginn des Vorstellungsgesprächs, wenn die Nervosität ihren Höhepunkt erreicht.

> Weitere Informationen zu effektiven Möglichkeiten der Stressbewältigung finden sich unter anderem bei Loffing (2001b, 2001c).

Schließlich sollte man sich auch noch in die richtige Stimmung versetzen. Diejenigen, die später als Gewinner aus dem Vorstellungsgespräch gehen wirken motiviert, selbstbewusst, sympathisch und kompetent.

Auf Grund ihrer stark aktivierenden Wirkung kann diese Übung immer dann zur Anwendung kommen, wenn neue Energien benötigt werden. Achten sollte man allerdings darauf, dass man die Übung an einem Ort durchführt, an dem man relativ ungestört ist.

### Notfallentspannung

Der so genannte Notfallpunkt befindet sich in Ihrer Handfläche und schmerzt, wenn Sie übermäßig angespannt sind. Prüfen Sie zunächst, ob die Notfallpunkte der rechten und/oder linken Hand Schmerzen verursachen. Trifft dies zu, dann drücken Sie mit dem Daumen der anderen Hand auf diesen Punkt. Mit den anderen Fingern der Druck ausübenden Hand stützen Sie den Handrücken, indem Sie die gedrückte Hand umfassen **(Abb. 6-7)**. Halten Sie den Druck mehrere Sekunden aufrecht, und lassen Sie anschließend wieder los. Drücken Sie abwechselnd die Notfallpunkte Ihrer rechten und linken Hand. Beenden Sie die Übung, wenn der Schmerz nachlässt und Sie sich wieder deutlich entspannter fühlen.

**Abbildung 6-7:** Notfall-Entspannung (gezeichnet von Marcus Splietker, 2002)

### Schnelle Atementspannung

Sie fühlen sich gestresst und spüren, wie Ihre Atemzüge zunehmend flacher und schneller werden. Schließen Sie Ihre Augen, und konzentrieren Sie sich auf Ihre Atmung. Atmen Sie ganz bewusst tief ein und anschließend wieder aus. Achten Sie dabei vor allem darauf, dass Sie so tief wie möglich einatmen und die gesamte Luft auch wieder ausströmen lassen. Pressen Sie die gesamte Luft aus sich heraus. Führen Sie diese einfache Atemübung einige Male durch. Ein Erfolg stellt sich in der Regel sehr schnell ein. Öffnen Sie schließlich nach fünf bis zehn tiefen Atemzügen Ihre Augen, und versuchen Sie, das bevorstehende Vorstellungsgespräch mit Ruhe und Gelassenheit anzugehen.

Sich selbst vorbereiten heißt auch, auf ein angemessenes äußeres Erscheinungsbild zu achten. Saubere und gebügelte Kleidung, geputzte Schuhe, gekämmte Haare usw. sollten selbstverständlich sein. Angemessen meint, dass die Kleidung

> **Autogenes Training und Progressive Muskelrelaxation**
>
> Wer sich langfristig vorbereitet, dem sei empfohlen, besonders effektive Methoden der Stressbewältigung zu erlernen. Hierzu zählen vor allem das Autogene Training von J. H. Schultz und die Progressive Muskelrelaxation von E. Jacobson. Beide Verfahren zeichnen sich durch hohe Wirksamkeit bei gleichzeitig guter praktischer Verwertbarkeit aus und helfen in unterschiedlichen Situationen.

> **TOP-Fit**
>
> Mit dieser Übung können Sie sich vor einem Vorstellungsgespräch aktivieren. Die Übung wird fünf Mal hintereinander durchgeführt. Sowohl hinsichtlich der Geschwindigkeit in der Bewegung als auch der Lautstärke beim Aussprechen der Worte steigert man sich. Die Übung verläuft in vier Schritten:
>
> 1. Mit den Handinnenflächen klopft man auf seine Schienbeine und ruft dabei: «*Ich ...*»
> 2. Mit den Handinnenflächen klopft man auf seine Oberschenkel und ruft dabei: «*bin ...*»
> 3. Mit den Handinnenflächen klopft man auf seine Brust und ruft dabei: «*TOP ...*»
> 4. Man streckt die Arme in die Höhe und ruft dabei «*... fit!*»

dem Stellenwert des Gesprächs und der zu besetzenden Stelle entsprechen soll. Bewirbt man sich als Heimleiterin, sind eine Bluse und ein Rock sicherlich angemessen. Männer tragen in diesem Fall entweder einen Anzug oder Hemd und Sakko zu einer passenden Hose.

**Vorbereitung des Anfahrtswegs etc.**

Pünktlichkeit im Vorstellungsgespräch ist eine Selbstverständlichkeit. Unter Berücksichtigung der Ausführungen zum ersten Eindruck im Rahmen eines solchen Gesprächs fallen hier bereits diejenigen durch das Raster, die sich verspäten. Einplanen sollte man auf jeden Fall etwaige Staus, wenn man mit dem Pkw unterwegs ist. Auch die Parkplatzsuche nimmt in der Regel ein wenig Zeit in Anspruch. Bei der Fahrt mit öffentlichen Verkehrsmitteln sollte ein genauer Fahrplan mit ausreichend Zeit zwischen den Anschlüssen gesucht werden. Entsprechende Reservierungen bei einer Zugfahrt sichern einen Sitzplatz und ein relativ entspanntes Ankommen.

> Wer über kein Navigationssystem im Auto verfügt und eine Wegbeschreibung benötigt, findet entweder auf der Homepage des jeweiligen Unternehmens entsprechende Hinweise oder lässt sich die Route zum Beispiel unter http://www.easytour.de oder unter http://www.reiseplanung.de sowie unter http://www.falk.de/routenplaner berechnen.

**Abbildung 6-8:** Marion ist pünktlich angekommen (gezeichnet von M. Splietker, 2002)

## 6.3.2 Die Durchführung – Mit Ruhe und Gelassenheit zum Erfolg

Wenn sich auch nicht alles planen lässt, muss man das Vorstellungsgespräch dennoch nicht dem Zufall überlassen. Auseinander setzen kann man sich im Vorfeld mit dem typischen Ablauf von Vorstellungsgesprächen, und man kann diese sogar im Bekanntenkreis simulieren.

«Ehrlich währt am längsten», heißt es in einem bereits mehrfach zitierten Sprichwort, und dies gilt auch für das Vorstellungsgespräch. Hat man Lücken im Lebenslauf, so sollte man diese nicht verschweigen, sondern sich lieber bereits im Vorfeld eine gute Begründung dafür einfallen lassen bzw. darstellen, wie man zum Beispiel die Phase der Arbeitslosigkeit durch eigene Fortbildungen sinnvoll genutzt hat.

«Vorsicht ist die Mutter der Porzellankiste», lautet ein weiteres Sprichwort, und auch dieses lässt sich auf Vorstellungsgespräche sehr gut übertragen. Hinter jeder Frage verbirgt sich ein Anliegen. Keine Frage im Vorstellungsgespräch wird gestellt, ohne dass eine Absicht damit verfolgt wird. Entscheidend ist, dass bei den Fragen sehr genau zugehört und die Antwort gut überlegt wird. Weder einen überheblichen noch einen schüchternen Eindruck sollte man hinterlassen. Selbst wenn man sich von seinem letzten Arbeitgeber im Streit getrennt hat, sollte man sich nicht dazu hinreißen fühlen, bei seiner zukünftigen ArbeitgeberIn über etwaige Schwierigkeiten mit dem ehemaligen Arbeitgeber herzuziehen.

Entscheidend sind im Vorstellungsgespräch nicht nur die Worte, die fallen, sondern vor allem auch das gezeigte Verhalten. Einen entscheidenden Einfluss darauf, wie man wirkt, haben unter anderem folgende Punkte:
- Wie und in welcher Reihenfolge begrüßt man die Anwesenden? Begrüßt werden sollten auf jeden Fall alle Anwesenden und zwar die Damen bzw. die ranghöchsten Personen zuerst. Letztere machen in der Regel selbst auf sich aufmerksam. Begrüßt werden sollte mit einem ordentlichen Händedruck.
- Sucht man Blickkontakt zu den anwesenden Personalverantwortlichen? Die einzelnen GesprächspartnerInnen sollten während des Gesprächs angeschaut werden. Man sollte jedoch auch immer wieder Blickkontakt zu den anderen Anwesenden suchen. Hier fängt man wichtige Stimmungen ein, die für die Formulierung weiterer Antworten und das eigene Verhalten wichtig sein können.
- Wie ist die Körperhaltung? Auf keinen Fall sollte man zusammengesunken auf seinem Stuhl sitzen. Eine aufrechte Haltung zeugt von Stärke und bietet ausreichende Beweglichkeit, um sich allen Anwesenden im Gespräch widmen zu können.
- Wie sind Gestik und Mimik? Ein großer Teil der Botschaften, die wir versenden, wird auf der nonverbalen Ebene transportiert. Wer diese Ebene nicht nutzt, verliert an Ausstrahlung und Lebendigkeit.

Vorstellungsgespräche sollten im Rahmen der Karriereberatung oder mit FreundInnen und Bekannten trainiert werden. Das eigene, mitunter kritische Verhalten sollte besser vor dem entscheidenden Gespräch gespiegelt werden. Nur dann hat man die Möglichkeit, adäquateres Verhalten zu trainieren.

**Abbildung 6-9:** Marion beim Bewerbungsgespräch (gezeichnet von M. Splietker, 2002)

> **Aufbau des Vorstellungsgespräches**
>
> 1. Begrüßung und Kennenlernen. Dieser erste Teil dient dazu, einen Rapport herzustellen und gibt der Bewerberin bzw. dem Bewerber die Möglichkeit, die erste Nervosität abzubauen.
> 2. Intensive Befragung der Bewerberin bzw. des Bewerbers. Hier wird versucht, alle relevanten Informationen über die betreffende Person herauszufinden.
> 3. Abschluss. Die letzte Chance, um Pluspunkte zu sammeln!

### 6.3.3 Die Nachbereitung – Selbstreflexion

Nach dem Vorstellungsgespräch sollte eine Selbstreflexion erfolgen. Hierfür benötigt man ein wenig Zeit, Zettel und Stift. Bei einer systematischen Reflexion lässt man das Gespräch noch einmal Revue passieren, wobei unter anderem folgende Fragen helfen:

- Welche Fragen wurden gestellt?
- Welche Antworten wurden gegeben?
- Fühlten sich die Personalverantwortlichen mit den Antworten zufrieden gestellt?
- Welche Personen nahmen teil?
- Fühlte sich jemand übergangen?
- Wie war die Atmosphäre?
- Wer wird welches Votum abgeben?

**Abbildung 6-10:** Marion und die Entscheidung (gezeichnet von Marcus Splietker, 2002)

Diese Fragen sollten zu einem Gesamtbild zusammengefügt werden. Eine relativ sichere Einschätzung des Verlaufs ist damit möglich. Bedacht werden sollte dennoch, dass weitere BewerberInnen zu einem späteren Zeitpunkt sich noch besser darstellen könnten.

> **Hinter den Kulissen: Was für Schlüsse ziehen Personalverantwortliche aus dem Vorstellungsgespräch?**
>
> Wie bereits erwähnt, steht die persönliche Passung der Bewerberin bzw. des Bewerbers im Vordergrund des Vorstellungsgesprächs. Soll man etwas über sich erzählen, so handelt es sich hierbei quasi um einen Persönlichkeits-Check, der mit nur einer Frage auskommt. Fragen nach den Gründen für die Bewerbung und den Erwartungen an den Job zielen auf die Motivation ab. Der Überprüfung der Selbsteinschätzung und Selbstdarstellung dient die Frage, warum man selbst die richtige Kandidatin bzw. der richtige Kandidat sei. Wie glaubwürdig man erscheint, wird zusätzlich über die Frage nach den Stärken und Schwächen getestet. Der Check der Leistungsbereitschaft steckt hinter der Frage nach den Perspektiven und Zielen. Umgedreht wird der Spieß mit der Frage nach den eigenen Fragen. «Kluge Köpfe stellen kluge Fragen!» – dies sollte hierbei berücksichtigt werden.

Nicht jedes Vorstellungsgespräch verläuft positiv. Gerade aus den Vorstellungsgesprächen, nach denen eine Absage erteilt wurde, kann man jedoch lernen. Man sollte die Chance nutzen und nach der Absage noch einmal Kontakt mit der Einrichtung aufnehmen. In einem persönlichen Gespräch erfährt man in der Regel etwas über die Gründe für die Absage. Mit diesem Wissen hat man eine wunderbare Grundlage für die Vorbereitung der nächsten Gespräche.

## 6.4 Moderne Methoden der Auswahl von MitarbeiterInnen

Fragen zur Erhöhung der Prognosegenauigkeit bei der Auswahl von BewerberInnen beschäftigen Wissenschaftler und Praktiker gleichermaßen. Die Vielzahl eingehender Bewerbungen und die Fehlerhaftigkeit klassischer Methoden der BewerberInnenauswahl fordern heute zunehmend neue Verfahren. Je höher die zu besetzende Position in der Hierarchie ist, desto fataler können die Konsequenzen einer nicht optimalen Entscheidung für eine Bewerberin bzw. einen Bewerber sein. Schon mit der Auswahl der/des Zweitbesten können schlechtere Arbeitsergebnisse einhergehen.

Mit modernen Methoden soll der Prozess der Auswahl optimiert werden. Das heißt, es soll die Wahrscheinlichkeit erhöht werden, zum Beispiel die am besten geeignete Kandidatin im Auswahlprozess zu identifizieren. Wobei die Bemühungen abhängig von der Stelle auch ihre Grenzen finden. Von der klassischen Analyse der eingereichten Dokumente und des Auswahlgesprächs wird dabei in der Regel nicht abgewichen. Ergänzend kommen jedoch weitere Methoden hinzu. So werden heute zum Beispiel verstärkt Testverfahren eingesetzt, um ein genaueres Bild der Bewerberin bzw. des Bewerbers zu bekommen. Zur Auswahl von Fach- und Führungskräften werden vielfach vor allem auch so genannte Assessment-Center eingesetzt – Auswahlverfahren, in denen Rollenspiele, spezielle Präsentationsübungen, handlungsorientierte Fallstudien sowie weitere Elemente zum Einsatz kommen (Loffing/Wottawa, 2002).

### 6.4.1 Testverfahren

Tests sind standardisierte Messinstrumente, mit denen bestimmte Personenmerkmale erfasst werden können. Bei der Personalauswahl beschränkt man sich auf die Verfahren, mit denen Aussagen hinsichtlich wichtiger Kriterien für den späteren Berufserfolg getroffen werden können. Die wichtigsten Arten von Testverfahren, die in der Personalauswahl eingesetzt werden, sind im folgenden Kasten aufgeführt.

> **Tests in der Berufseignungsdiagnostik (Schuler/Höft, 2001)**
> - Allgemeine Intelligenztests
> - Tests spezifischer kognitiver Fähigkeiten
> - Tests sensorischer und motorischer Leistung
> - sonstige Leistungstests
> - allgemeine Persönlichkeitstests
> - spezifische Persönlichkeitstests
> - Einstellungs-, Motivations- und Interessenstests.

Mittlerweile liegen zahlreiche gesicherte Erkenntnisse über den Zusammenhang zwischen der Intelligenzleistung und dem Erfolg in bestimmten Berufen vor. Auch die Aufmerksamkeit ist ein guter Prädiktor, zum Beispiel für Tempo und Sorgfalt des Arbeitsverhaltens. Im Hinblick auf die Tätigkeit als KrankenpflegerIn in einem ambulanten Pflegedienst müssen auch Persönlichkeitseigenschaften bei der Personalauswahl berücksichtigt werden. Facetten der Persönlichkeit, wie zum Beispiel «Gewissenhaftigkeit», «Offenheit für Erfahrungen» oder «Extraversion» erlauben ebenfalls gute Prognosen hinsichtlich des Berufserfolgs einer Krankenpflegerin bzw. eines Krankenpflegers.

Ein Grund für die mangelnde Anwendung dieser für die Personalauswahl zunehmend an Bedeutung gewinnenden Verfahren im Gesundheitswesen liegt zum einen sicherlich in der oft nur geringen Akzeptanz unter den BewerberInnen. Diese ist jedoch mit der Häufigkeit des Einsatzes in unterschiedlichen Branchen in den vergangenen Jahren deutlich gestiegen. Ein anderer Grund ist darin zu sehen, dass auch zum Einsatz eines psychologischen Testverfahrens eine besondere Kompetenz vorhanden sein muss. Der Einsatz dieser Instrumente sowie die Interpretation der Ergebnisse erfordert in der Regel die Kompetenz einer Diplom-Psychologin bzw. eines Diplom-Psychologen. Viele insbesondere kleinere Einrichtungen im Gesundheitswesen setzen aus diesen Gründen keine Testverfahren ein. Eine Lösung würde dort sicherlich die Kooperation mit anderen größeren Einrichtungen bieten, die eine für diesen Bereich qualifizierte Fachkraft beschäftigen, oder die Beauftragung einer externen Beratung, die mit ihrer Kompetenz zumindest eine sehr gute Vorauswahl der BewerberInnen treffen kann.

### 6.4.2 Assessment-Center

Als Assessment-Center bezeichnet man eine bestimmte Verfahrenstechnik, bei der verschiedene eignungsdiagnostische Methoden kombiniert werden. Zielgruppe dieser Verfahren – die zwischen einem halben Tag und insgesamt drei Tagen dauern – sind meist Führungskräfte. Allerdings konnten auch Krankenpflegeschulen bei der Auswahl von KrankenpflegeschülerInnen große Erfolge mit diesem Verfahren erzielen. Zu den im Kontext der Assessment-Center häufig zum Einsatz kommenden Verfahren zählen Gruppendiskussionen, Postkorbübungen (eine größere Menge an Schriftstücken muss in einer vorgegebenen Zeit bearbeitet werden), Präsentationen, Fallstudien und Planspiele.

Hinsichtlich des vorhersagbaren Berufserfolgs liegen zahlreiche positive Belege vor. Auf Grund des großen Aufwands bei der Konstruktion, Durchführung und Auswertung handelt es sich hierbei um eine Verfahrenstechnik, die jedoch am ehesten großen ambulanten und stationären Einrichtungen vorbehalten bleibt.

### 6.4.3 Computerunterstützte Testverfahren

Zunehmender Beliebtheit erfreuen sich seit einigen Jahren auch so genannte computerunterstützte Testverfahren. Im engeren Sinne handelt es sich hierbei um Verfahren, bei denen die Bewerberin bzw. der Bewerber direkten Kontakt mit einem Rechner hat, der zur Lösung unterschiedlicher Aufgaben auffordert. Als Hauptvorteile des Rechnereinsatzes sind die hohe Objektivität bei der Durchführung und die schnelle und vor allem fehlerfreie Auswertung hervorzuheben. Hinzu kommt eine Zeitersparnis, da ein Bewerbungsinterview im Falle eines schlechten Ergebnisses ganz entfällt oder bei einem positiven Ergebnis deutlich verkürzt werden kann. Letzteres erscheint möglich, da die relevanten Kriterien für den Berufserfolg bereits getestet wurden und im Bewerbungsinterview nur noch offene Fragen und eine grundsätzliche Passung geklärt werden müssen. Selbstverständlich erfordert auch der Einsatz dieser Verfahren genaue Kenntnisse in der speziellen Anwendung. Die Hersteller dieser Produkte bieten vielfach Schulungen an, mit denen diese Wissenslücke geschlossen werden kann. Zum Teil kann die Auswertung jedoch auch als Dienstleistung des Herstellers in Anspruch genommen werden. Man erhält ein detailliertes Gutachten, auf dessen Grundlage ein weiteres Gespräch genau geplant und eine Entscheidung vorbereitet werden kann.

Vor allem im Sinne einer Ergänzung zu den bereits beschriebenen klassischen Methoden der Auswahl von MitarbeiterInnen können computerunterstützte Testverfahren also auch in der ambulanten und stationären Pflege zum Einsatz kommen. Die Prognosegenauigkeit wird auf diese Weise in vielen Fällen signifikant erhöht.

Unter http://www.eligo.de findet sich die Demoversion eines computerunterstützten Testverfahrens als Download.

**Abbildung 6-11:** Marion bei der Durchführung eines computerunterstützten Testverfahrens (gezeichnet von Marcus Splietker, 2002)

## 6.5 Zusammenfassung

Ist endlich eine Stelle über die Ausschreibung in einer Zeitung oder im Internet etc. gefunden worden, die dem eigenen Profil entspricht, so begibt man sich in die Phase der Bewerbung. Die Bewerbungsunterlagen sind im Endeffekt eine ausführliche Visitenkarte. Über sie verschafft sich der potenzielle neue Arbeitgeber einen ersten tiefer gehenden Eindruck und entscheidet mitunter auf dieser Grundlage über die Einladung zu einem Vorstellungsgespräch. Wurde diese erste Hürde genommen, so heißt es dann Ruhe bewahren und die richtigen Antworten finden. Überzeugungsarbeit ist hier gefragt. Ruhe und eine gute Aufmerksamkeit benötigt man abschließend auch bei der Bearbeitung etwaiger Testverfahren. Hat man auch diese Hürde genommen, steht einer Einstellung nichts mehr im Weg. Die nächste Stufe der Karriereleiter ist erreicht!

# Anhang

## 7.1 Einführung

Der Anhang bietet zahlreiche Informationen und sollte von den interessierten LeserInnen vor allem als Nachschlagewerk benutzt werden. Das Inhaltsverzeichnis soll die Suche nach den gewünschten Informationen erleichtern.

**Glossar**
Hier findet man ausgewählte Fachbegriffe der einzelnen Kapitel, kurz und prägnant charakterisiert.

**EURES-Berater**
Bei den angegebenen Personen handelt es sich um die EURES-Berater, die diese Funktion zum Zeitpunkt der Manuskript-Erstellung bekleideten. Adressen, Telefonnummern, Fax-Nummern und E-Mail-Adressen sind für eine zügige Kontaktaufnahme angegeben.

**Studiengänge**
Eine umfassende Liste der Vollzeitstudiengänge, fern- und berufsintegrierenden Studiengänge sowie Aufbaustudiengänge bzw. Weiterbildungs- und Kontaktstudiengänge befindet sich ebenfalls im Anhang. Die Studiengänge werden hinsichtlich Abschluss, Voraussetzungen zur Immatrikulation, Schwerpunkten und Inhalten sowie Dauer, Beginn und Hochschulort beschrieben.

**Ausgewählte Stiftungen**
Ausgewählte Stiftungen werden mitsamt den AnsprechpartnerInnen, Zugangsvoraussetzungen, Verpflichtungen etc. beschrieben.

**Muster-Lebenslauf**
Ein in Anlehnung an die EU-Kommission entwickelter Lebenslauf in englischer und deutscher Sprache wird in diesem Abschnitt vorgestellt.

**Anforderung von Informationsmaterial**
Ausführliches Informationsmaterial zu den Themen Coaching und Karriereberatungen kann mit Hilfe der beigefügten Karte bestellt werden.

## 7.2 Glossar

**Affolter**
Besondere Therapiemethode, die sich an den Anforderungen des Alltags orientiert. Verhaltensänderungen sollen über vermittelte Spürinformationen erreicht werden. Die Therapeutin sucht Reize aus, gibt Widerstände, um diese zu vermitteln. Affolter basiert auf dem Entwicklungsstufenmodell Piagets und ist ein ganzheitliches Modell der Wahrnehmungsentwicklung.

**Akquisition**
Beschreibt im Vertrieb den Vorgang der Gewinnung von Kunden, Aufträgen etc.

**DRG**
DRG bedeutet «Diagnosis Related Groups». Der Gesetzgeber hat mit dem Gesundheitsreformgesetz 2000 weit reichende Änderungen im Krankenhausbereich eingeleitet. Demnach soll ab 2003 ein pauschalierendes Entgeltsystem, das sich an den DRGs orientiert, zum Einsatz kommen. Grundlage für die Entwicklung eines deutschen DRG-Systems sind die Australian Refined Diagnosis Related Groups (AR-DRGs).

**Assessment-Center**
Ins Deutsche übersetzt bedeutet «to assess» soviel wie «bewerten, beurteilen, einschätzen». Im Rahmen der Eignungsdiagnostik handelt es sich hierbei um ein zunehmend eingesetztes psychologisches Testverfahren zur Prognose der Eignung und des Erfolgs von BewerberInnen auf der Grundlage unterschiedlicher Übungen und Simulationen.

**Basale Stimulation®**
Basale Stimulation® ist eine Methode, bei der versucht wird, auch schwerst beeinträchtigten Menschen bekannte, elementare Wahrnehmungserfahrungen zu ermöglichen, um sie in ihrem Erleben zu begleiten und ihre Fähigkeiten zu fördern.

**Bobath**
Das Bobath-Konzept ist ein Problemlösungsansatz zur Befundung und Behandlung von PatientInnen, die in Folge einer ZNS-Schädigung Störungen des Tonus, der Bewegung und der Funktion haben. Ziel der Behandlung ist es, die Funktion durch Anbahnung von richtiger Haltungskontrolle und selektiver Bewegung zu verbessern.

**Case-Management**
Ein Verfahren fallweiser Problembearbeitung mit zusätzlicher Unterstützung im koordinierten Einsatz von Diensten und Fachkräften. Es wird im Gesundheitssystem in Zusammenhang mit Behandlung und/oder Pflege gebraucht und bezieht dabei die soziale und finanzielle Problematik ein.

**Clinical pathways**
In dem für das Jahr 2003/2004 geplanten DRG-System lässt sich mit Hilfe kritischer Behandlungspfade ein effizientes Behandlungsmanagement aufbauen, zum Beispiel um

Abläufe in der PatientInnenversorgung zu verbessern und zu standardisieren, um Mehrkosten- und Leistungstransparenz zu schaffen und um die Qualität der Behandlung zu sichern und die PatientInnenzufriedenheit zu erhöhen.

**Coach**
Ein Coach ist eine weibliche oder männliche Begleitungsperson, die die besondere Rolle einer neutralen Partnerin einnimmt, welche die Klientin bzw. den Klienten auf dem Weg begleitet und hilft, Ziele zu erreichen bzw. Probleme zu bewältigen. Sie berät nicht, sondern sorgt dafür, dass die Klientin bzw. der Klient eigene Ziele erkennt und entsprechende Maßnahmen zur Zielerreichung generiert.

**Coachee**
Die Klientin bzw. der Klient des Coachs wird als Coachee bezeichnet.

**Coaching**
Der Prozess, in dem sich Coach und Coachee befinden. Kennzeichen sind ein ausgeprägtes Vertrauensverhältnis und eine partnerschaftliche Beziehung.

**Content-Management**
Content-Management-Systeme ermöglichen die Organisation, Aktualisierung und Gestaltung komplexer Intra- und Internetanwendungen. Inhalte können von MitarbeiterInnen persönlich in die Website eingefügt werden. Ein intelligentes Designmanagement sorgt für die konsequente Durchsetzung bestehender Design- und Layoutvorschriften. Die Bearbeitung von Inhalten durch Unbefugte wird durch ein Rechteverwaltungssystem zuverlässig ausgeschlossen.

**Corporate Identity**
Nach innen und außen kommuniziertes Erscheinungsbild eines Unternehmens als Ausdruck einer integrierten Kommunikationsstrategie bezeichnet man als Corporate Identity.

**Ergotherapie**
Ergotherapie geht davon aus, dass Aktiv-Sein heilende Wirkung hat, wenn Aktivitäten für PatientInnen gezielt ausgewählt werden. Ziel der ergotherapeutischen Behandlung ist es, die Selbstständigkeit der PatientInnen in den Bereichen des alltäglichen Lebens (z. B. Körperpflege, Sich-Anziehen, Essen, aber auch Einkauf und Haushalt) wiederherzustellen. Sie ist wichtiger Teil einer ganzheitlichen Behandlung.

**ECDL®**
Der Europäische Computer Führerschein™ (ECDL®) ist ein international anerkanntes und standardisiertes Zertifikat, mit dem jede Computerbenutzerin ihre grundlegenden und praktischen Fertigkeiten im Umgang mit dem Computer nachweist. Dieser Nachweis reicht von der Benutzung des Computers über die typischen Büroanwendungen und das Internet bis zu rechtlichen und gesellschaftlichen Aspekten im Umgang mit dem Computer. Praxisbezogene, anwendungsrelevante Fertigkeiten stehen im Vordergrund der sieben Module, aus denen sich der Europäische Computer Führerschein™ zusammensetzt:

Modul 1: Grundlagen der Informationstechnologie (theoretisch)
Modul 2: Computerbenutzung und Dateimanagement
Modul 3: Textverarbeitung
Modul 4: Tabellenkalkulation
Modul 5: Datenbank
Modul 6: Präsentation
Modul 7: Information und Kommunikation

Der ECDL® ist unabhängig von Softwareherstellern und daher nicht von Marktanteilen diverser Softwareanbieter abhängig.

**Emotionale Intelligenz**
Von D. Goleman geprägter Begriff. Die emotionale Intelligenz besteht aus den Komponenten Selbstreflexion, Selbstmanagement, soziales Bewusstsein und Sozialkompetenz. Erfolgreiche Führungskräfte verfügen über eine ausgeprägte emotionale Intelligenz.

**Evaluation**
Umfassende Bezeichnung für alle Arten der Beurteilung unter Bezugnahme auf irgendwelche inneren Standards oder äußeren Kriterien (Normen, Werte, Ziele usw.).

**Evidence-based Nursing**
Evidence-based Nursing ist die Integration der derzeit besten wissenschaftlichen Beweise in die tägliche Pflegepraxis, unter Einbezug theoretischen Wissens und der Erfahrungen der Pflegenden, der Vorstellungen der PatientInnen und der vorhandenen Ressourcen.

**FOT**
Die Facio-orale-Trakt-Therapie (FOT) dient der Tonusregulation sowie der Anbahnung von Schluck- und Artikulationsbewegungen.

**Intervention**
Alle Maßnahmen, die in einer Organisation (meist durch externe Berater) umgesetzt werden.

**Job-Hopping**
Ständiger Wechsel von ArbeitgeberInnen in kurzen Zeitabständen bezeichnet man als Job-Hopping.

**Karriereberatung**
Eine Form der Beratung, in deren Mittelpunkt die Karriere der Rat Suchenden steht. Gezielt werden Stärken und Schwächen analysiert und als Grundlage für die Planung der eigenen Karriere genutzt.

**Kinästhethik**
Umfassendes Analyse- und Handlungsinstrument, welches davon ausgeht, dass jeder Tätigkeit Bewegung zu Grunde liegt. Die kinästhetischen Konzepte dienen dazu, dieses

Bewegungsfundament zu verstehen und zu analysieren. Die alltäglichen Handlungen können so situationsangepasst und in Interaktion mit der betroffenen Person lern- und gesundheitsfördernd unterstützt werden. Dabei stehen Gesundheitsentwicklung und Erhöhung der Lebensqualität für beide Beteiligten im Vordergrund.

**Logopädie**
Logopädisches Handeln umfasst die logopädische Diagnostik, Therapie und Beratung von PatientInnen mit Störungen der Stimme, der Sprache, des Redeflusses, der Artikulation und des Schluckens. Ziel ist es, diese Störungen zu beheben oder zu bessern.

**Marketing**
Die Gesamtheit aller Maßnahmen einer ziel- und wettbewerbsorientierten Ausrichtung der marktrelevanten Aktivitäten eines Unternehmens wird als Marketing bezeichnet.

**Mind-Mapping**
Mit diesem Begriff wird eine kreative Arbeitstechnik bezeichnet. Nach bestimmten Regeln kann zum Beispiel eine Idee zeichnerisch auf einem quer liegenden Blatt generiert werden. Symbole und Farben fördern die Kreativität und steigern die Behaltensleistung. Typische Probleme des einfachen Aufschreibens treten nicht auf.

**Networking**
Gezielte und sinnvolle Nutzung von Kontakten. Ausgangspunkt ist der Aufbau eines Netzwerks aus unterschiedlichen Personen. Je nach Fragestellung wird nach einer Partnerin im Netzwerk gesucht, die hier unterstützen kann.

**Neuropsychologie**
Folgen eines Schlaganfalls, einer Schädel-Hirn-Verletzung, einer Operation am Gehirn oder einer anderen Hirnerkrankung sind oft Störungen im Bereich der Orientierung, der Konzentration, des Gedächtnisses, der Wahrnehmung, des Planens und Problemlösens und der Gefühle. Ziel der neuropsychologischen Behandlung ist es, den Grad der kognitiven Beeinträchtigungen und Veränderungen der Gefühlslage einzuschätzen und unter Berücksichtigung des sozialen Umfelds eine individuelle neuropsychologische Therapie durchzuführen.

**Neurolinguistisches Programmieren (NLP)**
Besonders wahrnehmungsoptimierte Form der Sprache. NLP ist ein Kommunikationsmodell, das auf die Begründer R. Bandler und J. Grinder zurückgeführt wird.

**Organisationsentwicklung**
Organisationsentwicklung dreht sich um den Wandel von und in Organisationen. Dieser findet als bewusst geplante Veränderung von Organisationen durch Menschen statt.

**Personalentwicklung**
Umfasst im Rahmen einer weiten Definition alle Maßnahmen zur Gewinnung, Auswahl, Ausbildung und Weiterbildung von Personal

**Physiotherapie**
Hauptaufgaben der Physiotherapie sind das Wiedererlernen verloren gegangener motorischer Fähigkeiten, die Rückbildung von Störungen des Gleichgewichts sowie die Vermeidung pathologischer Bewegungsmuster und die Normalisierung des Muskeltonus. Um diese Ziele zu erreichen, arbeiten die TherapeutInnen mit bewährten neurophysiologischen Behandlungstechniken (Bobath, Votja, Klein-Vogelbach, Manuelle Therapie).

**Rapport**
Mit diesem Begriff wird im NLP eine positive Beziehung zwischen Individuen beschrieben. Grundlage dieser Beziehung sind Verständnis und Vertrauen.

**Soft-Skills**
All jene Eigenschaften, die über die fachliche Qualifikation hinaus gehen. Soft Skills stehen für einen Katalog von Fähigkeiten, die je nach Anforderungsprofil des konkreten Berufsbildes unterschiedlich stark ins Gewicht fallen.

**TOEFEL**
Der bekannteste Test für die englische Sprache ist der TOEFEL (Test of English as Foreign Language). Er besteht aus drei Teilen:
1. Listening Comprehension: testet die Fähigkeit, in Nordamerika gesprochenes Englisch zu verstehen.
2. Structure and Written Expression: testet die Fähigkeit, passende Ausdrücke und richtige Grammatik im schriftlichem Englisch zu finden.
3. Vocabulary and Reading Comprehension: testet das Verständnis für über Tonband verlesene Texte.

**Total Quality Management (TQM)**
«Unternehmerische Spitzenleistung». TQM steht für die Idee, dass Qualitätskontrolle nicht darauf beschränkt sein sollte, am Ende der Produktionskette das Endresultat zu prüfen. Vielmehr sollte sie die ganze Organisation durchdringen. TQM ist ein prozessorientiertes System, das auf der Überzeugung gründet, Qualität sei einfach eine Frage der Ausrichtung an den Erfordernissen der Kunden. Diese lassen sich messen, sodass Abweichungen davon mittels Prozessverbesserung oder -umgestaltung vermieden werden können.

## 7.3 EURES-Berater

**Aachen**

Wagner, Hans J.
Roermonder Str. 51
D-52072 Aachen
Tel.: (0241) 8 97 23 11
Fax: (0241) 8 97 14 52
E-Mail: Hans.Wagner@arbeitsamt.de

Werner, Heinz Jürgen
Roermonder Str. 51
D-52072 Aachen
Tel.: (0241) 8 97 12 69
Fax: (0241) 8 97 14 98
E-Mail: Heinz-Juergen.Werner@arbeitsamt.de

**Baden-Baden**

Maier, Anneliese
Langestr. 75
D-76530 Baden-Baden
Tel.: (07221) 21 10 36
Fax: (07221) 21 10 70
E-Mail: Anneliese.Maier@arbeitsamt.de

**Berlin**

Rosenow, Ina
Anhalter Str. 1
D-10963 Berlin-Kreuzberg
Tel.: (030) 25 32 26 36
Fax: (030) 25 32 26 40
E-Mail: Ina.Rosenow@arbeitsamt.de

Thiemann-Kurz, Britta
Anhalter Str. 1
D-10963 Berlin-Kreuzberg
Tel.: (030) 25 32 26 36
Fax: (030) 25 32 26 40
E-Mail: Britta.Thiemann-Kurz@arbeitsamt.de

**Bonn**

Deutsch, Wilma
Villemombler Str. 76
D-53123 Bonn
Tel.: (0228) 713 14 37
Fax: (0228) 713 10 35
E-Mail: Wilma.Deutsch@arbeitsamt.de

Guiraud, Pascale
Villemombler Str. 76
D-53123 Bonn
Tel.: (0228) 713 13 94
Fax: (0228) 713 10 35
E-Mail: Pascale.Giraud@arbeitsamt.de

Nikolay, Yvonne
Villemombler Str. 76
D-53123 Bonn
Tel.: (0228) 713 11 10
Fax: (0228) 713 10 35
E-Mail: Yvonne.Nikolay@arbeitsamt.de

Waas, Susanne
Villemombler Str. 76
D-53123 Bonn
Tel.: (0228) 713 12 56
Fax: (0228) 713 10 35
E-Mail: s.waas.zihoga@t-online.de

**Bremen**

Kähler, Wolfgang
Doventorsteinweg 48–52
D-28195 Bremen
Tel.: (0421) 1 78 12 10
Fax: (0421) 1 78 15 58
E-Mail: Wolfgang.Kaehler@arbeitsamt.de

**Chemnitz**

Pieper, Gudrun
Heinrich-Lorenz-Str. 20
D-09121 Chemnitz
Tel.: (0371) 5 67 14 24
Fax: (0371) 5 67 14 25
E-Mail: Gudrun.Pieper@arbeitsamt.de

## Dortmund
Frahm, Walter
Westenhellweg 95–99
D-44127 Dortmund
Tel.: (0231) 8 42 12 70
Fax: (0231) 8 42 16 78
E-Mail: Walter.Frahm@arbeitsamt.de

## Dresden
Zeiler, Romy
Budapester Str. 30
D-01069 Dresden
Tel.: (0351) 4 75 16 39
Fax: (0351) 4 75 15 45
E-Mail: Dresden.eures@arbeitsamt.de

## Duderstadt
Schönau, Melanie
Herzbergerstr. 12
D-37115 Duderstadt
Tel.: (05527) 98 08 15
Fax: (05527) 98 08 50

## Essen
Birlenberg, Thomas
Berliner Platz 10
D-45127 Essen
Tel.: (0201) 1 81 12 40
Fax: (0201) 1 81 14 50
E-Mail: Thomas.Birlenberg@arbeitsamt.de

## Euskirchen
Ostermann, Ingo
Thoméstr. 17
D-53879 Euskirchen
Tel.: (02251) 79 74 1
Fax: (02251) 79 71 46
E-Mail: Ingo.Ostermann@arbeitsamt.de

## Flensburg
Stöbe, Hugo
Waldstr. 2
D-24939 Flensburg
Tel.: (0461) 81 93 20
Fax: (0461) 81 96 36
E-Mail: Hugo.Stoebe@arbeitsamt.de

## Freiburg
Mattusch, Norbert
Lehenerstr. 77
D-79104 Freiburg
Tel.: (0761) 2 71 04 62
Fax: (0761) 2 71 06 69
E-Mail: Norbert.Mattusch@arbeitsamt.de

## Freilassing
Rechenauer, Helmut
Reichenhallerstr. 65
D-83395 Freilassing
Tel.: (08654) 47 64 13
Fax: (08654) 47 64 32
E-Mail: Helmut.Rechenauer@arbeitsamt.de

## Friedrichshafen
Hohloch, Sabine
Eckenerstr. 17
D-88046 Friedrichshafen
Tel.: (07541) 3 09 10
Fax: (07541) 3 09 33
E-Mail: Eures.Hohloch@t-online.de

## Goch
Kullmann, Wilfried
Wiesenstr. 44
D-47574 Goch
Tel.: (02823) 93 39 13
Fax: (02823) 93 39 37
E-Mail: Wilfried.Kullmann@arbeitsamt.de

## Hamburg
Griem, Angela
Nagelsweg 9
D-20097 Hamburg
Tel.: (040) 24 85 19 84
Fax: (040) 24 85 19 87
E-Mail: Angela.Griem@arbeitsamt.de

**Hannover**
Seiler, Claudia
Brühlstr. 4
D-30169 Hannover
Tel.: (0511) 9 19 19 42
Fax: (0511) 9 19 19 60
E-Mail: eures-hannover@t-online.de

**Jena**
Loges, Felix
Fritz-Ritter-Str. 44
D-07747 Jena
Tel.: (03641) 37 91 86
Fax: (03641) 37 91 81
E-Mail: AAJ-I@t-online.de

**Kandel**
Hiery, Peter
Saarstr. 93-95
D-76870 Kandel
Tel.: (07275) 95 50 13
Fax: (07275) 95 50 33
E-Mail: Peter.Hiery@arbeitsamt.de

**Karlsruhe**
Müller, Sylvia
Brauerstr. 10
D-76137 Karlsruhe
Tel.: (0721) 8 23 10 75
Fax: (0721) 8 23 20 13
E-Mail: sylvia.mueller4@arbeitsamt.de

**Kassel**
Besteck, Karl-Joachim
Grüner Weg 46
D-34117 Kassel
Tel.: (0561) 7 01 20 66
Fax: (0561) 7 01 29 58
E-Mail: Joachim.Besteck@arbeitsamt.de

**Kehl**
Turri, Pietro
Am Sundheimer Fort 3
D-77694 Kehl
Tel.: (07851) 91 97 61
Fax: (07851) 91 97 77
E-Mail: Pietro.Turri@arbeitsamt.de

**Kempten**
Demeter, Helmut
Rottachstr. 26
D-87439 Kempten
Tel.: (0831) 2 05 61 16
Fax: (0831) 2 05 63 56
E-Mail: demeter.eures.aakpt@t-online.de

**Kiel**
Fietz, Jochen
Adolf-Westphal-Str. 2
D-24143 Kiel
Tel.: (0431) 7 09 12 50
Fax: (0431) 7 09 11 30
E-Mail: AAKI-EURES@t-online.de

**Köln**
Weber, Elisabeth
Luxemburger Str. 121
D-50939 Köln
Tel.: (0221) 94 29 19 13
Fax: (0221) 94 29 19 94
E-Mail: eureskoeln@t-online.de

**Leipzig**
Haesler, Hans-Joachim
Georg-Schuhmann-Str. 150
D-04159 Leipzig
Tel.: (0341) 9 13 15 11
Fax: (0341) 9 13 15 15
E-Mail: Joachim.Haesler@arbeitsamt.de

**Lörrach**
Eichkorn, Günther
Brombacher Str. 2
D-79539 Lörrach
Tel.: (07621) 17 85 19
Fax: (07621) 17 85 05
E-Mail: Guenther.Eichkorn@arbeitsamt.de

**Lübeck**
Ebbert, Sabine
Hans-Böckler-Str.1
D-23560 Lübeck
Tel.: (0451) 58 82 47
Fax: (0451) 58 85 88
E-Mail: Sabine.Ebbert@arbeitsamt.de

**Magdeburg**
Lüderitz-Gerth, Grit
Schwiesaustr. 11
D-39124 Magdeburg
Tel.: (0391) 2 57 10 22
Fax: (0391) 2 57 10 21
E-Mail: Grit.Luederitz-Gerth@arbeitsamt.de

**München**
Lenz, Eicke
Kapuzinerstr. 26
D-80337 München
Tel.: (089) 51 54 30 46
Fax: (089) 51 54 69 18
E-Mail: Eicke.Lenz@arbeitsamt.de

**Nettetal**
Blome, Ulrich
Steegerstr. 49
D-41334 Nettetal
Tel.: (02153) 91 87 21
Fax: (02153) 91 87 40
E-Mail: Ulrich.Blome@arbeitsamt.de

**Nordhorn**
Weber, Thorsten
Stadtring 9–15
D-48527 Nordhorn
Tel.: (05921) 87 01 59
Fax: (05921) 87 02 59
E-Mail: Thorsten.Weber@arbeitsamt.de

**Nürnberg**
Fifka, Erich
Richard-Wagner-Platz 5
D-90443 Nürnberg
Tel.: (0911) 2 42 21 49
Fax: (0911) 2 42 29 93
E-Mail: Erich.Fifka@arbeitsamt.de

**Passau**
Bachinger, Albert
Innstr. 30
D-94032 Passau
Tel.: (0851) 50 81 63
Fax: (0851) 50 84 47
E-Mail: Albert.Bachinger@arbeitsamt.de

**Pfarrkirchen**
Wenzl, Franziska
Ringstr. 23
D-83347 Pfarrkirchen
Tel.: (08561) 98 21 03
Fax: (08561) 98 24 33
E-Mail: fwenzel.aapan.eures@t-online.de

**Rastatt**
Zink, Daniela
Karlstr. 18
D-76437 Rastatt
Tel.: (07222) 93 01 71
Fax: (07222) 93 01 58
E-Mail: Daniela.Zink@arbeitsamt.de

**Rosenheim**
Heuberger, Franz
Wittelsbacherstr. 57
D-83022 Rosenheim
Tel.: (08031) 20 22 97
Fax: (08031) 20 25 25
E-Mail: Franz.Heuberger@arbeitsamt.de

**Rostock**
Jaudzims, Ilona
Friedrich-Engels-Platz 6–8
D-18055 Rostock
Tel.: (0381) 8 04 12 40
Fax: (0381) 8 04 15 04
E-Mail: Ilona.Jaudzims@arbeitsamt.de

**Saarbrücken**
Horbach, Anfried
Hafenstr. 18
D-66111 Saarbrücken
Tel.: (0681) 9 44 11 81
Fax: (0681) 9 44 50 11
E-Mail: Anfried.Horbach@arbeitsamt.de

**Stade**
Fischer, Günther
Wiesenstr. 10
D-21680 Stade
Tel.: (04141) 92 66 20
Fax: (04141) 92 62 38

**Stuttgart**
Klapp, Gisela
Neckarstr. 155
D-70190 Stuttgart
Tel.: (0711) 920 27 47
Fax: (0711) 920 27 25
E-Mail: Arbeitsamt-EURES@t-online.de

**Trier**
Jacobi, Thomas
Schönbornstr. 1
D-54295 Trier
Tel.: (0651) 20 52 17
Fax: (0651) 20 52 18
E-Mail: Thomas.Jacobi@arbeitsamt.de

**Weilheim**
Merkl, Wilhelm
Karwendelstr. 1
D-82362 Weilheim
Tel.: (0881) 99 12 24
Fax: (0881) 99 12 40
E-Mail: Wilhelm.Merkl@arbeitsamt.de

**Würzburg**
Höllein, Sigrid
Ludwigkai 3
D-97072 Würzburg
Tel.: (0931) 7 94 95 66
Fax: (0931) 7 94 97 18
E-Mail: sigrid.hoellein@arbeitsamt.de

**Zentrale**
Bayerlein, Jutta
Referat Ia5
Regensburger Str. 44
D-90478 Nürnberg
Tel.: (0911) 179 53 61
Fax: (0911) 179 33 41
E-Mail: Jutta.Bayerlein@arbeitsamt.de

## 7.4 Ausgewählte Bildungsträger

**medi Bildungszentrum OBiG®**
Wittenbergstraße 12
D-45131 Essen
Tel.: (0180) 3 33 39 17 (Ortstarif)
Internet: http://www.obig.de

OBiG® ist das Bildungszentrum von medi Hospital. Als bundesweit tätige Organisation schließt OBiG® eine Lücke in der Organisation und Bildung von Pflegenden im Gesundheitswesen. Das spezialisierte Bildungsangebot betrifft umfassend die Bereiche Organisations- und Personalentwicklung, Qualitätsmanagement und Aktuelle Pflege. Ein Kompetenzteam aus hauptamtlichen und freiberuflichen DozentInnen mit ausgeprägter Praxiserfahrung ist hierfür verantwortlich.

**Diakonie Kaiserswerth**
Zentrum für Pflegeberufe
Kaiserswerther Seminare
Alte Landstr. 161
D-40489 Düsseldorf
Tel.: (0211) 40 92 5 92
Internet: http://www.kaiserswerther-diakonie.de

Die Kaiserswerther Seminare sind weit über die Region hinaus bekannt für ihr hohes professionelles Niveau. Als ein führendes Institut für Fort- und Weiterbildung für Pflegeberufe richtet sich das Angebot vornehmlich an MitarbeiterInnen aus Krankenhäusern, Altenheimen, Ambulanten Pflegediensten und Ausbildungsstätten für Pflegeberufe in unterschiedlichster Trägerschaft. Zielgruppe sind examinierte Pflegekräfte mit Führungsaufgaben auf der mittleren und oberen Leitungsebene oder langjährig berufserfahrene Pflegekräfte, die sich in fachspezifischen Arbeitsfeldern weiterqualifizieren wollen. Schwerpunkt sind berufsbegleitende Weiterbildungen in vier wesentlichen Tätigkeitsfeldern: Pflegen, Leiten, Lehren, Beraten.

**Diakonische Bildungsakademie Sachsen e.V.**
Bahnhofstr. 9
D-01468 Moritzburg
Tel.: (035207) 84 350
Internet: http://www.diakonie-sachsen.de/steckbriefe/10400004.htm

Die Diakonische Bildungsakademie Sachsen e.V. ist die zentrale Fort- und Weiterbildungsstätte der Diakonie in Sachsen. Sie ist Träger eines breit gefächerten Angebotes von Fort- und Weiterbildungen für MitarbeiterInnen in stationären, teilstationären und offenen Einrichtungen und Diensten der Diakonie und anderen Verbänden sozialer Hilfen. Die Einrichtung leistet einen Beitrag zur Vermittlung, Erhaltung und Entfaltung hoher fachlicher, persönlicher und sozialer Kompetenz auf der Grundlage des christlichen Menschenbildes und einer christlichen Lebens- und Berufsorientierung.

**Excurs GmbH**
Bildungswerk für Pflege und Soziales
Läuferwerk 15–17
D-30655 Hannover
Tel.: (0511) 56 38 48-0
Internet: http://www.excurs.de

Excurs hat das Ziel, MitarbeiterInnen und Führungskräfte in der ambulanten und stationären Pflege und in sozialen Einrichtungen weiterzubilden, für die immer härteren Anforderungen zu professionalisieren und sie für den Berufsalltag mit praktischen Hilfestellungen immer wieder im Sinne der Berufsqualifizierung auf den neuesten Bildungsstand zu bringen. Dahinter steht der Gedanke, dass Fort- und Weiterbildung im Pflegebereich nicht nur notwendig ist, sondern ein persönlicher Anspruch sämtlicher in der Pflege tätiger MitarbeiterInnen bedeuten sollte.

**Gemeinnützige Gesellschaft für soziale Dienste DAA-mbH**
Fachschule für Altenpflege München
Frankfurter Ring 105
D-80807 München
Tel.: (089) 35 81 48-0
Internet: http://www.ggsd.de

Fachschule für Altenpflege Rosenheim
Gießereistraße 43
D-83022 Rosenheim
Tel.: (08031) 3 56 15-0
Internet: http://www.ggsd.de

Das Unternehmen bietet Aufstieg durch berufliche Bildung, Beratung, Supervision und Coaching in den Berufsfeldern der Pflege und sozialer Berufe von der Erstausbildung über Fachfortbildungen und Weiterbildungen zu Positionen der mittleren Leitungsebene bis hin zur Führungsqualifikation nach einem Fachhochschulstudium in München, Nürnberg oder 16 weiteren Städten in Deutschland und Österreich. Die Qualität entfaltet sich in mehr als 60 fest angestellten pädagogischen Fachleuten und über 300 kreativen freien DozentInnen, durch interne Qualitätsarbeit, externe Fachweiterbildungen, Supervision, Coaching und Hochschulstudien.

**Werner-Schule vom DRK**
Reinhäuser Landstr. 19–21
D-27083 Göttingen
Tel.: (0551) 50 75 00
Internet: http://www.werner-schule.de

Die Werner-Schule vom DRK ist das traditionsreiche Bildungszentrum des Verbandes der Schwesternschaften vom DRK. Sie hat den Auftrag, die Weiterentwicklung der Pflege und seit jüngerer Zeit auch der Sozialberufe durch zukunftweisende Bildungsarbeit zu fördern.

Ziel war und ist es bis heute, selbstständig denkende, kritische Persönlichkeiten zu bilden, die die Aufgaben der Gegenwart im Gesundheits-, Pflege- und Sozialwesen erfolgreich bewältigen, und die fähig sind, Zukunft richtungweisend zu gestalten. Hierzu steht ein umfangreiches Bildungsangebot zur Verfügung.

**DFA**
Diakonisches Werk Hamburg
Fortbildungszentrum auf der Anscharhöhe
Tarpenbekstr. 107
D-20251 Hamburg
Tel.: (040) 46 69-405
Internet: http://www.dfa-hamburg.de

Das Fortbildungszentrum auf der Anscharhöhe ist eine Einrichtung des Diakonischen Werkes Hamburg. Es wurde 1989 gegründet mit dem Auftrag, Fort- und Weiterbildungen für MitarbeiterInnen in ambulanten Pflegediensten und Einrichtungen stationärer und teilstationärer Altenhilfe der Diakonie anzubieten. Das DFA hat sich seither ständig weiterentwickelt und ist heute ein Fortbildungs- und Dienstleistungszentrum, das Pflegeeinrichtungen im Hinblick auf die gesamte Personal- und Organisationsentwicklung berät.

**Kolping Bildungswerk e. V.**
Hanferstr. 28
D-79108 Freiburg
Tel.: (0761) 1 50 64-30
Internet: http://www.kolping-bildung.de

Als Dienstleister in den Bereichen Bildung und Qualifizierung unterstützt das Kolping-Bildungswerk alle Lernwilligen und Lernfähigen bei dem Versuch, eine Anschlussfähigkeit an die sich immer schneller entwickelnde Wissensgesellschaft herzustellen oder zu verstärken. Eine umfangreiches Qualifizierungsangebot in der Pflege liegt hier vor.

**Leibniz Akademie Hannover**
Berufsakademie Hannover
Verwaltungs- und Wirtschaftsakademie
Expo Plaza 11
D-30539 Hannover
Tel.: (0511) 95 784-0
Internet: http://www.leibniz-akademie.de

Die Leibniz-Akademie versteht sich als kundenorientierter Dienstleister. Das Bildungsangebot orientiert sich an den Personalentwicklungsbedürfnissen von Studierenden und Unternehmen gleichermaßen. Im Mittelpunkt steht dabei die Vermittlung von fundiertem, anwendungsorientiertem Know-How, sowohl bei den fachlichen als auch bei überfachlichen Qualifikationen. Besonderen Wert legt die Leibniz-Akademie dabei auf die Qualität der eingesetzten DozentInnen, die vielfach renommierte HochschullehrerInnen oder kompetente PraktikerInnen sind.

## 7.5 Vollzeitstudiengänge

| Studiengang / Abschluss | Voraussetzungen | Schwerpunkte / Inhalte | Dauer / Beginn | Hochschule |
|---|---|---|---|---|
| Pflegemanagement Diplom-Pflegewirtin (FH) | abgeschlossene Ausbildung in der Pflege und einjährige Berufspraxis | *Studienbereiche:*<br>1. Pflegewissenschaftliche Grundlagen<br>2. Systematik, Methodik, Theorien der Pflegewissenschaft<br>3. Pflege als organisiertes Versorgungs- und Dienstleistungssystem<br>4. Person und Beruf der Pflegenden<br>5. Berufliche Handlungskompetenzen von Pflegewirten | 8 Semester, davon 2 Praxissemester<br>*Beginn:* nur Wintersemester | Fachhochschule Esslingen, Hochschule für Sozialwesen<br>Flandernstr. 101<br>73732 Esslingen<br>Tel.: 0711 39 74 515 |
| Pflegemanagement Diplom-Pflegewirtin (FH) | abgeschlossene Ausbildung in der Pflege | *Schwerpunkte:*<br>– Gesundheitsförderung<br>– Krankenhausmanagement<br>– Altenpflege<br>*Inhalte:*<br>– Sinnfragen und Menschenbild<br>– pflegewissenschaftliche Grundlagen<br>– Management | 8 Semester, davon 2 Praxissemester<br>*Beginn:* nur Wintersemester | Katholische Stiftungsfachhochschule München, Fachbereich Pflege<br>Preysingstr. 83<br>81667 München<br>Tel.: 089 480 92-276 |
| Pflegemanagement Diplom-Pflegewirtin (FH) | abgeschlossene Ausbildung in der Pflege und zweijährige Berufspraxis | *Schwerpunkte:*<br>– Management von Altenpflegesystemen<br>– Gesundheitsförderung<br>– Management stationärer Krankenpflegeeinrichtungen<br>*Inhalte:*<br>– Allgemeine Grundlagen der Pflege / Menschenbild<br>– Bezugswissenschaften<br>– Pflegerisches Handeln / Management | 8 Semester, davon 2 Praxissemester<br>*Beginn:* nur Wintersemester | Evangelische Fachhochschule Nürnberg, Außenstelle Neudettelsau<br>Heilbronner Str. 44<br>91564 Neudettelsau<br>Tel.: 09874 678 35 |
| Pflegemanagement Diplom-Pflegewirtin (FH) | abgeschlossene Ausbildung in der Pflege | *Schwerpunkte:*<br>– Krankenhausmanagement<br>– Management ambulanter Dienste und im Altenheim<br>– Rehabilitation<br>– Gesundheitsförderung<br>*Inhalte:*<br>– Bezugswissenschaften<br>– Theorie und Praxis pflegerischen Handelns<br>– Management<br>– Arbeitstechnik | 8 Semester, davon 2 Praxissemester<br>*Beginn:* nur Wintersemester | Fachhochschule Würzburg-Schweinfurt-Aschaffenburg, Fachbereich Sozialwesen<br>Münzstr. 12<br>97070 Würzburg<br>Tel.: 0931 35 11-420 |

## 7.5 Vollzeitstudiengänge

| Studiengang / Abschluss | Voraussetzungen | Schwerpunkte / Inhalte | Dauer / Beginn | Hochschule |
|---|---|---|---|---|
| Pflegemanagement Diplom-Pflegewirtin (FH) | abgeschlossene Ausbildung in der Pflege und zweijährige Berufspraxis | *Inhalte:*<br>– Pflegewissenschaften<br>– Betriebswirtschaft<br>– Pflege und Sozialmanagement, Recht<br>– Empirische Sozialforschung<br>– Psychologie, Soziologie<br>– Sozialmedizin, Epidemiologie<br>– Sozial- und Gesundheitspolitik | 8 Semester, davon 1 Praxissemester<br>*Beginn:* nur Sommersemester<br>Besonderheit: jeweils zum Wintersemester wird dieser Studiengang als berufsbegleitendes Abendstudium angeboten | Alice-Salomon-Fachhochschule für Sozialarbeit und Sozialpädagogik<br>Alice-Salomon-Platz 5<br>12627 Berlin<br>Tel.: 030 99 245-0 |
| Pflegemanagement Diplom-Pflegewirtin (FH) | abgeschlossene Ausbildung in der Pflege und zweijährige Berufspraxis | *Inhalte:*<br>– Pflegewissenschaft, -management im europäischen Vergleich<br>– Perspektiven für die Pflegewissenschaft<br>– Transkulturelle Pflegewissenschaft<br>– Empirische Methoden und angewandte Forschungsmethoden<br>– Pflege- und Führungsethik<br>– Betriebswirtschaftliche Managementprobleme der Praxis<br>– Finanz- und Investitionsmanagement<br>– Personalmanagement<br>– Finanzmanagement<br>– Marketing im Gesundheitswesen<br>– Arbeits- und Sozialrecht | 8 Semester, davon 1 Praxissemester<br>*Beginn:* nur Wintersemester | Evangelische Fachhochschule für Sozialarbeit und Sozialpädagogik<br>Teltower Damm 118–122<br>14167 Berlin<br>Tel.: 030 84 58 20 |
| Pflegemanagement Internationaler Modellstudiengang Diplom-Pflegewirtin (FH) | abgeschlossene Ausbildung in der Pflege und einjährige Berufspraxis | *Schwerpunkte:*<br>– Pflegeleitung im Krankenhaus<br>– Pflegeleitung in der ambulanten Pflege, in der Altenpflege und Behindertenpflege<br>*Inhalte:*<br>– Pflegewissenschaft und -forschung<br>– Psychologie, Soziologie, Pädagogik<br>– BWL, Recht, Sozialpolitik<br>– EDV, Statistik, Englisch<br>– Gesundheitswissenschaft und -politik<br>– 4. Semester Auslandssemester<br>– Theorie und Praxis in der Pflegeleitung<br>– Beratung in der Pflege<br>– Personalmanagement, Organisationsentwicklung<br>– 6. und 7. Semester Theorie-Praxis-Verbund | 8 Semester, davon 1 Auslandssemester (es bestehen bereits Kooperationen mit internationalen Hochschulen)<br>*Beginn:* nur Wintersemester | Hochschule Bremen<br>Fachbereich Sozialwesen<br>Neustadtswall 30<br>28199 Bremen<br>Tel.: 0421 59 05-23 74 |

| Studiengang / Abschluss | Voraussetzungen | Schwerpunkte / Inhalte | Dauer / Beginn | Hochschule |
|---|---|---|---|---|
| Pflege Diplom-Pflegewirtin (FH) | Bewerber ohne Pflegeausbildung müssen ein sechsmonatiges Praktikum vorweisen | *Schwerpunkte:*<br>– Management und Qualitätssicherung<br>– Anleitung und Beratung<br>*Inhalte:*<br>– EDV, Statistik, Sprachen<br>– Fachwissenschaft Pflege<br>– Psychologie, Pädagogik, Sozialwissenschaft<br>– interdisziplinäre Vertiefungsbereiche (Management und Organisation)<br>– 5. Semester: Praktikum<br>– 6. Semester Projektpraktikum | 8 Semester, davon 1 Praxissemester<br>*Beginn:* nur Sommersemester | Fachhochschule Hamburg<br>Fachbereich 10<br>Sozialpädagogik<br>Saarlandstr. 30<br>22303 Hamburg<br>Tel.: 040 42 863-36 65 |
| Pflege Diplom-Pflegewirtin (FH) | Bewerber ohne Pflegeausbildung müssen ein dreimonatiges Praktikum vorweisen | *Schwerpunkte:*<br>– angewandte Pflegewissenschaft<br>– Pflege in Psychiatrie und Psychosomatik<br>– Pflegemanagement<br>– Public Health / Gesundheitsförderung<br>*Inhalte:*<br>– pflegerisches Handeln<br>– Pflege als Beruf<br>– Organisation und institutionelle Bedingungen<br>– rechtliche Grundlagen<br>– Studium und wissenschaftliches Arbeiten<br>– kommunikative Grundlagen<br>– sozialwissenschaftliche Grundlagen<br>– medizinisch-naturwissenschaftliche Grundlagen | 8 Semester<br>*Beginn:* Sommer- und Wintersemester<br>Besonderheiten: Studierende ohne Pflegeexamen: 2 Praxissemester sowie achtwöchiges Zwischenpraktikum; Studierende mit Pflegeexamen: 1 Praxissemester – bestimmte Studienfächer können auf Antrag erlassen werden | Fachhochschule Fulda<br>Fachbereich Pflege und Gesundheit<br>Esperantostr. 13<br>36039 Fulda<br>Tel.: 0661 96 40-600 |
| Pflege und Gesundheitswissenschaft Diplom-Pflegewirtin (FH) | abgeschlossene Ausbildung in der Pflege oder dreimonatiges Vorpraktikum | *Inhalte:*<br>– Pflege als zielgerichtetes System<br>– Konzeptionen der Pflege<br>– sozialwissenschaftliche, medizinische, rechtliche Grundlagen<br>– Organisationslehre und Informationsverarbeitung<br>– Qualitätsmanagement<br>– Wahlbereich: Sozialpädagogik, Religionspädagogik, Pflegewissenschaften mit Ethik oder Public Health Schwerpunkt | 8 Semester<br>*Beginn:* nur Wintersemester | Evangelische FH Darmstadt<br>Fachbereich Pflege- und Gesundheitswissenschaft<br>Zweifalltorweg 12<br>64293 Darmstadt<br>Tel.: 06151 87 98-25 |

## 7.5 Vollzeitstudiengänge

| Studiengang / Abschluss | Voraussetzungen | Schwerpunkte / Inhalte | Dauer / Beginn | Hochschule |
|---|---|---|---|---|
| Pflege<br>Diplom-Pflegewirtin (FH) | abgeschlossene Ausbildung in der Pflege oder dreimonatiges Vorpraktikum | *Schwerpunkte:*<br>Pflegesituation bei:<br>– somatischen Erkrankungen<br>– psychosomatischen Erkrankungen<br>– Behinderungen im Alter<br>– Krankheiten im Kindes- und Jugendalter<br>*Inhalte:*<br>– Pflegewissenschaft<br>– Gesundheit, Krankheit, Behinderung, Alter<br>– Theorien der Sozialisation<br>– Sozialstruktur und Gesundheitswesen<br>– naturwissenschaftliche Grundlagen<br>– Recht und Organisation<br>– Gesundheitsförderung<br>– Anleitung, Beratung und Weiterbildung<br>– Organisation und Management | 8 Semester<br>*Beginn:* nur Wintersemester | Fachhochschule Frankfurt am Main<br>Fachbereich Pflege und Gesundheit<br>Nibelungenplatz 1<br>60318 Frankfurt<br>Tel.: 069 15 33-28 52<br>oder -27 88 |
| Pflegewissenschaft/<br>Pflegemanagement<br>Bachelor of Nursing and Administration<br>Master of Nursing and Administration | abgeschlossene Ausbildung in der Pflege | *Inhalte:*<br>– EDV, Recht, empirische Sozialforschung<br>– Fachenglisch, Wirtschaftswissenschaften<br>– Management<br>– Pflegequalität und -pädagogik<br>– Professionalisierung der Pflege, Systeme und Instrumente der Pflege<br>– Theorien und Modelle der Pflege<br>– Public Health<br>– Sozialmedizin<br>– Gesundheitspsychologie, -pädagogik, -soziologie<br>– Beratung | 6 Semester<br>*Beginn:* nur Wintersemester<br>Besonderheit: für AbsolventInnen des Bachelorstudienganges viersemestriges Aufbaustudium mit Abschluss «Master of nursing and administration» möglich | Fachhochschule Neubrandenburg<br>Fachbereich Soziale Arbeit und Gesundheit<br>Brodaer Str. 2<br>17033 Neubrandenburg<br>Tel.: 0395 56 93-403 |

| Studiengang / Abschluss | Voraussetzungen | Schwerpunkte / Inhalte | Dauer / Beginn | Hochschule |
|---|---|---|---|---|
| Pflegewissenschaft Bachelor of Science in Nursing Master of Science in Nursing | abgeschlossene Ausbildung in der Pflege | *Inhalte:*<br>– fundamentale Pflegemodelle und -theorien<br>– Gesundheitssysteme, -recht<br>– Pflegemethoden<br>– Medizin, Psychologie, Soziologie, Pädagogik<br>– Pflege und Gesundheitssysteme im internationalen Kontext<br>– Pflegeforschung<br>– pflegerische Handlungsfelder<br>Wahlfächer:<br>– BWL<br>– Public Health<br>– Anthropologie<br>– Politikwissenschaften<br>– Informationsmanagement | 6 Semester (Bachelor of Science in Nursing) mit achtwöchigem Aufenthalt in einem Entwicklungsland darauf aufbauend:<br>– 3 Semester (Master of Science in Nursing) mit vierwöchigem Aufenthalt in einem Industrieland<br>*Beginn:* nur Wintersemester (Bewerbungsschluss im Dezember) | Institut für Pflegewissenschaften der privaten Universität Witten/Herdecke Medizinische Fakultät Stockumer Str. 12 58453 Witten Tel.: 02302 669-381 Studiengebühren fallen an! |
| Pflege Diplom-Pflegewissenschaftlerin (FH) | abgeschlossene Ausbildung in der Pflege und zweijährige Berufspraxis | *Inhalte:*<br>– Pflegetheorie, -forschung<br>– Methodik der Pflege<br>– Sozialpolitik<br>– Recht<br>– Pflegen als Beruf<br>– Ökonomie<br>– Soziologie<br>– Handlungsfelder der Pflege | 8 Semester, davon 1 Praxissemester *Beginn:* nur Wintersemester | Evangelische FH Rheinland-Westfalen-Lippe Fachbereich Pflege Immanuel-Kant-Str. 18–20 44803 Bochum Tel.: 0234 369 01-123 |
| Pflegemanagement Diplom-Pflegemanagerin (FH) | abgeschlossene Ausbildung in der Pflege und dreijährige Berufspraxis | *Schwerpunkte:*<br>– Krankenhaus<br>– Ambulante Dienste<br>– Alten- und Pflegeeinrichtungen<br>*Inhalte:*<br>– Pflegewissenschaft<br>– Prävention<br>– Public Health<br>– Soziologie<br>– Recht<br>– BWL, Management, Gesundheitsökonomie | 8 Semester, davon 1 Praxissemester *Beginn:* nur Wintersemester | Fachhochschule Münster Fachbereich Pflege Röntgenstr. 7–9 48149 Münster Tel.: 0251 83-65 851 |

## 7.5 Vollzeitstudiengänge

| Studiengang / Abschluss | Voraussetzungen | Schwerpunkte / Inhalte | Dauer / Beginn | Hochschule |
|---|---|---|---|---|
| Pflegemanagement Diplom-Pflegewirtin (FH) | abgeschlossene Ausbildung in der Pflege und zweijährige Berufspraxis | *Inhalte:*<br>– Theorie und Praxis der Pflege<br>– Gesundheit und Krankheit<br>– Strukturen des Gesundheitswesens<br>– theoretische und praktische Veranstaltungen zur Vorbereitung yauf eine Leitungstätigkeit in der Pflege | 8 Semester, davon 2 Praxissemester<br>*Beginn:* nur Sommersemester | Evangelische FH für Sozialwesen Ludwigshafen Fachbereich Pflege Maxstr. 29 67059 Ludwigshafen Tel.: 0621 59 113-48 |
| Pflegemanagement Diplom-Pflegewirtin (FH) | 26 Wochen Praktikum in einer Pflegeeinrichtung | *Schwerpunkte:*<br>– Ökonomie und Finanzmanagement im Pflegesektor<br>– Qualitätsmanagement und Pflegeforschung<br>– spezieller Pflegebedarf, Pflegegruppen<br>– spezielle Einrichtungen für die Pflege<br>– Technik in der Pflege und Rehabilitation<br>*Inhalte:*<br>– Gesundheits- und Pflegewissenschaft<br>– Sozialwissenschaften<br>– Wirtschaftswissenschaften, Mathematik u. Statistik<br>– Management und Recht | 9 Semester, davon 1 Praxissemester und 1 Semester für die Diplomarbeit<br>*Beginn:* nur Sommersemester | Westsächsische Hochschule Zwickau Fachbereich Gesundheits- und Pflegewissenschaften Scheffelstr. 39 08066 Zwickau Tel.: 0375 536-32 59 |
| Pflegewissenschaft Diplom-Pflegewirtin (FH) | abgeschlossene Ausbildung in der Pflege | *Inhalte:*<br>– Pflegewissenschaft, -forschung<br>– multidisziplinäre Problemanalysen<br>– Erziehungswissenschaften, Sozialwissenschaften, Naturwissenschaften<br>– BWL, VWL, Ökonomie<br>– Recht<br>– Informatik, Statistik, Kommunikation, Fachenglisch | 8 Semester, davon 2 Praxissemester<br>*Beginn:* nur Wintersemester | Fachbereich Wirtschaft der Universität Osnabrück Albrechtstr. 28 49076 Osnabrück Tel.: 0541 969-30 09 oder -3000 |
| Krankenhauspflegemanagement Diplom-Kauffrau | abgeschlossene Ausbildung in der Pflege | *Inhalte:*<br>– allgemeine und Krankenhausbetriebswirtschaftslehre<br>– Statistik, Ökonomie<br>– Krankenpflegewissenschaften und -forschung, Personal, Finanzmanagement<br>– Recht, EDV | 8 Semester<br>*Beginn:* nur Wintersemester | Fachbereich Wirtschaft der Universität Osnabrück Albrechtstr. 28 49076 Osnabrück Tel.: 0541 969-2011 |

| Studiengang / Abschluss | Voraussetzungen | Schwerpunkte / Inhalte | Dauer / Beginn | Hochschule |
|---|---|---|---|---|
| Pflegepädagogik Diplom-Pflegepädagogin (FH) | abgeschlossene Ausbildung in der Pflege und einjährige Berufspraxis | 5 Studienbereiche:<br>1. Pflegewissenschaftliche Grundlagen<br>2. Systematik, Methodik, Theorien der Pflegewissenschaft<br>3. Pflege als organisiertes Versorgungs- und Dienstleistungssystem<br>4. Person und Beruf der Pflegenden<br>5. Berufliche Handlungskompetenzen von Pflegepädagogen | 8 Semester, davon 2 Praxissemester<br>*Beginn:* nur Wintersemester | Fachhochschule Esslingen, Hochschule für Sozialwesen<br>Flandernstr. 101<br>73732 Esslingen<br>Tel.: 0711 39 74 515 |
| Pflegepädagogik Diplom-Pflegemanagerin (FH) | abgeschlossene Ausbildung in der Pflege und zweijährige Berufspraxis | *Schwerpunkte:*<br>– Sozialpflege<br>– Gesundheitspflege<br>*Inhalte:*<br>– Erziehung, Bildung, Lehren und Lernen<br>– Pflege- und Pflegedidaktik<br>– Fachdidaktik Pflege<br>– Organisation von Aus-, Fort-, Weiterbildung | 8 Semester, davon 1 Praxissemester<br>*Beginn:* nur Wintersemester | Fachhochschule Münster<br>Fachbereich Pflege<br>Röntgenstr. 7–9<br>48149 Münster<br>Tel.: 0251 83-65 851 |
| Pflegepädagogik Diplom-Pflegepädagogin (FH) | abgeschlossene Ausbildung in der Pflege und zweijährige Berufspraxis | *Inhalte:*<br>– Theorie und Praxis der Pflege<br>– Gesundheit und Krankheit<br>– Strukturen des Gesundheitswesens<br>– theoretische und praktische Veranstaltungen zur Vorbereitung auf die Lehrtätigkeit | 8 Semester, davon 2 Praxissemester<br>*Beginn:* nur Sommersemester | Evangelische FH für Sozialwesen Ludwigshafen<br>Fachbereich Pflege<br>Maxstr. 29<br>67059 Ludwigshafen<br>Tel.: 0621 59 113–48 |
| Medizinpädagogik/ Pflegepädagogik Diplom-Medizinpädagogin Diplom-Pflegepädagogin | abgeschlossene Ausbildung in einschlägigem Bereich | *Inhalte:*<br>– berufliche Fachrichtung Gesundheits- und Pflegewissenschaft<br>– berufliche Fachrichtung Gesundheit, Diagnostik, Therapie und Biowissenschaften oder Sozialwissenschaften | 8 Semester<br>*Beginn:* nur Wintersemester | Medizinische Fakultät der Humboldt-Uni zu Berlin<br>Schumannstr. 20/21<br>10098 Berlin<br>Tel.: 030 28 02-2000 |
| Lehramt an berufsbildenden Schulen Fachrichtung Pflege Erste Staatsprüfung Zweite Staatsprüfung | abgeschlossene Berufsausbildung | *Inhalte:*<br>– berufliche Fachrichtung Pflege<br>– Wahl eines Unterrichtsfaches<br>– Berufs- und Wirtschaftspädagogik | 10 Semester, davon 2 Prüfungssemester<br>*Beginn:* nur Wintersemester<br>– nach dem Studium 24 Monate Vorbereitungsdienst mit Abschluss «Zweite Staatsprüfung» | Universität Osnabrück, Fachbereich Gesundheitswissenschaften<br>Albrechtstr. 28<br>49076 Osnabrück<br>Tel.: 0541 969-24 60 |

## 7.5 Vollzeitstudiengänge

| Studiengang / Abschluss | Voraussetzungen | Schwerpunkte / Inhalte | Dauer / Beginn | Hochschule |
|---|---|---|---|---|
| Pflegepädagogik Diplom-Pflegepädagogin (FH) | abgeschlossene Ausbildung in der Pflege und einjährige Berufspraxis | *Inhalte:* Fachrichtung Pflege: – Pflegewissenschaft – BWL – Sozialwissenschaft – Pflegedidaktik, Unterrichtspraxis, Begutachtung Fachbereich Erziehungswissenschaft: – Grundlagen – Didaktik – Methodik – Organisation | 8 Semester, davon 1 Praxissemester *Beginn:* nur Wintersemester | Fachhochschule Bielefeld Fachbereich Pflege und Gesundheit Am Stadtholz 24 33609 Bielefeld Tel.: 0521 106-74 34 |
| Lehramt an öffentlichen Schulen Schwerpunkt: Sekundarstufe II mit beruflicher Fachrichtung Fachrichtung: Pflegewissenschaft Erste Staatsprüfung/Diplom-Berufspädagoge Zweite Staatsprüfung | einschlägige Berufstätigkeit von mindestens 1 Jahr | *Inhalte:* – Erziehungs- und Gesellschaftswissenschaften – Natur- und Gesundheitswissenschaften in der Pflege – Motologie und Rehabilitation in der Pflege – Sozialwissenschaften und psychologisch-sozialpädagogische Interventionen in der Pflege – Recht und Organisation des Gesundheitswesens – Wahl eines Unterrichtsfaches oder Vertiefung der Fachrichtung Pflegewissenschaft | 9 Semester *Beginn:* nur Wintersemester – nach dem Studium 24 Monate Vorbereitungsdienst mit Abschluss «Zweite Staatsprüfung» | Universität Bremen Fachbereich Human- und Gesundheitswissenschaften Postfach 330 440 28334 Bremen Tel.: 0421 218-1 |
| Lehramt an beruflichen Schulen Fachrichtung: Gesundheit/Pflege Erste Staatsprüfung Zweite Staatsprüfung | Berufspraktikum von 12 Monaten oder Berufsausbildung | *Inhalte:* – Erziehungswissenschaften – Pflege und Gesundheitswissenschaften – naturwissenschaftliche Grundlagen – Gesundheits- und Qualitätsmanagement Wahl eines Unterrichtsfaches: – Biologie, Chemie, Informatik, Mathematik, Physik, Sozialkunde, Sport, Deutsch, Englisch | 10 Semester *Beginn:* Winter- und Sommersemester – nach dem Studium 24 Monate Vorbereitungsdienst mit Abschluss «Zweite Staatsprüfung» | Universität Hamburg Edmund-Siemers-Allee 1 20141 Hamburg Tel.: 040 42 838-37 36 oder -37 27 |
| Lehramt an beruflichen Schulen Fachrichtung: Gesundheit/Pflege Erste Staatsprüfung Zweite Staatsprüfung | Berufspraktikum von 12 Monaten, davon mindestens 3 Monate vor Studienbeginn | *Inhalte:* – Erziehungswissenschaften – Pflege und Gesundheitswissenschaften – naturwissenschaftliche Grundlagen – Gesundheits- und Qualitätsmanagement Wahl eines Unterrichtsfaches: – Biologie, Chemie, Informatik, Mathematik, Physik, Sozialkunde, Sport, Deutsch, Englisch | 9 Semester *Beginn:* nur Wintersemester – nach dem Studium 24 Monate Vorbereitungsdienst mit Abschluss «Zweite Staatsprüfung» | Technische Universität München Arcisstr. 21 80333 München 089 289-22 511 oder -22 737 |

| Studiengang / Abschluss | Voraussetzungen | Schwerpunkte / Inhalte | Dauer / Beginn | Hochschule |
|---|---|---|---|---|
| Lehrer für Gesundheitsberufe Diplom Berufspädagoge (FH) | abgeschlossene Ausbildung in einem diagnostischen oder therapeutischen Gesundheitsberuf | *Inhalte:*<br>– Gesundheit als naturwissenschaftliches Hauptfach<br>– Diagnostik und Therapie<br>– Fachdidaktik<br>Vertiefung und Ergänzung:<br>– Psychologie/Sozialwissenschaften<br>– Erziehungswissenschaften | 8 Semester<br>*Beginn:* nur Wintersemester | Fachhochschule Bielefeld<br>Fachbereich Pflege und Gesundheit<br>Am Stadtholz 24<br>33609 Bielefeld<br>Tel.: 0521 106-74 31 |
| Management in Einrichtungen des Gesundheitswesens Diplom-Kaufmann/-frau (FH) | 16 Wochen Praktikum, das während des Grundstudiums abgeleistet werden kann | *Schwerpunkte:*<br>– Krankenhausmanagement<br>– Management in Pflege- und Rehabilitationseinrichtungen<br>*Inhalte:*<br>– BWL, VWL<br>– Rechnungswesen, Mathematik, Statistik, EDV<br>– Soziologie, Recht<br>– Gesundheitswissenschaften, -ökonomie<br>– Epidemiologie, Pflege, Krankenhausökonomie<br>– Schwerpunktwahl: Krankenhaus-, oder Pflegemanagement<br>– Controlling<br>– Wahlfächer: Sozialpolitik, Europarecht oder Sprachen | 8 Semester, davon 2 Praxissemester<br>*Beginn:* nur Wintersemester | Fachbereich Gesundheitswesen der FH Braunschweig/Wolfenbüttel<br>Standort Wolfsburg<br>Robert-Koch-Platz 10–12<br>38440 Wolfsburg<br>Tel.: 05361 83-13 01 |
| Gesundheitsökonomie Diplom-Gesundheitsökonom | Abitur | *Inhalte:*<br>– Methodik<br>– Wirtschaftswissenschaften<br>– Medizinische Grundlagen der Gesundheitsökonomie<br>– Management<br>– Personalwirtschaftslehre<br>Wahlfächer:<br>– Marketing und Marktforschung<br>– Statistik | 9 Semester<br>*Beginn:* Sommer- und Wintersemester | Universität Köln<br>Wirtschafts- und Sozialwirtschaftliche Fakultät<br>Albertus-Magnus-Platz<br>50931 Köln<br>Tel.: 0221 470-22 19 |
| Gesundheitsökonomie Diplom-Gesundheitsökonom | Abitur, Eignungsfeststellung und gelenktes dreimonatiges Vorpraktikum | *Inhalte:*<br>– Mathematik, Kostenrechnung, Statistik, BWL, VWL, Management<br>– Recht, Versicherung, Wirtschaftsinformatik<br>– Gesundheitsökonomie und -management<br>– Sozialpolitik<br>– Medizin für Ökonomen | 8 Semester<br>*Beginn:* nur Wintersemester | Universität Bayreuth<br>Rechts- und Wirtschaftswissenschaftliche Universität<br>Universitätsstr. 30<br>95447 Bayreuth<br>Tel.: 0921 55-52 45 |

## 7.5 Vollzeitstudiengänge

| Studiengang / Abschluss | Voraussetzungen | Schwerpunkte / Inhalte | Dauer / Beginn | Hochschule |
|---|---|---|---|---|
| Gesundheit/Public Health Diplom-Gesundheitswirtin (FH) | BewerberInnen ohne Pflegeausbildung müssen ein dreizehnwöchiges Praktikum in Gesundheitseinrichtungen vorweisen | *Schwerpunkte:*<br>– Prävention<br>– Gesundheitsförderung<br>– Epidemiologie<br>– Gesundheitsberichterstattung<br>*Inhalte:*<br>– EDV, Statistik, Sprachen, empirische Forschungsmethoden<br>– Fachwissenschaft Pflege<br>– Management, BWL, Sozialwissenschaften | 8 Semester, davon 1 Praxissemester<br>*Beginn:* nur Sommersemester | Fachbereich Ökotrophologie der FH Hamburg<br>Lohbrügger Kirchstr. 65<br>21033 Hamburg<br>040 42 891-27 48 |
| Gesundheitswissenschaften Bachelor of health promotion and administration Master of health promotion and administration | 12 Wochen einschlägiges Vorpraktikum | *Inhalte:*<br>– EDV, Recht, empirische Sozialforschung<br>– Fachenglisch, Wirtschaftswissenschaften<br>– Management<br>– Pflegequalität und -pädagogik<br>– Professionalisierung der Pflege, Systeme und Instrumente der Pflege<br>– Theorien und Modelle der Pflege<br>– Public Health<br>– Sozialmedizin<br>– Gesundheitspsychologie, -pädagogik, -soziologie<br>– Beratung | 6 Semester<br>*Beginn:* nur Wintersemester<br>Besonderheit: für AbsolventInnen des Bachelorstudienganges viersemestriges Aufbaustudium mit Abschluss «Master of health promotion and administration» möglich | Fachhochschule Neubrandenburg<br>Fachbereich Soziale Arbeit und Gesundheit<br>Brodaer Str. 2<br>17033 Neubrandenburg<br>Tel.: 0395 56 93-403 |
| Gesundheitsförderung / -management Diplom-Gesundheitswirtin (FH) | Berufspraxis im Sozial- und Gesundheitswesen erwünscht | *Schwerpunkte:*<br>– öffentliche Gesundheitsförderung<br>– gesundheitsfördernde Organisationsentwicklung und Management<br>– psychosoziale und personenbezogene Gesundheitsförderung<br>– Gesundheitskommunikation, Gesundheitsbildung, Gesundheitsinformation<br>– Pflegemanagement<br>*Inhalte:*<br>– Grundlagen der Humanbiologie, Sozialmedizin, Psychologie, Pädagogik, Soziologie<br>– Gesundheitsmanagement<br>– Recht, Statistik, empirische Sozialforschung<br>– Methoden der Gesundheitsförderung<br>– Gesundheitsökologie<br>– öffentliche Kommunikation<br>– Forschungsmethoden | 8 Semester, davon 2 Praxissemester<br>*Beginn:* Winter- und Sommersemester | Hochschule Magdeburg-Stendal (FH)<br>Postfach 3680<br>39011 Magdeburg<br>Tel.: 0391 886-30 |

| Studiengang / Abschluss | Voraussetzungen | Schwerpunkte / Inhalte | Dauer / Beginn | Hochschule |
|---|---|---|---|---|
| Gesundheitsförderung durch Gesundheitsbildung Magister der Gesundheitsbildung | abgeschlossenes Hochschulstudium in geeigneten Bereichen, z.B. Psychologie | *Inhalte:*<br>– Arbeitsfelder und Institutionen der Gesundheitsförderung<br>– Konzeptentwicklung für gesundheitsfördernde Initiativen<br>– Gesundheitsförderung in verschiedenen Kontexten<br>– Gesundheitsmanagement<br>– Medizin für Pädagogen | 4 Semester | Bildungswissenschaftliche Hochschule Flensburg – Universität Schützenkuhle 26 24937 Flensburg Tel.: 0461 570 13-15 |
| Soziale Arbeit mit älteren Menschen/Geragogik Diplom-Sozialpädagogin | 6 Monate Praktikum oder abgeschlossene Ausbildung | *Inhalte:*<br>– Aspekte des Alterns<br>– Differenzielle Gerontologie<br>– Wohlfahrtsstaatliche Strukturen und Politiken<br>– Versicherungsstrukturen<br>– Recht, EDV<br>– Entwicklungsprozesse im Alter<br>– Selbstmanagement<br>– Medien- und Bewegungspädagogik mit Älteren | 8 Semester, einjähriges Berufspraktikum nach der Diplomprüfung *Beginn:* Winter- und Sommersemester | Fachbereich Sozialwesen der Fachhochschule Braunschweig Ludwig-Winter-Str. 2 38120 Braunschweig Tel.: 0531 28 52-0 |
| Gerontologie Diplom-Gerontologin | Abitur oder gleichwertige Hochschulzugangsberechtigung | *Schwerpunkte:*<br>– Management und Sozialplanung<br>– Rehabilitation und Altenhilfe<br>*Inhalte:*<br>– Soziologie, Psychologie, Gerontologie<br>– Geriatrie<br>– Ökonomie<br>– Statistik<br>– Rehabilitation<br>– Management | 9 Semester *Beginn:* nur Wintersemester | Hochschule Vechta Drivenstr. 22 49377 Vechta Tel.: 04441 15-373 |

## 7.6 Fern- und berufsintegrierende Studiengänge

| Bildungsziel | Voraussetzungen | Schwerpunkte / Inhalte | Dauer / Beginn | Hochschule |
|---|---|---|---|---|
| Pflegemanagement Diplom-Pflegewirtin (FH) Fernstudium | Praktikum oder abgeschlossene pflegerische Ausbildung | *Inhalte:*<br>– Pflegewissenschaft, Gesundheitswissenschaft und -ökonomie und -politik<br>– Soziologie, Psychologie<br>– BWL, Recht, Management<br>– Informations- und Kommunikationstechnologien | 8 Semester<br>*Beginn:* Winter- und Sommersemester<br>– ca. 15 Stunden Zeitaufwand pro Woche<br>– 20 % Präsenzzeit in einem regionalen Studienzentrum | Fern-FH Hamburg<br>Holstenwall 5<br>20355 Hamburg<br>Tel.: 01805 23 52 10<br><br>Studiengebühren fallen an! |
| Pflegemanagement Diplom-Pflegewirtin (FH) berufsintegrierendes Studium | abgeschlossene Pflegeausbildung oder mindestens 3 Jahre Berufspraxis und Beschäftigungsverhältnis im Gesundheits- oder Sozialwesen während des Studiums | *Inhalte:*<br>– pflegewissenschaftliche Grundlagen<br>– Sozialstruktur und Gesundheitswesen<br>– Grundlagen Recht und Management<br>– Personalmanagement<br>– Organisation Pflegedienst<br>– Informatik, Statistik | 8 Semester<br>berufsbegleitend<br>*Beginn:* nur Sommersemester | Fachhochschule Frankfurt am Main<br>Fachbereich Pflege und Gesundheit<br>Nibelungenplatz 1<br>60318 Frankfurt<br>Tel.: 069 15 33-28 52<br>oder -27 88 |
| Pflegemanagement Diplom-Pflegewirtin (FH) berufsintegrierendes Studium | abgeschlossene Pflegeausbildung oder mindestens 2 Jahre Berufspraxis und Beschäftigungsverhältnis im Gesundheits- oder Sozialwesen während des Studiums | *Inhalte:*<br>– Pflegewissenschaft<br>– Organisations- und Personalentwicklung<br>– Recht und Verwaltung<br>– BWL<br>Wahlfächer:<br>– Englisch, Rhetorik, Psychosomatische Medizin | 8 Semester<br>(12 Trimester)<br>berufsbegleitend mit Präsenzphasen und regionaler Arbeitsgruppe<br>*Beginn:* nur Wintersemester, alle zwei Jahre | Fachbereich Gesundheitspflege der Katholischen FH Norddeutschland, Abteilung: Osnabrück<br>Detmarstr. 2–8<br>49074 Osnabrück<br>Tel.: 0541 35 885-15<br><br>Studiengebühren fallen an! |

| Bildungsziel | Voraussetzungen | Schwerpunkte / Inhalte | Dauer / Beginn | Hochschule |
|---|---|---|---|---|
| Pflege Diplom-Pflegewirtin (FH) Fernstudium | abgeschlossene Pflegeausbildung und mindestens 4 Jahre Berufspraxis | *Schwerpunkte:* <br>– Theorie und Praxis der Pflege <br>– Pflegemanagement <br>*Inhalte:* <br>– Pflegewissenschaft, -management, BWL, Recht, Medizin, Sozialwissenschaften, Theologie, Gesundheits- und Sozialforschung <br>– Gesundheitsförderung <br>– Vertiefung der Schwerpunkte | 8 Semester <br>*Beginn:* nur Wintersemester <br>– Fernstudium: 70 % der Studieninhalte in schriftlicher Form <br>– 12 Tage pro Semester Präsenzzeit <br>– Internetzugang erforderlich | Fachbereich Sozialwesen der FH Jena <br>Carl-Zeiss-Str. 2 <br>07703 Jena <br>Tel.: 03641 93 04 18 |
| Pflegemanagement Diplom-Pflegewirtin (FH) Teilzeitstudium | abgeschlossene Ausbildung in der Pflege und zweijährige Berufspraxis | *Inhalte:* <br>– Arbeit im Gesundheitswesen <br>– Berufsbildung und Unterricht <br>– Management <br>– Sozial- und Politikwissenschaften <br>– Ökonomie, Recht | 8 Semester <br>(Grundstudium als Vollzeitstudium und Hauptstudium berufsbegleitend) <br>*Beginn:* nur Sommersemester | Clementine von Wallmenich Hochschule <br>Reinhäuser Landstr. 19–21 <br>37083 Göttingen <br>Tel.: 0551 50 75 00 <br>Studiengebühren fallen an! |
| Pflegemanagement Diplom-Pflegemanagerin (FH) berufsintegrierendes Studium | abgeschlossene Ausbildung und mindestens 2 Jahre Berufspraxis | *Inhalte:* <br>– Pflegewissenschaft, -management, BWL, Recht, Medizin, Sozialwissenschaften, Theologie, Gesundheits- und Sozialforschung <br>Wahl eines Arbeitsfeldes: <br>– Krankenhaus <br>– ambulante Einrichtung <br>– Alteneinrichtung | 8 Semester, davon 1 Praxissemester <br>*Beginn:* nur Wintersemester <br>(bis 1. April bewerben) | Fachbereich Gesundheitswesen der Katholischen FH NRW, Abt. Köln <br>Wörthstr. 10 <br>50668 Köln <br>Tel.: 0221 77 57-165 |
| Pflegemanagement Diplom-Pflegewirtin (FH) berufsintegrierendes Studium | abgeschlossene Pflegeausbildung und mindestens 2 Jahre Berufspraxis; zusätzlich 6 Wochen Vorpraktikum in Einrichtungen des Gesundheitswesens in einem Bereich, in dem die BewerberInnen bisher nicht tätig waren | *Schwerpunkte:* <br>– Pflegeleitung Krankenhaus <br>– Pflegeleitung Sozialstation <br>– Pflegeleitung Altenheim <br>*Inhalte:* <br>– Grundwissenschaften <br>– Pflegewissenschaften <br>– Gerontologie <br>– Management <br>– Ökonomie | 9 Semester <br>*Beginn:* nur Wintersemester <br>(Anmeldung bis 30. April) | Fachbereich Pflege der Katholischen FH für Sozialarbeit/Sozialpädagogik und Praktische Theologie Mainz <br>Saarstr. 2 <br>55122 Mainz <br>Tel.: 06131 28 944-24 |

## 7.6 Fern- und berufsintegrierende Studiengänge

| Bildungsziel | Voraussetzungen | Schwerpunkte / Inhalte | Dauer / Beginn | Hochschule |
|---|---|---|---|---|
| Pflegemanagement Diplom-Pflegemanagerin (FH) berufsintegrierendes Studium | abgeschlossene Pflegeausbildung oder mindestens 2 Jahre Berufspraxis und Beschäftigungsverhältnis im Gesundheits- oder Sozialwesen während des Studiums | *Inhalte:* 4 Lernbereiche: <br>– personenbezogene Voraussetzungen pflegerischen Handelns <br>– strukturelle Bedingungen, Strukturen des Gesundheitswesens <br>– Grundlagen methodischen Handelns <br>– alltags- und studienorientierte Selbsterfahrung | 8 Semester berufsbegleitend mit Präsenzphasen und regionaler Arbeitsgruppe und Heimstudienphasen *Beginn:* nur Wintersemester | Evangelische FH Hannover Blumhardtstr. 2 30625 Hannover Tel.: 0511 53 01-212 Studiengebühren fallen an! |
| Gesundheitswesen – Technische Medizinwirtschaft Diplom-Medizinwirt Teilzeitstudium oder Duales Studium | abgeschlossene Berufsausbildung für das Teilzeitstudium; Praktikantenvertrag für das duale Studium | *Inhalte:* <br>– Physik, Chemie, Werkstoffe in der Medizin, Wirtschaft <br>– Pflege, Gesundheit und Medizin, Diagnostik, Therapie, Pharmakologie <br>– BWL, VWL, Controlling, Recht, Kommunikation <br>– Technik im Gesundheitswesen | 10 Semester Teilzeitstudium oder 8 Semester im Dualen System für das grundständige Studium *Beginn:* nur Wintersemester | Fachhochschule Niederrhein Reinarzstr. 49 47805 Krefeld Tel.: 02151 822-626 oder -621 |
| Pflegepädagogik Diplom-Pflegepädagogin (FH) berufsbegleitend | abgeschlossene Pflegeausbildung oder mindestens 2 Jahre Berufspraxis und Beschäftigungsverhältnis im Gesundheits- oder Sozialwesen während des Studiums | *Inhalte:* <br>– Pflegewissenschaft, Soziologie <br>– Theologie, christliche Ethik <br>– Ausbilden und Unterrichten <br>– Management <br>– Fachdidaktik | 8 Semester (12 Trimester) berufsbegleitend – pro Trimester 3 Wochen Präsenzphasen und wöchentlich einmal regionale Arbeitsgruppe *Beginn:* nur Wintersemester alle zwei Jahre | Fachbereich Gesundheitspflege der Katholischen FH Norddeutschland, Abtl. Osnabrück Detmarstr. 2–8 49074 Osnabrück Tel.: 0541 35 885-15 Studiengebühren fallen an! |
| Pflegepädagogik Diplom-Pflegepädagogin Teilzeitstudium | abgeschlossene Ausbildung in der Pflege und zweijährige Berufspraxis | *Inhalte:* <br>– Arbeit im Gesundheitswesen <br>– Berufsbildung und Unterricht <br>– Management <br>– Sozial- und Politikwissenschaften <br>– Didaktik <br>– Konzeption und Organisation von Ausbildungsgängen <br>– Rechtliche Aspekte | 8 Semester (Grundstudium als Vollzeitstudium, Hauptstudium berufsbegleitend) *Beginn:* nur Sommersemester | Clementine von Wallmenich Hochschule Reinhäuser Landstr. 19–21 37083 Göttingen Tel.: 0551 50 75 00 Studiengebühren fallen an! |

| Bildungsziel | Voraussetzungen | Schwerpunkte / Inhalte | Dauer / Beginn | Hochschule |
|---|---|---|---|---|
| Pflege- und Gesundheitswissenschaft Diplom-Pflege- und Gesundheitswissenschaftler berufsintegrierendes Studium | abgeschlossene Ausbildung | *Inhalte:*<br>– Grundlagen der Humanbiologie, Sozialmedizin, Psychologie, Pädagogik, Soziologie<br>– Gesundheitsmanagement<br>– Recht, Statistik, empirische Sozialforschung<br>– Methoden der Gesundheitsförderung<br>– Gesundheitsökologie<br>– Qualitätsmanagement<br>– öffentliche Kommunikation<br>– Forschungsmethoden<br>*Vertiefung:*<br>– allgemeine und klinische Pflege- und Gesundheitswissenschaft<br>– Pflege- und Gesundheitspädagogik<br>– Pflege- und Gesundheitsmanagement | 9 Semester, davon 4 Blockwochen je Semester<br>*Beginn:* nur Wintersemester | Martin-Luther-Universität<br>Institut für Gesundheits- und Pflegewissenschaft<br>Magdeburger Str. 27<br>06097 Halle/Saale<br>Tel.: 0345 557-44 67<br>oder -44 65 |
| Pflegepädagogik Diplom-Pflegepädagogin (FH) berufsintegrierendes Studium | abgeschlossene Pflegeausbildung und mindestens 2 Jahre Berufspraxis; zusätzlich 6 Wochen Vorpraktikum in Einrichtungen des Gesundheitswesens in einem Bereich, in dem die BewerberInnen bisher nicht tätig waren | *Schwerpunkte:*<br>– Pflegeleitung Krankenhaus<br>– Pflegeleitung Sozialstation<br>– Pflegeleitung Altenheim<br>*Inhalte:*<br>– Grundwissenschaften<br>– Pflegewissenschaften<br>– Gerontologie<br>– Management<br>– Ökonomie<br>– Didaktik | 9 Semester<br>*Beginn:* nur Wintersemester (Anmeldung bis 30. April) | FH für Sozialarbeit/ Sozialpädagogik und Praktische Theologie Mainz<br>Saarstr. 2<br>55122 Mainz<br>Tel.: 06131 28 944-24 |
| Pflegepädagogik Diplom-Pflegepädagogin (FH) berufsintegrierendes Studium | abgeschlossene Ausbildung und mindestens 2 Jahre Berufspraxis | *Inhalte:*<br>– Pflegewissenschaft, -pädagogik<br>– Sozialwissenschaften, Politik<br>Spezialisierung auf ein Arbeitsfeld:<br>– Ausbildungsstätten für Krankenpflege<br>– Ausbildungsstätten für Kinderkrankenpflege<br>– Ausbildungsstätten für Entbindungspflege<br>– Ausbildungsstätten für Altenpflege | 8 Semester, davon 1 Praxissemester<br>*Beginn:* nur Wintersemester (bis 1. April bewerben) | Fachbereich Gesundheitswesen der Katholischen FH NRW, Abt. Köln<br>Wörthstr. 10<br>50668 Köln<br>Tel.: 0221 77 57-165 |

## 7.6 Fern- und berufsintegrierende Studiengänge

| Bildungsziel | Voraussetzungen | Schwerpunkte / Inhalte | Dauer / Beginn | Hochschule |
|---|---|---|---|---|
| Pflegepädagogik Diplom-Pflegepädagogin (FH) berufsbegleitend | Ausbildung in der Pflege und Weiterbildung zur Lehrkraft für Pflegeberufe mit zweijähriger Berufspraxis | *Inhalte:*<br>– Pflegepädagogik<br>– Pflegewissenschaft<br>– Gesundheitswissenschaften | 5 Semester berufsbegleitend; Fernstudium mit Präsenzphasen<br>*Beginn:* nur Sommersemester | Evangelische FH Ludwigshafen Maxstr. 29 67059 Ludwigshafen Tel.: 0621 59 113-49<br><br>Studiengebühren fallen an! |

## 7.7 Aufbaustudiengänge/Weiterbildungs- und Kontaktstudium

| Bildungsziel | Voraussetzungen | Schwerpunkte / Inhalte | Dauer / Beginn | Hochschule |
|---|---|---|---|---|
| Gesundheitsökonomie Abendstudium | abgeschlossenes Studium der Wirtschafts-, Sozial-, Verwaltungswissenschaften oder langjährige einschlägige Berufspraxis und Bestehen der Aufnahmeprüfung | *Inhalte:*<br>– BWL der Gesundheitsinstitution<br>– Gesundheitsökonomie, Gesundheitspolitik | 4 Semester, Abendstudium in Teilzeit; Aufwand ca. 10 Stunden pro Woche<br>*Beginn:* nur Sommersemester | FH für Wirtschaft Berlin<br>Badensche Str. 50–51<br>10825 Berlin<br>Tel.: 030 85 789-245<br>Studiengebühren fallen an! |
| Frauenstudien berufsbegleitend | Frauen ab 35 mit Familientätigkeit und abgeschlossener Berufsausbildung werden bevorzugt genommen | *Inhalte:*<br>– Techniken wissenschaftlichen Arbeitens<br>– Lebensbedingungen von Frauen im Patriarchat<br>– Orientierungspraktikum<br>– Ökologie und Gesundheit<br>– Frau und Gesundheit<br>– Frauen im Gesundheitswesen | 6 Semester berufsbegleitend<br>*Beginn:* nur Wintersemester | Fakultät für Pädagogik der Universität Bielefeld<br>Universitätsstr. 25<br>33615 Bielefeld<br>Tel.: 0521 106-31 20 |
| Angewandte Gesundheitswissenschaften berufsbegleitend | abgeschlossene Berufsausbildung und dreijährige einschlägige Berufspraxis | *Inhalte:*<br>– Grundlagen der Gesundheitswissenschaften<br>– neue Entwicklungen und Anforderungen im Gesundheitssystem (Ökonomie)<br>– Gesundheitsförderung durch Organisationsentwicklung<br>– Projektmanagement und Qualitätssicherung | 4 Semester berufsbegleitend; Aufwand ca. 10–12 Stunden pro Woche<br>*Beginn:* nur Sommersemester | Fakultät für Pädagogik der Universität Bielefeld<br>Universitätsstr. 25<br>33615 Bielefeld<br>Tel.: 0521 106-43 77<br>Studiengebühren fallen an! |
| Sozial- und Gesundheitsmanagement berufsbegleitend | abgeschlossenes Fachhochschul- oder Universitätsstudium der Pflege, Sozialwissenschaften u.ä. | *Inhalte:*<br>– Theorie und Praxis des Managements | 8 Semester berufsbegleitend;<br>10–20 Tage pro Semester in Blockform | Fachbereich IV Aufbau- und Kontaktstudium der Evangelischen FH Darmstadt<br>Zweifalltorweg 12<br>64293 Darmstadt<br>Tel.: 06151 87 98-23<br>Studiengebühren fallen an! |

## 7.7 Aufbaustudiengänge/Weiterbildungs- und Kontaktstudium

| Bildungsziel | Voraussetzungen | Schwerpunkte / Inhalte | Dauer / Beginn | Hochschule |
|---|---|---|---|---|
| Soziale Gerontologie berufsbegleitend | abgeschlossenes einschlägiges Fachhochschul- oder Universitätsstudium und dreijährige einschlägige Berufspraxis | *Inhalte:*<br>– Grundlagen der sozialen Gerontologie<br>– Methodik<br>– Altenarbeit und -politik<br>– Reflexion professionellen Handelns | 5 Semester berufsbegleitend; wöchentlich 2 Studientage zusätzlich Kompaktseminare | Universität Dortmund Zentrum für Weiterbildung Emil-Figge-Str. 50 44221 Dortmund Tel.: 0231 755-21 47<br><br>Studiengebühren fallen an! |
| Erziehung und Gesundheit Teilzeitstudium | Hochschulreife oder Berufsausbildung | *Inhalte:*<br>– Arbeitsfelder und Institutionen der Gesundheitsförderung<br>– Erziehungswissenschaft<br>– Gesundheit und Krankheit<br>– Methodik<br>– Gesundheitsmanagement | 4 Semester in Teilzeit *Beginn:* nur Wintersemester | Bildungswissenschaftliche Hochschule Schützenkuhle 26 24937 Flensburg Tel.: 0461 570 13-13 |
| Sozial- und Gesundheitsmanagement berufsbegleitend | abgeschlossene Hochschul- oder Berufsausbildung; Berufspraxis, möglichst Leitungsebene | *Inhalte:*<br>– Sozial- und Gesundheitsversorgung<br>– BWL und Management<br>– rechtliche Grundlagen<br>– fächerübergreifende Gegenstände (Statistik, Gesprächsführung) | 4 Semester berufsbegleitend; Abendkurse und Wochenendveranstaltungen *Beginn:* Winter- und Sommersemester | Hochschule für Wirtschaft und Politik Hamburg Abt. Weiterbildung Rentzelstr. 7 20146 Hamburg Tel.: 040 41 23-21 91 oder -63 70<br><br>Studiengebühren fallen an! |
| Management für Gesundheitsberufe berufsbegleitend | abgeschlossene Berufsausbildung und zweijährige einschlägige Berufspraxis | *Inhalte:*<br>– BWL und Management<br>– rechtliche Grundlagen<br>– das Krankenhaus als betriebswirtschaftliche Einheit<br>– Sozial- und Gesundheitsversorgung | 2 Semester berufsbegleitend; Abendkurse und Wochenendveranstaltungen; 2 Blockwochen pro Semester *Beginn:* nur Wintersemester | ZEW der FH Hannover Ricklinger Stadtweg 118 30459 Hannover Tel.: 0511 92 96-133<br><br>Studiengebühren fallen an! |

| Bildungsziel | Voraussetzungen | Schwerpunkte / Inhalte | Dauer / Beginn | Hochschule |
|---|---|---|---|---|
| Gesundheitsmanagement in der Pflege berufsbegleitend | abgeschlossenes nicht-ökonomisches Studium | *Inhalte:*<br>– BWL und Management<br>– Gesundheitsökonomie<br>– Medizin- und Bioethik<br>– Epidemiologie, Gesundheitsforschung | 2 Semester berufsbegleitend | Akademie für Weiterbildung an den Universitäten Heidelberg und Mannheim e.V.<br>Friedrich-Ebert-Anlage 22–24<br>69117 Heidelberg<br>Tel.: 06221 54 78-10<br>Studiengebühren fallen an! |
| Vernetzung in der Pflege Fernstudium Zertifikat der Universität Witten/Herdecke | abgeschlossene Pflegeausbildung und mehrjährige einschlägige Berufspraxis, möglichst abgeschlossene Weiterbildung | *Inhalte:*<br>– Pflegenetzwerke<br>– Pflegeprozess und qualitätssichernde Maßnahmen<br>– interdisziplinäre Zusammenarbeit in der Pflege | 4 Monate Fernstudium mit Präsenzveranstaltungen, Hospitationen und Videokonferenzen | Fernstudienzentrum der Universität Karlsruhe Fernstudienprojekt «ProFern»<br>Karl-Friedrich-Str. 17<br>76133 Karlsruhe<br>Tel.: 0721 93 20 70<br>Studiengebühren fallen an! |
| Soziale Gerontologie Diplom-Sozialgerontologin Vollzeit oder Teilzeit | abgeschlossenes Studium als Sozialarbeiter/-pädagogin und 3 Jahre einschlägige berufliche Praxis, davon mindestens 2 Jahre im Bereich Altenhilfe/ Altenarbeit | *Inhalte:*<br>– Grundlagen der sozialen Gerontologie<br>– Methodik<br>– Altenarbeit und -politik<br>– Reflexion professionellen Handelns<br>– Beratung, Intervention und Rehabilitation<br>– Fortbildung von MitarbeiterInnen<br>– Planung, Organisation sozialer Dienste | 4 Semester in Vollzeitform oder 6 Semester in Teilzeitform<br>– pro Semester 3–4 Wochen Präsenzzeit in Kassel | Universität Gesamthochschule Kassel<br>FB 4<br>Arnold-Bode-Str. 10<br>34109 Kassel<br>Tel.: 0561 804-29 30 |

## 7.7 Aufbaustudiengänge/Weiterbildungs- und Kontaktstudium

| Bildungsziel | Voraussetzungen | Schwerpunkte / Inhalte | Dauer / Beginn | Hochschule |
|---|---|---|---|---|
| Psychologische Gesundheitsförderung berufsbegleitend | abgeschlossene Pflegeausbildung und dreijährige einschlägige Berufspraxis | *Inhalte:*<br>– Verhältnis Körper-Seele<br>– Krankheit im sozialen Kontext<br>– Supervision<br>– Kommunikation<br>– Arbeitsfeld: Krankenhaus | 6 Blöcke mit je einem Monat Selbststudium und einem Wochenendseminar in Koblenz<br>*Beginn:* nur Wintersemester | Zentrum für Fernstudien und Universitäre Weiterbildung der Universität Koblenz-Landau<br>Rammsweg 1<br>56070 Koblenz<br>Tel.: 0261 28 71 500<br>Studiengebühren fallen an! |
| Angewandte Gesundheitswissenschaften berufsbegleitend | abgeschlossene Berufsausbildung und zweijährige einschlägige Berufspraxis | *Inhalte:*<br>– Grundlagen der Gesundheitswissenschaften<br>– neue Entwicklungen und Anforderungen im Gesundheitssystem (Ökonomie)<br>– Gesundheitsförderung durch Organisationsentwicklung<br>– Projektmanagement und Qualitätssicherung | 4 Semester berufsbegleitend;<br>Aufwand: ca. 10–12 Stunden pro Woche<br>*Beginn:* nur Sommersemester | Hochschule Magdeburg-Stendal (FH)<br>Postfach 3680<br>39011 Magdeburg<br>Tel.: 0391 886-30<br>Studiengebühren fallen an! |
| Von dem Wissensvermittler zum Lernbegleiter berufsbegleitend | Lehrer für Pflegeberufe Pflegende mit Unterrichtserfahrung | *Inhalte:*<br>– Pädagogik<br>– Psychologie<br>– Didaktik<br>– Supervision<br>– Reflexion professionellen Handelns | 2 Semester berufsbegleitend<br>*Beginn:* Sommer- und Wintersemester | Pädagogische Hochschule Ludwigsburg<br>Akademie für wissenschaftliche Weiterbildung<br>Reuteallee 46<br>71634 Ludwigsburg<br>Tel.: 07141 14 02 09<br>Studiengebühren fallen an! |
| Angewandte Gesundheitswissenschaften – Gesundheitserziehung und Gesundheitsförderung berufsbegleitend | abgeschlossenes Studium im sozialwissenschaftlichen Bereich oder Berufausbildung und Praxis | *Inhalte:*<br>– Grundlagen der Gesundheitswissenschaften<br>– neue Entwicklungen und Anforderungen im Gesundheitssystem (Ökonomie)<br>– Gesundheitsförderung, -beratung, -aufklärung, -erziehung, -bildung<br>– Projektmanagement<br>– verhaltensbezogene Gesundheitsprobleme und Interventionen | 2 Semester;<br>Veranstaltungen freitags und an Wochenenden<br>*Beginn:* nur Sommersemester | Zentrum für angewandte Gesundheitswissenschaften der Universität Lüneburg<br>Wilschenbrucher Weg 84<br>21335 Lüneburg<br>Tel.: 04131 677-959<br>Studiengebühren fallen an! |

| Bildungsziel | Voraussetzungen | Schwerpunkte / Inhalte | Dauer / Beginn | Hochschule |
|---|---|---|---|---|
| Gesundheitspädagogik Fernstudium | abgeschlossenes Hochschulstudium z.B. Sozialwesen oder gleichwertige Ausbildung wie Lehrkraft im Gesundheitswesen und Berufspraxis | *Inhalte:*<br>– körperorientierte soziale Intervention<br>– Gesellschaft und Gesundheit<br>– naturwissenschaftliche Grundlagen<br>– Ernährungsweisen<br>– Philosophie / Wissenssoziologie | 4 Semester Fernstudium mit Präsenzphasen<br>*Beginn:* nur Wintersemester | FH München Institut für Gesundheitspädagogik und Förderverein für Yoga und Ayurveda e. V. Weidenerstr. 3 81737 München Tel.: 089 63 710 12<br>Gebühren fallen an! |
| Propädeutikum Pflegewissenschaft Kontaktstudium | abgeschlossene Pflegeausbildung und dreijährige berufliche Praxis und Teilnahme an beruflichen Fortbildungen (Minimum: 16 Fortbildungsstunden) oder: abgeschlossene Pflegeausbildung und eine Weiterqualifizierung zur Übernahme von Funktionsstellen oder zur Unterrichtstätigkeit | *Inhalte:*<br>– Sozialisation und Sozialisierungsprozesse<br>– soziale Wahrnehmung<br>– Pflege und Ethik<br>– Handlungsfelder Pflege<br>– vertiefendes oder affines Fach nach Wahl | 2 Semester Teilzeit (8 Semesterwochenstunden); Veranstaltungen auch am Wochenende<br>*Beginn:* nur Wintersemester | Universität Bremen Fachbereich Human- und Gesundheitswissenschaften Postfach 330 440 28334 Bremen Tel.: 0421 218-1 |
| Gesundheitsökonomie Teilzeit | abgeschlossenes Studium oder: langjährige einschlägige Berufspraxis und Hochschulreife | *Inhalte:*<br>– BWL der Gesundheitsinstitution<br>– Gesundheitsökonomie, Gesundheitspolitik<br>– das Krankenhaus als betriebswirtschaftliches System<br>– Qualitätsmanagement<br>– Pharmamarketing<br>– Telemedizin | 2 Semester Teilzeit an Wochenenden und in Blockform<br>*Beginn:* Anfang Juni | ebs Gesundheitsakademie GmbH der European Business School, Schloss Reichartshausen 1 65375 Oestrich-Winkel Tel.: 06723 69-165<br>Studiengebühren fallen an! |

## 7.7 Aufbaustudiengänge/Weiterbildungs- und Kontaktstudium

| Bildungsziel | Voraussetzungen | Schwerpunkte / Inhalte | Dauer / Beginn | Hochschule |
|---|---|---|---|---|
| Krankenhaus- und Sozialmanagement | abgeschlossene Ausbildung und Berufspraxis | *Inhalte:*<br>– Sozial- und Gesundheitsversorgung<br>– BWL und Management<br>– rechtliche Grundlagen<br>– Informations- und Kommunikationsmanagement<br>– Marketing | 4 Semester<br>*Beginn:* Sommer- und Wintersemester | Deutsch-Ordens FH Riedlingen<br>Hochschule für Wirtschaft<br>Robert-Bosch-Str. 23<br>88499 Riedlingen<br>Tel.: 07371 93 15 0 |
| Psychologische und soziale Alternswissenschaft<br>Diplom-Gerontologe Teilzeit | abgeschlossene Ausbildung und 2 Jahre Berufspraxis | *Inhalte:*<br>– Theorien und Prozesse des Alterns<br>– psychische und soziale altersspezifische Veränderungen<br>– Alterspolitik<br>– gesundheitliche und psychosoziale Versorgung alter Menschen<br>– Freizeit, Bildung und Kulturarbeit | 4 Semester<br>Wochenendveranstaltungen (600 Stunden): pro Semester 6 Wochenendveranstaltungen und eine Blockwoche<br>*Beginn:* nur Wintersemester | Hochschule Vechta<br>Drivenstr. 22<br>49377 Vechta<br>Tel.: 04441 15-323 |
| Nursing Science<br>European Master of Science in Nursing (EMSN)<br>Master of Science in Nursing (MScN)<br>berufsbegleitendes Fernstudium | Bachelor-Grad in Nursing, ein Hochschulabschluss in einem Pflegestudiengang, ein als gleichwertig anerkannter Abschluss oder der Nachweis der Eignung für das Studium durch einen Beruf in einem für den Studiengang relevanten Bereich, ohne dass ein Hochschulabschluss erworben wurde und Nachweis der Beherrschung der englischen Sprache | *Inhalte:*<br>– Erwerb von Kenntnissen, Fähigkeiten und Fertigkeiten, die für eine Befähigung als Pflegewissenschaftler und Pflegewissenschaftlerin benötigt werden | 4 Jahre berufsbegleitend (3600 Stunden, davon sind 540 im Ausland zu absolvieren)<br>*Beginn:* nur Wintersemester | Universitätsklinikum Charité Medizinische Fakultät der Humboldt-Universität zu Berlin<br>Institut für Medizin-/Pflegepädagogik und Pflegewissenschaft<br>Ziegelstraße 5<br>10117 Berlin<br>Tel.: 030 40 52 90 33<br><br>Studiengebühren fallen an! |

## 7.8 Ausgewählte Stiftungen

| Stiftung/Ansprechpartner-ner für Bewerber aus dem Gesundheitswesen | Antragsberechtigte Zugangsvoraussetzungen | Auswahlverfahren | Besondere Verpflichtungen und Leistungsnachweise |
|---|---|---|---|
| Studienstiftung des Deutschen Volkes e.V. Mirbachstraße 7 53173 Bonn Dr. Sibylle Kalmbach Tel.: 0228 820 96-2/-0 E-Mail: sdv@studienstiftung.bn.shuttle.de | – deutsche und ausländische AbiturientInnen und StudentInnen auf Vorschlag von LehrerInnen oder HochschullehrerInnen – keine Selbstbewerbung | – Auswahlseminare – Auswahlgespräche – Wettbewerbe | – Studienleistungen und Semesterberichte – Sommerakademien für alle Altersstufen mit umfangreichem Spektrum an speziellen wissenschaftlichen bis allgemeinen Themen |
| Hans-Böckler-Stiftung Bertha-von-Suttner-Platz 1 40227 Düsseldorf Herr Dieter Lankes (Schwerpunkt: Gesundheit) Tel.: 0211 77 78-0 E-Mail: stuf-bewerberauswahl@boeckler.de | – örtliche Gliederungen des DGB und der Einzelgewerkschaften – Kuratoriumsmitglieder der Stiftung – Stipendiatengruppen und VertrauensdozentInnen – Selbstbewerbung von DoktorandInnen möglich | – Auswahlgespräche – Gutachten – Entscheidung durch Ausschüsse | – Gewerkschaftliches Engagement erwünscht – Semesterberichte – Leistungsnachweise – Teilnahme an Seminaren |
| Friedrich-Ebert-Stiftung e.V. Godesberger Allee 149 53175 Bonn Frau Dr. Manuela Erhart, Leiterin der Abteilung Studienförderung Tel.: 0228 883-648/-649/-0 E-Mail: über Link der Homepage: www.fes.de | – deutsche StudentInnen und Graduierte sowie BildungsinländerInnen ausländische StudentInnen und Graduierte – Selbstbewerbung möglich | – Auswahlgespräche – Gutachten – Entscheidung durch Ausschuss | – Leistungsnachweise – Teilnahme an studienbegleitenden Seminaren |
| Cusanuswerk Bischöfliche Studienförderung Baumschulallee 5 53115 Bonn Dr. Stefan Raueiser Tel.: 0228 983 84 -0 / -45 E-Mail: Cusanuswerk@t-online.de | – deutsche katholische StudentInnen und Bildungsinländer auf Vorschlag von Gymnasien, Hochschulen, Altstipendiaten und Hochschulpastoral – Selbstbewerbung möglich | – Auswahlgespräche, – Entscheidung durch Ausschuss | – Teilnahme an Ferienakademien und Jahrestreffen – Jahresberichte |

## 7.8 Ausgewählte Stiftungen

| Stiftung/Ansprechpartner für Bewerber aus dem Gesundheitswesen | Antragsberechtigte Zugangsvoraussetzungen | Auswahlverfahren | Besondere Verpflichtungen und Leistungsnachweise |
|---|---|---|---|
| Evangelisches Studienwerk e.V.<br>Haus Villigst<br>Iserlohner Straße 25<br>58239 Schwerte<br>Dr. Klaus Holz, Leiter<br>Dr. Knut Berner (Bewerbungen)<br>Tel.: 02304 75 51 96<br>E-Mail: info@evstudienwerk.de | – deutsche evangelische AbiturientInnen und StudentInnen mit überdurchschnittlichen Leistungen und kirchlichem Engagement<br>– Selbstbewerbung | Grundförderung:<br>regionale Vorauswahl plus Hauptauswahl am Stiftungssitz<br>Promotionsförderung:<br>Auswahl nach Aktenlage | – Teilnahme am Einführungsseminar<br>– Semester- oder Jahresberichte<br>– Teilnahme an Seminaren und Konventen |
| Hanns-Seidel-Stiftung e.V.<br>Lazarettstraße 33<br>80636 München<br>Herr Manfred Baumgärtel<br>Herr Prof. Hans-Peter Niedermeier (Leiter des Förderungswerkes)<br>Tel.: 089 12 58 -300/-301<br>E-Mail: haneke@hss.de | – deutsche Studentinnen und Promovenden<br>– junge ausländisch Wissenschaftlerinnen und Postgraduierte<br>– Selbstbewerbung | – Vorauswahl, dann mehrtägige Auswahltagungen mit Klausur, schriftlichem Test zur Allgemeinbildung, Gruppen- und Einzelgesprächen | – Leistungsnachweise<br>– Semesterberichte<br>– Teilnahme an Seminarprogrammen, Stipendiatengruppen und Fachforen |
| Heinrich Böll Stiftung Studienwerk<br>Rosenthaler Straße 40/41<br>10178 Berlin<br>Frau Barbara Unmüßig<br>Tel.: 030 28 53 4 - 400<br>E-Mail: info@boell.de | – deutsche und ausländische StudentInnen und Graduierte | – Kurzbewerbung und ausführliche Bewerbung<br>– Vorauswahlverfahren<br>– Hauptauswahlseminar<br>– Entscheidung durch Ausschuss | – Bewerbung erst nach Grundstudium bzw. Zwischenprüfung möglich<br>– Teilnahme an Seminaren, Tagungen und Regionalforen<br>– Zwischenberichte |
| Rosa Luxemburg Stiftung<br>Franz-Mehring-Platz 1<br>10243 Berlin<br>Bereich Studienwerk<br>Dr. Kathrin Schäfgen, Leiterin<br>Tel.: 030 29 78 11 28/-23<br>Sprechzeiten:<br>Mo-Do 13:00 bis 15:00 Uhr<br>E-mail: schaefgen@rosaluxemburgstiftung.de | – deutsche StudentInnen und Promovenden | – ausführliche Bewerbung mit Zeugnissen<br>– zweistufiges Auswahlverfahren mit Vorauswahl und Auswahltagung (mit unabhängigen Fachausschüssen) | – politisches und gesellschaftliches Engagement<br>– Angebot eines weitgehend selbstbestimmten Seminarprogramms (die Teilnahme an einzelnen Seminaren ist obligatorisch) |

## 7.9 Stiftung Begabtenförderung

| Stiftung/Ansprechpartner für Bewerber aus dem Gesundheitswesen | |
|---|---|
| Stiftung Begabtenförderungswerk<br>berufliche Bildung<br>Lievelingsweg 102–104<br>53119 Bonn<br>Herr Picado<br>(Bereich Gesundheitswesen)<br>Tel.: 0228 10 44 100/-106<br>E-Mail: info@begabtenfoerderung.de | Gefördert werden junge Leute:<br>– mit abgeschlossener Berufsausbildung in einem bundesgesetzlich geregelten Fachberuf im Gesundheitswesen<br>– die ihre Abschlussprüfung mit besser als «gut» (bei mehreren Prüfungsteilen ist die Mindestvoraussetzung Durchschnittsnote 1,9 oder besser) bestanden haben<br>oder<br>– die ihre Qualifizierung durch einen begründeten Vorschlag des Arbeitgebers nachweisen können<br>– die bei Aufnahme in das Programm noch keine 25 Jahre alt sind (Höchstalter; Anrechnungszeiten, wie der Besuch beruflicher Vollzeitschulen, FSJ, Grundwehr-/oder Zivildienst und Erziehungsurlaub können bis zu 2 Jahren geltend gemacht werden) |

«Vorname Name, Straße und Hausnummer, Postleitzahl und Ort»

## 7.10
# Bewerbungsunterlagen / Application Papers

für die / for

# «Name des Unternehmens»

**Inhaltsübersicht / Table of contents:**
- «Aufzählung des Inhalts»

Telefon / Telephone: «Rufnummer»

## Lebenslauf / Curriculum Vitae

**Persönliche Daten / Personal Information**

Name / Name:
Adresse / Adress:


Telefon / Telephone:
Mobil:
Fax:
E-Mail:
Nationalität / Nationality:
Konfession / Denomination:
Geburtsdatum / Date of birth:
Familienstand, Kinder /
Marital status, kids:

**Beruflicher Werdegang / Work Experience**

Datum (von – bis)      Name des letzten Arbeitgebers, Ort
Nennung von Tätigkeitsfeld oder Position
- Beschreibung der Hauptaufgaben

*Kommentar: Beginnen Sie mit dem aktuellsten Beschäftigungsverhältnis und geben Sie dann rückwärts chronologisch Ihre weiteren bisherigen Tätigkeiten und Beschäftigungsverhältnisse einschließlich des Datums an.*

**Studium, berufliche Ausbildung / Studies and Training**

Datum (von – bis)      Name und Art der Bildungseinrichtung, Ort
Nennung absolvierter/erlernter Themen und Fächer
- Abschluss und/oder Qualifikation
- Eingliederung in nationales Niveau (falls erwünscht)

*Kommentar: Beginnen Sie mit dem aktuellsten Abschluss bzw. Abschnitt Ihrer Ausbildung und geben Sie dann rückwärts chronologisch Ihre weiteren bisherigen Abschlüsse und Ausbildungen einschließlich des Datums an.*

**Schulbildung / Education**

Datum (von – bis)      Name und Art der Schule, Ort
- Abschluss

*Kommentar: Beginnen Sie mit dem aktuellsten Abschluss bzw. Abschnitt Ihrer Schulbildung und geben Sie dann rückwärts chronologisch Ihre weiteren bisherigen Abschlüsse und Ausbildungen einschließlich des Datums an. Die Grundschule braucht nicht mehr erwähnt werden*

## Lebenslauf / Curriculum Vitae

**Fähigkeiten und Kernkompetenzen / Personal skills and competencies**

*Kommentar: Geben Sie im Folgenden alle wichtigen Fähigkeiten und Kenntnisse an, die Sie im Laufe Ihrer Karriere erworben haben, auch ohne Zertifikat. Geben Sie an, wo und wie Sie sie erworben haben*

Muttersprache/Mother tongue:

| | |
|---|---|
| Andere Sprachen/ Other languages | Sprache<br>• schriftlich (sehr gut, gut, Grundkenntnisse)<br>• mündlich (sehr gut, gut, Grundkenntnisse) |
| Sozialkompetenz/Social skills and competencies | Leben und Arbeiten mit anderen Menschen<br>• Vereinsarbeit |
| Organisationskompetenzen/ Organisational skills und competencies | Koordination und Anleitung von Menschen<br>• am Arbeitsplatz<br>• im Ehrenamt<br>• bei Hobbys |
| Technische Kenntnisse/ Technical skills and competencies | Nennung<br>• kurze Beschreibung |
| Künstlerische Fertigkeiten/ Artistic skills and competencies | Nennung<br>• kurze Beschreibung |
| Sonstige Kenntnisse/Other skills and competencies | Nennung<br>• kurze Beschreibung |
| Führerschein/ Driving licence | Nennung |

Zusätzliche Informationen / Additional Information:

| | |
|---|---|
| Referenzen/References | Nennung |
| Sonstiges/Other | Nennung |

| | |
|---|---|
| Datum | Unterschrift |

## 7.11 Anforderung von Informationsmaterial

Absender:

Tel./Fax:

E-Mail:

Ich habe Interesse an:
( ) Informationsmaterial
    zum Thema *Karriereberatung*
( ) Informationsmaterial
    zum Thema *Coaching*
( ) an einem persönlichen Gespräch

Herrn
Dipl.-Psych. Christian Loffing
Keplerstraße 103

D-45147 Essen

# Literaturverzeichnis

Beck, V.; Eisenschmid, R.; Haas, D.; Hassenpflug, W.; Moll, U.; Strüber, R.: Baedeker Allianz Reiseführer, Belgien. Karl Baedeker Verlag, Ostfildern 2002
Becker, M.: Personalentwicklung: Bildung, Förderung und Organisationsentwicklung in Theorie und Praxis. Schäffer-Poeschel, Stuttgart 1999
Bernet, R.; Mochel, H. (Hrsg): Schweiz mit dem Zug erleben. Informationen, Bahn-Routen und 99 Bahn-Destinationen. GeraNova Zeitschriftenverlag, München 2000
Beske, F.; Hallauer, J. F.: Das Gesundheitswesen in Deutschland: Struktur – Leistung – Weiterentwicklung. Deutscher Ärzte Verlag, Köln 1999
Bischoff, C.: Frauen in der Krankenpflege. Zur Entwicklung von Frauenrollen und Frauenberufstätigkeit im 19. und 20. Jahrhundert. Campus, Frankfurt a. M. 1994
Braun, A.; Cordes, H.; Großwendt, A.: Großbritannien: Reisebuch für England, Wales und Schottland. Reise know-how Verlag Rump, Bielefeld 2002
Brinkmann-Göbel, R. (Hrsg.): Handbuch für Gesundheitsberater. Verlag Hans Huber, Bern 2001
Brödl, G.; Putzker, R.: Rehpublik Österreich. 1. Autorisierter Reiseführer. Eichborn Verlag, Frankfurt a. M. 2000
Büssing, A.; Giesenbauer, B.; Glaser, J.; Höge, T.: Ambulante Pflege: Arbeitsorganisation, Anforderungen und Belastungen – Eine Pilotstudie mit Erfahrungsberichten. Wirtschaftsverlag NW, Bremerhaven 2000
Buzan, T.; Buzan, B.: Das Mind-Map-Buch. Die beste Methode zur Steigerung ihres geistigen Potenzials. MVG, München 2002
Cabo, R.: Reiseführer Natur. Spanien. BLV Verlag, München 2001
Citron, I.: Kinästhetisch handeln in der Pflege. Thieme, Stuttgart 1998
Dey, R.: Polyglott on tour: Schweden. Langenscheidt Fachverlag, München 2001
Dürr, B.: Italien. Mairs Geograph., Ostfildern 2001
Faber, A.: Ich bekomme den Job! Die erfolgreiche Bewerbung kompetent und selbstbewusst. Pearson Education, München 2001
Fohrer, E.; Naumdorf, F.; Neumeier, A.: Griechenland. Reisehandbuch. Gesamtes Festland und alle Inselgruppen. Michael Müller Verlag, Erlangen 2002
Gallwey, W. T.: Erfolg durch Selbstcoaching. Mit der Inner-Game-Methode zu mehr Balance im Beruf. BW Verlag, Nürnberg 2002
Goleman, D.: Durch flexibles Führen mehr erreichen. Harvard Business manager 5: 9–22 (2000)
Golombek, G.; Roßbauer, W.: Stellenbeschreibungen für den Pflegedienst: Anforderungsprofile in Krankenhäusern und Reha-Kliniken. Kohlhammer, Stuttgart, Berlin, Köln 1998
Häseler, I.: Stellenbeschreibungen für Einrichtungen in der Altenpflege. Schlütersche, Hannover, 2001
Hammann, P.; Erichson, B.: Markforschung. Gustav Fischer Verlag, Stuttgart, Jena, New York 1994
Hatch, F.; Maietta, L.: Kinästhetik, Gesundheitsentwicklung und menschliche Funktion. Urban & Fischer, München 2002
HB Bildatlas Irland. HB Verlag, Ostfildern 2001

Hellmann, W.: Fortbilden, aber wo? Tipps zur Auswahl von Fortbildungsangeboten. In: ku-Sonderheft Karriere im Krankenhaus. Baumann Fachverlag, Kulmbach 2002

Herrmann, D.; Verse-Herrmann, A.: So finanziere ich mein Hochschulstudium. Eichborn exakt Verlag, Frankfurt a. M. 1999

Hesse, J.; Schrader, H. Ch.: Praxismappe für die perfekte schriftliche Bewerbung. Eichborn, Frankfurt a. M. 2001

Kettler, W.: Holland per Rad. W. Kettler Verlag, Neuenhagen 1998

Kirckhoff, M.: Mind Mapping: die Synthese von sprachlichem und bildhaftem Denken. Gabal Verlag, Bremen 1994

Koontz, H.; O´Donnell, C.: Principles of management: An analysis of managerial functions. McGraw Hill Inc., New York 1955

Krause, K.: Studienführer Pflege- und Gesundheitswissenschaft. Vom Krankenbett zur Universität. Brigitte Kunz Verlag, Hagen 2001

Kumpch, J.-U.: Polyglott on tour: Norwegen. Polyglott Verlag, München 2002

Lenz, A.: Die Reisemaus in Großbritannien. Thienemann Verlag, Stuttgart 2002

Loffing, C.: Teamentwicklung im „Kranken Haus" – Ein Beispiel psychologischer Gestaltungsarbeit. Der Andere Verlag, Bad Iburg 1999

Loffing, C.: Weg vom Prinzip des «hire and fire». Häusliche Pflege (2001a) 03: PDL praxis

Loffing, C.: Dem Stress die Stirn bieten. Pearson Education, München 2001b

Loffing, C.: Wege zu Ruhe und Gelassenheit. Stressbewältigung für Führungskräfte. Die Pflegezeitschrift, 10: 701–703 (2001c)

Loffing, C.: Coaching in der Pflege. Verlag Hans Huber, Bern 2003

Loffing, C.; Wottawa, H.: Mit einem Methoden-Mix die richtige Entscheidung treffen. Bewerberauswahl in der Pflege. Die Pflegezeitschrift 04: 267–270 (2002)

Maes, Th.; Misteli, J. M.; Günther, K.: Das Unternehmer-Jahrbuch: Praktische Unternehmensführung in Mittelstand und Handwerk. Luchterhand, Neuwied, Kriftel 1999

Maisberger, P.: Weiterbildung im Wandel. Personalwirtschaft 10: 117–140 (1996)

Manekeller, W.; Schonewald, U.: Die erfolgreiche Bewerbung. Überzeugende Briefe – Perfekte Unterlagen. Falken Verlag, Niedernhausen 1997

Moers, M.: Ambulante Pflege in Deutschland – auf dem Weg zur Gemeinwesenorientierung? Pflege 10: 102–112 (1997)

Möbius, M.; Ster, A.: Portugal selbst entdecken. Regenbogen Verlag, Zürich 1998

Moser, K.: Werbepsychologie: eine Einführung. Psychologie Verlags Union, München 1990

Müller-Landgraf, I.: Geschichte der Spitex. In: Eschmann, P.; Kocher, G.; Spescha, E. (Hrsg.): Ambulante Krankenpflege. Spitex-Handbuch. Verlag Hans Huber, Bern 1996

Murken, A. H.: Geschichte des Hospital- und Krankenhauswesens im deutschsprachigen Raum. In: Toellner, R. (Hrsg.): Illustrierte Geschichte der Medizin, Band 3. Andreas & Andreas Verlagsanstalt, Vaduz 1992

Opaschowski, H. W.: Von der Geldkultur zur Zeitkultur. Neue Formen der Arbeitsmotivation für zukunftsorientiertes Management. In: Schanz, G. (Hrsg.): Handbuch Anreizsysteme. Poeschel, Stuttgart 1991

Patitz, A.: Marco Polo. Frankreich. Mairs Geograph., Ostfildern 2001

Pawlowsky, P.; Bäumer, J.: Betriebliche Weiterbildung – Management von Qualifikation und Wissen. Beck Juristischer Verlag, München 1996

Picado Maagh, L. R.; Unkelbach, O.: Innerbetriebliche Fortbildung in der Pflege. Verlag Hans Huber, Bern 2001

Pinzler, P.: Gefangen im eigenen Land. Die Zeit 36: 19–20 (2002)
Quernheim, G.: Spielend anleiten: Hilfen für die praktische Pflegeausbildung. Urban & Schwarzenberg, München, Wien, Baltimore 1997
Rode, R.: Polyglott on tour. Finnland. Langenscheidt Fachverlag, München 2001
Rosenstiel, L. v.: Organisationspsychologie. Kohlhammer, Stuttgart 1992
Rudolph, C.: Going Swiss. Verlag Hans Huber, Bern 2003
Schell, W.: Kurzgefaßte Medizin- und Krankenpflegegeschichte. Brigitte Kunz Verlag, Hagen 1999
Schindler, Th.: Studienfinanzierung und Stipendien. Econ Verlag, Düsseldorf 1995
Schreyögg, A.: Coaching: eine Einführung für Praxis und Ausbildung. Campus Verlag, Frankfurt/New York 1999
Schuler, H.: Psychologische Personalauswahl. Einführung in die Berufseignungsdiagnostik. Verlag für angewandte Psychologie, Göttingen 1996
Schuler, H.; Höft, S.: Konstruktorientierte Verfahren der Personalauswahl. In: Schuler, H. (Hrsg.): Lehrbuch der Personalpsychologie. Hogrefe, Göttingen 2001
Schumann, C.: Dänemark Handbuch. Von den Stränden Jütlands bis zur Kulturmetropole Kopenhagen. R. Marheinecke Verlag, Hamburg 2002
Touring Club Italiano (Hrsg.): Trüffelreisen Italien. Die Trüffel, zwischen Natur, Kunst und gutem Essen. Geocenter ILH, Stuttgart 2001
Weidlich, U.: Mitarbeiterbeurteilungen in der Pflege: systematisch bewerten – Zeugnisse schreiben. Urban & Schwarzenberg, München, Wien, Baltimore 1998
Zwierlein, E.: Das Krankenhaus der Zukunft – die Zukunft des Krankenhauses. Auf dem Weg zum «Magnet-Krankenhaus». In: Zwierlein, E.: Klinikmanagement: Erfolgsstrategien für die Zukunft. Urban & Schwarzenberg, München/Wien/Baltimore 1997

# Sachwortverzeichnis

**A**
Akademisierung 23
Allgemeinbildung 88
Altenheim 38
Altenpflege 24
Altenpflege/Fachwirtin 115
Anästhesie 93
Angestellte/Interviews 130
Anpassungsfortbildung 89, 111
Arbeitslosenunterstützung 211
Arbeitsmarkt Pflege 21, 35
–, alternativ 43
– Ausland 45
–, klassisch 36
– Orientierung, grundlegende 224
– Vielfalt 21
– Zusammenfassung 83
Arbeitssuche 235
– Auswahlmethoden 272
– Bewerbung 247
– Stellengesuche 237
– Vorstellungsgespräch 262
– Zusammenfassung 275
Aufstiegsfortbildung 89, 111
Ausland 45
– Informationen/Kontakte 47
– Orientierung, grundlegende 225
– Voraussetzungen 45

**B**
BaföG 207
Bankkredite 206
Basale Stimulation 108
Begabtenförderung 214, 316
Belgien 49
Beratung 44
Berufseignungsdiagnostik 272
– Assessment-Center 273
– Computertests 274
Betreutes Wohnen 42
Betriebswirtin/Berufe, soziale 114
Bewerbung 247
– Anlagen 258

– Beispielunterlagen 317
– Bewerbungsschreiben 250
– Deckblatt 251
– Gestaltung 248
– Grundsätze 261
– Lebenslauf 252
– Materialien 260
Bildungskredit 209
Bildungsreferent/Interview 173
Bildungsträger 289
Bundesversorgungsgesetz 211

**C**
Coaching 26, 44

**D**
Dänemark 52

**E**
Endoskopie 100
Entscheidungen 229
– Tests 230
– Zusammenfassung 234
Ersparnisse, private 203
Erweiterungsfortbildung 89
–, berufspädagogisch 90
–, fachspezifisch 93
EURES-Berater 47
– Adressen 284
Evidence-based Nursing 44

**F**
Finanzierung/Förderung 201
– Arbeitgeber 219
–, private 203
–, staatliche 207
– Stipendien 213
– Zusammenfassung 221
Finnland 54
Forschung 43
Fortbildung s. Weiterbildung
Frankreich 56
Funktionsdienste 94, 100

**G**
Geld leihen 205
Gerontopsychiatrie 98
Geschäftsführer Berufsverband/Interview 152
Gesundheitswesen 17, 19
– Zusammenfassung 34
Glossar 278
Griechenland 58
Großbritannien 60

**H**
Heimleitung 113
Hochschullehrerin/Interview 159
Hospiz 40

**I**
Intensivmedizin 93
Interessenstest 229
Irland 62
Italien 64

**J**
Job-Rotation 219

**K**
Karriereberaterin/-berater 29
Karriereberatung/Dienstleistung 26
Karriereplanung 26, 32
– Orientierung 223
Kinästhetik 107
Krankenhaus 38
Krankenpflege 24
Krankenpflege/Fachwirtin 115
Kurzzeitpflege 39

**L**
Lehrer/Pflegeberufe 92
– Interview 147
Lektor Buchverlag/Interview 165
Literatur 321
Luxemburg 66

**M**
Marktorientierung 19
MDK-Gutachter/Interview 161
Meister-BaföG 208
Mind-Mapping 227
Mitarbeiterin, wissenschaftliche 156

**N**
Neigungstest 229
Niederlande 68
Nordirland 60
Norwegen 70
Notdarlehen 205

**O**
Österreich 72
Operationsdienste 94
Organisationsentwickler 116

**P**
Personalentwickler 104
Pflege, ambulante 40
Pflege, ambulante/Leitung 114
Pflege, ambulante/Selbstständigkeit 191
Pflegedienst 41
Pflegedienstleitung 112
Pflegedirektor/Interview 142
Pflegefach-/Pflegeorganisationsbeauftragter 103
Pflegeschulleiter/Interview 184
Portugal 74
Praxisanleiter 91
Produktmanager/Interview 177
Professionalisierung 23
Projektmanager 116
Psychiatrie 96

**Q**
Qualifizierungsmöglichkeiten 85
– Analysen 89
– Entscheidungshilfen/Adressen 120
– Fort-/Weiterbildung 86
– Interviews 130
– Orientierung, grundlegende 225
– Studien 120
– Vergleich, kritischer 117
– Weiterbildung, allgemeine 88
– Zusammenfassung 199
Qualitätsberaterin 101
Qualitätsmanagementbeauftragter 102
– Interview 130

**R**
Rehabilitation 99
Rettungsassistentin 105

**S**
Sachverständigentätigkeit 195
Schweden 76
Schweiz 78
Selbstständige/Interviews 191
Seminarangebote 117
Sozialhilfe 211
Sozialpsychiatrie 97
Spanien 81
Stationsleitung 111
– Interview 134
Stellengesuche 237
– Angebotsanalyse 241
– Internet 240
– Quellen 237
– Überblick 243
– Zeitmanagement 244
Stiftungen 314
Stipendien 213, 314
Studiengänge 120
– Aufbau, allgemeiner 123
– Aufbaustudiengänge 308
–, berufsintegrierend 303
– Fernstudiengänge 303
– Finanzierung/Förderung 201
– Institute/Auswahlkriterien 121
– Interview/Studentin 125
– Kontaktstudium 308
– Verteilung, bundesweite 124

– Vollzeitstudiengänge 292
– Weiterbildungsstudien 308
Suchtfachpflege 100
Supervision 44

**T**
Tagespflege 39

**V**
Validation 110
Vertriebsmitarbeiter Medizinprodukte 187
Visionscheck 233
Vorstellungsgespräch 262
– Anfahrtsweg 267
– Durchführung 268
– Entspannung 265
– Gesprächsvorbereitung 263
– Nachbereitung 270
– Selbstvorbereitung 264

**W**
Weiterbildung/Fortbildung 86
–, allgemeine 88
– Aufgaben/Begriffe 87
–, berufliche 89
– Funktionen/Ziele 87
Wohnbereichsleitung 111
Wohnen, Betreutes 42
Wohngeld 210

**Z**
Zukunftsinvestitionen 85

Christian Loffing

# Coaching in der Pflege

2003. 240 S., 27 Abb., 7 Tab., Kt
€ 29.95 / CHF 49.80
(ISBN 3-456-83841-7)

Der praktische Coaching-Leitfaden für die Pflege. Selten wurde der Coaching-Prozess offener dargestellt als in diesem praxisorientierten Leitfaden. Die detaillierte Beschreibung der ausgewählten Praxisprojekte ermöglicht einen Blick hinter die Kulissen eines professionellen Coachs. Mit den beschriebenen Übungen und Techniken wird das notwendige Handwerkszeug für ein erfolgreiches Coaching beschrieben. Zahlreiche Checklisten, Arbeitsblätter und Vordrucke helfen beim Vorbereiten und Durchführen von Coachings für Führungskräfte und Mitarbeiter in der Pflege.

Dorothee Buckley-Viertel (Hrsg.)

# Studieren und pflegen in den USA

Hochschulsystem – Pflegeausbildung – Pflegepraxis

2001. 160 S., 1 Abb., 13 Tab., Kt
€ 19.95 / CHF 35.90
(ISBN 3-456-83297-4)

Wer möchte sich über die Pflege in den USA informieren oder gar den Sprung in den amerikanischen Pflege-Alltag wagen? Dieses Buch ist das Sprungbrett zur Vorbereitung eines Studien- oder Arbeitsaufenthaltes. Es bietet eine Sammlung wissenswerter Informationen über die Pflege in den USA vom Hochschulsystem über die akademische Pflegeausbildung, Pflegeexpertise und -beratung, aktuelle Entwicklungen in der Pflegepraxis bis hin zu Tipps zum Arbeiten vor Ort und zur Vorbereitung auf Sprach- und Fachprüfungen.

 **Verlag Hans Huber**
**Bern Göttingen Toronto Seattle**

http://Verlag.HansHuber.com